啓蒙と神話　アドルノにおける人間性の形象

藤井俊之

航思社

啓蒙と神話　アドルノにおける人間性の形象

目次

序論　7

第Ⅰ章　「人間性」と「野蛮」の弁証法
——アドルノのイフィゲーニエ論を手がかりに　27

第Ⅱ章　カテゴリーと媒介過程
——ベートーベンにおけるカントとヘーゲル　47

第Ⅲ章　ざわめきとしての主観
——アドルノのアイヒェンドルフ論に寄せて　75

第Ⅳ章　市民社会の幻影
——ワーグナーとファンタスマゴリーの技術　119

インテルメッツォ　アドルノとベンヤミンの書簡による観相学的スケッチ　161

第Ⅴ章　ベンヤミンのイメージ論
——クラーゲスとシュルレアリスムのあいだで　177

第Ⅵ章　ベンヤミンのシュルレアリスム論
——「内面性」の崩壊とイメージ空間の出現　215

第Ⅶ章　アドルノのベケット論
——市民社会論的解読の試み　249

結びに代えて　291

補章Ⅰ　ドイツ啓蒙主義における「道徳性」と「美的なもの」
——レッシング『ハンブルク演劇論』第七四‐七九篇を手がかりとして　295

補章Ⅱ　同情と啓蒙
——レッシングと批判理論における一致と差異　327

あとがき　349

参考文献　353

索引　363

【凡例】

• 注釈は＊で示して傍注として左頁端に掲載した。
• 引用に関しては、原書を参照した場合は原則として改めて訳し直した。邦訳その他をあわせて参考にした場合はその書誌を併記した。邦訳のみを参照した場合はそのまま引用した。
• 本書巻末に参考文献を付した。

啓蒙と神話

アドルノにおける人間性の形象

序論

本書は、二〇世紀ドイツの思想家テオドーア・W・アドルノの残したテクストをもとに彼の議論を再構成しようとするものである。その際、そこに「人間性 Humanität」の一語を赤い糸として織り込むことで、アドルノの歴史的パースペクティヴのもとに一八世紀から二〇世紀に至るまでのこの語の変遷を多様な作家、作曲家、思想家との対話を辿ることを通じて跡づけることが目指される。それは同時に、アドルノ思想の今日性とともに、その著作の至るところで明示的に語られつつも、しかしその内実を見通すことの困難であった全面的カタストローフ以後の世界に現れるもの、彼によってユートピアとも無人地帯とも呼ばれた場所、希望の地でありまた絶望の果てに現れる不毛の風景でもあったものを新たに見出そうとする試みである。その歴史的パースペクティヴの再構成を目指しながら一九六九年に没したこの思想家を論じるに当たって、二〇世紀を議論の終点とすることには一応の理由を見出すことができよう。対象を眼差すものの存在によって、テクストの終点は否応なしに「この現在」へと関わらざるをえないのである。しかし、ではその始点を一八世紀に求める理由については、若干の説明が必要とされてしかるべきであろう。このことは彼の「啓蒙 Aufklärung」理解に関わる。もっと言えば、それは彼の書いた著作のなかで現在おそらくは最も読まれているであろう一冊、第二次大戦期のアメリカへの亡命期間中にマックス・ホルクハイマーとの共同作業を通じて著された『啓蒙の弁証法』に見ることのできる啓蒙理解に関わっている。よく知られたその冒頭には次のように記されていた。「古来より啓蒙は、すべてを包括する進歩の思想の名の下に、人々から恐怖を取り除き、地上の主に据えようとの目標を追い求めてきた。しかし、いまや完全に啓蒙されたこの地上は、勝利を祝う災厄の印のもとに輝きを放っている」[*1]。世界を魔術的因果連関から解き放ち、合理的秩序のもとに置き直そうとするこの「啓蒙」という言葉に集約される人間の思考様式のオートマティックな作動の継続が、ついにはその動作主体であったはずの人間の主観性そのものを不要の廃棄物として処理するに至る非人間的事態までをも招来せしめる過程を、この二人の亡命知識人が、あるときはオデュッセウスに、あるときはマルキ・ド・サドによる美徳の不幸の描写に、あるときは批判対象としての文化産業に、そしてまた反ユダヤ主義に見出そうとしたことについては、これもまたよく知られたことであると言えよう。

その具体的考察に立ち入ることがここでの主眼ではない以上、本論においても果たされることのなかった『啓蒙の弁証法』再論に関わる読解については、また別の機会を待ちたい。問題は、この冒頭の文言に明瞭にあらわれている啓蒙の普遍性である。それは遍く空間的に普遍的であると同時に、ヨーロッパの起源としての古代ギリシャから現在に至るまでの時間的様相に関わっても不変的であるとされている。世俗的に解釈するなら、あらゆる人類を自由と平等へと導く努力として第一にその普遍性を主張することが不可欠なこの概念について、その普遍性の暴力をこそ告発しようとするこの著書が、当の言葉の内実を定義するにあたって、それにあらかじめ普遍的であると判断を下しているところに、その議論の読みにくさがある。著者たちの前提に従うのであれば、この啓蒙にはその全歴史を通じて一瞬たりとも人間を自由に活動させる余地などなかったことになるのであり、そうであれば、そもそも彼らはいったいどこに足場を置いて啓蒙を批判しているのかがまったく理解できなくなってしまうのである。フランクフルト学派と総称される、おそらくはその思想的連関の具体性を彼らが同じ研究所に集っていたということ以外に求めようのない人々の、さらにその第一世代を形成するとされるアドルノとホルクハイマーのここでの議論を指して、その第二世代を担ったユルゲン・ハーバーマスが、袋小路の「アポリア Aporie」[*2]である、との批判を投げつけたことにはそれなりの理由があったと言えよう。

『啓蒙の弁証法』の啓蒙には歴史が欠けている。ホメロスの叙事詩、一八世紀フランスの閨房小説、同時代の大衆文化、といった一見極めて多彩な対象のもとに啓蒙のありようを照らし出すかに思えるその論述が、しかし一貫して主張しているのは、啓蒙とは「常に同じもの das Immergleiche」の別の呼び名であるということであった。太古より変わることなく、常に同じ姿のままで永久に死なないもの、この啓蒙の別名とはまた神話のことでもある。「神話は既に啓蒙であり、啓蒙は神話へ退行する」。序論において宣言され、書物全体を貫いて展開されるテーゼとしての啓蒙と神話のキメラ的形象の示唆するものとは、それゆえ、そこにおいて通常の理解からすれば不可能に思えるこの反対物の一致を成し遂げている両者の本性としての無時間性なのである。そして、時間の流れに触れることのない啓蒙の神話的本性の歴史へのあらわれこそ、彼らが「自然支配 Naturbeherrschung」の名で呼んだものの正体であった。自然を支配すること、より正確には他者を殲滅することを自らの自然であり本性であるとする人間存在において、この原初の行いの永遠の反復を司る審級として著者たちによって指摘されるのは「理性 Vernunft, ratio」である。自然を支配することを自らの自然とするこの逆説的存在に課せられた宿命として、それは自分自身の自然をも支配し、殲滅しようと欲するのであり、ついには己の没落を望むより他に道はなくな

＊1　Adorno/ Horkheimer, *Dialektik der Aufklärung: Philosophische Fragment*, in: *Gesammelte Schriften*, Bd. 3, Frankfurt am Main 2003, S. 19.

＊2　Jürgen Habermas, *Theorie des kommunikativen Handelns: Handlungsrationalität und gesellschaftliche Rationalisierung*, Frankfurt am Main 1981, Bd.1, S. 514.

る。この意味において、神話と自然支配と理性とをイコールで結びつけているこの啓蒙の無時間性とは、太古において既に存在していたもの、おそらくは生命の発生に先立ってその存在を主張しうるであろう一つの無、すなわち死を意味するものと解することができよう。

理性的存在者としての人間とは、すなわち死すべきもののことであり、この際には人間の死とは、その形而下の出来事に関わる生物学的様相のうちに埋め込まれた偶然の出来事であるのみならず、形而上の永遠の世界にその必然性を刻み込まれた、まさしく運命とでも呼ぶより他に仕方のないものでもある。ひとは死ぬ、という事実。過去のあらゆる人間と、おそらくは未来のすべての人間に関わって唯一、真に普遍的と言い得るこの事象を、身体の物理的変容という時間的出来事から切り離してなお、その思考様式の無時間的ありようのうちにまで追求しえた、この「出口のない daß es *keinen Ausweg* gibt」[*3] 啓蒙批判に、ここで改めて問いを差し向けるとすれば、その

＊3　Jürgen Habermas, *Die Verschlingung von Mythos und Aufklärung: Horkheimer und Adorno*, in: *Der philosophische Diskurs der Moderne: Zwölf Vorlesungen*, Frankfurt am Main 1985, S. 155. もちろん、ハーバーマスがこの言葉を口にしたのは、『啓蒙の弁証法』は客観的合理性の威力を前にして、主観的な美的判断を重んじるニーチェ的な価値の哲学へと退行しており、その見かけに反して実際には裏口を設けている、という批判的見解の表明へと向かう文脈においてのことであった。しかし、同一性原理の袋小路を描き出すアドルノたちの議論に対する評価として、本書ではこの言葉を文字通りに受け取っておきたい。また、全体としてはハーバーマスに与するものではないが、アドルノの思想に退行的な敗北主義を見出す同様の見解は、イーグルトンによっても表明されている。「アドルノの芸術論の息を飲むような精妙さは、彼の政治的認識にいくらか見受けられる二元論的粗雑さに反比例している。実際、彼の思想のこうした二面性は、敗北主義的政治学がその埋め合わせとして豊かな美学を生み出したかのように、互いに密接に絡み合っているのだ」（Terry Eagleton, "Art after Auschwitz: Theodor Adorno," in: *The Ideology of the Aesthetic*, Oxford/Cambridge 1990, S. 359）。これらの見解は、要するにアドルノの晩年における二つの主著、『否定弁証法』と『美の理論』を、前者における仮借ない合理性批判と後者における芸術作品への耽溺という構図によって割り切ること

で、アドルノの二面性とそれらが目するものを批判しているのだと言える。こうした見解の反復は、ジジェクの次のような文章にも見出せる。「我々がここで論じている移行こそ、鍵となる弁証法的移行、すなわち（抑圧的な）体系からの解放という野放図な踊りから、（ドイツ観念論がそう呼ぶところの）自由の体系への移行であるが、『否定弁証法』にとってこれほど理解しづらいものもない。『否定弁証法』は否定性の爆発に惚れ込み、『抵抗』と『転覆』の考えうるあらゆる形式を好むのだが、しかし、既存の実定的な秩序への自分自身の寄生状態を克服することはできないのだ」（Slavoj Žižek, *The Parallax View*, Cambridge 2006, S. 5）。アドルノに対する類似の批判は枚挙にいとまがないが、他方で、アドルノの同じ側面を逆の方向から積極的に評価する人々もいる。それは例えば、次のように語るドゥルーズとガタリである。「哲学は資本の相対的脱領土化を絶対的なものへともたらし、資本を無限の運動としての内在性の平面の上に移行させ、内的境界としての資本を消し去り、新たな大地に、新たな民衆に呼びかけるために、資本をそれ自身へと向け変えるのである。しかしそうすることで、哲学は概念の非命題的な形式に到達するのであり、そこではコミュニケーション、交換、コンセンサス、オピニオンといったものは姿を消す。したがって、それはむしろアドルノが《否定弁証法》の名で呼んだものや、フランクフルト学派が《ユートピア》として描き出したものに近いと言える。実際、哲学とその時代との結びつきを作り出すもの、哲学とヨーロッパの資本主義、しかし既にまたギリシャの都市国家との結びつきを作り出すものは、ユートピアなのだ。そのたびごとに、ユートピアとともにあることによってこそ、哲学は政治へと生成し、また自らの時代に対して極めつきの批判を展開するのだ」（Gilles Deleuze/ Félix Guattari, *Qu'est-ce que la philosophie?* Paris 1991, S. 95. 強調は原文）。ドゥルーズとガタリによるこの見解は、ハーバーマス等によって二面性として否定されたアドルノの分裂的様相を、理論と実践の新たな接合点としてその一貫性のもとに見出そうとするものであると言えるだろう。彼らと同じようにとは言えないにせよ、「ところで、もし私がフランクフルト学派を知っていたなら、当時既に知っていたなら、多くの仕事を私はせずに済んだでしょう」、と八三年になって語り始めるフーコーが、「さて、私が思うに、マックス・ウェーバーやフランクフルト学派において、またいずれにせよカンギレムのような多くの科学史家の場合には、支配的なものとして現れ、理性の地位が与えられている合理性の形式を明らかにし、それを合理性の労働の可能な諸形式の一つとして顕にすることこそが問題となっていました」、とさらに言葉を続けながら、自分は理性の「多種多様で絶え間のない分岐、一種の増殖的な分岐」を描き出したかったのだと述べるその際に、彼の念頭にアドルノが、少なくとも『啓蒙の弁証法』の著者たちがいたことは確かであろう批判の拠って立つ場所はいったいどこなのか、ということになるだろう。二人の著者が答えとして口にするのは、おそらく「自然 Natur」ではないだろうか。支配的理性を本性とする人間の自然ではなく、逆に人間によって支配の対象とされた自然であり、同じく殲滅の対象とされる限りにおける人間自身の理性的本性である。すなわち、理性によって標的とされた、かつての自分自身としての神話である。ウロボロスの輪が閉じようとする瞬間に、自らの下半身に噛み付こうとする蛇の頭部がその的を逸すること、運命の輪がその輪廻の循環の綴じ目を逸らされてしまうこと、『啓蒙の弁証法』がその可能性に賭けているのはこの一点であると言ってよかろう。この可能性とは、言い換えるなら、神話が永遠の死に安らうことを逃れ、時間のなかで自らの死を死ぬことの可能性であり、百発百中の理性の魔弾が、最後の最後にその獲物をしくじることの可能性である。一八二一年に初演されたカール・マリア・フォン・ウェーバーのオペラの結末にも見てとることのできるこの理性のしくじりの意味するものは、市民社会による自らの没落への予感であり、同時に神話の救済への待望でもある。そして、ギリシャに範をとりながら近代以降の啓蒙の姿を追跡するこの書物に一八世紀のマルキ・ド・サドと二〇世紀の文化産業に挟まれて抜け落ちているものがあるとすれば、それはヴァルター・ベンヤミンとともにアドルノにとってもモデルネと呼ばれた彼らの時代の原風景としての一九世紀である。それはまた、かつて理性の半身であった神話が、今度は理性の他者として、支配を受ける自然として衰えた姿をさらしつつ舞台上に回帰してくるさまをウェーバーがそのオペラに書き留めた時代でもあった。

しかし、さらに言えば、この不定形なロマン派の世紀と対照をなして、そこに影を落とす神話の姿をさらにその背後から現在へと向けて照らし出している光源こそ、ヨーロッパ史に啓蒙の世紀として位置付けられるべき一八世紀なのである。アドルノとホルクハイマーが、その著作において西洋合理主義の起源をホメロスの叙事詩『オデュッセイア』にまで遡って見出していることは事実であるにせよ、彼らの歴史哲学の中心において啓蒙の住処と目されているもの、彼らの啓蒙理解の源泉となっているものは、むしろこの一八世紀市民社会であったといえよう。アドルノの音楽論がその主題とする作曲家のうちで最古の人物がJ・S・バッハであり、彼の文学論のタイトルに挙がっている名前のうちで時代的に最も古いものがG・E・レッシングのそれであること、そして、一九世紀に生まれた学問である社会学は問題外であるにせよ、その哲学的著作の場合にそれに当てはまる人物がイマヌエル・カントであるということ、これらのことは共著として執筆された『啓蒙の弁証法』を離れてなお、アドルノの思想を論じるにあたって一八世紀と市民社会をその出発点とすることの妥当性に保証を与えてくれるものである。実際、オデュッセイア論文の冒頭においても、この漂泊の英雄オデュッセウスの身元は「まさしく市民的個人の原像」[*4]であると特定されていた。時間を持たない啓蒙の神話とは、それゆえ市民社会そのもののことであり、その原理である理性の作動のうちで同一性を追い求めて「かつて存在したもの」の永遠の反復が続けられる限りにおいて、市民社会とは、呪われたオランダ人と同じく現世にあって死を生き続けるより他にない存在ということになる。自らの死すべき時を逸したものとしての市民社会、アドルノの批判が焦点を結んでいるのはこの一点である。

この場合に、本書が副題に据えている「人間性」とは、無限に続く市民社会の死の反復からの逸脱を意味するものとして捉えられねばならない。その内実を神話的無時間性からの逸脱として定義されるべきアドルノの「人

(Michel Foucault, « Structuralisme et poststructuralisme », in: *Dite et écrits II 1976-1988*, Paris 2001, S. 1258)。アドルノたちの「出口のない」理性の自己批判の試みを、むしろ理性の分岐を描き出す歴史哲学として肯定的に捉えるフーコーの見解は、ハーバーマスと真逆の方向を向いたものだと言える。以上、それぞれに広大な射程をもつ思想家たちによって下されたアドルノに関する判断のいずれかに、ここで一義的に与することはできないが、その評価をめぐってかくも多様な見解をもって二分された構図が描きだされるアドルノについて言えば、そこにまだ——彼自身を接合点であり分岐点として捉え返すための——再読のチャンスを見出すことはできるのではないだろうか。

＊4　Adorno/ Horkheimer, a. a. O., S. 61.

間性」については、のちに本論で説明されることにもなろうが、ここであらかじめそれを一般的な公式にもたらしておくとすれば、この人間性とは彼の哲学的術語として「非同一性」の名で親しまれているものと相似の関係にあるといえよう。しかし、一般的な理解を盾に、アドルノの思想をなんらかの見出語のもとにくってしまうことには慎重であらねばならない。一つの術語を軸として彼の同一性を設定することによって、彼自身が非本来性の隠語に陥ってしまう危険性に見舞われる。「人間性」というそれ自体きわめて抽象的かつ膨大な歴史を背負った言葉をアドルノの思想を貫く赤い糸とみなすことで本書が目指すものは、むしろそこに込められている普遍性への要求が、彼の著作のなかでいかなる具体的経験のもとに編み上げられているのかを見定めることにある。そして、一八世紀の啓蒙主義をその歴史的起源とするアドルノの啓蒙理解を探るにあたって、本書は第I章をJ・W・v・ゲーテの擬古典主義期の戯曲『タウリスのイフィゲーニエ』に関するアドルノの論考の読解に充てるところから議論を開始しているが、その前史にあたるドイツ文学史上の啓蒙主義については、これを補章で扱っている。そこでは特にレッシングの悲劇論を主題として、当時の人間性の理想について検討している。まずこれについて説明を加えておきたい。

補章Iでは、レッシングの『ハンブルク演劇論』のとくに第七四篇から第七九篇に主として描かれていたアリストテレスの『詩学』解釈について触れている。本稿の議論を整理するなら、およそ以下の通りである。一八世紀のドイツの文化的状況がフランス優位のものであったことはよく知られたことである。しかるに、レッシングによる戯曲作成あるいは劇評執筆の動機は、いまだ領邦国家によって分断されたままのドイツに自国語による文化風土を根付かせようとの意図に端を発するものである。彼がドイツ演劇の分野における先達としてのJ・C・ゴットシェートをその『文学書簡』で批判したことの背景には、こうしたドイツにおけるフランス文化に対する覇権争いが存在していた。ゴットシェート自身の意図が別のところにあった可能性は否定できないにせよ、レッシングによって取り出された彼の戯曲のフランス文化、とくにピエール・コルネイユとの近親性については、今日まで比較的無批判に繰り返される決まり文句ではある。この点、ゴットシェートの意図については別個の検討を要するとはいえ、レッシングのそこでの意図は見紛いようもない。すなわち、ドイツに自国の演劇を、との要求こそ彼の論争的な身振りに込められた意図であったといえる。そして、この際に彼によってドイツ演劇の手本として選ばれた人物こそ、イギリスのW・シェイクスピアであった。さらに、レッシングの側から構えられたゴットシェートとの闘争の構図には、イギリスとフランスを軸とした、何をモデルとするか、をめぐる争いだけでなく、演劇の原理をいかなるものとして設定するかという問題が絡んでくる。これは、民衆に適切な道徳的振る舞いを手本として示す「教化機関 moralische Anstalt」としての劇場の役割が、市民社会の台頭と同時並行的に観察される、芸術の神学的領域からの独立という現象を通じて、単なる道徳教育の場ではなく、日常生活の範囲とは別個の自律した美的領域として認められるようになったことに関わっている。レッシングの友人モーゼス・メンデルスゾーンの言葉、「演劇の舞台はそれ独自の道徳を持つ」、といったような見方に代表される、世俗的な道徳基準からの芸術内容の逸脱を擁護する見解に対して、レッシングはあくまで劇場の役割を観客の心中における「同情 Mitleid」の喚起に求める。人間の理性的判断に主眼を置くゴットシェートと、その感情的側面に重点を置くレッシングの違いとして、両者はまたこの点でも区別される。そして、この同情という言葉に集約されるものこそ、レッシングの人間性理解の要点である。すなわち、善悪や身分の違いを超えて、人間が人間に対して普遍的に抱くことのできる同情において、普遍人間的なものとしての人間性は見出すことができるのである。『ハンブルク演劇論』でのレッシングのアリストテレス解釈は、こうしたことに関わって、ギリシャ語の「フォボス Φόβος」をどう理解するかに焦点が当てられていた。通常「恐怖 Schrecken」と翻訳されてきたこの言葉を、レッシングは「恐れ Furcht」と訳しなおすのである。そこに込められた違いは、前者が他者の不幸を他人事として眺めるものであるのに対して、後者がそれを自らにも降りかかる可能性のある何事かとして眺めるという点にある。

こうした議論を引き継いで、補章Ⅱでは、先の一八世紀におけるレッシングの人間性理解を二〇世紀のアドルノとホルクハイマーのそれに接続する試みがなされる。ここでは、レッシングが『ハンブルク演劇論』に先立つ一七五六年から翌年にかけて、友人であるフリードリヒ・ニコライとメンデルスゾーンの二人と交わした書簡集、通称「悲劇に関する往復書簡」で行った議論を検討するところから始められる。三者のあいだでやりとりされた書簡では、先に述べた道徳重視のレッシングと、美的なものの自律を後押しするメンデルスゾーンたちとの立場の違いが全体を貫く緊張をもたらしている。両者の立場の違いを術語の違いに翻訳するなら、前者が対象への直接的感情に基づく同情に主眼を置くのに対して、後者は理性的領域における対象の完全性への一致を認めるところに現れる「感嘆 Bewunderung」に焦点を合わせている。そして、レッシングが感嘆を批判するのは、それが悲劇という演劇ジャンルにそぐわないものだと考えているからである。感嘆とは、メンデルスゾーンの説明によれば、不幸に直面しても動じることのない英雄を前にしたときに沸き起こる、高潔な人間を目にしたとの感情であり、こうした英雄的な人間像の提示によって喚起される模倣への衝動こそ、人々をよりよい状態へと洗練するに役立つものであるとされる。しかし、レッシングからすればメンデルスゾーンの言う感嘆とは、悲劇ではなく叙事詩にこそふさわしいものなのである。その説明によると、悲劇とは、理性的認識によって感動を呼び起こすものではなく、対象への直接的な関わりを感得するところに現れる同情の念をこそ目標とするものということになる。もしも、ひとが二つのジャンルを混同することがあれば、悲劇にふさわしい対象に結びついた同情が、叙事詩の英雄の無感動＝アパテイア（ἀπάθεια）によってその威力を減ぜられることになってしまう。こうしたストア的アパテイアへの批判には、レッシングに対する同時代のフランスの思想家J-J・ルソーからの影響を見て取ることもできるが、問題はむしろレッシングがこうした無感動批判を通じて積極的に擁護した同情が、人間の感情と対象との結びつきを保持するものであるということであろう。というのも、無感動の裏面に位置するものはそれとは真逆の「感傷主義 Empfindsamkeit」だからである。対象との結びつきを切断し、それに無感動に立ち会うところに成立する自己への引きこもり現象は、閉じられた自我の内部における循環的な感情の増幅を可能ならしめるものでもある。レッシングが書簡において「二次的情動」と呼ぶ現実の対象とは無縁のこうした感動のあり方こそ、彼が悲劇というジャンルにおいて退けようとしたものに他ならない。そして、この無感動と感傷主義というコインの裏表に位置する人間の反応様式を支えるものこそ、メンデルスゾーンたちの議論のうちに、のちになって読み取られることになる美的なものの自律の契機なのである。道徳からの美的判断の自律、レッシングの同情の擁護に真っ向から反対するものであるこの契機こそ、ゲーテの擬古典主義にも見出されるモデルネの萌芽であるが、レッシングと二〇世紀のつながりという点からすれば、これは『啓蒙の弁証法』でのサドのジュリエットを扱った章から読み取ることができる。アドルノとホルクハイマーがそこでカントとサドを並置するところから導き出す結論は、両者がアパテイアの名のもとに発見する個別的事物への非情な眼差しこそ、逆説的にも個別的事物をそれとして擁護しようとする人間性の普遍性原理に忠実であるための決死の跳躍である、ということであった。メンデルスゾーンたちによって唱えられた美的なものの自律を仮面として、レッシングの同情への要請はアドルノたちのもとで生きながらえることになるのだといえよう。

レッシングがその死を迎えるのは一七八一年のことであるが、その六年後の一七八七年に完成したゲーテの戯曲『タウリスのイフィゲーニエ』を題材としたアドルノによる論考の読解が、本書の第Ⅰ章に当てられていることとは先に述べた通りである。『啓蒙の弁証法』のアパテイア理解にも読み取れるアドルノの人間性概念に見出されるものは、啓蒙の同一性原理からの逸脱として存在する限りでの神話の救済であったといえよう。ギリシャ神話の一つ、アガメムノンの娘イフィゲーニエの運命をその弟オレストの救済とともに描き出そうとするエウリピデスの物語に材をとったこの戯曲は、登場人物たちとともに、まさにそうした神話の救済に意を注いだものとしてアドルノによって読み解かれることになる。彼によって強調されるのは、ゲーテという通常は啓蒙の世紀の申し子としてその視覚的明瞭さへの素質を強調されるこの人物のうちに存在していたと思われる、その聴覚的人間としての側面である。ギリシャの彫刻を好み、L・v・ベートーベンやロマン派の音楽を「悪魔の業」として退けたゲーテを「視覚の人」と呼ぶことができるとすれば、この人物の拒絶反応のうちに示唆されているものを、不定形な神話的世界への近しさであるとアドルノに倣って解釈するなら、たとえばここにもう一人「聴覚の人ゲーテ」を見出すこともできよう。この二人のゲーテの差異を記し付けるものは、対象との距離の有無である。視覚がその対象との距離を必要とすることが自明であるように、聴覚がその対象との距離を保つことができないことも自明である。目を閉じることはできるが、耳を閉じることはできない。能動的視覚と受動的聴覚といっても同じことである。この対象との距離を自ら調節するところに、宮廷的社交を育む「礼節 Takt」のための余地が生じるのであり、人間性とはひとまずこの視覚的領域をその住処とするものであるといってよかろう。しかし、イフィゲーニエやオレストたちギリシャ人の側に体現される人間性の理想は、それ自体としてヴァイマル宮廷に託されたゲーテの理想であるがゆえに、それに対置されるべき現実的契機としての野蛮を自らの構成要素として既に含んでいる。戯曲中ではタウリスの王トーアスに見出されるべき野蛮の契機は、しかし、確かに自分の島に流れ着いた異邦人をすべて神への生贄に捧げようとするこの王の振る舞いに認められるとはいえ、アドルノが問題にする啓蒙の野蛮とは、単なる未開人の野蛮ではなく、人間性そのものに含まれる野蛮のことである。すなわち、一見するとイフィゲーニエとトーアスの対立として捉えられそうになる人間性と野蛮の二項対立を、イフィゲーニエとトーアスそれぞれに見出される分裂現象として把握することこそ肝要なのである。そしてその際には、宮廷社会に体現される人間性の理想に対置されるべき現実的野蛮として、ゲーテの伝記的事実に求められるものがあるとすれば、それは彼の出生地であった市民社会に他ならない。蛮族の王に対して文明社会の市民として振る舞うイフィゲーニエの態度は、ついにはトーアスに対して自らを見逃すことを要求するところにまで達する。そこにおいて、彼女たちを見逃す野蛮の王こそが、人間性の理想を体現するものとなり、ギリシャの巫女の側に神話的野蛮の痕跡が認められることになるのである。自らの身中に巣食う野蛮の痕跡は、イフィゲーニエ自身、タンタルスの血族にかけられた太古の呪いとして既に意識しているところであった。この太古の呪いの「衰え果てる ermatten」こと、これこそ市民的イフィゲーニエによって収奪の対象とされた神話としてのトーアスの救われる道である。野蛮の振るう暴力でも、文明に育まれる礼節でもなく、すなわち市民社会でもなく宮廷社会でもなく、その両者のあいだにあって理想として捉えられたものこそ、ゲーテの人間性であったと、アドルノの議論からはそのように読み取ることができるのである。

文学におけるゲーテと並んでドイツの古典主義を音楽の領域において代表するベートーベンを論じるアドルノに着目することで、第Ⅱ章では間接的にではあるが、彼のカント理解とヘーゲル理解について概観しておきたい。アドルノはその著作中でしばしば、ベートーベンをカントと並べながら論じている。通常の理解であれば、ソナタ形式の弁証法的構図との類比から考えても、この作曲家に対置される哲学者は同じ一七七〇年生まれのG・W・F・ヘーゲルとするのが自然である。アドルノが、作曲家をヘーゲルではなくカントと並べて論じることの意味は、この二人の哲学者に割り振られる術語に関係している。前者には媒介が、後者にはカテゴリーという言葉が、ベートーベンの作曲に関わって特に取り上げられるのである。音楽においても媒介とは、提示部、展開部、再現部の三つ組の場合の展開部に見られるような、前のものと後のものを接合する橋渡しの役目を果たすもののことである。対して作曲におけるカテゴリーとしてアドルノによって考えられているのは、作曲の新たな形式のことであるといえよう。両者にはそれぞれに長所と短所が認められる。まず媒介に関して言えば、その長所は曲の展開において新たな時間を生み出すところにあるといえる。異質なものが火花をちらす媒介過程において、音楽の時間は新たに生み出されるのである。他方でしかし、その短所としてアドルノに指摘されるのは、そこにおいて時間が停止するということであった。すべてのものを均質に媒介しうる平準化の空間として捉えられる媒介過程は、個の存在を互いに結びつけることで全体の形成を目指すことになるが、この全体の組織化の過程には、そこに取り込まれる個物の権利の消失という代償が常に同時に生じることになる。個の消失による全体の出現とは、すなわち全体としての無の出現と同義であり、この全体の完成とともに時間は停止する。媒介は全体を目指す運動として時間の生成に関わるが、その行き着くところにおいて時間の停止を招くことになる。この媒介の行き止まりにおいて、アドルノによって呼び出されるのが、カテゴリーであった。しかし、その短所を先に述べておけば、それは補章Ⅱでも扱った『啓蒙の弁証法』のサドの章にも見られたように、対象を持たないということである。カント的物自体として客観の側に置かれたものに、主観的カテゴリーは現象という自らに通約可能な網の目を通してより他に接する術はない。しかし他方で、この対象をもたないカテゴリーから、対象ではなくその形式が新たに生じるのだと、アドルノは考えている。対象なき存在として、それは時間を知ることはないが、しかし、形式を生み出す存在として、それは新たな時間の生成に関わる。フランス革命によって伝統を破壊された不毛の光景のうちに現れ、地上を照らす深淵からの光として捉えられたベートーベンのカテゴリー的作曲とはまた、アドルノの理解によれば、宮廷社会の伝統でも、市民社会の単なる個別利害でもなく、その中間地帯に見出されるべき新たな普遍の形象としての人間性に他ならないのである。

一八二七年にベートーベンが、一八三二年にゲーテが亡くなったあとに広がるロマン派の光景からアドルノが取り出してくるのはJ・K・B・F・v・アイヒェンドルフの詩作である。第Ⅲ章では、アドルノのアイヒェンドルフ論を扱うことで、時代遅れのロマン派詩人として位置づけられていたこの作家に、アドルノがいかなる意味でモデルネの萌芽を見出しているのか、そして市民社会の対立項としての宮廷社会が潰《つい》えたあとの世界で、人間性の理想がいかなる場所をその住処とするようになったのかが探られる。没落貴族として市民社会のうちにある種の諦念をもって過ごしたアイヒェンドルフの作品には、疎外の形象がしばしば現れる。この疎外の形象は単に社会との和解を求めるものではない、というのがアドルノの見立てである。疎外とは、社会そのものの客観的な傷であって、疎外されたものを社会が取り込むことによっては真の和解は果たされない。社会が、自らの外部に位置する疎外にこめられた憧憬の漠然としたありようを具体化するところに、社会そのものの変化への兆しを読み取ること、アイヒェンドルフの詩作はこの憧憬の具体化という点から読まれねばならない。憧憬によって願われる事態とは個と普遍の宥和であろうが、こうした事態を単に私的領域に退くことで成し遂げるのではない、というところにこの詩人の特異性がある。彼がその詩作のうちで実現しようとするのは、疎外された主体が自分自身を自らの手で解消することである。しかもそれは、なんらかの対象へと向かう解消ではなく、自分自身を構成する言語そのものへの解消として成就されるような類のことがらであるとされる。この際に、アドルノがアイヒェンドルフに主観の自己解消の契機を指示するものとして指摘するのが、「ざわめきRauschen」である。なんらかの一義的な意味のまとまりを志向するのではなく、森の中でどこからともなく聞こえてくる川の流れのざわめきのような不定形な神話的形象へと自らを同一化すること、しかもこの同一化から自分自身の同一性の解消が生じること、これこそアイヒェンドルフの逆説である。この主観の言語への解消によって、それまで疎外の形象のうちに硬い殻に覆われていた言語の暗がりが言い当てられるのである。このロマン派の詩人においては、疎外こそ宥和の可能性を示している。言語の暗がりとして、日常会話の擦り切れた言い回しのうちに見逃されてきたもののうちに憧憬として言い表される人間性、アドルノがアイヒェンドルフに捉えたモデルネの萌芽とは、もはや徹底して現実と手を切るかのようにみえる美的なものの自律の進展のうちに見出される不可視の一点としての現実への通路である。疎外によって成し遂げられる宥和、自らを不協和なものとして社会に対置することにどこまで耐えることができるのか、このことがこれ以降の芸術の課題となる。一八五七年、『悪の華』の出版されたのと同年に世を去ったこの詩人は、まさにモデルネへと向かう敷居に位置するものであったといえよう。

一九世紀、シャルル・ボードレールと同時代を生きたロマン派の作曲家として本書は続いてリヒャルト・ワーグナーを取り上げる。二〇世紀に数奇な運命をたどることになったこの作曲家について、アドルノが第二次大戦が始まって以降の亡命の時期に著した『ワーグナー試論』を主として扱いながら、ここで解明が目指されるのは、彼によってこの作曲家の技術の中心に見出されるファンタスマゴリーのそれである。偽りの光景を見せる娯楽装置としての幻灯機、つまりはファンタスマゴリーの名を与えられるワーグナーの技術とは、たとえば、『タンホイザー』のヴェーヌス山であり、『ローエングリン』のエルザの幻視であり、『オランダ人』のゼンタのバラッドである。そこに現れているのは、神話の人物たちが歴史の時間のなかに現れてくる瞬間の幻影であり、永遠の快楽を約束する蜃気楼のごとき魔術的空間である。『パルジファル』のグルネマンツの台詞——「息子よ、ここでは時間が空間になる」——がアドルノによってその核心を突くものとして引き合いにだされるこのファンタスマゴリーとは、ゆえに歴史的時間に触れることのない神話的無時間性の舞台上への出現として捉えられるべきものである。自らの生きた二〇世紀の原風景としての一九世紀をモデルネと名指す際に、アドルノが常にその指標として持ち出す詩人ボードレールについて、彼が結局は一編の論文すら書くことがなかったことを考えれば、ベンヤミンのパサージュ論の草案をめぐる書簡のやりとりが続けられるなかで書かれたこのワーグナー論は、アドルノ自身のモデルネの見方を探る格好のテクストであるといえる。実際、アドルノのワーグナー論のもう一つの焦点はボードレールに当てられているというふうに読むことも可能なのであり、この二つの焦点をアドルノとベンヤミンの両方の側から見ることで、そこにピントのズレが生じていることもはっきりする。ベンヤミンがボードレールの性愛の経験の只中に死の深淵を見出したのと同じようにして、アドルノはワーグナーの死のファンタスマゴリーの深淵にエロースの現れをみてとったのである。

続く二つの章、第Ⅴ章と第Ⅵ章はここまでに扱ったアドルノの論考の本文に必ず一度は名前の挙がっていた彼の師であり友人でもあったベンヤミンの思想の解明に当てられる。おそらくはアドルノの思想における人間性の位置付けを理解するにあたって、ベンヤミンの考えを参照することは避けて通れないことである。なぜなら、アドルノの書き残したものには、その出会いを経て以降、ベンヤミンの姿の現れないテクストの方が少数だからである。このことからしても、ベンヤミンのアドルノへの影響が決定的なものであることが理解できる。ゆえに、アドルノとベンヤミンの違いを探ることもまた重要となってくるわけだが、しかし、両者の本格的な比較へといたるその準備段階として、ここでまずはベンヤミンそのものに、少しだけではあるが目を向けておきたい。

本書で扱うベンヤミンは、一九二七年頃をその懐胎期とされるパサージュ論へと向かうベンヤミンである。具体的には、第Ⅴ章においてルートヴィヒ・クラーゲスとの関係から、第Ⅵ章においてシュルレアリスムとの関係から読み解かれる限りでのベンヤミンである。その際にあらかじめ注意しておくべきことがあるとすれば、アドルノにおいて同一性原理からの逸脱として定義された人間性の理想を、ベンヤミンにそのままの形で見出すことは困難である、ということであろう。しかし、その思想にはアドルノの人間性理解の文脈において両者に共有されていたであろう視覚も存在する。一つにはシュルレアリスム論に明白に現れる内面性の崩壊という現象であり、もう一つはこの崩壊現象を推し進めるにあたってベンヤミンの術語体系のなかで前景化してくる「イメージ Bild」の思想である。順序として、まず第Ⅴ章でクラーゲスからの影響のもとに構築されたと考えられるベンヤミンのイメージ論について、それをクラーゲスからの離反、そしてシュルレアリスムへの接近という顚末をたどるものとして考察する。ついで第Ⅵ章では、こうして獲得されたイメージ論のもとで、シュルレアリスムとの邂逅ののちに全面展開される内面性の崩壊へと向かうベンヤミンの意図を確認することになる。

その若き日にベンヤミンが熱狂したクラーゲスの思想とは、ある種の神秘思想へのちかしさを伴う独特の生の哲学であり、その思想の中心に置かれているのは「遠さのエロース」である。両極性の思想のもとに、すべてのものを遠さの均衡のうちに保とうとするクラーゲスの思想には、近さへの肯定的評価が欠けている。「遠さのエロース」というきわめてロマン派的な術語からの目覚めを通して、ベンヤミンが獲得することになるのも、近さの思想である。しかし、ベンヤミンの論考には、その生涯を通じてクラーゲス的な遠さへの憧憬がいたるところに織り込まれている。その最たるものが、「写真小史」や「複製技術時代における芸術作品」などで定義されたアウラの概念である。そして、ベンヤミンの歴史哲学においてモデルネの印として位置づけられるものこそ、非アウラ的体験であることを考慮するなら、その思想的態度においてベンヤミンがクラーゲス的なるものから距離をおいて、その遠さの思想を過去のものにしていったことは明白であるといえる。しかし、それにもかかわらず、最晩年の歴史哲学テーゼに見られる「過去のイメージ」といった言葉遣いには、いまだ遠さの残響が聴き取られるのも事実なのである。ここで用いられているイメージという言葉に、ベンヤミン特有のねじれがよく現れている。彼の術語において遠さと近さ、アウラとイメージ、夢と覚醒、という対義語を形成する一群の言葉のなかで、イメージはひとり両義的なのである。しかし、そこにベンヤミンとクラーゲスの決定的な分岐点も存在する。もし、ベンヤミンの思想を、クラーゲス的な遠さの対極に位置するものとして、近さや覚醒の側におくなら、そこには実はこの二項対立を形成する土台としてのクラーゲス的図式がそのまま温存されていることになるのである。ゆえに、ベンヤミンの思想を遠さに対する近さと定義する際に注意すべきことは、彼のいう近さを遠さとの切断、あるいは非連続性のもとに把握しなければならない、ということである。一九二二年に書かれた「心身問題のための図式」というベンヤミンのノートでは、この切断あるいは非連続性の経験が、クラーゲスによって遠さのアウラを破壊するものとして捉えられていた性愛の経験とのつながりのもとに理解されている。遠さに対する相対的な近さではなく、性愛の経験において触れられる絶対的な近さこそ、ベンヤミンのイメージの育まれる場所なのである。そして、この近さへの開眼を記したこのノートの約五年後に、ベンヤミンは最初のシュルレアリスム論である「夢のげてもの」を著すことになるのである。

第Ⅵ章ではベンヤミンのシュルレアリスム論を内面性の崩壊という視角のもとに考察している。クラーゲスからの影響のもとで、またそこからの離反をバネとして形成されたベンヤミンのイメージ論は、その独自性の獲得をシュルレアリスムとの出会いに負っていると考えることができる。とはいえ、彼のシュルレアリスムとの出会いは、単にそのイメージ論に関わる問題系の深化を促すものであったというにとどまらず、この後の彼のライフワークとなるパリのパサージュをめぐる一連の論考の出発点に位置するものであったとも考えられるのである。その際、ベンヤミンにとって決定的な経験は、シュルレアリスムの著作の中に彼が見出した「家具つき人間」という奇妙な形象の発見である。この有機物と無機物の混ざり合ったうえに、室内と屋外までもが一ヶ所に同居しているねじれそのものといった存在こそ、ベンヤミンがシュルレアリスムのイメージのうちに読み取ったものであった。シュルレアリスムにおいては、無意識がげてものと化しているのであり、そこに読み取られるべきは、ブルジョワの私秘的内面性が外部に開けはなたれ、かつての外と内がすべてイメージによって流入しあっている光景である。ベンヤミンが「陶酔」あるいは「世俗的啓示」と呼ぶものも、意味を排除して言葉における音とイメージの直接的一致のうちに現れる集団的なものの経験であった。内面性を失い、イメージの枠となってただ歴史を見つめる眼差しとしてさまようシュルレアリスム的人間とは、アンドレ・ブルトンの『ナジャ』やルイ・アラゴンの『パリの土着民』の語り手たちであり、その起源に位置するのが、オスマンの都市改造計画の端緒にいきあったボードレールなのであった。シュルレアリスムにベンヤミンが読み取った内面性の崩壊とイメージ空間の出現とは、本書の主題に引きつけて言えば、かつて全人類に共通するものとしてその普遍性のもとに求められた人間性の理想が、もはやそのままでは立ち行かなくなった二〇世紀にあって、かつては全体の圧力に逆らって個別の権利を主張する際のよりどころであった、人間の心的内実を自ら捨て去ることによって、新たな集団的経験へと手を伸ばそうとする決死の試みであったということができるのではないだろうか。そして、この一点において、ベンヤミンの目指したものとアドルノのそれとは一致するように思えるのである。

最終章である第Ⅶ章では、再びアドルノに戻って、彼がその死後に残した著作『美の理論』をできれば捧げたいと考えていたサミュエル・ベケットを扱った論考「『勝負の終わり』を理解する試み」を取り上げる。ここには、これまでに見てきたアドルノの人間性理解のモチーフがほぼすべて出そろっているといえる。合理性の貫徹による野蛮状態への突入、神話的無時間性のもとでの自然支配の継続、疎外状態における主観性の死、などである。この論考において、アドルノが提示するものこそ、本稿の冒頭で示した啓蒙のありよう、すなわち死に損なった市民社会である。同一性を求める永遠の反復のなかで、自らの死を逸した市民社会の現状こそ、アドルノによって現下の啓蒙の姿として取り出されたものであった。こうした状況のなかで、人間性もまた「省略されたもの」として、すなわち欠如態としてのみその姿をベケット作品のなかにかいま見せるのみである。しかし、このネガとして現れる人間性の姿、ベケット作品において、アドルノとは逆に「生まれ損なった」ものとして見出されるこの儚げな幼年期にこそ、アドルノとベケットが自らの希望を引き出してこようとする始まりの地が、おそらくは存在しているのである。

第I章

「人間性」と「野蛮」の弁証法

アドルノのイフィゲーニエ論を手がかりに

古典古代から二〇世紀までの「人間性」の概念史を辿ったH・E・ベデカーの記述によれば、「人間性Menschheit」という言葉には二つの意味があるとされる。その一つは、人間の「自然＝本性Natur」を意味し、もう一つはあらゆる人間の「総体Gesamtheit」を意味する。この場合に、前者の「自然＝本性」という言葉はさらに二つの意味を担うことになる。一つは、「動物性Tierheit」と「神性Gottheit」から区別される限りでの「種概念Artbegriff」としてのそれであり、もう一つは、この自然によって「規定されたあり方Bestimmtheit」から区別されるべき人類の「使命Bestimmung」としてのそれである。そして、この際に人類の目的として規定されるものこそ、「人間性Humanität」であるとされる。[*1] 本書がアドルノのテクストから焦点を合わせて取り出していくのも、この最後の意味へと結実した言葉としての「人間性Humanität」であると言ってよい。しかし、その際に注意されるべきことがあるとすれば、それは、自然の因果性と神学的な神への従属関係から解放された（また、動物的存在に対する優位を証明する）自己規定的な存在としての人間を目的とするこうした人間性概念が問題となる際には、アドルノはその来歴を尊重しつつも、それに対して批判的に対峙している、ということである。

序論で触れた『啓蒙の弁証法』の議論からも明らかなように、そして晩年の『否定弁証法』からも同じく読み取れるように、アドルノにとってこうした自己規定的な存在としての人間性概念は、「自己保存の原理」[*2]をおのれの衝動とする自然支配の主体としての人間という意味を内包するものでもあった。この意味で、ベデカーがその記述において、一七世紀の末から一八世紀半ばにかけてこの言葉の使用法において生じた変化〔目的概念としての「人間性 Humanität」の成立〕を表すものとして、とくに啓蒙の完成者と呼ばれるI・カントに引きつけて用いた「人間学的転回 die anthropologische Wende」[*3]という言い回しは示唆的である。神学的伝統からの解放とともに、人間が世界の中心に躍り出たのである。人間をその生まれに縛り付ける封建的な位階秩序からの解放を目指すものとして、普遍に対する個別の側からの権利要求を行う「唯名論的傾向」であったとアドルノによってもまずは肯定的に捉えられるこうした歴史の動きのなかから、しかし結局は、市場を支配する等価交換に範を仰ぐ「平等」の理想が現れ、そのそもそもの目的であった個の解放を抑圧するものとして市民社会に秩序の仮象を回帰させていく過程こそ、アドルノがヨーロッパの歴史に見てとった逆説であった。

伝統からの解放を旗印とすることで、自らのデラシネ的ありようと対峙せざるをえなくなる市民社会が、その緊張感に耐え切れずに追い求めてしまうかりそめの「根源」としての秩序。市民社会の挫折としてアドルノの論考に繰り返し現れるこうした図式は、たとえば彼の同時代である二〇世紀においては、第一次大戦後のアヴァンギャルド運動の衰退として読み解かれもするのである。

いわゆる秩序への欲求は、一二音技法が発明された原因だとは言わずとも、いずれにしても今日における〔この技法の〕弁明擁護につながってきたわけだが、こんなものを私は決して理解できたためしがない。なぜ人間というものは、開かれた場所にたどり着くやいなや、〔シェーンベルクの〕『期待』が、いや、そもそも〔リヒャルト・シュトラウスの〕『エレクトラ』が、もう既に無事作曲されることができたと安堵のため息をつく代わりに、「ここにもう一度秩序を打ち立てねばならない」などという感情を抱くのか、音楽においても一度よく考えておくべきだろう。（…）およそ芸術運動であって、押しつけのメカニズムに陥らないものなど殆どない。フォービズムから新古典主義への展開、そして「無秩序のあとに秩序を」という〔ジャン・〕コクトーの言葉も、これを証言している。〔だが〕私は図式化された秩序への欲求の永劫回帰のうちに、その真理の保証などではなく、むしろ果てしない弱さの症状を見てしまう。[*4]

自由な無調から方法論的に確定された一二音技法への移行を、秩序を追い求めたアルノルト・シェーンベルクの実践的な後退と捉えるアドルノによって、引用文中、同じ文脈に属するものとして指摘される「フォービズムから新古典主義への展開」という図式に、その歴史的原像とでも言えるものをアドルノのテクスト群から探り当てるとすれば、それは、一八世紀ドイツ文学に市民社会の代表として現れたシュトゥルム・ウント・ドラングから、調和と秩序を理想とする宮廷社会的な擬古典主義へと至る同様の展開であろう。一八世紀後半に見られたこの二つの運動を牽引した人物として文学史に記述されるゲーテとフリードリヒ・フォン・シラーのうち、まさにその移行の第一歩を印したゲーテの『タウリスのイフィゲーニエ』について、アドルノは論考を残している。以下、アドルノの人間性理解を探る第一歩として、一八世紀市民社会という野蛮な場所からの一種の後退として位

＊1　Hans Erich Bödeker, *Menschheit, Humanität, Humanismus*, in: *Geschichtliche Grundbegriffe: Historisches Lexikon zur politisch-sozialen Sprache in Deutschland*, Stuttgart (1982) 2004, Bd. 3, S. 1063.

＊2　Adorno/ Horkheimer, *Dialektik der Aufklärung: Philosophische Fragmente*, in: *Gesammelte Schriften*, Bd. 3, S. 102.

＊3　Bödeker, a. a. O., S. 1079.

＊4　Adorno, *Vers une musique informelle*, in: *Gesammelte Schriften*, Bd. 16, S. 513.

置づけられるゲーテの戯曲について、アドルノが論じた考えを検討していく。

アガメムノンとクリュテムネストラを父母として生まれたイフィゲーニエが、父アガメムノンのトロイ遠征の船出にあたって、凪の続く海上に風を招くための生贄として祭壇に捧げられたところを、女神ディアーナによって危うく救い出され、タウリス島に流されてのちの話として、この戯曲は語り始められる。その後、愛人アイギストトスと通じて夫であるアガメムノンを殺害した母クリュテムネストラに刃を下し、そのために復讐の女神に追われた果てに、呪いから癒えるためには彼の地のディアーナの神像が必要であるとの託宣を受けた弟オレストが、同じ島に到着する。そして、この弟とイフィゲーニエ（実は神託が告げていたオレストに救いをもたらす存在とはこの姉ことであった）が当地を支配する蛮族の王トーアスのもとから逃れて帰郷の途につくまでが戯曲の本篇となっている。常識的な読み方をすれば、宮廷社会の礼節を体現する清らかなイフィゲーニエと野蛮な王トーアスという対立構造において理解されてしまいかねないこの戯曲に、アドルノが読み取るのは、むしろイフィゲーニエの示す人間性に孕まれた野蛮であり、その対となって現れるトーアスの野蛮が実は人間性を表現しているという弁証法的葛藤である。そこにはまた、人の身でありながら神に逆らった「傲慢 Hybris」のゆえに永劫の罰を定められた、一族の祖先であるタンタルスにかけられた呪いが、その末裔であるオレストにまで受け継がれているさまが描き出されているのであるが、アドルノの読解に従うなら、この呪いとは自らを神の代わりに世界の秩序の中心に置いた市民社会の人間たちに、あるいは人間性の理想そのものにかけられたそれでもあるのだ。

先にこの戯曲について市民社会からの「一種の」後退であると言ったのは、隣国フランスの革命の時期を目前にして、今や望みのない宮廷社会への退行をなしえたゲーテにして初めて、市民社会がその約束を反故にした「人間性」の理想を、ある種の諦念のうちに描き出すことが可能になったとアドルノが考えているからである。しかし、アドルノ自身はゲーテにおいて諦念と解され得るものを、単に否定的に取り扱っているわけではない。むしろ、擬古典主義期のゲーテによって古代ギリシャに移し置かれた、一八世紀には未だその勃興期にあった市民社会の本質的図像を、見かけの静謐さの底に血みどろの葛藤を抱え込んだものとして現代において再度発掘してみせることこそ彼の意図するところであった。アドルノの歴史的パースペクティヴにおいて、「人間性」とは、その揺籃の地であった一八世紀市民社会において既に、自らの本性を逸脱する野蛮との絡まり合いのうちにのみ、それとして示されうるものであった。

呪わしいほど人間的な

一九六五年の『オイフォーリオン』誌にアルトゥール・ヘンケルが寄稿した論文「〈呪わしいほど人間的な〉イフィゲーニエ（Die „verteufelt humane“ Iphigenie）」[*5]は、ゲーテの『タウリスのイフィゲーニエ（*Iphigenie auf Tauris*）』（一七八七）を、「人間性信仰（Humanitätsreligion）」というクリシェ[*6]から解放しようとするものであった。ヘンケルがそこで試みたのは、一八〇二年一月一八日付でゲーテがシラーに宛てて出した手紙の中に見られる、ゲーテ自身の『イフィゲーニエ』に対する評価、すなわち、「この作品は、まったく呪わしいほどに人間的なのです（es ist ganz verteufelt human）」、という言葉を手がかりとして、ゲーテの抱いていた「人間性」に対する懐疑を明るみに出すことであった。巷間に流布している証言によれば、女主人公イフィゲーニエは、ゲーテのシュタイン夫人への愛の結晶として高貴な人間性の具現化であるとされている。[*7] しかし、ゲーテ自身がこの戯曲に託したものは、自身の作品の真意を理解することのできない当時のドイツ社交界への失望であり、またそうしたことと関連するが、

＊5　Arthur Henkel, *Die „verteufelt humane“ Iphigenie*, in: *Euphorion: Zeitschrift für Literaturgeschichte*, Bd. 59, Heidelberg 1965, S. 1-17.

＊6　このような解釈の典型としては以下を参照。Fritz Martini, *Deutsche Literaturgeschichte: Von den Anfängen bis zur Gegenwart*, 4. Aufl. Stuttgart 1952, S. 235-236.

ヴァイマル（宮廷）に入った当初は期待していた人間の「純粋さ（Reinheit）」[*8]の断念であった。己の理想の挫折をバネとして書かれた戯曲は、ゲーテ自身のキリスト教信仰に支えられることで、かろうじてその人間らしさを保っているが、そこには人間の運命を支配する神々への、人間の側からの異議申し立てもまた込められている。「人間性という、繰り返し取り逃がされた人間の可能性を思い起こす際に突き刺さる刺」[*9]、ヘンケルによってゲーテの戯曲のうちに読み取られたものは、その実現の時を逸した人間の可能性としての「人間性」であった。自身の運命、己に降りかかった一族の呪いを嘆く女主人公イフィゲーニエが、有限な存在である人間による神への反逆を示す形象であり、そしてまた、そのような形象のうちに、神への依存を断ち切った運命の自己確立こそ「人間性」のあり方であるという確信をゲーテが表明していることを解読することによって、ヘンケルはゲーテがイフィゲーニエを「呪わしいほど人間的な」と名付けたことの意味を探りだすことに成功したのである。

ヘンケルの論文が公表された二年後の一九六七年、『ノイエ・ルントシャウ』誌に同じくゲーテの『イフィゲーニエ』を主題とした論考が寄せられた。テオドーア・W・アドルノの手によって書かれ、「ゲーテのイフィゲーニエの擬古典主義のために（Zum Klassizismus von Goethes Iphigenie）」[*10]と題されたその論文は、ヘンケルによって明らかとされた、ゲーテの戯曲の内部における神話的なものの威力を、さらに前面に押し出して強調したものであった。本章では、このアドルノのゲーテ論を取り上げる。とりわけそこで主題的に論じられている「人間性」の理念に焦点をあて、それを「野蛮（＝神話）」という対立項との弁証法的関係から考察していく。

「視覚の人ゲーテ」と「聴覚の人ゲーテ」

「いまに到ってもなお、ゲーテの成長を成熟過程というクリシェによって理解しようとする見解は支配的なものだ」（495）。ヘンケルの示した神話的なものの威力、文明化のプロセスのうちにその根をおろしている太古の暴力性、こうしたものを、アドルノも自明のものとしてゲーテの戯曲のうちに読み取っていく。それゆえ、人格的な成熟過程としてゲーテの作品の発展段階を捉えようとする解釈には、アドルノは当然反対の立場をとることになる。たとえば、Abklärung（濁りを取り除く）という言葉を用いてアドルノが通俗的なものとして示すゲーテの成長過程の図式、すなわち、若き日のカオス的情念（シュトゥルム・ウント・ドラング）を克服し中年期の清澄な心境（擬古典主義）へと到達したという図式は、『ファウスト』のメフィストフェレスの言葉を用いて揶揄されることになる。「葡萄の汁がどんなに変な泡を吹こうと、／つまりはどうやら葡萄酒になるのだ」[*11]（495）。アドルノの理解するところでは、ゲーテの擬古典主義は、そのようなAbklärungという簡易な図式を当て嵌めることによっては、到底解釈不可能なものなのである。『イフィゲーニエ』あるいは同じ擬古典主義期に書かれた『タッソー』（一七九〇）をアドルノは「文明化演劇（Zivilisationsdramen）」（499）と名付けているが、その意図するところは、ゲーテがドイツの文明化の促進（「人間性」の達成）を理念として作品のうちに実現しようとしながらも、そこには常に現実の世界におけるその不可能性が浸透しているということである。芸術作品において実現を目指される

＊7　こうした解釈を示したものとしては以下の文献を参照。Ebd., S. 234.; Emil Staiger, *Goethe. 1749-1786*, 5. Aufl. Zürich / München 1978, S. 350.

＊8　Henkel, a. a. O., S. 6.

＊9　Ebd., S. 17.

＊10　Theodor W. Adorno, *Zum Klassizismus von Goethes Iphigenie*, in: *Neue Rundschau*, Berlin / Frankfurt am Main 1967, S. 586-599. なおこのテクストは、アドルノの死後『文学ノート』の第四巻に他の論考とともにまとめられ、現在はズーアカンプから出版されている彼の全集に収録されている。Theodor W. Adorno, *Zum Klassizismus von Goethes Iphigenie*, in: *Noten zur Literatur*, in: *Gesammelte Schriften*, Bd. 11, Frankfurt am Main 2003, S. 495-514. 本書では訳出に際してはこの全集版を用い、出典は引用の直後の（ ）内に頁数を示す。

＊11　ゲーテ『ファウスト　第二部』相良守峯訳、岩波文庫、一九五八年、一四九－一五〇頁。

理念と、それに制限をかける社会の規定的威力。この両者の葛藤を目に入れることがなければ、ゲーテの『イフィゲーニエ』の目指す「人間性」という理想も、単なる空念仏に終わってしまうことになりかねない。それゆえにこそ、美的理念としての「人間性」は、その対立項たる現実、そしてこの現実の作品内部への反映としての「野蛮」と対比されねばならないのである。

しかし、「人間性」と「野蛮」との対立を、理念と現実、善と悪の二元論によって裁くこともまた、アドルノの望むところではない。「人間性」が美的理念としてその威力を発揮するのは、現実において各人が自らの限定的な存在様式を超越し、普遍人間的な理想に参与することを望むところに求められるが、この普遍的な存在様式としての「人間性」は、「野蛮」を単に自らの他者として抑圧することによって達成されるものではありえない。女主人公イフィゲーニエが、スキタイの王トーアスに対して、自らのギリシャ人としての特権を誇るのみであるなら、そこには文明化の進んだ地域と自らの後進性に甘んじなければならない粗野な地域との葛藤が、「人間性」の傷痕として残り続けることになるだろう。実際、戯曲のうちでも示されるように、異邦人を生贄に捧げるトーアスは、自らの卓越を疑うことのないギリシャ人よりも余程人間的に振る舞っているのである。ゲーテが、「人間性」に対立する「野蛮」の側に立つ人間を、このように人間的に描き出した点にこそ、「人間性」のもつ厄介なアンチノミーが存在している。特権と結びついた「人間性」がいかにして無垢なる「野蛮（＝自然）」と宥和することができるのか。これこそ、アドルノのイフィゲーニエ論の主眼であるといってよいであろう。

では、「人間性」はいかなる意味で特権と結びついているのか。このことを知るためには、アドルノの論考から読み取れる二人のゲーテについて見てみなければならない。二人のゲーテとは、まず、ギリシャに範を採った擬古典主義者として、彫刻の世界に魅せられた「視覚の人ゲーテ」であり、次に、そうした視覚的明瞭さを好むゲーテとは対蹠的な位置に置かれる「聴覚の人ゲーテ」である。一八〇四年一月二六日のJ・H・フォスとの対話で語られているように、ゲーテにとって古典主義とロマン主義との対立は、彫塑的なものとロマン的なものとの対立であり、前者が「規制された想像力（die geregelte Einbildungskraft）」と呼ばれているのに対して、後者は「規則なき空想（regellose Phantasie）」と呼ばれている。同じように古典主義を彫塑的なものによって特徴づけ、それに対してロマン主義を幻灯機の映像のように人を欺くものとして特徴づける論法は、一八〇八年八月二八日のリーマーとの対話にも見られる。こうした証言から明らかとなるのは、ゲーテにとって「古典主義的」とは、明確な輪郭を定めた人間の想像力によって形作られる作品に捧げられる呼称であって、曖昧模糊とした憧憬の産物たるロマン主義的作品とはその点において区別されるべきものであったということである。ここに現れる古典主義が啓蒙の光によって照らしだされる視覚的明瞭さをその印としており、また、ロマン主義が輪郭の定まらない不定形な世界への沈潜を意味するところから類推するなら、このロマン主義的なものに対するゲーテの嫌悪を音楽的なものに対する嫌悪へと、すなわち視覚に対立する聴覚への不安へと還元することも可能であろう。一八一一年五月四日のズルピーツ・ボアスレーとの対話でゲーテは、事実、ベートーベンの音楽について絵画との比較において、「なんという悪魔の業か（was für Teufelszeug）」という発言を残している。

しかし、アドルノはゲーテが音楽に対して示す敏感な反応を、ゲーテと音楽の根本的な親近性に由来するものであると解する。

> 彼〔ゲーテ〕の用いる言語の威力のうちに明瞭なものがあふれているのは、彼が称賛に値する視覚的正確さを持ち合わせているにもかかわらず、その言語が音楽への移行のうちで演じられるように響くからである。彼が音楽に留保を置くのは、文学的な繊細さにというよりは、むしろ音楽の脅迫的な優勢が彼をそこへと追い詰めた神話的圏域を追い払おうとする防御の身振りに相応している。（496）

音楽のもつ魔術的な魅力を深く感じ取る能力を備えていたからこそ、ゲーテは音楽に耳を傾けた際に現れる深淵に足を踏み入れまいと必要以上に注意深くなった、こうアドルノは解釈している。そして、ここでアドルノが音楽に関連付けて「神話」という言葉を用いているところから明らかなように、「視覚の人ゲーテ」が啓蒙の世界に安らっているのに対して、「聴覚の人ゲーテ」は神話的世界の囁きに耳を傾けているのである。その意味では、「視覚の人」は「聴覚の人」によって常に不定形な闇の世界へ転落するよう脅かされてもいるのである。彫刻と音楽、視覚と聴覚、明瞭と不明瞭の対立は、このように見てくるならば、啓蒙と神話の対立へと言い換えられることになる。

啓蒙と神話、アドルノがホルクハイマーとの共著として一九四七年に出版した『啓蒙の弁証法』以来、アドルノの思考の駆動力ともいえるこの二つのキーワードは、彼のイフィゲーニエ論においても中心的な役割を果たすことになる。『啓蒙の弁証法』に描かれる啓蒙の原型としての智謀の勇者オデュッセウス。そして海上を渡る彼の船を岩場へと呼び寄せて座礁させようと魅惑的な旋律に乗せて歌声を発するセイレーン。啓蒙と神話の対立は、ここでも視覚と聴覚の対立を一つのモデルケースとして成立している。そして、イフィゲーニエ論において問題となる「人間性」もまた、こうした視覚的明瞭さにその基盤を置いているのである。すなわち、「人間性」は「礼節（Takt）」（503）というものを弁えねばならない。そのためには、対象との「距離（Distanz）」（505）を必要とする。この「距離」と呼ばれるものは、神話的な始原における主客の混合状態から脱却した文明化の主体にして初めて獲得できるものである。文明化の主体は、野蛮状態にある未開人との比較から自らの卓越を導き出す。この点から、先に述べておいた「人間性」と特権との結び付きが明らかとなる。「野蛮人（Barbar）」という語が、語源的にはギリシャ語を話すことのできない者を指し示す言葉であったことを考えれば、啓蒙と文明化の産物である「人間性」は、非ギリシャあるいは非文明化としての「野蛮」との対比のうちに自らの特権を獲得することになるのである。「人間性」と「野蛮」の対立と並行してあらわれる「視覚の人ゲーテ」と「聴覚の人ゲーテ」の対立。「人間性」に与する「視覚の人」が、「野蛮」と絡み合う「聴覚の人」といかにして和解することができるのか。しかも、「野蛮」に転落することなく。そしてまた、「野蛮」を抑圧することなしに。

「内実（Gehalt）」と「内容（Inhalt）」

ゲーテの『イフィゲーニエ』における「人間性」についてアドルノは一般的な見解として次のように語っている。

ひとはゲーテ自身の言葉と同時期のシラーの言葉を引き合いにだして、ゲーテの擬古典主義の内容を人間性（Humanität）あるいは人間的なもの（das Humane）と呼ぶ傾向にあるが、それがどのような意図に即してのことであるかは見誤りようがない。すなわち人間の自由やあらゆる個人の自己規定に対する尊敬を、地方的な習俗や国民的な制約を超えた普遍的なものにまで高めようという意図に即してのことなのである。（499）

確かに、これはアドルノも認めるところであるが、こうした普遍人間的なものへの到達を目指すものとしての『イフィゲーニエ』理解は、それ自体としては誤りではない。しかし、ゲーテの「人間性」に抜きがたく「野蛮」の棘の突き刺さっていることを抉り出そうとするアドルノは、作品の目指すべき「内実（Gehalt）」と、作品がその理想へと到らんとしつつも現に示している「内容（Inhalt）」とを区別したうえでこう断じている。『イフィゲーニエ』において「人間性は、作品の内実（Gehalt）というよりは内容（Inhalt）を成している」（499）、と。そして、作品の理想としての「内実」と、現実からの制約を映し出した「内容」との区別を、「お説教として述べ伝えられた理想と、理想に内在する歴史的緊張感の形象化との差異」（500）であると定義する。[*12] 目指されるべきは「内実」としての「人間性」である。しかし、それが作品の解釈において、それと矛盾するものをそぎ落とした結果として手に入れられるものであるなら、そこには理想を形成する核としての緊張感、つまり、そのような理想を目指すよう促す現実的契機である理想の対立物が欠けてしまうことになる。「人間性」という理想と、それに内在する「野蛮」との緊張関係を、そのものとして形象化した点、ここにアドルノはゲーテの偉大さを見ているのである。すなわち、「人間性」とは、ゲーテ一個人によって恣意的に考え出された形だけの理念ではなく、現実から生じるべき必然性をその内に備えているのである。「ゲーテの『イフィゲーニエ』の意味は人間性である。〔しかし〕もしこの人間性が意図されたもの、文学的主観によって抽象的に考え出されたものに他ならず、ヘーゲルの言葉を借りるならシラーにおけるような〈格言〉であるにすぎないなら、そのような人間性は、実際、作品にとってどうでもよいものであろう」[*13]。遺作となった『美の理論』（一九七〇）でも、このように、アドルノは『イフィゲーニエ』の「人間性」が歴史との緊張関係のうちに置かれねばならないことを強調している。

「人間性」のアンチノミー

では、ゲーテが『イフィゲーニエ』において格闘せねばならなかった相手、すなわち作品のうちに「野蛮」としてあらわれるものは何か。作品を額面通りに受け取るなら、作品内で野蛮を示すものがスキタイの王トーアスであることは見紛いようがない。彼の地では、異邦人はディアーナの神殿に血を流さねばならない。アポロンの神託によってディアーナの神像を奪いにやってきた、イフィゲーニエの弟オレストとその友ピュラデスも捕らえられ、生贄に捧げられようとする。そしてトーアスは、囚われの身のイフィゲーニエを花嫁として血族に迎え入れることを望んでいるのである。舞台設定としては、明らかに、粗野な未開人と繊細な文明人といった趣である。しかし、果たしてこのような単純な二項対立の図式によって「野蛮」の意味が解明されるだろうか。そもそも、ここまでに指摘してきたように、「人間性」と「野蛮」とは二つながらゲーテという個人のうちに共存しているものである。そうであれば、イフィゲーニエ（＝人間性）とトーアス（＝野蛮）という図式において「野蛮」を論じるのではなく、イフィゲーニエにせよトーアスにせよ、彼らの表す「人間性」のうちに孕まれる「野蛮」こそ問題とされるべきであろう。「ゲーテの作品は、それが神話的契機に重要性を認めるところから、自らの尊厳を授かっている。彼の作品の真理内実が――気ままに言を左右する断言としてではなく――人間的なものとして、はっきりと見定められるものとなるのは、唯一この神話的契機に対する弁証法的状況においてのみである」(496)、というアドルノの言葉は、そうしたゲーテの二重性を指摘したものであると読むことができる。そしてまたアドルノが、「文学作品がそこから逃げることはできないが、それを突き破ろうとしている文明化こそが、この作品の主題となっている」(499)、と述べているところからも、アドルノが『イフィゲーニエ』に指摘する「野蛮」を、未開人の「野蛮」とイコールで結べないことは明らかである。「神話的契機に重要性を認める」作品の主題が「文明化」であるという、一見すると矛盾しているように思えるアドルノの見解が意味していることは次のようにまとめることができるだろう。すなわち、『イフィゲーニエ』のうちに「野蛮」として現れているものは、文明化の他者としての「野蛮」ではなく、文明化そのもののうちに宿る「野蛮」、つまりは「人間性」そのものの「野蛮」なのである、と。このような意味において、「人間性はイフィゲーニエでは、そのアンチノミーという点から審理されている」(500)のである。

＊12　ここで語られる「内容」と「内実」の区別は、後に言及される「事象内実（Sachgehalt）」と「真理内実（Wahrheitsgehalt）」についての見解と合致する。「ゲーテは、社会的全体のうちで、真理内実が必要とする事象内実の重荷を安楽にも免れることなど望まない詩人の言葉が、そこから逃れられない宿命のもとに立っている」（506-507）。「真理内実」・「事象内実」の区別をアドルノはベンヤミンから受け継いでいる。Vgl. Walter Benjamin, *Goethes Wahlverwandtschaften*, in: *Gesammelte Schriften*, Bd. I-1, Frankfurt am Main 1991, S. 123-202.

＊13　Adorno, *Ästhetische Theorie*, in: *Gesammelte Schriften*, Bd. 7, S. 227.

市民社会と宮廷社会

「人間性」の他者としてのそれではない、「人間性」のうちなる「野蛮」とは何か。アドルノはそれを「唯名論(Nominalismus)」と関連付けて考察している。アドルノは「唯名論」という言葉で、「普遍的なものや概念に対する特殊なものや個別的なものの優位」(502)を言い表している。

一般的規則的なものに対して個別的偶然的なものの権利を主張する唯名論は、一八世紀啓蒙主義の時代以来、旧体制に反抗する市民社会の精神として、芸術のうちにその表現を見出してきた。レッシングの第一七文学書簡によって口火を切られたとされるドイツにおけるシェイクスピア受容に端を発する、ドイツ文学のフランス古典主義からの離反は、若きゲーテたちの世代のシュトゥルム・ウント・ドラングにおいて、それまでの宗教的道徳的な領域において奉仕者としての役割を担わされてきた芸術を、それ自体で自律した存在にまで高めることを目指す運動として結実することになる。[*14]「ゲーテは、主観的経験に投げ返された文学の困難に正面から向き合わねばならなかった。すなわち、文学を支えているなんらかの客観性に与することなく自己を客観化せねばならなかったのである」(501)。そしてこの点に『イフィゲーニエ』の芸術史上の位置が措定される。「イフィゲーニエとともに、フローベールとボードレールにおいて絶頂を迎える、言語の〔自己を〕客観化しようとする契機への発展は幕を切って落とされた」(501)。言語の自律、そして文学における形式の自律を通じて、既存の社会秩序から解放された詩人は、普遍人間的な理想である「人間性」の理念を表明することが可能となったのである。このようなアドルノのパースペクティヴを共有するなら、市民社会と「唯名論」との結び付きは、社会的な位階制度から解放された諸個人というものを構想することによって初めて可能となる「人間性」を、秩序に逆らって生み出すための肯定的な条件であったとみなすことができる。「唯名論は市民というものの根っこにあるものなのだ(Er [=Nominalismus] ist urbürgerlich)」(502)。

しかし、唯名論のやみくもな自己主張は、ひとつの行き止まりへと行きつく。個別的なものを尊重し、上からの統一を拒絶する唯名論は、他方で個別的なものがそこへと向かって結晶していく「何のために」(503)という目的を失い路頭に迷うことになる。これをアドルノは「唯名論のアンチノミー」(502)と呼んでいる。統一を欠いた個別の辿る運命を、フランス革命の末路と重ね合わせながら、アドルノは「唯名論」のうちに市民社会の血塗られた側面を読み取る。このようにして、シュトゥルム・ウント・ドラング(市民社会)から擬古典主義(ヴァイマル宮廷)へのゲーテの移行は、自らの理想の実現にきっかけを与えてくれた市民社会が、現実には「人間性」を抑圧していることに対して味わった、ゲーテの絶望から導きだされることになる。「彼〔ゲーテ〕は市民のうちにある野蛮なものを恐れ、市民精神が自らの恨みつらみを突きつけた、まさにその場所〔宮廷社会〕に人間性を待望したのである」(504)。

『イフィゲーニエ』の「人間性」が特権と結びついているというアドルノの指摘を、先には視覚と聴覚、文明化と野蛮の対立という観点から考察しておいたが、ここにおいて両者の意味する具体的状況がより明瞭になった。文明化とは宮廷社会のことを、そして野蛮とは、そもそもは「人間性」の揺籃の地であった、市民社会のことを指し示しているのである。しかし、この市民社会の「野蛮」もまた、それなしには「人間性」の成立がありえないという意味では、「人間性」にとって必須の構成要素である。すなわち、「人間性」の内で対立しあう構成要素として、一方の極に「個別・市民社会・直接性」、というものが置かれるとすれば、他方の極には「普遍・宮廷社会・距離」が置かれねばならない。そして、市民社会から発せられた個別性への要求が規範を欠いた無軌道な暴力として「野蛮」に転じてしまうように、宮廷社会に足場をおく「人間性」はその特権との結び付きのゆえに、自らの求める普遍性に制限を設けることになってしまうのである。この両者の間隙を縫って、普遍と個別との宥

＊14　Vgl. Peter Michelsen, *Entgrenzung: Die englische Literatur im Spiegel der deutschen im 18. Jahrhundert*, in: *Der unruhige Bürger: Studien zu Lessing und zur Literatur des achtzehnten Jahrhunderts*, Würzburg 1990, S. 283-314, hier S. 308f.

和を成し遂げようとするのがゲーテの擬古典主義であり、この擬古典主義の中間的性格をアドルノは「中庸（μεσότης）」（501）という言葉を用いて表現している。この擬古典主義は「自然な語り口（die natürliche Rede）」（503）をその手法として、内容に氾濫する粗野な部分をなんとかして「礼節（Takt）」に適ったものにしようと努力するのである。

しかし、作品には「主観と宥和せずに溶けきらない客観性の突出部のような、不適切なもの」（500）がどこまでも残り続ける。「人間性」を暴力的に侵犯する「野蛮」と、「人間性」の普遍に制約をかける特権が。こうしたことのゆえにゲーテの「人間性」の構想は挫折する。戯曲の最後、イフィゲーニエがトーアスに対して自己犠牲的な告白（オレストたちのたくらみを告げる）をなした後に、トーアスがイフィゲーニエたちのギリシャへの帰還を許す場面で、しかし、きわめて人間的に振る舞うトーアスが、もっぱらギリシャ人たちによって簒奪される客体の地位にとどまっているところから、「宥和（Versöhnung）をもっぱら横領するだけの緩和（Beschwichtigung）の不十分なことが、美的に〔作品内在的な理念に照らして〕宣言されることになる」（509）のである。

神話が衰え果てる（ermatten）

「こうしたことに対して、ゲーテの鋭敏な感性は『イフィゲーニエ』では、ベンヤミンが慧眼にも人間性の限界と可能性であると呼んだものに直面して沈黙した」（509）。ここで暗示されているベンヤミンの言葉とは、直接には彼によって編まれた書簡アンソロジー『ドイツの人々』の解題に遡るものであるが[*15]、ここではむしろ彼のカール・クラウス論に見られる「破壊において証明される人間性（die [=Humanität] sich an der Zerstörung bewährt）」[*16]との類似が目を引く。ゲーテは『イフィゲーニエ』の後、『タッソー』において、ベンヤミンがクラウスに見たのと似た意味での「人間性」を形象化している。そこでは、市民社会に出自を持つ詩人が、自分を迎え入れた宮廷の中で、市民的な直接性あるいは親密さを求めるあまり没落していく様が描き出されている。破壊的な「人間性」

をさらけ出している『タッソー』について、アドルノはこう述べている。「しかし、彼の屈託のなさ（désinvolture）は、あらゆる台詞のうちにイフィゲーニエの人間性が微かに保持している距離（Distanz）を必要としていた。距離の不足から、タッソーは没落する」（504-505）。直接性と距離、市民社会と宮廷社会は、「人間性」に不可欠の構成要素ではあるが、しかし、互いに対立しあう構成要素として、ついには「人間性」そのものを自壊させてしまうに至る。それでは、「人間性」は己の限界を前にして潰えてしまうだけなのだろうか。アドルノはこの限界を超えるものとして、『イフィゲーニエ』のうちに二つの形象を読み取る。オレストとイフィゲーニエのそれぞれのモノローグのうちに、損なわれていない「人間性」への可能性が示唆される。

オレストの場合、それは第三幕第二場での幻視（Vision）の際に語られるモノローグである。彼の幻視のうちで、互いを宿敵とするタンタルスの一族は和解する。アトレウスとティエステス、アガメムノンとクリュテムネストラ、そしてクリュテムネストラとオレスト自身も。この「冒瀆的な神秘主義」（510）、「完全な堕罪状態の解消、根源悪そのものの解消である万物復興（Apokatastasis）の教え」（510）を想起させる幻視において、ゲーテは個の主張（互いの確執）と普遍の制約（タンタルス一族にかけられた呪い）の両者に縛られない「完全な人間性」（510）のために尽くしている。しかしオレストの幻視には二つの欠点がある。一つは、彼が正気を失った狂人となったときにのみ、和解のユートピアがあらわれるということである。理性を犠牲にして一族の幼年期へと退行するときにのみ、すなわち神話に手を伸ばすときにのみ、ユートピアがあらわれることの危険性が論じられる。「オレストが、神話に対する自らの際立ったアンチテーゼの力によって、〔逆に〕神話の手に帰する恐れがある」（512）。論文中、唯一イタリック体で強調されたこの箇所で、アドルノはオレストに啓蒙の姿を託し、『啓蒙の弁証法』

＊15 Benjamin, *Deutsche Menschen*, in: *Gesammelte Schriften*, Bd. IV, S. 156. この点については第Ⅱ章での議論を参照。
＊16 Benjamin, *Karl Kraus*, in: *Gesammmelte Schriften*, Bd. II-1, S. 367.

の中心テーゼ、啓蒙の神話への退行を指摘している。そして、もう一つの欠点は幻視の最後の台詞から明らかなように、原父たるタンタルスその人にかけられた呪いは解かれていない、という事実である。タンタルスにかけられた呪いは、啓蒙と神話の対決によって解かれるものではない。それゆえにこそ、アドルノは神話に対する正義を要求するのである。「宥和は、神話に対する剝き出しのアンチテーゼではなく、神話に対する公正さを含むものなのである」(512)。アドルノのこの命題は、「人間性」と「野蛮」の弁証法をぎりぎりの静止状態に留め置こうとする努力の現れと解されるべきであろう。

そして、神話への公正さを含む啓蒙が、自らを神話に譲り渡すことなく神話を耐え忍ぶことの可能性を、アドルノは第四幕第五場でのイフィゲーニエの台詞のうちに読み取ろうとする。「タンタルスの一族は、新たな祝福によってふたたび身を起こすことはできないのか?——しかしすべては目減りしてゆく! 最上の幸福も、生命の美しい力も/ついにはみな衰え果てる(ermatten)のが定めであるのに、なぜ呪いだけが滅びないのか?」[*17](513)。我が身にかけられた呪いの衰え果てることへの希望、神話の力の衰え果てることへの希望が語られる。そして**ermatten**という言葉の語られるイフィゲーニエのモノローグを、戯曲における周辺的なエピソードから救い出すために、アドルノはそれを『ヴィルヘルムマイスターの遍歴時代』に挿入されたメルヒェン、「新メルジーネ」に接続する。市民階級の放蕩者が絶世の美女と出会い恋に落ちる。彼女は実は小人の国の王女であった。彼女はこのろくでなしの恋人から逃れるひと時、自らの世界をそこに閉じ込めた小箱の中へと逃げ去っていく。彼女と暮らすことを決意した若者は、身体を小さくする指輪をはめて小人となるが、やがて決意を翻し、結婚から逃れるために指輪をヤスリで切断し、小人の国を破壊しながら元の大きさに戻るのである。このメルヒェンに現れる小箱をアドルノはイフィゲーニエの希望と重ね合わせていく。「ゲーテの手になるもののうちでも最も謎に満ちたものの一つである、メルジーネの詩作に出てくるこの小箱は、神話への抵抗を示す審級であり、神話を打ち壊すのではなく、非暴力によって神話に安値を付けることでそれに競り勝つ(unterbieten)のである」(513)。小人の王女（宮廷社会）がごろつきの若者（市民社会）から逃げ出してそこに希望を持つ小箱（人間性）の世界。この小箱は、普遍の力によって個別を苦しめることなく、自ら個別の主張に身をゆだねている。しかし、その存在は儚げなものである。「新メルジーネ」において、「人間性」はまたもや市民社会によって粉々に砕かれたと言ってよいだろう。イフィゲーニエの希望と同様に、そこに残るのは謎めいた小箱へと形象化された非暴力の可能性のみである。

ゲーテの戯曲から取り出されたermattenと、アドルノがそこに読み込んだunterbieten。この二つの言葉で言い表されている非暴力の姿勢は、本章の冒頭に示した二人のゲーテのうち、「聴覚の人ゲーテ」にこそふさわしい。神話の声に耳傾けるこのゲーテにして初めて、勃興期の市民社会と没落期の宮廷社会との挟間に誕生した「人間性」の理想を、「人類（Menschheit）に向かって上ってくる星辰」（513）として作品のうちに描き出すことが可能となるのである。「神話の彼岸へと到達するのは、光学的に対象を見つめるゲーテ、『ファウスト』の結末に至るまで自然支配の共犯者であったゲーテではない。それはおそらく、太初に存在したであろう行い、最後のものではなく最初のものを、もはや欲しない受動態のゲーテであろう」（513-514）。アドルノは、『イフィゲーニエ』が『フィガロ』と同年（一七八六年）に成立していることを指摘し、そしてこの時期に無邪気に『魔笛』の第二部を書き進めていたゲーテに目を向けることで、W・A・モーツアルトとゲーテの近さを暗示して論を終えている。

> 対象も概念も欠いたモーツアルトの言語においては、完全に啓蒙された明快さが、完全に世俗化された荘厳さとはっきりと結びつけられている、［そして］この世俗化された荘厳さというものが、対象を立ててそ

＊17 Johann Wolfgang Goethe, *Iphigenie auf Tauris*, Anmerkungen v. Joachim Angst / Fritz Hackert, Stuttgart 2012, S. 52.

れを概念で捉えようとするゲーテの言語のざわめきのうちに、自らの姿を隠しているのである。(514)

ゲーテもモーツアルトも、ともに自らの属する社会に対する諦念を抱いていた。彼らに共通するのは、市民社会から宮廷社会への移行を経験しているということである。アドルノが示唆する、「人間性」と「野蛮」の弁証法の宥和へとたどり着く可能性、すなわちermattenとunterbietenとを、彼の現状に対するペシミズムと捉えることが誤りであることを指摘するには、単に彼の持論である「理論が既に実践である」といった言葉だけを参照すればよいというわけではない。ゲーテ、そしてモーツアルトに見られる中間者としてのあり方、そして、暴力と礼節の二者択一の狭間に「人間的なもの(das Humane)」を見出そうとした彼らの実作にこそ、アドルノの言葉の真意は探られるべきであろう。自らの誕生の日付をそこへと遡る一八世紀においても「人間性」は、ただ希望として輝くのみであった。しかし、少なくとも希望の光だけは、彼らの言語のうちに書きとめられたのである。

第II章

カテゴリーと媒介過程

ベートーベンにおけるカントとヘーゲル

一七四九年生まれのゲーテにとって、そして、その七年後に生まれて一七九一年に亡くなったモーツアルトにとって、ヨーロッパがフランス革命を知る以前の市民社会と宮廷社会の葛藤は、自らの出自を前者にもつ彼らに後者での生活を選ばせることをまだ可能にしていたと言える。もちろん、それが自発的なものであったのか、必要に迫られてのことであったのかは時代との関連から見られる必要がある。あるいは、いまだ匿名の大衆による広範な市場の現れていなかった当時のドイツにおいて、芸術家として生活するためには貴族社会の庇護が必要とされたと言う方が正確ではあろう。こうした情勢は、彼らより後の一七七〇年にこの世に生を受けたベートーベンの世代が活躍を始める頃には大きく変化していた。ノルベルト・エリアスが述べているように、楽譜の出版やコンサートの開催から得られる収入は、この市民社会の音楽家に狭い社交界の圏域から逃れる自由を許したのである。[*1] また、そうした経済的条件の変化は、彼の世代の多くの者が示した心情的な変化にも対応物を見出すことができる。ベートーベン自身が『エロイカ』の献辞にフランスの英雄ボナパルトの名を刻みながら、一八〇四年の彼の戴冠の知らせを聞いてそれを破り捨てて削除したという話や、[*2] 作曲家と同年生まれのヘーゲルが、その戴冠の二年後、『精神現象学』の擱筆の時期にプロイセン軍を破ってイェナに入るナポレオンをみて、それを世界精神の体現であると語ったという話は、[*3]市民の側に傾いていたであろう彼らの心情とともに、彼らの作品がいかなる精神的風土のもとに受容されたのかを示唆してもくれるのである。市民社会の神話として語り継がれるこうした逸話のうちに響く時代の喧騒は、擬古典主義の静謐な空間と明確な対照をなしている。

以下、本章では市民の時代の作曲家ベートーベンについて、アドルノが遺稿として残したものに編集を加えて出版された『ベートーベン——音楽の哲学』を主たる素材として、彼の考えを検討していく。その際、ベートーベンを論じるアドルノに即して、この作曲家の中には二人の哲学者の姿が見出されることになる。先に名前の挙がっていたヘーゲル、そして啓蒙の世紀の哲学者カントである。フランス革命以後の時代の変容のなかで、かつては身分によって保証された秩序の切り崩されていく過程において、孤独な点として散乱する個人に新たに普遍との合致の可能性を差し出すものとしてベートーベンの音楽を捉えるアドルノにとって、この作曲家とヘーゲルの哲学には深い一致が見出される。それは、個と普遍の両者を統一へともたらす「媒介」の作用への哲学者の着目であり、これはベートーベンにおいては二つの主題を綜合へともたらす展開部として現れてくるのである。しかし、ヘーゲル哲学において、すべてが統一された場所に現れることになる「全体性」の理想に対して、アドルノがあくまで批判的な姿勢を維持したことは、晩年の主著『否定弁証法』のタイトルからも明らかである。そして、この全体性への傾きは、ベートーベンにおいて『第九交響曲』の合唱に容易に聞き取られるものなのである。この意味において、作曲家とヘーゲルにはその結びつきの深さとともに、肯定性と否定性を備えた二つの相反する特徴が指摘されることになる。

しかし、ベートーベンにヘーゲルという組み合わせであれば、それは常識的なものであると言えるだろう。それに対して、アドルノの著作で奇妙に映るのは、ベートーベンに対してカントとのつながりを強調している点である。そして、この啓蒙の哲学者とのカップリングにおいても、作曲家にはヘーゲルとの関係のうちに見出されたのと同様の二面性が指摘されているのである。一方でアドルノはカントの啓蒙論に表明されるような自律の理想を高く評価し、ベートーベンの楽曲にはそれに対応する個人の擁護が見出されると考えている。しかし、そのような「唯名論的傾向」は、確かに伝統の軛《くびき》からの解放を目指す「人間性」の理想を養うものではあったが、そこに孕まれる人間中心主義的観点は、動物に対する人間の優位を主張することによって、人間自身の中に存在する様々な衝動を動物的なものとして抑圧する事態を招き寄せることになり、結局は非人間的なものになってしまったと、アドルノは見ている。[*4] その上で、「ベートーベンの陰鬱な諸特徴は、まさにこの点に関わっている」[*5]と述べるのである。『啓蒙の弁証法』の著者にふさわしく、この場合には、人間による外的な自然支配がその主体の内的支配にまで及ぶという弁証法的過程の認識において、ベートーベンはカントに結びつけられている。

本書の序論で示したように、アドルノの啓蒙批判が時間を失った神話への批判に焦点を結んでいたことを想起

---

*1　一八世紀、その黎明期にあった文学市場と旧態依然であった音楽を囲む環境の違いや、宮廷人モーツアルトと市民ベートーベンの活動した時代的相違についてのエリアスの議論については、以下を参照。Norbert Elias, *Mozart: Zur Soziologie eines Genies*, in: *Gesammelte Schriften*, Frankfurt am Main 2005, Bd. 12, S. 38f.

*2　ダールハウスは、フェルディナント・リースによる報告を典拠とするこの逸話ののちにも、いまや過去の存在となった執政官ボナパルトについて、それを歴史的な理念の実現の瞬間と考えるベートーベンは、そうした意味での彼に自身の作品を捧げる意図を持っていたという解釈を示している。Carl Dahlhaus, *Ludwig van Beethoven und seine Zeit*, Laaber 1987, S. 52ff.

*3　一八〇六年一〇月一三日付ニートハンマー宛の書簡にみられるヘーゲル自身の文章は、「私は馬に乗って市中を視察する皇帝を――世界霊魂 Weltseele を――見ました」（Hegel, *Briefe*, Hg. v. Johannes Hoffmeister, Darmstadt 1952, Bd. 1, S. 120）となっており、実際には「世界精神 Weltgeist」ではないところにその神話的受容が見受けられる。

*4　Adorno, *Beethoven: Philosophie der Musik*, Frankfurt am Main 1993, S. 123.

*5　Ebd., S. 124.

するなら、ここでベートーベンの中に見出されたヘーゲルとカントにも同じ無時間的な様相の指摘されていることが理解できるだろう。個と全体の一致においてすべての差異が消滅するように、自律した主観の成立については、自己と異質とされる対象が消去されるのである。そこには、永遠の現在という神話的世界が存在するのみである。以下では、ベートーベンを論じるアドルノが、その議論の行程においてカントをヘーゲルに、そしてヘーゲルをカントに対置することによって、この啓蒙の真相にある「常に同じもの」の回帰からの脱却をいかにして目指したのかが論じられる。それはまた、自らの神話的様相からの「人間性」の逸脱が示される行程でもあると言えるだろう。その際、ベートーベンとカントという一見奇異なカップリングが、時間を新たに始動させるものとしての「カテゴリー」への着目とも関わってアドルノにとって重要であったことが明らかにされるだろう。議論のきっかけとなるのは、若き日のアドルノが音楽誌に著したひとつの短文である。

ヘーゲルとベートーベン

ベートーベンとカントが考えていたことの関係について決定的なことは、行き届いた道徳的省察でもなければ、とうの昔に崩壊した創造的人格へのパトスでもない。いずれにせよ後者についてカントは、そんなものは見せびらかすべきでないと言ったのであり、その虚偽は後期ベートーベンの疎外的構成によって完膚なきまでに罰せられている。おそらくはただ断固とした人格のみが、社会的基盤から切り離されてなおそのような形式をなしえるのであろうが、構成プランはその間に、人格を強大で冷酷な作品から押しのけてしまっている。こうしたことのいくらかはベートーベンとカントに固有のことであり、両者は歴史の同一地点で合流する。カントの体系の位階秩序においてアプリオリな綜合的判断という狭い領域が、消えゆく存在論の輪郭を縮小しながら保持しつつもう一度みずからそれを産出することで救おうとするように、そしてこの産出が主観的なものと客観的なもののゼロ地点において成功しまた消え去るように——ベートーベンの作品に沈められた形式のイメージは、見捨てられた人間の深淵から立ち現れそこを照らすのである。彼のパトスは、松明を灯す手の身振りである。その成功は、悲嘆にくれる人物が明かりの切れるその奥で身を隠している影の深みに比例している。その苦悩は、この淡い光を残りの時間、絶やさずにおこうとする石のような眼差しのうちに生じる。その歓喜は、閉じ込められた四方の壁に揺らめく炎の輝きに等しい。[*6]

一九二八年に雑誌『アンブルッフ』に発表された断想群「モチーフⅡ」からの一節である。[*7] 当時二五歳のアドルノのアフォリズム集からの抜粋であるこのシリーズには、後に哲学の分野で開花するアドルノのひらめきが既に散見される。この年のアドルノは指導教官であるハンス・コルネリウスによって最初の教授資格申請論文（『超越論的心理学における無意識の概念』）を却下されたのち、エルンスト・ブロッホとの知遇を得たことに感化されて書かれたとおぼしき論考「シューベルト」の『音楽』誌当年第一号への寄稿を皮切りに、先の『アンブルッフ』の編集にも関わっていくことになる。哲学と音楽のあいだをさまよう若きアドルノ、その彼にとってカントとベートーベンが無視できない存在であったことは間違いない。カントについては『否定弁証法』に詳しく、ベートーベンについてはアドルノの死後に出版されることになる晩年まで書き継がれたノートの存在がそれを証明している。しかし、なぜベートーベンにカントなのか。これは一見すると不思議な組み合わせである。ベートーベンに対してヘーゲルであれば話はわかりやすい。ソナタ形式の構成である提示部‐展開部‐再現部を弁証法の正‐反‐合の図式にたとえて、ベートーベンの音楽をヘーゲルの哲学に親しいものとして解釈する。このよ

＊6　Adorno, *Motive*, in: *Gesammelte Schriften*, Bd. 16, S. 160f.
＊7　このシリーズは一九二七年のⅠから断続的に一九三〇年のⅤまで続いた。

うな類比は彼らの生年がヘルダーリンと同じ一七七〇年であるというまったく外的な機縁からもしばしば語られるところであろう。実際、アドルノも、死後に出版されたノート『ベートーベン――音楽の哲学』の中でベートーベンにヘーゲルという組み合わせを提示してはいるのだ。「ベートーベンにおける固有にヘーゲル的なものとはおそらく、彼においても媒介が決して諸契機のあいだで生じるだけの何ものかではなく、この契機そのものに内在しているという点である」[*8]。一と一を足して二が生まれる。この際に二つの異質な一の二への変成（足し算という行為）に媒介を見るのではなく、一そのもののうちに既に分裂と綜合の運動が生じていることを見るところにヘーゲル的媒介の絶対性はある。アドルノが繰り返し主張する、何ものも直接的にそれ自体としては存在していない、というテーゼもこのことを指していると解されねばならない。また媒介という行為の絶対性を認めることによって、アドルノのテーゼには既にアンチテーゼが存在することになる。すなわち、媒介されるものとしての直接態の存在がそれによって示唆されることになるのである。これはそれではない、という否定的言明によって確証される絶対者の存在。あるいは、すべてはそこから始まるべき端緒こそが媒介の網の目を読み分けることによって最後に姿をあらわすという逆説。「根源こそが目標だ」というベンヤミンから受け継がれたカール・クラウスの言葉も、この意味においてアドルノではまったく弁証法的に解釈されていることになる。

では、綜合（ジュンテーゼ）はどうなるのか。媒介と直接態の二項対立はアドルノの否定弁証法において一体のものへと止揚されるのだろうか。限定的否定、という答えがしばしば口にされるのはここである。対立の解消としての全体性の実現である綜合の欺瞞を突くアドルノは、二項対立を和解の仮象へともたらすことをせず、その動態性を保持しつつ、否定的反省を加えることで両者をズレのうちに交錯させるのだとされる[*9]。たとえばモデルネの芸術作品について語られた次の一節。「モデルネの芸術とは、その経験様式に即してみれば、経験の危機の表現として、工業化が支配的生産関係の下で時熟させたものを吸収した芸術のことである。このことは否定的なカノンを含んでいる。こうしたモデルネを経験と技術において否定しているものの禁止である。そして、このような限定的否定とは殆ど既にまたなされるべきことのカノンなのである」[10]。自らを否定するものの否定としての、否定的カノン。和解の訪れることはなく、ただ敵対関係の耐えざる意識化を目指す運動としての否定が積み重ねられるのみであるかのように思える。しかし、モデルネとはアドルノの歴史的視野からすれば一九世紀半ば、とりわけ『悪の華』の出版を一つの里程標とする時代的現象のことである。してみれば、ベートーベンの音楽に社会的性格が欠けているわけでないのは当然のこととして、しかしそこで限定的否定の対象となっているものは彼の後の世代が被った工業化の経験とは別種のものであったと想定することができる。そして、そのような否定の対象が存在するとすればそれは、ヘーゲルと同年生まれのベートーベンにとってフランス革命によって誕生したとされる市民社会の理念をおいて他になかったはずである。倦怠とメランコリーのまどろみのなかで来るべき目覚めの時を待つモデルネの市民社会、これがボードレールの生きた世界であったとすれば、それに先立つ数十年の経験が、ベートーベンの作品をヘーゲル哲学の音楽的現れ、同時代的現象として規定することになる。それと同時に、フランス革命という一回的出来事がベートーベンをカントの同時代人にするのである。「ベートーベンとフランス革命の関係は特定の技術的概念のうちに把握される。——私が確認しておきたいのは、フランス革命が新たな社会形式を作り出したのではなく、そうではなくて既にできあがった社会に突破の手助けをしたのと似たやり方でもって、ベートーベンは形式に接していたということである。彼にとっての問題は形式の産出ではなく、自由に基づく形式の再生産なのだ」[11]。そして、この文章の最後には括弧に付されて次の一文が挿入されて

＊8　Adorno, *Beethoven: Philosophie der Musik*, Furankfurt am Main 2004, S. 44. 強調は原文。

＊9　限定的否定についてのこうした見解からは、たとえば「仮晶（Pseudomorphose）」という術語をアドルノが用いる際に意図していることは、その反対のことではないのかという考えを導くことができる。

＊10　Adorno, *Ästhetische Theorie*, in: *Gesammelte Schriften*, Bd. 7, S. 57f.

いる。「カントでもきわめてよく似た事柄が問題になっている」[*12]。冒頭の問いに戻ることになる。なぜカントなのか。そしてこの問いは、ここではもう少し具体的に問うことができる。すなわち、最初の引用に述べられていた彼らが合流する「歴史の同一地点」がフランス革命であるとすれば、この客観的情勢によって求められた彼らなりの限定的否定の行使のありようである形式の再生産とはいったいいかなるものであるのか、というふうに。

カントとベートーベン

一七七〇年生まれのベートーベンとヘーゲルに対して、カントは一七二四年という生年とともに一八〇四年という没年まで含めて正確に一八世紀のひとであった。啓蒙の世紀と呼ばれる一八世紀を振り返ってなお啓蒙の完成者と称されるケーニヒスベルクの哲学者について、一八世紀の一つの側面を代表する例示であると言うこともできる。しかし他方で、この哲学者を一八世紀の経験から離反する人物として言い表す者もいる。もちろん、そのこともまた彼の批判哲学に関わってのことではあるが、たとえば次のような言い方がなされもするのである。「カントの思想が批判的であるというのは、ある事柄が生じることの原因について、諸前提について問うたからだ。（…）カントの関心の中心には美的判断があり、彼が問うたのはこの判断がいかにして生じるのかということである。彼が問うたのは判断が下される際の基準である。そのようにして彼は啓蒙主義の詩学において無反省に根拠とされていたものを理論化したのである。すなわち、趣味の理論と適意の理論である」[*13]。啓蒙主義の詩学が追い求めたものを「コモン・センス」あるいは「ボン・サンス」と設定し、それを普遍的な規範化の原理と解することで、三批判書以降のドイツ観念論あるいは論文の主題であるゲーテ時代に勃興してくる歴史哲学的構想への転換点としてカントを位置づけようとするションディの叙述については、啓蒙主義と括られるものの内実をあまりに平板に捉えすぎているという恨みは残るものの、このように語られることでカントの過渡的性格を明瞭にするという利点も認められる。すなわち、趣味の理論として定式化されるところの個人の判断の根拠の普遍性である。

既に啓蒙の世紀において個人の社会からの自律、人間の神からの自律が議題にのぼっているなかで、『啓蒙とは何か』を著した著者にとっての問題は、ではこの旧体制の軛から脱した市民社会の自由な市民はいかなる意味で自ら規範を求めることができるのか、ということであった。第一批判でのアプリオリな綜合判断の可能性を問うたカントから、自由の可能性を問うた第二批判を経て、個人の趣味判断の妥当性の根拠を探る第三批判のカントへ、そこにはつねに個がいかにして自ら普遍を見出すことができるのかという、アドルノの好むミュンヒハウゼンのたとえを用いるなら、自らの髪を引っ張ることで自分自身を持ち上げようとするかのような難題が横たわっていた。つまり、ションディの記述にも見られるような、普遍に対する個物の権利要求をなしえた一八世紀の特異点としてのカントのイメージには、啓蒙の恐怖への転落を印しづけるフランス革命のそれと同じく、時代のラディカルな転換に伴って啓蒙そのものの内部に見出される切断の衝撃もまた備わっているということである。趣味判断の普遍性、個人の美的判断がいかにして万人に妥当するものとして賛同を得られるのか、という困難な問いを発するカントにおいてこそ、普遍的な形式の主観的産出という異常な事態が問題となりえたのである。

しかし、個と普遍の不可能な一致とは、まさにヘーゲルの弁証法が媒介によって成し遂げようとしたことであり、そのヘーゲルの媒介とはカント的認識論への批判を通じて練り上げられたものでもある。こうした文脈を踏まえて、ヘーゲルのカント批判はアドルノによっても繰り返されている。たとえば、次の一節。「アプリオリな

＊11 Adorno, *Beethoven*, a. a. O., S. 61. 強調は原文。
＊12 Ebd.
＊13 Peter Szondi, *Antike und Moderne in der Ästhetik der Goethezeit*, in: *Poetik und Geschichtsphilosophie*, Bd. I, Frankfurt am Main 1974, S. 15.

綜合判断はしかし、深い矛盾に貫かれている。もしこの判断が強くカント的な意味でアプリオリであるなら、それはいかなる内容も持たないことになり、形式とは実際のところ純粋に論理的な命題であり同語反復であり、そこでの認識は新しいものや他者の何一つとして自分自身に付け加えることなどしないことになる。しかしこの判断が綜合的であり、つまり真面目に認識であって単なる主観の自己二重化ではないなら、それはカントが偶然的で単なる経験にすぎないとして判断の領域から追放しようとしたあの内容を必要とするだろう。こうして見れば形式と内容がそもそも一致し、互いに調和しているのはいかにしてか、カントがその妥当性をこそ正当化しようとしたあの認識が生じるのはいかにしてか、という問いは根本的なほつれをみせて謎に包まれることになる。これに対してヘーゲルはこう答えた、形式と内容は本質的に相互に媒介しあっていると[*14]。カントによる認識可能な現象と認識の網の目からこぼれ落ちる物自体という区別は、主観の側が自らに認識可能なものを網の目を用いて選別しているという事態への説明であり、この際に感性によって受容された経験的対象に対して選別の網の目として作用する悟性のアプリオリな図式は、それがもしいかなる経験にも先立つ「強くカント的な意味でアプリオリ」なものであるなら、そこに認識として生じてくるものは、新たな対象や他者の認識ではなく、二重化された形式の自己認識でしかなくなってしまう。認識の根源を求めてなされた形式と内容の分離が、カントにおいて経験的内容の捨象を引き起こしたことに対して、ヘーゲルは両者の媒介による結合を主張するのである。たとえば哲学史講義ではこう述べられている。「あるものは単にその限界のうちであるいは限界によってそのものであるのではない。ゆえにひとは限界を存在者にとって外的にすぎないものとみなしてはならないのであって、むしろ限界は存在者の全体を貫いているのである」[*15]。存在者を貫く限界とは、主観と客観の乖離を示す傷であると同時に両者を交錯させる媒介の印であり、この限界が諸契機の「あいだ」ではなく個々の契機に「内在」していることこそベートーベンに固有のヘーゲル的要素であった。カントかヘーゲルかの二者択一がアドルノのベートーベンにおいて問題となるかに思えるのは、ひとえにこの媒介の様相をめぐってのことなのである。では、ベートーベンにとって媒介とは何か。アドルノの答えは明快である。それは展開部で生じている。

展開部における媒介

提示部における第一主題と第二主題をテーゼとアンチテーゼとすれば、両者が宥和の形象をとって再度回帰してくる再現部は綜合（ジュンテーゼ）であり、そこに至るまでの展開部が弁証法的媒介の行われる場所であることになる。[*16]「音楽と弁証法の論理」と題された断片にはこう書かれている。

> ベートーベンを見れば、彼が初めて弁証法的作曲の完全な概念に達するまでにいかにゆっくりと進んでいったかがわかる。『ハ短調バイオリンソナタ』作品三〇――天才的構想を示す最初の完全なベートーベン作品――では、敵対関係はいまだ無媒介であり、つまり主題の複合体は大規模な対照性のうちで、いわば軍隊の中かチェス盤の上にでも置かれているかのように、密な展開過程のうちで互いにぶつかり合っている。『アパッショナータ』ではアンチテーゼをなす二つの主題はそれ自体同時に同一のものになっている。非同一性における同一性である。[*17]

異なる主題が互いにぶつかり合うだけの作品三〇のバイオリンソナタは言ってみれば諸要素のあいだでの媒介

＊14 Adorno, *Drei Studien zu Hegel*, in: *Gesammelte Schriften*, Bd. 5, S. 306.
＊15 Ebd., S. 315.
＊16 Vgl. Adorno, *Beethoven*, a. a. O., S. 186.
＊17 Ebd., S. 45. 強調は原文。

であり、それをアドルノはここで「無媒介」と呼んでいる。媒介がそもそも異質なもののあいだでしか生じることがないとすれば、作曲における媒介とは主題が「ぶつかり合う」ことでしかありえないはずである。しかし、それに対してベートーベンにおける弁証法的技法として指示される『アパッショナータ』(ピアノソナタ第二三番作品五七)では、媒介は異なる二つの主題のあいだで行われながら、しかもそれらの主題は同一であると言われて、さらには非同一性における同一性と名指されている。つまり異なるものが同一のもののうちで知られる場所の出来であり、媒介の内在性として指示されていた事態である。対象が認識されるのはそれが認識するものと等しいからではなく、何かが認識されるとすればそれはそれ自体にとって異質なものによってである。しかし、このことは認識する者と対象の両者の抽象的な否定と分離を前提とするものではなく、限定的否定、すなわち内在的限界としての媒介を通じて現れるもの、「非同一性における同一性」をその場所としてなされる行為なのである。両者は互いなしには存在しない。一つの全体にも、個の散乱にもともに欠けるものがある。時間の進展、曲の展開である。展開部はドイツ語でDurchführung、文字通りには通過部あるいは実現部とでも訳せるものであり、そこではまさに結末にむけて競い合う主題の展開Entwicklungが生じる。二つのものがただ一つであることによっても、ばらばらであるだけでもそこに変化は生じない。両者の混交、しかも非同一的なあり方を失い緊張を弛緩させることのない同一的様相の提示が必要である。場所Aのなかに二つの項bとcが存在する場合を考えてみたい。bとcは異質でありながら、両者の通約可能性は、それらの提示される場所Aによって保証される、というのではない。もしそうなら、アドルノは「同一性における非同一性」と言うべきであった。bとcは異質であることによって初めて互いに出会われることが可能となるのであり、その出会いが全体としての場所Aの同一性をも確証する。行き方はこうである。さらに言えば、多を包括する全体性の現れにおいても、多はその諸要素が個々に異質であるからこそbとcは互いを別のものとして認め、相手にその同一性を与えることができる。何かがそれとして同一であることも、そもそもそれとして直接存在することも、ひとしく事後的にのみ成立する何ごとかなのである。そして、このような非同一的なものの媒介によって初めて同一性は個としても全体としても直接態として現れるのであって、その意味でいかなる存在者も媒介なしに存在することはありえない。この二項の媒介作用による同一性の現れという出来事が、時間の開始とともに存在の静けさに亀裂を入れる、ことはそう運ぶはずであった。

媒介の虚偽

しかし、そうはならなかったからこそアドルノはカントに立ち返ったのだ、と考えることはできる。実際、個と普遍の一致というかたちで夢見られた自由の理想がヘーゲルにおいて全体の優位に終わったというのはアドルノの公式見解であり、そもそもそれゆえの否定弁証法であったはずだ。たとえば、アドルノにとって「ヘーゲルの体系への欲求が告白しているのは、現実の構成における普遍と特殊の宥和の形而上学が、法哲学と歴史哲学としては挫折した[*18]」という一事なのである。だからこそ「ヘーゲルは媒介に心血をそそいだ[*19]」のであり、「彼の媒介のカテゴリー、すなわち民族精神は経験的歴史にまで入り込んでくる[*20]」のである。民族精神として現れるヘーゲルの媒介の使用が、第二次大戦において祖国からの亡命を強いられたユダヤ系哲学者のなかでいかなる記憶と結びつけられたかは言うに及ばない。民衆と党との一致が求められた現実の歴史のなかで、こうした媒介は個を全体へと文字通りアウフヘーベンすることによって、のちに全体主義と呼ばれることになる政治形態を自らの帰結として導き出すことになったのである。「真理とは全体のことである Das Wahre ist das Ganze」というヘーゲル

＊18　Adorno, *Negative Dialektik*, in: *Gesammelte Schriften*, Bd. 6, S. 331.
＊19　Ebd.
＊20　Ebd.

の言葉を転倒させて「全体とは非真理のことである Das Ganze ist das Unwahre」[*21]と書いたアドルノの意図もまた見紛いようがない。確かにアドルノはこうも書いている。

ベートーベンの音楽はその形式の全体性のうちに歴史過程を表象し、社会のなかの各々の個別的契機、言い換えれば各々の個体の生産過程を、全体としての社会の再生産におけるその機能のみに基づいて理解させてくれる（この再生産の契機と決定的に関係しているのが、個人の取るに足りなさと端緒の偶然性であるが、後者はしかし同時にまた単なる偶然以上のものでもある。ここにベートーベンの主題の理論がつなげられるだろう）。ベートーベンの音楽とはある意味で、全体は真理であるという範例を試すものである。[*22]

一見してヘーゲル弁証法の図解としてのベートーベンを提示することで両者の近さを証言しているように思える引用であるが、しかしここでヘーゲルの範例を示すのではなく「試す」とされていることの意味は問われてよい。全体を実現する媒介過程、個体の生産あるいは社会の再生産と言われる過程が、結末においてヘーゲルのたどった道を回避することができるのかどうか、そしてその際のもう一つの結末とはいかなるものでありうるか、このことがアドルノのベートーベンにおいて試されているのである。

個体の生産過程を社会の再生産の観点から計測するとはまた、全体の先行のもとに個別の遅れを認めるということでもある。だからこそ「個人の取るに足りなさ」や「端緒の偶然性」が口にされるのである。この根拠をもちえない個が他者と出会うことで自らを非同一的なものとしてその同一性のうちに知るという端緒の偶然性によるよりほか始まりようのない非同一性の貫徹としての媒介が、そこに炸裂する同一性の火花を全体へとその都度つくりあげていくことこそヘーゲル的全体の真理であり、さしあたり『アパッショナータ』の主題に確認されたベートーベン的弁証法の技巧でもあった。しかし、死後に残されたアドルノの断片には次のような一文が書きつけられてもいる。曰く、「ヒトラーと『第九交響曲』。幾百万の者たちよ、きみたちは包囲されている」[*23]。この不吉な言葉の意味は考えられねばならない。たとえば仮に一〇〇万人で第九の合唱が歌われたとして、自由と平等と博愛について一〇〇万人が同じ歌を口ずさむことの恐怖がそこにないはずがない。根拠のない市民社会の自己措定の身振りがその成功を祝福する背後で、そしてその試みはそれ以前も以後も彼の他には誰ひとり成功した者のいない未曾有の事態とされるわけだが、そこに現れた全体に取り込まれた、あるいは取り込まれなかった個人は収容所に送り込まれる。このような光景の幻視がヒトラーと第九の直結をアドルノに促したのであったにちがいない。ピアノソナタにあらわれる個によってくみ上げられる全体ではなく、交響曲には細部を圧して自己を貫徹する全体の影がおりてくる。別の証言にはこうある。「『第九交響曲』の再現部の開始は交響的過程の結果である自らの原初的措定を祝っている。この措定が威圧的なかくあるべしとして響き渡るのだ。これに応えるのはおののきであり、それは威圧するものへの恐怖によって音色をつけられている。音楽は、大勢になびくことで非真理についての真理を述べてもいるのだ」[*24]。もちろん、アドルノはベートーベンをお払い箱にすれば全体の虚偽(=非真理)が正されると考えていたわけではない。ヘーゲルについてそうであったように、彼は対象の否定的真理もまた真理であると見抜くことを、正しさを闇雲に要求するよりも重要であると考えていただけだ。「ヨーロッパ哲学史にただヘーゲル哲学のみがあるというのと似た意味において、ヨーロッパ音楽史にはただベートーベンだけが存在する」[*25]。ゆえに、この言葉は単なるドイツ的なるものの礼賛として捉えられてはならない。重大

＊21　Adorno, *Minima Moralia*, in: *Gesammelte Schriften*, Bd. 4, S. 55.
＊22　Adorno, *Beethoven*, a. a. O., S. 34.
＊23　Ebd., S. 120.
＊24　Adorno, *Ästhetische Theorie*, a. a. O., S. 363.

な留保をつけることによってのみ、この二人はアドルノにとって真理の指標となりえたのだ。この二つの唯一のものの真理とは、脅かされた者のおののきのうちに読み取られる全体の非真理のことである。この虚偽が全体へと生成してくる場所こそ媒介過程、展開部であったとすれば、では媒介こそが虚偽の証であるということにならないだろうか。これが留保である。媒介なしで済ますこと、これこそ全体性批判の何よりの解決策ではないのか。たとえ犯された過ちに限定的否定を行使することで真理の予感を示唆しようとも、一回的な暴力の行使が無に帰してしまう虚しい個人を正当に扱おうとするのであれば、アドルノは全体への傾向が孕まれてしまう場所そのものを消去してしまうべきではなかったのか。媒介の欠如をヘーゲルによって批判されたカントが再度アドルノのもとに回帰してくるのはここである。

展開部における時間の停止

もちろんただカントへ道を引き返すことで事が済まないのはアドルノによく承知されていたことである。彼の哲学がヘーゲルの媒介の失敗にこだわる理由は、その限定的否定という方法論に即してみればそこに非真理の真理が存在するからであり、媒介を捨てることで盥の水もろとも赤子を流すことになってては本末転倒である。これと同じことはカントへの批判にも当てはまる。アドルノがカントに媒介の欠如、あるいは端的に対象の不在を指摘するとき、そこに見つめられているのはカントの体系構想に非真理というかたちで現れる真理のネガである。ヘーゲルに媒介の転落が示唆されるとすれば、カントには媒介の必要が示唆されている。カントにおける媒介のありようが、ヘーゲル的媒介ではなく無媒介の様相を呈すること、ここにアドルノのヘーゲル批判としてのカントの位置価が定められる。ベートーベンにおいて、それは正しく展開部の抹消として聞かれることになるだろう。しかしここで改めて問うておけば、媒介過程としての展開部において全体の優位とはいったいいかなる事態として生じているのか。これは音楽の本質に通じてアドルノに焦眉の問いであった。なぜならそこで生じていることはその名に反しての展開の停滞、時間の停止であったからだ。

アドルノが展開部についての自分の考察への直観的な示唆として用いるのはそれが古くは英語で「幻想部 Fantasia section[*26]」と呼ばれていたという事実である。「実際、展開部はたしかにソナタ形式では本当に〈自由な〉、主題、転調、経過等の規則に縛られない唯一の部分である。そもそもベートーベンの展開部の面目をなす、型に即して展開部を組み立てるという方法も、常に幾分は〈それついて空想を働かす darüber phantasieren〉ところがあり、型と戯れるといういくらか自由なところもある[*27]」。そこからアドルノは展開部を二つの部分にわける。一つは「空想を働かす部分」、もう一つは「ある型の断固たる設置[*28]」である。前者は自由な主観による遊戯の拡散であり、後者はそこから浮かび上がる基底部の現前である。二つのものの出会いの場である展開部において各主題はさらに自らを二重化し、その個別的側面の離反と客観的側面の配置によって、互いの戯れを許しさらには融合を果たすことになる。主観と客観は対立するのではなく、互いに互いを条件付けることで新たな形式を産み出してゆく。しかし他方で、この「空想を働かす」という契機が音楽の時間経過の原則に反するものであることは、次の瞬間への移行を夢見るその準備段階としての位置付けからも容易に理解される。そこでは時間は滞留しているのである。幻想的に紡ぎ出される新たなメロディーの連鎖は、それ自体が他との衝突によって同一性を獲得することなくすぐさま泡と消える。そこには同一性と同時に成立すべき非同一性も存在しない。自己として同定されもしない何かが、別の何とも出会うことのないここは端的にいって「無時間的 zeitlos[*29]」な場所になる。この無

＊25 Adorno, *Beethoven*, a. a. O., S. 31.
＊26 Ebd., S. 100.
＊27 Ebd.
＊28 Ebd., S. 101.

時間性による作品の円環の閉鎖が一種の緊張状態の頂点として世界全体を一望のもとにする神の視点への参与となって作品の幸福を形成しえたモーツアルトからベートーベンを区別するものは、たとえば前者が一七九一年に死んだことに関連づけられるのかもしれない。[*30] 人間より上位の審級の存在が超越を許容していたというよりは、世界の内在性への醒めた視点がなお神の存在によって確証されえた時代に、モーツアルトの放蕩は神話的力と世俗の生との奇跡的な一致として作用しえた。[*31] 時間の停止はアポテオーゼ（終曲／終幕）でもありえたのだ。[*32]

対してベートーベンの現実はフランス革命以後の世界であり、それはベートーベンにとってナポレオンの時代を意味していた。時間はもはや円環を描くことなく直線的に過ぎ去っていくことになるのであり、またそこに初めて時間の駆動力としての展開が問題となりうる場所が現れたともいえる。アドルノによって唯名論的と名付けられる、普遍に対して個の立場を主張する哲学的傾向が市民社会の誕生によってその足場を得たとすれば、そのなかで自らの思想を形成したヘーゲルとベートーベンにとって主観的な存在が客観的な真理の条件に参与する可能性は両者の媒介過程に見出されるものであった。個の普遍への参与は市民社会においては市場への参入であり、たとえば媒介過程とはヘーゲルにおいて労働のことであるように、ソナタ形式の展開部において行われることも主題労作 thematische Arbeit と呼ばれる。すべての時間を単一に切り分ける労働において時間は抽象的なものへと変化する。アドルノが調性について残したメモには箇条書きで次のようにある。

①社会的に生産され暴力によって合理化された体系を「自然」として代理すること。②平行関係の確立（おそらくは同等物の交換というカデンツの形式にある）。③特殊なもの、個別的なものは普遍であり社会の個別化の原理である。つまり和声に生じる個々の出来事は、経済的人間が価値法則の代理人であるように常に図式全体の代理物なのである。④全体のデュナミクは社会的生産に合致した非本来的なものであり、つまりはバランスの確立である。おそらく和声の進展がそもそもある種の交換過程なのだ。ギブ・アンド・テイク

としての和声による調和。⑤和声経過の抽象的時間。[*33]

---

*29 Ebd., S. 107.

*30 あるいは音楽的時間の神からの解放としては啓蒙的であったともいえる。「モーツアルトの『イ長調ピアノソナタ』からのフィナーレの終結部での通奏低音には、主音と属音のあいだに機械のように当てはめられた伴奏音型、逸脱によって突然最小のモチーフへと分裂していかないように、ただチクタクと時のあゆみを先行する運動によって別の時間に進めていくことを本務とするメロディーが添えられている。その音でもって他の楽章のすべての展開とデュナミク〔強弱法〕を締めくくるこの終結部は、あたかもそれまで自由に流れていた時間をケースのなかに捕まえようとするかのようである。それは時計に似ている。かつて一七世紀の哲学者たちが自分たちの世界について考えたあの時計である。それによれば、始まりにおいて神の構想によって動き始めた時計は、その機械仕掛けに身を任せていまや自分だけで動いている。これこそ魔法の機械である。無名の観客に対して外側で時間を示しながら、この機械は時間を閉じ込めることで自分の方が時間を支配している。世界は眠れる機械製作者の夢である。しかしモーツアルトの終結部がコーダで三たびの開始をつげるとき、それはあたかも親方が忘れかけていた作品の着想をあらたに得て、その作品を自分の呪縛から解放しようと仕事に取りかかったかのようなのだ。時間の方が時計そのものを征服し、音の鳴り止むまえに自らのエピローグを和解のうちに奏でるのである」（Adorno, *Motive*, a. a. O., S. 269f.）。神が前提されるところに彼の歴史的位置が明らかになり、神の存在が彼のラディカルさを証言することになる。

*31 「モーツアルトの〈神がかった軽薄さ〉は歴史哲学的には封建時代の放蕩な自由と主権が市民的な、とはいえこの段階ではまだ封建的なそれに等しいような自由と主権とへ移行する瞬間を記録している。〈主人〉の二重の意味。人間性と軛からの解放がここではまだ同じものなのだ。この一致のうちにユートピアがあらわれる。モーツアルトの死んだのはまさにフランス革命が抑圧へと転化する直前であった」（Adorno, *Beethoven*, a. a. O., S. 60f.）。

*32 「もはや羊飼いではないがいまだ市民《シトワイヤン》ではない」、「ツェルリーナ〔『ドン・ジョバンニ』の登場人物〕のイメージのなかでロココと革命のリズムは中断する」。そこに「静止状態における歴史の比喩」が現れる（Adorno, *Huldigung an Zerlina*, in: *Gesammelte Schriften*, Bd. 17, S. 34f.）。

工場の型のうえで黙々と作業する労働者のように、和声の型のうえに生じる旋律的出来事は、普遍を表す個別の事例にすぎない取り替え可能な代理物に転じる。具体的な個が普遍の抽象的平面で均等にならされる死の空間。それが和声であり調性であり価値法則であり、労働や展開部がそこに飲み込まれる全体なのである。個別がそれによって自己を非同一的なものと認識する対立物としての範例や型が、個の存在を「取るに足りないもの das Nichtige」として「集団 das Kollektive」の中に溶かしこんでしまう。拡散していこうとする個とそれを統合しようとする普遍のあいだでともかく何ごとかがなされる場所、新しいものがつくられるはずのこの労働状態に時間は止まるのである。抽象的な死の空間における時間の停止、このことを指してアドルノは「時間の収縮 Kontraktion der Zeit」と呼んでいる。「交響曲の原理である時間の収縮、深い意味での『展開部』であり『労働』であるものは、演劇の『葛藤』に対応する[*34]」。舞台の展開を盛り上げ、行き詰まる筋に次の展開をつけるための葛藤もまたそれまでの時間を解決に手渡す媒介であり、突破が訪れるまでの停滞でもある。では、この媒介をなくすとどうなるのか。歴史の過程を省略して二〇世紀を見てみれば、アドルノが称賛するシェーンベルクの音楽やベケットの演劇には一聴一見してそれとわかるエピソード相互の連絡がない。展開部も葛藤も存在しないのだ。「両者はこんにち直接性の支配のもとで崩壊の途上にある。この崩壊が抵抗の抹消であるかその全面化であるかはニュアンスの問題でしかない[*35]」。この崩壊現象を質的なものにまで高めるのがモデルネのピエロやゴドーであるにしても、この記述から読み取れるのは、媒介の消失それ自体はアドルノには要請されるべきものというより、止め難い歴史経過として現に生じているものとして捉えられているということである。その際の媒介の消失と直接性の支配とはおそらく、自覚なく作動するシステムと個人が互いを知らず、ということは己を規定するものを知らずに自己保存の欲求のみを指針とすることで体系へと絡め取られていくという末路を保証するものであり、真理が否定的なものとしての痕跡すら残すことがなくなったという事態を表している。

本来的に人間的なもの

ゆえにアドルノがベートーベンをカントの横に並べるとき、それは客観的形式の主観的産出を求めるカントであり、対象の欠如を咎められたアプリオリな綜合判断もその意味において主観と客観のゼロ地点、すなわち存在論的な端緒として取り上げ直されることになったのである。主観を支えるものとして媒介の過程を成立せしめるものを主観が自ら産み出すこと、自我の一人遊びではなく自らに疎遠なものとして自己に立ち現れるものを産出することによって媒介のアポリアに解決が求められるのである。ではそうした端緒は音楽においてどこに聞かれるのか。たとえばベートーベンの『第四交響曲』や『エロイカ』の第一楽章が挙げられるのであり、それらについて、「音楽が何かに執着して振り子運動を続けているような『宙づりにされた』ところ」[*36]という言い方がなされる。アドルノはこうした箇所をベートーベンのいわゆる晩年様式と比較すればまだ自発性によって生み出されたものであるとするが、他方でそれを「物象化の瞬間」[*37]と呼ぶことを提案しもするのである。なぜか。それは「その箇所では主観的に産み出されたもの、さらには展開の途上にあるものが、その生産活動と無縁となっているように思える」[*38]からである。自分でつくった商品を奇跡のわざと感嘆する労働者のように、音楽は自分の過去が見知らぬ他者として回帰するのに接する。「主観の力はその『生産過程』において、つまり技術的にはその転調の

＊33　Adorno, *Beethoven*, a. a. O., S. 83.
＊34　Ebd., S. 65.
＊35　Ebd.
＊36　Ebd., S. 148.
＊37　Ebd.
＊38　Ebd., S. 149.

途上で、自らに疎遠なもの、非人間的な客観性として立ち現れてくる」[39]。そこにおいて時間は「静止 einstehen」し、音楽とともに時間そのものが振り子運動を始める。しかしそれは単にごまかされた人間的感情の代理物ではなく、深く非人間的な事態のうちにこそあらわれる主観性の輝きでもある。「こうした箇所の比類ない感動はしかし、疎外状態に置かれてなお主観性が商品のなかから笑いかけてくるような、そこでもまだ自分が何者であるかを完全には忘れていないというような、そういう点に成立している」[40]。そしてここに「カントとベートーベンの深い一致」[41]が指摘されるのである。

　アドルノはベートーベンの偉大さを彼が「定番」の十八番をつくったことに見ていない。お決まりの展開、お決まりの旋律である。そうではなくて常にその内容が生起し消えてゆく型の方を作り続けたところにその偉大さをみている。「しばしば彼の即興 Phantasie は直接性や着想の平面ではそもそもなく、概念の平面で演奏されるように聞こえる——第二段階のファンタジーであり、カント以降のカテゴリーの恒常的産出論のようである」[42]。ピアノソナタ作品二一にその予兆が現れエロイカにおいてはっきりと見出されたこの方法論がベートーベンをカントに、フランス革命あるいはナポレオンという形式の破壊者たちを否定的媒介項とすることでつなげることになったのである。さらにこの音楽の内実である普遍的形式の主観的産出をアドルノは「本来的に人間的なもの das eigentlich *Humane*」[43]と呼んでいるが、これは無から有を産み出す天才の豊饒を言い表したものではなく、彼のなかではむしろ乏しさに関わる言葉であり、そのこともまたカントへの連想を働かせる。というのもそれはベンヤミンにも遡ることであり、カントの弟ヨハン・ハインリヒ・カントが兄に宛てて書いた手紙について『ドイツの人々』に記された次の一節がアドルノの頭にはある。「疑いなくここには真の人間性が息づいている。あらゆる完全なものは、しかし同時にこのような完全な表現を与えられたものの条件と限界をどれほど言い表していることか。人間性の条件と限界？　たしかに、あるいはまたそう思えるといってもよいが、この条件と限界が我々とこの時代をはっきりと隔てているのであり、他面ではこの時代を中世の生活状態から隔ててもいる」[44]。ではその人間性の条件と限界とは何か、これについてベンヤミンは以下のように続ける。

啓蒙主義を振り返ってみれば、そこでは秩序を下級官吏や専門の学者そしてろくでなしを所定の社会配置へと行進させる服務規程のように使いこなし、しかし人間をホモサピエンスとして被造物に対して打ち立てることで、ただ理性の恵みだけをもって人間を被造物から区別する自然の明快な秩序が、いまだどこにあっても自然法則と矛盾することはなかった。このような狭さのなかで人間性はその崇高な役割を果たしたのであり、この狭さなしでは人間性も枯れ果てるよりほかなかったであろう。この制限された生活の乏しさと真の人間性の相互参照がカントにおいて最も明確に現れているとすれば（彼は教師と護民官の正確な中間地点をなしている）、その弟の手紙は、哲学者の著作に気づかれる日々の思いがどれほど深く民衆のうちに根を下ろしたものであったかを示している。手短にいえば、人間性を口にする際に忘れてならないのは、啓蒙の光の差し込んでいた市民の居室のこの狭さである。[*45]

ここでベンヤミンによって言われている「制限された生活の乏しさ karg」こそ、アドルノがベートーベンの人

*39 Ebd.
*40 Ebd.
*41 Ebd.
*42 Ebd., S. 230f. 強調は原文。
*43 Ebd., S. 231.
*44 Benjamin, *Deutsche Menschen*, in: *Gesammelte Schriften*, Bd. IV, S. 156.
*45 Ebd., S. 156f.

間性にみたもの、彼を規定するものとして、制限であるとともに、それなしに彼の跳躍もありえなかったという意味では可能性であったものということになる。ゆえに人間性とは乏しさの枠のなかで展開される内容であるというより、この乏しさそのものによって生み出される自らを枠とする形式であるといえる。日常を縁取りそこに沈み込んだ生活の痕跡によって輝き出すそれは、ベンヤミンであればアウラと呼んだかもしれない何かである。そして、ベンヤミンのアウラが彼の複製技術論において、テクノロジーによるその破壊という命題を裏付けるべく最後の輝きを認められる場所が初期の写真であり、この仮象がまた肖像作成の試みというそれ自体が現実の複製とみなせるもののうちでは、人物の顔の皺や衣服の襞、生と死、光と闇の狭間に認められたように、アドルノはその人間性を非人間的なものと重ね合わせてゆくのである。それはいわば死の空間をこえて輝き出している。

気づかれるように、アドルノの理解においてヘーゲルとカントこそベートーベンにおいて並存している。ヘーゲル的媒介の全体性への傾きは批判されるべき悪しき停滞地点としての展開部に見出され、そこでは主題労作に社会的労働性格が付与されるのに対して、カント的な形式の産出が生じる場面においても時間は静止しているのであり、その比喩として用いられる物象化という言葉はまさしく市場経済のもとに生じる社会的出来事であった。ヘーゲル的行き方の終着点とされる全体性やカント的行き方の出発点におかれる物象化は、ひとしく生命のみられない荒野の風景にあらわれる。先に展開部的時間経過を表すものとして挙げられた「時間の収縮」が前者に適用されるとすれば、後者に当てはめられるのは「時間の退位 Abdikation von der Zeit」[*46]である。どちらも時間の停止を意味するが、収縮が硬直のイメージをもつのに対して退位の方は時間そのものの消去を意味するように響く。アドルノにおいて時間の停止あるいは端的に無時間的と呼ばれる事態はどのようなかたちであれ神話と関係する。神話とは新しいものを産まず「常に同一のもの」を継起させるだけであり、しかもそれを「新しさ」として売りに出すようなものである。『啓蒙の弁証法』はそれを文化産業と呼ぶのであり、すなわちそれは資本主義のことであり、そこで物象化と時間の停止が生じる。そして、ヘーゲルとベートーベンが、フランス革命以降における市民社会の開始という当の資本主義的社会形態の出現と手を携えて現れた美的モデルネの黎明期をともに生きたとして、その際カントはこの二人にカテゴリーの主観的産出というひとつの出口を、革命によって破壊された形式の復活によって提示してみせたのだと言うこともできよう。ベートーベンとカントの同時代性とは、革命によって実現された形式の破壊と個人の寄る辺なさとをもはやありえない普遍的形式の産出によって克服しようとする非時代的な、あるいは無時間的な試みのことである。

最後に付け加えておけば、アドルノはベートーベンの二つの時間のありようである「時間の収縮」と「時間の退位」をそれぞれ「集中型 intensiver Typ」と「拡張型 extensiver Typ」に振り分け[*47]、時間の円環のなかで堂々めぐりを続ける時間の滞留である前者を「神話的 mythisch」、後者を「叙事的 episch」と呼んでいる。主として展開部に指摘される時間の収縮がその停止として時間の一点への集中を要し、すなわち神話的無時間性へと移行するのに対して、時間の退位の場合、つまり形式そのものが生み出される場合には時間は音楽のなかで与えられた拘束性をとかれ自ら拡散していく。音楽は「自らを時間とする Sich-Zeit-lassen」[*48]のである。この非拘束性と時間の解放はしかし、他面からみれば時間の喪失である。こういってよければ世俗的な時間の喪失であり、またそこから時間が生じもするのである。ではそれがなぜ叙事的と呼ばれるのだろうか。このことは彼の叙事文学論にくわしい。「叙事的素朴さについて」と題された、一九四三年に『啓蒙の弁証法』の仕事の一貫として書かれ、一九五八年公刊の『文学ノート』第一巻を初出とするエッセイにはこうある。

＊46　Adorno, *Beethoven*, a. a. O., S. 137.
＊47　Ebd., S. 135f.
＊48　Ebd., S. 141.

神話の形なき流れは常に同一のものであるが、しかし語り手の目的は多様な事物の方にある、叙事詩の対象が確保される情け容赦ない強固な同一性が力を尽くしているのも、ただ同一であるにすぎないもの、分節されない一様性と対象の非同一性の遂行、つまりはまさしくあの多様性の遂行なのである。[*49]

叙事詩とは、神話を見つめながらそれにとらわれずに神話について語りうる文学形式のことである。ただ存在する事物への強迫的な執着によってのみ明らかとなる対象の多様性の発見であり、逆からみれば言語が自らの「深淵」[*50]をのぞきこむということでもある。そこでの言語は概念によって対象をつかまえるのではなく、自らイメージ Bild となって己の論理的意味を忘却する。この自分自身を去る言語の身振りはフリードリヒ・シェリングの定式を用いて「精神のオデュッセウス」[*51]と呼ばれもするが、それに続けてこう述べられる。「しかし言語と事象内実における歴史的傾向の威力が叙事詩のなかでは絶大なので、主観性と神話大系のあいだでの訴訟の経過において人間と事物は、叙事詩が対象の叙述に身を委ねる際の盲目性の力を用いて自ら単なる舞台へと姿を変える。この舞台のうえであの歴史の傾向性が明瞭なものとなるのであり、まさにそこにおいて日常的な有用性と言語の連関に破れ目が示されるのである」[*52]。資本主義の神話を語りうる能力としての叙事的素朴さについてここで言われていることは、そのままベートーベンの叙事的性格にも当てはまる。彼の楽曲における集団的な経験を保証するものとしての調性はアドルノの理解では「市民の音楽的言語」[*53]であり、その論理形式を無効としながらおも何ごとかについて語りうる能力こそベートーベンの後期様式としてアドルノが問題にしたものである。「晩年のベートーベンにおいて技術上の重要事項と思えるのはポリフォニーである、まったく限界を知らず、いかなる意味でも様式などつくることのないそれはむしろ挿話的性格をもつ。そこに現れているものは本来的にはポリフォニーとモノディーの両極への分解である。これは中心の分裂である。言い換えれば、和声の壊死である」[*54]。ベートーベンの「乏しさ Kargheit」[*55]はここに由来する。この無人の荒野に一から形式を組み上げようとするところに彼のパトスは存するのであり、だからこそ地下牢を照らす囚人の松明の灯火によって彼の限界と可能性は示唆されうるのである。

＊49 Adorno, *Über epische Naivität*, in: *Gesammelte Schriften*, Bd. 11, S.36.
＊50 Ebd., S. 37.
＊51 Ebd., S. 39.
＊52 Ebd.
＊53 Adorno, *Beethoven*, a. a. O., S. 82.
＊54 Ebd., S. 225.
＊55 Ebd., S. 238.

第Ⅲ章

ざわめきとしての主観

アドルノのアイヒェンドルフ論に寄せて

一八二七年にベートーベンがこの世を去ったとき、その葬列にフランツ・シューベルトがかがり火を携えて同行したという出来事は、音楽史上の古典派の終焉とともに、時代のロマン派への移行を印すエピソードとしてしばしば象徴的な意味を込めて語られてきた。たとえ、その翌年にはシューベルト自身が早々に帰らぬ人になるのだとしても、その後ベートーベンの影のもとを歩むことになる一九世紀ドイツ音楽の一つの端緒は、確かにこの作曲家の死に見出されるのである。[*1]

しかし、アドルノにとってベートーベンの死は、それとは別にもう一つ、市民社会がその黎明期を既に通り過ぎたということを意味するものでもあった。すなわち、市民社会を超越した場所として、ゲーテもそこに理想を見出した宮廷社会が、市場の発達とともに数多くある私的領域の一つに編入され、その特権を失い始めるという過程を経て、[*2]外部を失った市民社会がその内在性のうちに閉ざされていく時代でもあった。実際、ベートーベンにおいて完成をみたソナタ形式というヘーゲル哲学とも響き合う正-反-合の完璧な図式は、その後のロマン派の数多くの模倣においては、全体性を生み出すはずの個と普遍の緊張関係を見出すことができずに、無意味な細部への執着か、あるいは全体を描き出そうとしてひたすら間延びする弛緩へと分裂してしまったというのが、アドルノの音楽史的記述の常套句なのである。

ベートーベン以降にあたかもプラトン的なものであるかのように確立された交響曲的なるものの理念は、この二つの契機〔全体化を目指す方向と個別へのアクセントを重視する方向〕の緊張関係のうちに探されねばならない。一九世紀には、哲学上の観念論の諸体系がそうであったように、この二つの契機はばらばらに弾け飛んだ。有機的組織化の力は失われてゆき、内実はどうであれ重要であるとか少なくとも訴えてくるものはあるとか言われる各瞬間の並列に堕してしまうか、あるいは偉大な交響曲は、ブラームスにその原型が見られるように、拍構造を犠牲にして展開する変奏の原理に膝を屈するのである。[*3]

ここに言及される緊張感の喪失こそ、市民社会における超越的次元の喪失に結びつけられるべき事柄であろう。アドルノにとってのロマン派とは、このような超越的次元の喪われた時代において、それにもかかわらず自らの限界を逸脱していく可能性を何かしらの理念へと形象化する試みとして読み解かれるべきものであったと言える。こうした歴史上の推移はまた、文学におけるロマン派にも影響を及ぼさずにはいなかった。先にベートーベンについて触れた、市場の拡大による作家の自律の獲得という肯定的な事態は、他方において作家の商品経済への服従を招き寄せることにもなったのである。このことは、アドルノのハイネ論で次のように語られている。

というのも、芸術家がなんらの庇護も受けずに自活してゆかねばならないという仕方で、市民の芸術が存在するようになって以来、芸術家たちは自らの形式法則の自律と並んで、ひそかに市場の法則を承認し、買い手のために生産を行ってきたのである。こうした依存関係は、ただ市場の匿名性の影にかくれて見えなかったにすぎない。[*4]

本章で扱うアイヒェンドルフとともに、ロマン派の作家としてアドルノの『文学ノート』に名前の現れるこの詩人を論じる際に、彼が「ハイネという傷」という言い回しを用いて意図しているのは、このような芸術家と市場経済との関係性であったと言える。つまり、「ロマン主義者ハイネ」がその文学的自律を享受する一方で、「啓蒙主義者ハイネ」は前者の市場との癒着の欺瞞を暴かずにはいなかったというその分裂的様相が[*5]、ドイツの芸術愛好家たちの憤激を呼び起こしたというのである。

ロマン派の風景の中から、本章がそこに焦点を絞っているアイヒェンドルフの作品について言えば、その受容に関してハインリヒ・ハイネのような事態は生じなかったのだと言える。その多くの詩に作曲が付され、その殆どが作者の名前を知られないまま民謡のように歌い継がれてきたこの詩人には、むしろハイネとは真逆の伝統への埋没という事態が降りかかっていた。貴族の出自をもつカトリック教徒、伝統の守護者という紋切り型のアイヒェンドルフ像から、ボードレールに通じる真にモデルネ的な振る舞いを引き出すこと、これがアドルノのアイヒェンドルフ論の大きな意図である。その際、ハイネに指摘される商品経済の内在性へと閉じられてゆく時代の

＊1　Vgl. Martin Geck, *Von Beethoven bis Mahler: Leben und Werk der grossen Komponisten des 19. Jahrhunderts*, Hamburg 2000, S. 100ff.

＊2　Vgl. Jürgen Habermas, *Strukturwandel der Öffentlichkeit: Untersuchungen zu einer Kategorie der bürgerlichen Gesellschaft*, Mit einem Vorwort zur Neuauflage 1990, Frankfur am Main 1990, S. 65ff.

＊3　Adorno, *Stravinsky: Ein dialektisches Bild*, in: *Gesammelte Schriften*, Bd. 16, S. 400f.

＊4　Adorno, *Die Wunde Heine*, in: *Gesammelte Schriften*, Bd. 11, S. 97.

＊5　Ebd.

流れをともに生きたアイヒェンドルフにも、安易な超越への眼差しは禁じられていた。ロマン派の活路はむしろ、あまりに自明であるがゆえにその存在に気付かれないようなものに再び活力を吹き込むところに見出されるのである。価値を失った商品のように、手近に転がる使い古された言葉、これこそアイヒェンドルフがその詩作に用いた小道具であった。通俗性の闇に徹底して沈潜する詩人は、しかし、アドルノの読解のうちにその輝きを取り戻していく。それは、社会から疎外された主体としての詩人の自己が、言葉の星座のうちに自らを解消していく宥和の形象として探り出されることになるだろう。

アイヒェンドルフの風景

「繰り返し、木々がざわめき、ナイチンゲールがさえずり、噴水はぴちゃぴちゃと水を跳ねあげ、稲妻がきらめく。繰り返し、光や響きが遠くから、山から、深淵から、梢の間から、それらを超えて、あるいは窓を超えて入りこんでくる。〔アイヒェンドルフの作品において〕こうしたことは、一見して凝固した定式にまで達している」[*6]。リヒャルト・アレヴィーン（Richard Alewyn）によるよく知られたこの解釈が告げているのは、アイヒェンドルフの作品を構成する語彙の執拗なまでの反復使用である。お決まりのシチュエーションに、お決まりの情景描写。にもかかわらず、アイヒェンドルフの風景が呼び起こす新鮮さこそ、彼の作品が常に読み継がれてきたことの理由をなしている。アレヴィーンはこの理由を、アイヒェンドルフの象徴表現が、単に視覚（Gesicht）のみならず、同時に、そしてまたより多く聴覚（Gehör）に作用することから説明している。たとえば次の詩「夕べ（Der Abend）」が例にとられる。

Schweigt der Menschen laute Lust:
Rauscht die Erde wie in Träumen

人々の賑やかな愉悦が黙し、
大地は夢見のようにざわめきだす、

Wunderbar mit allen Bäumen,
Was dem Herzen kaum bewußt,
Alte Zeiten, linde Trauer,
Und es schweifen leise Schauer
Wetterleuchtend durch die Brust.

すべての木々とともに奇跡のように、
心にそれと知られないもの、
太古の時、やさしい悲哀、
そして微かな戦慄が、
稲妻のように胸中を掠める。

これを解釈して、アレヴィーンはこう述べている。「人々の歓声が静まった後で、しかしそこに現れるのは音響的な真空ではない。そうではなく、別の音が聞こえてくるのだ。その音はひょっとしたら日中の喧騒によってただ隠されていただけのもの、ひょっとすると今にも初めて目覚めようとしているものかもしれない。すなわち、大地の不可思議なざわめき（Rauschen）、自然の声である」[*7]。聴覚的な知覚を刺激する魔術的な象徴表現。自然の声に耳を傾けるロマン主義者アイヒェンドルフがそこにいる。個別的に分割された意識の表層から、精神感応的な意思疎通が可能となる、夢の住処である集合的地層への下降。部屋に閉じ込められた者が、遠くから窓を超えて聞こえてくる自然の声に耳を澄ましたときに感じる、解放の予感と混沌への不安こそ、アイヒェンドルフの作品が放っている魅力である。アレヴィーンの論はこのようにまとめることができよう。

アレヴィーンのアイヒェンドルフ論が読み上げられたのと同じアイヒェンドルフ没後一〇〇年にあたる一九五七年、この年の一一月、西ドイツ放送局でまた別のアイヒェンドルフ論が読み上げられた。アドルノの「アイヒェンドルフの思い出のために」である。アドルノによるアイヒェンドルフ論は、アレヴィーンのものとは異

＊6　Richard Alewyn, *Eichendorffs Symbolismus*, in: *Probleme und Gestalten*, Frankfrut am Main 1982, S. 232-244. Hier S. 236.
＊7　Ebd., S. 237.

なった解釈を提出している。アレヴィーンの解釈があくまでロマン主義者アイヒェンドルフを前提として、彼の詩作の内実を「魂と自然との間に作用している密かな照応関係」[*8]に見出しているとすれば、アドルノにとってアイヒェンドルフは、遅れてきたロマン主義者であり、彼の詩作が表現しているのは初期ロマン主義的な同一性哲学の潰えた後に出来した、自然からの主観の疎外という事態に他ならない。アドルノの歴史的パースペクティヴのもとに置かれたとき、ロマン主義の最後の生き残りであるアイヒェンドルフは、モデルネを試金石として評価されることになる。その際、焦点を当てられているのが、アドルノのアイヒェンドルフの詩作全体を通じてのキーワードの一つである「ざわめき（Rauschen）」である。本章が主題とするのは、アドルノのアイヒェンドルフ論、とりわけそこで論じられる「ざわめき（Rauschen）」の意味するものを、市民社会がその始まりにおいて掲げながら、後には自ら抑圧することになった「人間性」という理念との関わりから明らかにすることである。

伝統でもアクチュアリティーでもなく

「守ること（bewahren）」。アドルノがアイヒェンドルフを守ろうとするのは、アイヒェンドルフを守護の精神に満ちた伝統の担い手として自らのよりどころとしようとする保守主義者たちの解釈からである。なんといっても「彼のことを称賛するのは、まず第一に文化保守主義者たちなのである」[*9]（70）から。伝統を、民族の精神を、民衆の声を、アイヒェンドルフは表現している。そして何より、実定的宗教性、すなわちカトリシズムを。こうした解釈を呼び寄せているのは、まさにアイヒェンドルフ自身である。[*10] 名門貴族の家系に生まれ、成人してのち、父親の負債によって生まれ育った城を手放すことになるまで、アイヒェンドルフを培った環境は、まさに革命以前の封建貴族たちのそれと同一のものであった。「ここでは生活は絶え間ない祝祭であり、宴、社交上の集まり、隣り合う貴族の所有地への行き来、狩りと浮世離れした庭園での時間、こうしたものが次々と鎖の輪のように連なっていくものであるように見える。（…）こうしたアンシャン・レジームの生活形式の終わりを記しづけたのが、フランス革命であった。しかし、昔ながらの生活様式が直ちに断ち切られたわけではなく、それはしばらくの間は、アイヒェンドルフがその一員であったシュレージェンの地方貴族の隔離された領域のうちで、きわめて確たるものとして存続していたのだ」[*11]。手放さざるをえなかった生まれ故郷の城とそれにまつわる数々の出来事とを追憶のうちに抱えながら、プロテスタントが主流を占めるプロイセンで望まぬ役人生活を送った後、晩年には『キリスト教との関係における一八世紀ドイツの小説』（一八五一）をはじめとするカトリック色の強い文学史的著作をものしたアイヒェンドルフに対して、その詩作上の振る舞いにおける保守主義的傾向を指摘するのは容易なことである。また、こうした事情があるからこそ、過去への思慕の情をアイヒェンドルフに託して、そこに自らが共鳴する失われた世界観の幻影を見ようとする者が現れるのだ。アドルノがアイヒェンドルフの詩作の振る舞いにおける「守ること」に言及する際に意図されているのは、こうしたアイヒェンドルフ自身に備わった保守主義的モメントである。

アイヒェンドルフが保守主義者たちに受容されている一方で、過去を清算してすべてを一から始めようとする傾向も存在する。現在を憎む反動的心情の住処が主として年長の世代であるとすれば、それに対立する傾向とし

＊8　Ebd., S. 238-239.

＊9　Theodor W. Adorno, *Zum Gedächtnis Eichendorffs*, in: *Gesammelte Schriften*, Bd. 11, S. 69-94. 以下、出典は引用の後の（　）内に頁数を示す。

＊10　シャイトラーによれば、「かつてアイヒェンドルフが男性合唱団を通じて名声と栄誉を得たということで、いまや彼は老いさらばえた地方組合の濁った空気の中で窒息しかけている。彼は非政治的なものに、保守主義者たちの表看板になったのだ」（Irmgard Scheitler, *»... aber den lieben Eichendorff hatten wir gesungen.« Beobachtungen zur musikalischen Rezeption von Eichendorffs Lyrik*, in: *Aurora* 44(1984), S. 100-123, hier S. 111）。

＊11　Josef von Eichendorff, *Werke in einem Band*, Hg von Wolfdietrich Rasch, München 1955, S. 1541 (Nachwort).

て、過去など一顧だにしないアクチュアリティーへの沈潜が若者に特徴的な姿勢である。シャイトラーの調査によれば、アイヒェンドルフの詩に作曲された水車小屋リートは既に一八三三年のいわゆる「芸術歌曲集（Künstlerliederbuch）」に収められ、その後も一九―二〇世紀の殆どあらゆる歌曲集に採録されているにもかかわらず、「青年のための歌曲集（Jugendliederbuch）」の主要なものからは、おそらくはそれがあまりにロマン主義的すぎるという理由から退けられているとのことである。[*12]「安らぎという誤った幸福に対するアレルギーは、真の幸福についての夢を血眼になって捉えようとし、そして、感傷的な気分に対抗して勃興してきた鋭い感性は、〈単なる今〉という抽象的な点へと収斂してゆく。この〈単なる今〉の前では〈かつて〉などこれまで一度として存在しなかったも同然に思えてくる」(69)。伝統と手を切り現在の出来事へと目を向けようとする意識は、しかし、過去を自らのうちに止揚することなしに先へと進もうとすることによって、現に在るがままのものより他によりどころとするものをなくしてしまう。過去への執着とは別個の行き止まりが、アクチュアリティーに捕らわれた意識のうちに現れる。過去からの脈絡を失って目の前の事物にのみかかずらうアクチュアリティーは、結局のところ対象の来歴を無視することで、伝統に加担してしまうことにもなりかねない。新しさを真に求める意識に必要なことは、過去を過去として認識し、しかもそれとは別様であろうとすることだといえよう。「真に受け継がれた過去は、その反対物、進歩した意識形象のうちに止揚される。しかし、進歩した意識、自分自身を抑制し最新の公式通知によって否定されることを恐れる必要のない意識は、それゆえに、過去を愛する自由をも持ちうるのではないだろうか」(69-70)。

過去を礼賛する保守主義とは異なった、しかし、保守主義に対抗するに現在へと没頭するのみのアクチュアリティーとも異なった意識形態が求められている。アイヒェンドルフ論の前置きでアドルノが提示するのは、「前衛的な意識（das avancierte Bewußtsein）」（例としてここではシェーンベルクが挙げられている）である。「前衛的な意識にとって本質的なことは、過去との関係を修正することであるといえるが、それは破れ目を美化することによってではなく、過去のうちで姿を変え続けるもの（das Vergängliche am Vergangenen）から現在へと通じるものを強奪してきつつ、さらにいかなる伝統をも想定しないことによってなされることがらである」(70)。昔日の栄光に目をくらまされることなく、また、過去との断絶を仰々しく強調することもなく、今日、アイヒェンドルフを読むためには、過去を愛することのできる前衛的な意識が必要とされるのである。この前衛的な意識とは、後の議論から明らかになるように、モデルネの振る舞いであるといえよう。アイヒェンドルフの詩を単に過去の遺物として片づけるのではなく、その詩がモデルネの精神を備えたものであると理解すること。時代の新旧に捕らわれることなく、その作品の振る舞いのうちに真のモデルネを見出すこと。アドルノのアイヒェンドルフ論が主眼とするのは、時代的にモデルネに一歩手の届かなかった詩人のうちに、先取りされたモデルネの振る舞いを見出すことであり、同時にアイヒェンドルフの詩がモデルネの精神を体現していること、その意味を見出すことである。

宥和としての疎外

アイヒェンドルフにおけるモデルネ。たとえば、それは「飲んで歌う（Trinken und Singen）」中の次の詩行に看取される。

Das Trinken ist gescheiter,
Das schmeckt schon nach Idee,
Da braucht man keine Leiter,

酒を飲むのはなんと利口なこと、
その味はすでに理念のおもむき、
ならば梯子など必要なかろう、

＊12 Vgl. Scheitler, a. a. O., S. 103.

Das geht gleich in die Höh.

飲めばすぐさま天国いきだ。

酒の味わいを理念（Idee）にたとえるこの詩行は、理念という形而上のものを酒の味覚という感性的な領域に引き下ろすものであると同時に、飲酒という一時的な感覚的享受を理念の高みへと押し上げるものでもある。すなわち、「感性的なものの精神化」（72）である。これはアドルノの考えるモデルネの一つの指標でもある。詩人の経験が直接的に詩に反映される、あるいは詩は詩人による外的現実の模写であるとする考えから切り離されたところに成立する詩の絶対性。これを言い換えるなら、「言語の自律」ということができよう。アドルノによって、その淵源をゲーテの擬古典主義に見出され、その絶頂をボードレールやギュスターヴ・フローベールに求められる言語の自律は、[*13]アイヒェンドルフの詩作の原理としても当てはめることが可能であることを前掲の詩は証言している。しかし、このような精神化は、単に感覚的経験を素材とすることで、永遠不変のコギトの世界を描き出すものではない。そこには形而上のものの感性的なものへの下降、すなわち精神の受肉が表現されていなければならない。形而下の感覚的事象を詩の形式に当てはめて洗練することから美が生じるとして、この美が絵に描いた餅で終わらないためにはそこに感覚的刺激が存在しなければならないのである。アイヒェンドルフの詩が表現しているのはこのアンチノミー的な事態なのであって、「それゆえ、これ以後、理念という絶対者はワインの香りのように逃げ去っていくもの、儚いもの（ephemer）となる」（72）のである。

そもそもゲーテの擬古典主義に言語の自律が認められたのは、市民社会の野蛮と宮廷社会の礼節との狭間に生きたゲーテが、理念としてのみ存在していた「人間性（Humanität）」を現実のものたらしめるために、形式（理念）と素材（現実）との葛藤を詩作のうちに、ただ言語のみによって示した点においてであった。アイヒェンドルフの詩作も同様に「人間性」を描出しようとする試みであると考えられる（そのための精神化である）が、しかし、ゲーテの時代にはまだしも存在はしていた宮廷社会が崩壊した世界を生きねばならなかったアイヒェンドルフにとって、市民社会に現れる個別的利害の追求という野蛮な事態から距離を取るための足場、理念のよりどころとなるような場所はどこにもなかった。彼に残された道は、詩作において、自らアウトサイダーとなること、すなわち「疎外（Entfremdung）」をその身に引き受けることより他になかった。事実、アドルノはアイヒェンドルフの詩に現れる暗さについて言及した際、それを「世界苦（Weltschmerz）」（72）と関連付けているが、『否定弁証法』において「世界苦」は「疎外における苦悩」（ND 192）[*14]と定義されているのである。

一九世紀初頭のドイツにおいて、「世界苦」はある種の時代の雰囲気を身にまとった言葉であった。感傷主義以来の避難所としての内面性への眼差しが、美的原理にまで高められたものとして、この言葉は多様な方向性に満ちたロマン主義においても一際大きな特徴となっている。[*15]見知らぬ異郷へと思いを馳せ、美しい女性への憧れに胸ふくらませ、黄金時代としての幼年期への追憶を糧とするロマン派的形象。これらの形象からは、厭世的気分の現れである「世界苦」の刻印が明瞭に読み取られるし、またアイヒェンドルフの作品、たとえば『のらくら

*13 Adorno, *Zum Klassizismus von Goethes Iphigenie*, in: *Gesammelte Schriften*, Bd. 11, S. 495-514. Hier S. 501.

*14 Adorno, *Negative Dialektik*, in: *Gesammelte Schriften*, Bd. 6. 同書からの出典を示すに際してはNDと略記し頁数を記す。

*15 たとえば、「世界苦」という現象に関わる作家として、当時ヨーロッパを席巻したイギリスの作家としてG・G・バイロンが挙げられる。ヴィクトル・ユゴーが、一八六二年に出版された『レ・ミゼラブル』で一八一七年当時を回想しながら書き進めるところによると、女性に流行した行動様式は「メランコリー」、男性のそれは「バイロン主義」とされている（ユゴー『レ・ミゼラブル』佐藤朔訳、新潮社、一九六二年、一四二頁）。このバイロンの全集をドイツで初めて翻訳したのが、ツヴィカウの書店主アウグスト・シューマンであり、その息子のローベルト・シューマンは、アイヒェンドルフの詩を用いて『リーダークライス作品三九』を作曲した（ブリオン、マルセル『シューマンとロマン主義の時代』喜多尾道冬・須磨一彦訳、国際文化出版社、一九八四年）。この作曲によって、アイヒェンドルフの詩はドイツに留まらない世界的な受容と評価を獲得することになったのである。

者日記』（一八二六）や『大理石像』（一八一九）、そして彼の数々の詩のうちに、これらの形象は容易に見出すことのできるものである。現実からの逃避を一方の極とするこれらの形象のもう一方の極にあるものは、それゆえ「憧憬（Sehnsucht）」と呼ぶことができるだろう。「憧憬」を原動力とするロマン派の精神はアイヒェンドルフにも確かに受け継がれている。しかし、「憧憬」とは、現に目の前に存在するものに満足できず、陳腐な通俗性を超越しようとする心的傾向である。日常、すなわち没落貴族である彼を取り巻く市民社会への不満が「憧憬」を培うのであるが、まだ見ぬものへの「憧憬」を抱くアイヒェンドルフ（そしてロマン派の人々）が、その裏返しの事態として肌で感じ取るものこそ「世界苦」としての「疎外」なのである。

しかし、アイヒェンドルフに現れる「疎外」は単に否定的な出来事としてのみ捉えられるものではない。なぜなら、疎外された者が仮に社会と和解することがあったとして、その際に、和解の成立が社会による異分子の消化吸収に終わるのであれば、疎外された者の抱いた「憧憬」は、結局のところ満たされたのではなく単に放擲されたにすぎないのだから。「疎外」とは、そこに追いやられた者が社会への復帰を願うような消極的なものではない、というのがアドルノの考えである。

〈理解不能な〉物的なものを根源悪と看做す人々、現に存在しているものすべてを純粋なアクチュアリティーへと押しやろうとする人々は、〈他者〉や〈疎遠なもの〉に対して敵意を抱く傾向がある。この〈疎遠なもの〉（Fremde）という名前が〈疎外〉（Entfremdung）のうちに響いているのは偶然ではないのだ。つまり、疎外とは、意識だけでなく宥和された人間性（Menschheit ＝人類）もまたそこへと向かって解放されるであろう〈非同一性〉のことなのである。（ND 191）

アドルノは「疎外」という、ヘーゲル以後の哲学の内部において宥和されるべき状況を描き出していると考えられてきた術語に対して、根本的な読み替えの作業を施すことによって、「疎外」そのものが宥和であるという帰結を導きだすのである。

宥和された状態は、哲学的帝国主義でもって〈疎遠なもの〉を併合したりはしないだろう。そうではなく、〈遠くのもの〉や〈異質なもの〉が許容された近さのうちに、つまりは、自分のものでもなければ他律的なものでもないようなものとして、両者〔自分のもの／他律的なもの〕の彼岸に存在し続けることを自らの幸福とするのではないだろうか。(ND 192)

今引用した『否定弁証法』からの二つの引用はともに「客観性と物象化」と題された一節からのものであるが、原文ではこれら二つの引用文のあいだに、アイヒェンドルフへの言及が見られる。そこでは、アイヒェンドルフの「美しき異郷(Schöne Fremde)」という詩の題名が、「自らを〈世界苦〉、すなわち疎外における苦悩であると自負しているロマン主義のはるか上をいっている」(ND 192) と言われている。「美しき異郷」、言い換えるなら「異郷＝疎遠なもの」の美しさを掲げたこの題名は、まさにアドルノの理論的定式にかなった宥和の状態を指し示しているといえよう。アイヒェンドルフにおける「疎外」の意味するものは、現状に抑圧された者の「世界苦」だけではない。アドルノがアイヒェンドルフについて、「彼は郷土の詩人ではなく、彼が近しく感じていたノヴァーリスの言う意味での、郷愁の詩人である」(73) と述べるとき、このよく知られた命題のうちでアドルノによって意図されているのは、自らの近さのうちに〈疎遠なもの〉を許容するアイヒェンドルフの「疎外」の宥和的存在様式に他ならない。

「人間性」の限界と可能性

しかし、「疎外」が逆説的な仕方ではあれ、宥和を実現する存在様式であるとしても、それは主体が常に市民社会に対するアンチテーゼの地位を保持し続けることによって可能となるものである。「市民社会の敵対者」、アイヒェンドルフの詩に現れる放浪者たちをアドルノは的確にもこう名付けている。「市民社会の敵対者たちは、アイヒェンドルフでは放浪者たちによって、つまりノヴァーリスが哲学に望んだように、あらゆる場所を住処とする者たちの未来を告げる使者、かつての故郷喪失者たちによって代表されている」(76)。しかし、問題となるのは、市民社会のアンチテーゼとしての疎外された主体が、いかにして社会との同一化という選択肢をとることなく、自らを止揚することができるのか、ということである。主体は何を捨て、何を自分のもとに残すのか。ただし、この場合の止揚とはテーゼとアンチテーゼの綜合として生じるものではない。むしろアンチテーゼの側に身を置くものが、自らの内奥へとさらに身をひそめるような事態、そのようなものとして思い描かれねばならないだろう。そしてこの際、「世界苦」という経験的事象の詩作品への抽象化の過程を経て実現を目指されているものこそ、普遍人間的な理念としての「人間性」なのである。

ハーバーマスの古典的研究が明らかにしたように、「人間性」は一八世紀以後のヨーロッパにおいて、政治的公共性と市民的公共性――別の言葉を用いるなら公的領域と私的領域――の分離[*16]という事態のうちで、もっぱら市民的公共性という私的領域に範囲を限定されることによって、その威力を発揮した。「人間性」を支えるものである「平等」や「自由」といった普遍的な規則について、ハーバーマスは公的と私的との関係に関わるその逆説的な性格を次のように指摘する。

これらの規則は、個人そのものには厳しく外面的なものにとどまるがゆえに、彼らの内面性の文学的発揮のために自由な活動の余地を保証し、また普遍的に通用するがゆえに、孤立化された人間に自由な活動の余地を保証し、客観的であるがゆえに、きわめて主観的なものにも活動の余地を保証し、抽象的であるがゆえに、きわめて具体的なものにも自由な活動の余地を保証する。(…)文芸的公共性の〈人間性〉は、政治的公共性に実効性をもたせる媒介の役をつとめることになる。[*17]

このような公的領域と私的領域の媒介としての「文芸的公共性」に一瞬の実現を見た「人間性」の分析は、公的領域と私的領域の厳格な区別と、その上での媒介を前提としたものであり、それゆえ、公的領域の非人間的な機構の変革にまで到達することのない「人間性」の限界——家族という私的圏域においてのみ効力を発揮する「人間性」の限界——を提示するものであるといえよう。[*18] その結果、ジャーナリズム、コマーシャリズムの発達、すなわち市民的公共性の崩壊(私的領域の確保の困難)という一九世紀以後の歴史経過を通じて、「人間性」はその活動の場を喪失してゆくことになる。

それに対して、「人間性」という言葉を用いてアドルノの示そうとする可能性を考察するなら、そこにはハーバーマスの言う私的領域からさらに逸脱した、アウトサイダーとしての主体が浮かび上がってくる。アイヒェンドルフの小説の登場人物たち、『のらくら者日記』の主人公、アイヒェンドルフの造形物のうちでもとりわけ印

＊16　ユルゲン・ハーバーマス『公共性の構造転換　第二版』細谷貞雄・山田正行訳、未來社、一九九四年、一三二頁。
＊17　前掲書、七五頁以下(訳文には一部変更を加えた)。
＊18　同様のことをアドルノも、ベンヤミンの著作『ドイツの人々』の一九六二年版に寄せた序文で、ベンヤミンの言葉「人間性の条件と限界(Bedingungen und Grenzen der Humanität)」を引用しつつ指摘している(Adorno, *Zu Benjamins Briefbuch >Deutsche Menschen<*, in: *Gesammelte Schriften*, Bd. 11, S. 686-692)。

象深い『誘拐』のディアナ。彼らは、市民社会の有用性の原理に反発し、自ら市民的日常性に捉えられることを拒否した者たちである。[*19]とはいえ、アイヒェンドルフにしても、また、アドルノがアイヒェンドルフに関連して再三引き合いに出すノヴァーリスにしても、彼らの伝記的事実を確認するなら、ハーバーマスの説は十分な説得力をもったものであることがわかる。彼らは、文筆活動を、昼間の公的業務とは明白に区別し、あくまで私的領域において遂行したのである。しかし、それゆえにこそ、その詩作のうちで、「家族」や「共同体」といった市民社会の原理として機能する私的領域に向けられたアイヒェンドルフの眼差しの冷たさは意義を持つのである。すなわち、公的領域へと還元可能なものとして存在することへの徹底的な拒絶の姿勢が、伝記的主体と区別されるべき美的主観としてのアイヒェンドルフには存在しているのである。そうであればこそ、「社会の胚細胞としての家族の賛美をアイヒェンドルフの作品に求めても無駄である」(76) というアドルノの言明は正鵠を射たものであるといえるのだ。家族や共同体といった私的領域に限定されたものとは別種の「人間性」の可能性、あるいは私的領域に束縛されない「人間性」の可能性が探られねばならない。それはまた、アンチテーゼとしての主体が自らを止揚することの可能性でもあろう。「人間性」の可能性、そして疎外された主体の自己止揚の可能性。このことはアドルノによって、そのアイヒェンドルフ論の核心をなす命題として指摘される。すなわち「主観の自己解消 (Selbstauflöschung des Subjekts)」(83) として。

主観の自己解消

「主観の自己解消」。この言葉がまたしても、時代遅れの詩人アイヒェンドルフをモデルネへと接続することになる。というのも、疎外された主体が自らを止揚すること、このことがアドルノによってアイヒェンドルフのうちに探られたとき、それは「モデルネの要素の経験」(78) として取り出されてくることになるのである。モデルネの要素とは何か。先に言語の自律として指摘されたモデルネの、そのもう一つの特徴として現れる、そして言語の自律とも関連を持つこの要素について、アドルノはこう述べている。「モデルネの要素は真に反保守的なものである。すなわち、支配的なものの拒絶、言い換えるなら、自らの自我が魂を支配することへの拒絶である」(78)。『啓蒙の弁証法』において、ギリシャ神話以来の文明化された主体が従う根本原理として摘出された「自己保存の原理」に真っ向から反対するものこそ、アイヒェンドルフの詩なのである。たとえば、アイヒェンドルフの詩集の冒頭におかれた「新たな旅路(Frische Fahrt)」中の一行、「僕は自分を守ろうとは思わない!(Und ich mag mich nicht bewahren!)」から、アドルノはこのことを読み取ってくる。「守ること(bewahren)」は、アイヒェンドルフの保守主義的メンタリティーの特徴であったが、この自己を守ろうとする姿勢を自身の詩作の第一歩において早々に捨て去っていることこそ、アイヒェンドルフの詩がモデルネの要素を備えていることの証左となるのである。伝統に固執せず、自らの身の安全を顧みることなしに、言語の流れに身を任せる大胆さ。モデルネの指標たる言語の自律は、自己保存の原理の真逆をいくものである。

自己保存の原理が市民社会において現れるとき、それは等価交換の原理という姿をとる。自らの所有物を市場に持ち込むことによってそれと対等な価値をもつものを手に入れることができるとする等価交換の原理、これは市民社会が体現する太古の神話的暴力に他ならない。人間は例外なく「人間」として等価な量的存在に還元され

---

*19 アイヒェンドルフの小説の主人公たちが、市民社会の有用性の原理に反発するものであることは、クンツの研究によっても指摘されている。ただし、クンツが広範な引用を用いて論証しているように、アイヒェンドルフの作品の主人公たちは、安らぎの場、つまり永劫普遍の円環を描く無時間的な植物性の支配する神話的領域としての幼年期を脱し、不安を抱かせる現実社会に立ち向かう成年期へといたる過渡期に位置するものたちである。クンツがアイヒェンドルフを他のロマン主義者たちから区別するのは、アイヒェンドルフが、幼年期を黄金時代として捉えるのではなく、そこから抜け出すことが主体の確立にとって必須であることを自覚していた、という点においてである(Vgl. Josef Kunz, *Eichendorff Höhepunkt und Krise der Spätromantik*, Oberursel 1951. passim. bes. S. 186 u. a.)。

ることで、質的差異を喪失するのである。自己保存の原理からの逃走、すなわち非暴力的な事態として生じるべき「主観の自己解消」とは、まさに言語の自律の片割れに他ならない。

「主観の自己解消」と言語の自律、この両者は、ドイツにおいては、啓蒙主義が芸術を神や教会への奉仕機関から脱却せしめた瞬間に端を発する現象である。メンデルスゾーンやその弟子カール・フィリップ・モーリッツによって唱えられた美的自律性の思想の導入。その後、シュトゥルム・ウント・ドラングや擬古典主義は調和した美の理想と決別する。ここからアドルノが芸術における「唯名論的傾向」と呼ぶものが明瞭となってゆく。すなわち、理念の全体性に刃向かう個別的なものの主張の作品内での表出、あるいは精神化とも言い換えられる傾向である。芸術は、神や美といった包括的な理念を拒否し、悪魔的なものや醜さをも己のうちに取り込むことで、自らの領域を世俗的な価値基準から完全に切り離し、美的なものの自律を達成したのである。[*20] 自律的な芸術作品、これはアドルノによって外界と隔絶した窓のないモナドに譬えられもするが、このように規定された芸術作品のありようは、しかしアドルノのパースペクティヴの内部では、単に芸術の状況のみならず、一八世紀以後の市民社会に生きる主体の状況をも表現している。市民社会を覆う有用性のカテゴリーから逃れ自己の内面へとひきこもった主観。初期のキルケゴール論において既に「客観なき内面性」の出来として指摘されていたこうした事態は、市民社会における芸術をめぐる状況とパラレルなものである。そして、この「客観なき内面性」が、主張を押し通すことのできない主観の単なる柔弱さを表示するものではなく、美的主観の内部で「人間性」の理念を維持するために、実在性からの離反をも厭わないラディカルな思考を展開させようとするものであるというその一点において、アイヒェンドルフの詩作にも看取される疎外された主観という存在様態は肯定されるべきものなのである。

その端緒において、他者を目的として扱い、個別的なものを尊重し、既存の社会構造の普遍性への盲従を拒否した市民社会は、自ら覇権を掌握した後にはその経済原理に合致しないものを無用のものとして置き去りにし、そこに成長するはずの最良のものを言い表した「人間性」の理念を一顧だにしない。こうした状況下において、もし「人間性」の実現を目指すものがいるとすれば、その人物は「疎外」を経験し、「客観なき内面性」へと変じた自らの出口のない状況を、美的なものの自律をメルクマールとする芸術作品のうちに表現せねばならないだろう。理念として現実との緊張をその身に孕む「人間性」の徴のもとで、主観が目指すべきは、自らの要求を押し通すことでも、自らを保持することでもない。失われた他者や社会との紐帯をあたかも現に存在するかのように取り戻そうとする直接性への執念は、自己を欺くことで疎外を深めるのみである。直接性を無傷で取り戻すことなどできない、すべては媒介されている、とはアドルノがヘーゲルから受け継いだ哲学的前提である。しかし、アドルノの哲学においては、すべてが媒介に終始し、あらゆるものを包括する絶対精神の現れが事を決するのではない。主観と客観の差異として、媒介されるべき何ものかとして残り続ける「非同一的なもの」こそ決定的なものなのである。ただし、この場合も、「非同一的なもの」の発見においてヘーゲル哲学が単純に転倒されるわけではない。アドルノの思想の複雑さ、彼の否定弁証法の真骨頂は、この「非同一的なもの」が、なんらかの真の実在の認識に寄与するものではなく、単に認識を必要としないような一つの契機を表すにすぎない、という冷徹な事態を容赦なく暴き立てるところに存するのである。[*21] つまり、「非同一的なもの」が媒介の網の目から抜け出したところに存在するとして、そうしたものはあくまで理性的認識の他者にとどまりつづけるのである。「客観なき内面性」として存在する主観もまた、社会における「非同一的なもの」として、一面では有用性による媒介作用に捕らわれない直接性を体現しているといえるが、他面、それは社会との認識の連関を失ってしまえば、単なる即自存在として「現に存在するもの（was es ist）」と質的に区別されうるものではなくなってしまう。直接

＊20 Vgl. Adorno, *Ästhetische Theorie*, in: *Gesammelte Schriften*, Bd. 7, S. 219ff.
＊21 Vgl. *ND*, S. 172ff.

性、すなわち「非同一的なもの」の媒介の只中での想起が求められている。しかし、それはあらゆる伝統と袂を分かつような意識においてなされるべき事柄である。

アドルノがアイヒェンドルフの詩に「主観の自己解消」を読み取るのは、このような文脈においてである。合理性の体系の内部に自ら身を置く主観が、その存在を消滅させる、すなわち有用性の体系のうちで無用とされたものへと生成変化する――しかもその際、否定的なかたちではあれ社会との関係を保持し続ける――ところから、アイヒェンドルフ、あるいはモデルネのユートピアは現れてくる。では、自己を解消する主観が、市民社会において客観的な相補物を失った主観であり、この主観が自己を実現するのが窓のないモナドとして外界から隔絶した、自律を達成した芸術作品であるとして、この主観が自己を解消する試みは、アイヒェンドルフのうちにどのように現れてくるのだろうか。この問いに答えるにあたって、アドルノがアイヒェンドルフの詩からキーワードとして取り出してくる言葉こそ「ざわめき（Rauschen）」なのである。「異郷にて（In der Fremde）」の冒頭の詩行、アドルノのアイヒェンドルフ解釈にとって決定的な個所にそれは現れる。

Ich hör die Bächlein rauschen
Im Walde her und hin,
Im Walde in dem Rauschen
Ich weiß nicht, wo ich bin.

ぼくに聞こえるのは細流のざわめき
森のなかで四方から、
ざわめきに包まれた森のなかで
ぼくは自分の居場所もわからない。

この詩行を評してアドルノはこう述べる。

そう、この抒情詩は決して「私がどこにいるか」を知ることがない。なぜなら私は、私がそれについて囁いているもの〔細流〕へと自らを使い果たしてしまうからだ。「あちこちで」ざわめく細流のメタファーは天才的な間違いなのだ。というのも、水の流れは一方向へと向かう一義的なものであるが、「あちこちで（das Her und Hin）」という言い回しが描き出すのは、〔細流の〕音が、その場所を特定せずに聞き耳を立てている私に語っていることの動揺なのだ。(79)

一義的に対象の意味を決定しようとせずに、客観の支配を放棄した主観、この詩に表現されているのはそのような主観である、というのがアドルノの解釈である。細流のざわめきのたてる音がどこから来てどこへ行くのか、そうした一義的な方向性ではなく、森のなかにこだまする細流のざわめきの空間的な不確定性にこそアイヒェンドルフの詩の主眼は置かれている。そして、対象の位置取りの不確定性に耳をすます主観は、自らが囁きとして発する言語のなかで対象の多義性を模倣することで、己を対象のざわめきへと溶解するのであり、そこではもはや主観と客観の敵対的な関係は解消されている。主観であり客観であるとして、相互排他的に措定されるような関係性からの解放が達成されるのである。

アイヒェンドルフの詩作における言語のざわめきの重要性を指摘するこの決定的な個所で、アドルノの思考がアイヒェンドルフの詩の解釈に向けられているということはもちろん自明のことではあるが、ここでアドルノが用いている言葉づかいのうちには、アドルノがこの論考の中で一度としてその名を明示することのないある人物の姿が、影絵のようにそのシルエットだけをのぞかせている。ジークムント・フロイト、ロマン派の在庫目録に記載されていた無意識の概念に啓蒙の光を当て、二〇世紀以後の人間本性のイメージに多大な影響を与えたこの人物こそ、ここでアドルノの用いる術語からその気配を感じ取ることのできる人物である。「私＝自我（das Ich）は私＝自我がそれについて囁いているもの〔細流〕へと自らを使い果たしている（das Ich sich vergeudet an das, wovon es flüstert）」、あるいは、「音の場所を特定〔局所化〕せずに聞き耳を立てている私＝自我（das〔＝Ich〕lauscht, anstatt sie〔＝Laute〕

zu lokalisieren)」、といった言葉づかい。これらの文章に用いられている単語のレヴェルにおいてアドルノによって意図されているのは、無意識的なもの（das Unbewußte）と意識的なもの（das Bewußte）の局所化（Lokarisierung）というフロイト的図式に反発する、主観ならざる主観である。「自らの自我が魂を支配することへの拒絶」としてアドルノが構想したモデルネの振る舞いとは、無意識に対する自我による支配の拒絶である。[*22] 前記の引用においてアドルノは、フロイト的な自我とエスの関係を問いに付しているのだといえる。すなわち、フロイトが『続・精神分析入門講義』において述べた高名な定式、「エスの存在したところに自我が生じねばならない（Wo Es war, soll Ich werden）」[*23]をアドルノはその哲学の内部において逆立ちさせるのである。アドルノ曰く、「エスであるところのものに、自我は成らなければならない（Was Es ist, soll Ich werden）」。[*24] エスという得体の知れない欲動の大海に臨んで、必死にその埋め立てを図ろうとする自我、このようなフロイトの図式に対して、アドルノは自我が理性を司る審級としてエスを支配することに異議を申し立てる。フロイトはその精神分析の構想において、人間精神における意識されるものと意識されないものを二つながら視野に収め、両者の心的領域における位置づけを局所論によって正確に把握することで、病状として現れる意識と無意識の葛藤を解消しようと努めた。とりわけその際に、意識的なものがその活動の大部分において無意識からきわめて多大な影響を受けていることを明らかにし、文明道徳によって覆い隠されてきたこの事実を白日のもとに晒したという点に、確かに、フロイトは自らの精神分析の社会に与えたインパクトが存すると自負していた。[*25] しかし、「エスの存在したところに自我が生じねばならない」という言明から看取されるように、もう一人のフロイトは、その考えの一端において、無意識的領域であるエスを、人間の文明的領野の代表者たる自我が支配することを目論んでいたといえよう。それに対して、アドルノの美的自律性の構想は、対象の意識的同一化を司る自我が、自らエスへと接近すること、さらにはエスのうちに自らを消し去ることを狙いとしているのである。

フロイトが念頭に置いていた、自我による無意識に対する専制。アドルノの図式を背景として見れば、このことは、市民社会の利害に即して生きる主体による、有用性のカテゴリーに当てはまらないものに対する専制と言い換えられるだろう。フロイト的図式から帰結する理性的自我による全体的統制に、アイヒェンドルフの詩はその美的自律という原理の枠内において、「ざわめき（Rauschen）」という標語を用いて反旗を翻しているのだ。フロイトの生年は一八五六年、ハイネ、シューマンの没年と同年である。対してアイヒェンドルフの没年はその一年後の一八五七年、ボードレールの『悪の華』の出版された年である。芸術的モデルネの美的自律の理念と、市民社会的な有用性の理念がその踵を接する時。アドルノがアイヒェンドルフに認めるのは、このような二つの相容れない理念がもっとも厳しく交錯する場に生じる緊張感なのである。有用性のカテゴリーに対立する美的自律の理念。そこにおいて、主観は「ざわめき（Rauschen）」となる。アドルノが「主観の自己解消」としてアイヒェンドルフの詩に指摘する事態は、このような張りつめた時代状況のうちでなされたものなのである。

言語の暗がり

自律的芸術作品において「ざわめき（Rauschen）」へと自らを変成させることで自己を解消する主観は、しかし、それだけでは単なる無を生じさせるだけではないだろうか。「人間性」の肯定的現実化が不可能となった状況に

＊22　もちろん、フロイトにおいて「自我」は「意識的なもの」と完全に一致するわけではない。『自我とエス』（一九二三）において、フロイトに〈意識・前意識・無意識〉という自ら立てた図式を変更し、〈自我・超自我・エス〉という図式へ移行するよう強いたものは、自我の一部として存在する無意識的なものの発見であった。

＊23　Sigmund Freud, *Neue Folge der Vorlesungen zur Einführung in die Psychoanalzse*, in: *Studienausgabe*, Alexander Hg. v. Mitscherlich, / Angela Richards, / James Strachey, Bd. I, S. 496ff.

＊24　Adorno, *Voraussetzungen*, in: *Gesammelte Schriften*, Bd. 11, S. 431-446. Hier S. 444.

＊25　Freud, *Vorlesungen zur Einführung in die Psychoanalzse*, in: *Studienausgabe*, Bd. I, S. 273ff.

おける、否定的可能性の提示たるべきアンチテーゼとしての主観のありようは、実際のところどのような可能性も提示することがないのではないだろうか。自我が無意識を支配するのではなく、無意識へと自我が歩み寄るのだと言ったところで、それが単純な合理性批判に過ぎず、理性的主観以前のものへの退行を意味するだけのことであれば、芸術作品は太古の魔術を今に伝える伝統芸能、柵に囲われた野蛮の保護区に成り下がってしまう。「主観の自己解消」、すなわち「ざわめき（Rauschen）」への主観の変成という事態から何が生じるのか、このことが問われねばならない。

アドルノは、ドイツの文学的伝統を、音楽や哲学と対比してこう述べている。「ドイツ文学は、レッシング以来シェイクスピアを疑古典主義に対抗するために用い、偉大な音楽や哲学との著しい対立のうちに、統合、体系、主観的に打ち立てられた多様なものの統一を欲することなく、むしろ解き放ち＝息を吐くこと（Ausatmen）と分離（Dissoziation）を望んだ」(79)。そこで、たとえば「ナイチンゲール（Nachtigallen）」の一節、「夜、雲、それらがどこへゆくのか／僕はよく知っている（Nacht, Wolken, wohin sie gehen, / Ich weiß es recht gut）」が例にとられる。この詩が民謡に似せて作られているにもかかわらず、そこに表現主義的な言語の溶解が生じていることが指摘され、その言葉の並べ方が星座（Konstellation）に擬されるのである。「この星座がアイヒェンドルフのすべてなのだ」(78)。統語論上の正確さによって、対象の意味を一義的に定めるのではなく、文章に表れる単語の布置関係から対象のイメージを星座のごとく浮かび上がらせること。こうした星座としての叙述こそ、合理的な、しかしその実きわめて非合理な体系による支配から逃れようとする主観の表現にふさわしいものといえよう。

星座を形作る星たち、すなわち文の構成要素である個々の言葉たちは、アドルノによって「小道具（Requisiten）」と呼ばれているが、まさにこの言葉たちは、アイヒェンドルフの詩において、舞台の小道具のように何度も何度も繰り返し用いられている。また、アイヒェンドルフがその詩において繰り返し用いる言葉はといえば、「月光（Mondschein）」「角笛（Waldhörnern）」「ナイチンゲール（Nachtigallen）」「マンドリン（Mandolinen）」といった、それ自体ドイツ詩の伝統のうちで使い古されたものばかりなのである。しかし、これらの言葉が新奇をてらうものではなく、むしろ慣用的な語法のうちでその意味をすり減らしていった「死んだ言葉（lingua mortua）」（81）であることが、逆にアイヒェンドルフの強みとなる。このような文脈から、「美しき異郷（Schöne Fremde）」の次の詩行に焦点があてられる。

Hier hinter den Myrtenbäumen
In heimlich dämmernder Pracht,
Was sprichst du wirr wie in Träumen
Zu mir, phantastische Nacht?

ミルテの木々に隠れたこの場所で
密かに明け染める絢爛たる光彩のなかで、
夢見のように曖昧に君はぼくに
なにを語るのか、幻想的な夜よ。

とりわけ後半の二行について次のように言われる。「ユートピア的な詩『美しき異郷（Schöne Fremde）』では、〈夢見のように曖昧に（wirr wie in Träumen）〉のすぐ後に続くのは、〈幻想的な夜（phantastische Nacht）〉であり、この〈幻想的（phantastisch）〉という抽象概念は、太古のものでありながらこれまで人の手に触れられなかったものを一言の下に現しめることで（uralt und unberührt in eins）、より正確な形容詞が切り刻んでしまう夜の感情を余すところなく呼び覚ましている」（81）。ここでは「幻想的（phantastisch）」という形容詞を手がかりとして、太古の夜のイメージ、孤独な夜の抱かせる恐れの入り混じった郷愁の感覚を、しかし、これまで誰一人として手の触れたことのない真っさらな風景のうちに呼び出してくるアイヒェンドルフの詩について、それが形成する「星座」が具体的に示されている。もはや常套句と化した内実を伴わない言葉、一見すると空虚なまでに無限定なこうした言葉が、詩の中で適切な場所へと散りばめられることで、その言葉の真空のうちにまさにその言葉によって言い当てられるべき充実の瞬間が現れてくる。日常言語のうちでその意味をすり減らされてきた言葉たちを「小道具」として形成されるアイヒェンドルフの「星座」は、現に在る通りの世界のうちに太古のイメージとして常にそこに存在しながら、いまだ何人によっても言い当てられてはいないもの、すなわちユートピアを指示している。アイヒェンドルフの詩のなかでも最もよく知られたものの一つ「占い棒（Wünschelrute）」も、そのようなユートピアの在り処を指し示すものと解釈されるのである。

Schläft ein Lied in allen Dingen,
Die da träumen fort und fort,
Und die Welt hebt an zu singen,
Triffst du nur das Zauberwort.

すべての事物には歌が眠り、
万物はそこで夢見を続ける、
いつか世界は歌い始めるだろう、
君が魔法の言葉を言い当てさえすれば。

世界が歌いだすための魔法の言葉とは何か、アドルノの解釈もおのずとそこに導かれてゆくことになる。「おそらくノヴァーリスに霊感を受けて書かれたこの詩行が思いをこらしている言葉（Wort）とは、言語（Sprache）そのものに他ならない。世界が歌い始めるかどうかは、詩人が的の中心点を射当てる（ins Schwarze treffen）かどうか、言語の暗がり（das Sprachdunkle）であると同時に、それ自体としては既に存在しているものを言い当てるかどうかにかかっている」（81）。アイヒェンドルフの詩は、現実性のうちに硬化した世界を覆う殻を魔法の言葉で開き、そこから流れ出る歌のうちに、今まさに形作られつつあるものをその脈動とともに表現しようとするのである。[*26] すべて現に存在するものの傍らには、「いまだ存在しないもの（das noch nicht Seiende）」が名指される時を待っている。目に触れながらも正しく意識されることのないそれは、言語によって手探りされることによってのみ、それとして言い当てられる。実在する対象の現実的変化が問題なのではない。ユートピアの可能性とは、アドルノそしてアイヒェンドルフにとって、歴史の進歩によって実現されていくものではないのである。また、なんらかの不定形なものを現実の内部へと固定化することが、目指されているのでもない。新たな対象ではなく、新たな言語が言い当てられねばならない。世界の闇に蠢くもの、それは言語によってのみ捉えられるものであり、それ自体言語に他ならないのである。

そして、それがいまだかつて存在したことのないものではなく、常にそこに存在しているにもかかわらず、生きられた現在において常に捉え損ねられてきたもの、視野に収められながら見落とされ、日常の言語の中に存在しながら的確な表現を与えられることがなかったために言い落とされてきたものであるとすれば、それこそ、媒介の網の目の中にその痕跡を求められるべき直接性、すなわち「非同一的なもの」に他ならない。さらに言い換えるなら、それは、自らの主張を声高に唱えるのではなく、沈黙のうちに社会から身を退く疎外された主観なのである。交換価値の支配する市民社会において、自らを他のものの等価物として差し出すことを欲しないこの主観は、言語の自律を頼みとして、疎外のうちに自らに疎遠なものとの共存を模索するのであるが、そこに現れる異質なものを力任せに排除しようとしない非暴力の姿勢こそ、「人間性」として表現される宥和の状態である。

アドルノによって「主観の自己解消」と名付けられた事態は、文明化された自我の持ち主たちが「人間性」を抑圧しているという現状に対する抗議として、理性の強化と並行して進行してゆく自己保存原理への執着の増大

＊26 この点に関してピクリークは、アイヒェンドルフの詩作の原理が、新たな世界の「現実化（Verwirklichung）」ではなく、現に在る世界の「可能化（Ermöglichung）」であるとした上で、次のような解釈を提示している。「アイヒェンドルフが真剣に意図していたのは、詩作の魔法の言葉によって世界をその原初の音楽へと再び目覚めさせることであり、同様にして、彼は厳格にも、実在性を潜在性へと連れ帰り、現実そのもののうちでまどろみ、そこで目覚めを待ちわびている可能性の状態へと変化させようと目論んだのだ」（Lothar Pikulik, *Der experimentelle Charakter von Eichendorffs Dichtung*, in: *Aurora* 49(1989), S. 21-35. Hier S. 34）。

という現象から距離を取ろうとするものである。しかし、「エスであるところのものに、自我は成らなければならない」、とアドルノが言うとき、このことが意味しているのは、理性の非合理主義への身投げでもなければ、自我として捉えられる人間の内面性を放棄して即物的に事象との同一化を図ることでもない。なんといっても、主観は言語によって対象を捉え、言語によって世界を覆うことで、自らを理性的な存在たらしめているのである。それゆえ、非理性的存在への退行など問題外のこととして考えるなら、言語による同一化、概念による媒介、これら自己保存を目的とした暴力的振る舞いから抜け出る「非同一的なもの」もまた、言語以外のものによっては捉えられないはずである。ここに、主観の存在とともに始まるアポリアが存在する。同一化による以外に対象を捉えることのできない主観が、いかにして同一化を遂行せずに対象を捉えることができるのか。このアポリアに直面した後では、主観はもはや言語を自らと世界との媒介項、支配の道具として用いることはできない。主観は、対象と概念の媒体としての言語が捉えきれないものを肌で感じ取り、その暗がりに手を差し入れるために言語そのものへと変成せねばならない。「言語の暗がり」、現実に穿たれた暗黒点としての世界の可能性を言い当てるために、主観は留保なしに自ら言語へと、「ざわめき（Rauschen）」へと身を変じねばならない。これこそが、アドルノによって「主観の自己解消」と言い表された、アイヒェンドルフの詩作上の振る舞いに秘められた内実なのである。

「儚さ」と「アウラ」

伝統を樹立するのとは別種の仕方で過去との関係を取り結ぶこと。「過去のうちで姿を変え続けるもの（das Vergängliche am Vergangenen）から現在へと通じるものを強奪してきつつ、さらにいかなる伝統をも想定しないこと」（70）。アドルノの論考の冒頭に掲げられた「前衛的な意識」すなわちモデルネの思考様式が求めているのは、単に時代遅れの保守主義者たちの手からアイヒェンドルフを取り戻すことや、過去を振り返ることなしにアクチュアリティーに没頭する非歴史的意識に反省を促すことだけではない。アイヒェンドルフの再評価といった、現代からアイヒェンドルフを視野に収めた議論ではなく、アイヒェンドルフ自身の過去との関わりが、おそらくは問題なのである。アイヒェンドルフの詩作にモデルネの精神を読み取ること、それは、アイヒェンドルフが「過去のうちで姿を変え続けるもの（das Vergängliche am Vergangenen）」に対していかなる態度で接したのか、このことを読み取ることに他ならない。「言語の自律」「疎外」「主観の自己解消」「星座」、これらアイヒェンドルフにアドルノが読み込んだモチーフが指示しているのは、主観の同一化作用のうちで見失われたものへの「哀しみ（Trauer）」であり、現在の支配する時の流れのなかで、主観の経験からつねに逃げ去ってしまうもの、おそらくは一度として正しく捉えられてはこなかった幸福な現在の「想起（Erinnerung）」である。「哀しみ」と「想起」、これら二つの概念がアドルノのテクストに現れるとき、常に前提とされている一つのコンテクストが存在する。このことを指摘しておかねばならない。ベンヤミンからの影響、すなわち、アレゴリー的手法の下で過去へと向かう眼差しのもとに生起する、現在する事物の「儚さ（Vergänglichkeit）」である。

アイヒェンドルフの詩が「儚さ」を表現しうることを、アドルノは彼の用いるアレゴリー的手法、すなわちアイヒェンドルフのうちに受け継がれたバロック詩学の影響に帰しているが、このことはラッシュ（Rasch）によって地理的な伝記的事実として次のように指摘されている。「［アイヒェンドルフの生まれ育った］シュレージェンはヴィーンとベルリンの間に位置し、オーストリアとプロイセンの間にかかる橋であったように、南東から来るバロックの伝統と北東から来るロマン主義の間にかかる橋でもあった」[*27]。さらにラッシュは、バロックの流れを引き継ぐものとして、アイヒェンドルフの詩を、一七世紀のシュレージェン出身の作家マルティン・オーピッツと

＊27　Eichendorff, *Werke in einem Band*, a. a. O., S. 1540 (Nachwort).

一九世紀のオーストリア出身の作家H・v・ホフマンスタール、この両者の詩の間に位置するものと捉えている。[*28]
アイヒェンドルフの詩に現れるアレゴリー的意図、これを最もよく見てとれるものとしてアドルノが挙げてくるのは、「森のなか（Im Walde）」である。

Es zog eine Hochzeit den Berg entlang,
Ich hörte die Vögel schlagen,
Da blitzten viel Reiter, das Waldhorn klang,
Das war ein lustiges Jagen!

Und eh' ich's gedacht, war alles verhallt,
Die Nacht bedecket die Runde,
Nur von den Bergen noch rauschet der Wald
Und mich schauert im Herzensgrunde.

婚礼の行列が山間をすすむ、
ぼくは鳥たちの囀りを聞いた、
そこでは馬上の人々は様々に煌めき、角笛が響いていた、
それは愉快な狩の眺めだった。

そしてぼくがそうと気づかぬうちに、すべての音が消え去った、
夜の闇があたりを包み、
山々から聞こえてくるのは森のざわめきだけ
そして心胆寒からしめる戦慄がぼくをおそった。

山の辺をゆく婚礼の行列、鳥たちは祝福の鳴き声を上げ、騎乗の新郎新婦は晴れやかな輝きに包まれ、興趣あふれる狩りのように角笛が吹きならされる。しかし、唐突にすべてが消え去ったかと思うと、夜が辺り一帯を覆い、山から聞こえてくるのはただ森のざわめきだけ。それを見たか見ないか確信の持てない「私」はただ心の底から恐れおののくのみである。人生で最も祝福されるべき瞬間が、一時の幻影のように消え去るさまをうたったこの詩に、アドルノが見て取るものこそアレゴリーなのである。そして、アレゴリー的手法の核心としてアドルノによって強調されているのが「儚さ（Vergänglichkeit）」（82）である。

しかし、ここで「儚さ」として取りだされたアイヒェンドルフの詩作の原理は、単にこの世の無常を詠嘆するペシミスティックなものではない。既に過ぎ去ってしまった幸福を悼むために用いられるこの「儚さ」という表現方法は、逆説的にも、現在に縛りをかけられた事物、物象化された事物に、意味と充実を与えるものなのである。「ドイツ・ロマン主義の始まりにおいて、対象となるものが精神であり、精神が自然であるとされる思弁的な同一哲学が存在したとすれば、アイヒェンドルフは、既に始めから物象化されていた事物に再び自己を超えるところを指し示すものの力、意味する力を与えたのだ」(82)。シェリングの同一哲学に対する批判的な見解の見られるこの文章において、しかし、注目されるべきはアイヒェンドルフが死せる事物に付与したとされる力が、「自己の超越を指し示すものの力、意味する力」と形容されている事実である。主観による同一化の働きかけのうちに硬化した自然が、再度自らの生命力を発揮する瞬間がアイヒェンドルフの描く「儚さ」のうちに到来する。現在の幸福の形象を、はや廃墟にさまよう亡霊のごときものとして認識する主観は、その反対に、現在のうちに力を喪失した過去の出来事にも、その「煌めきの瞬間(Augenblick des Aufblitzens)」(82)を見出すことができるのである。

この「煌めきの瞬間」という言葉が意味するものの内実を探るなら、そこには先のフロイト同様にアドルノのこの論考のうちに一度もその名を挙げられることのない人物が浮かび上がってくる。ヴァルター・ベンヤミン、一七世紀ドイツ・バロック演劇の本質にアレゴリーの存在を指摘し、このアレゴリーの中心において作用している思考様式を「儚さ(Vergängnis)」の名の下に摘出することで、二〇世紀におけるアレゴリー再評価の火付け役となった『ドイツ悲劇の根源』の著者であり、アドルノがその思想形成に際して最も影響を受けたこの人物こそ、アドルノのここでの表現から読み取られるべき人物である。そして、「自己の超越を指し示すものの力、意味す

＊28 Ebd., S. 1543-1544.

る力」と形容されるアイヒェンドルフの詩の内実、すなわち「儚さ」の意味するものとは、アドルノがベンヤミンから受け継いだ概念、「アウラ（Aura）」に他ならない。とりわけ、「自己を超えたところを指し示すもの（das über sich Hinausweisende）」という言い回しは、アドルノが『美の理論』においても、ベンヤミンのアウラ論との角逐のうちに己の芸術論を展開する際に、キーワードとして用いている術語である。たとえば、アドルノは以下のように論じている。「ベンヤミンのテーゼが述べているように、芸術作品の〈今とここ〉だけが芸術作品のアウラなのではない、それだけではなくて、芸術作品において常にその所与性を超越するものを指し示すもの（was immer daran über seine Gegebenheit hinausweist）、これもまた芸術作品の内実なのである[*29]」。

ベンヤミンとアドルノ、両者のアウラをめぐる言説についての詳細な検討は本章の意図から逸脱する分量の記述を必要とするため、ここでは差し控えたい。むしろここで目を注がれるべきは、アドルノによって指摘されるアイヒェンドルフの詩に現れるアウラが、一旦は消失の憂き目にあっているということである。「既に始めから物象化されていた事物」、アイヒェンドルフの目に映じた景色とは、ひとの役に立つこと、価値あるものとして自己弁護を行うことが求められる社会、人間がものとして有用性の枠内に監禁された、物象化され色を失った世界の景色であった。視界一面に光の線が延び広がる鮮やかな生の瞬間でもなければ、視覚を封じる闇にまぎれて異形のものの蠢くときでもない、薄明かりの差し込む黄昏時、事物が自らの影の灰色の曖昧さのうちに縛りをかけられた停滞の時間。アイヒェンドルフの詩「薄明（Zwielicht）」が描くのもこのような景色である。夕闇のなか、沈みゆく陽の名残がうっすらとあたりを覆う時間。そして夜が来て、朝が来る。しかし、「多くのものが夜に失われたまま（Manches bleibt in Nacht verloren）」の世界。「雲が重苦しい夢のように流れてゆく（Wolken ziehn wie schwere Träume）」ときに、「この恐怖はなにを意味しているのか（Was will dieses Graun bedeuten）」、という思いを誰知らず抱いてしまうような世界である。光も闇もその威力を殺されてしまう灰色の世界の只中で、事物はアウラを失う。ベンヤミンの定義に従えば、「いま－ここ」という反復不可能な一回性を失うのである。商品として、複製可能なものとして、事物は市場における価値づけに身を委ねるのみである。
アドルノは、このような世界におけるアウラの消失を、ベンヤミンの思想を受け継ぎながら、ベンヤミンとは別の文脈で思考していたといえる。一回性が反復可能性に取って代わられることによってのみ、芸術作品の内実は脅かされるのではない。そこにはまだ「自己を超えたところを指し示すもの（das über sich Hinausweisende）」が存在しているではないか。アドルノはこう主張する。それゆえにこそ、アドルノは「言語の自律」にこだわるのである。アウラの消失とその回帰を一身に体現できるものがあるとすれば、自律的芸術作品以外にはない、とアドルノは考える。そして、詩において作品の自律を手助けするものがあるとすれば、それは言語をおいて他にない。自律的言語による作品構築、アドルノはここにアウラの救出される可能性を見出さんとつとめるのである。自律的言語は、自らを通じた感覚的イメージの再現を担う媒体ではない。まずもって現実が存在し、それに遅れて言語が名付けを行うのではない。主観にとって現実として捉えられるものとそれに名を与えている言語の生起は、常に同時的な現象として考えられるべきものなのである。「ざわめき（Rauschen）」を単なる対象の模倣ではなく、主観の「ざわめき（Rauschen）」への変成として捉えるアドルノは、忘れられた美学者テオドーア・A・マイアー（Theodor A. Meyer）の著書『文学の様式法則』（一九〇一）からの一節を証言として引用することで、この間の事情に説明を与えている。以下はアドルノによって抜き出されたマイアーの言葉である。

より詳細な観察においてわかってくるのは、言語によってはこれらの感覚イメージはまったく作られえないということ、言語は言語によって貫かれたあらゆるもの、感覚的なものにすら自らの刻印を押しつける、

＊29 Adorno, *Ästhetische Theorie*, a. a. O., S. 73.

ということである。それゆえ言語は、詩人が後に味わうべき体験として我々に提供しようとする生を、感覚的現実の現象とは違って、ただ我々の表象にのみ固有の心理的形成物のうちで我々に提示する。そうであれば、言語は媒介物（Vehikel）ではなくで、詩の叙述手段であろう。というのも、言語によって示唆されうるような感覚イメージにおいてではなく、言語そのものにおいて、あるいは言語によって創造され、言語にのみ固有の形成物においてこそ、我々は内実を手にするのだから。詩の叙述手段を問うことは、余計なことでもなければ、なんら実のないことでもない、ということが理解されよう。そして直ちにこの問いは、芸術と感覚的現象との結びつきへの問いとなる。もしも媒介物の理論が崩れ去るべき誤りであることが判明したとすれば、この誤りとともに直観（見ること）としての芸術の定義も崩れ去ることになるだろう。[*30]

人間は対象のイメージを言語のうちに保存しつつ思考へと搬入することで対象を思惟するのではなく、逆に、言語の枠の内部で思惟されうる対象が人間の思考を限界づける現実として立ち現れる。マイアーの説を引用しながらアドルノが言おうとしていることを推察するなら、それは、自らの主張する自律的言語が、概念との同一性のうちに対象を閉じ込めようとする媒介物としての言語とはまったく異質のものを意味しているということ、さらには「ざわめき（Rauschen）」として現れる言語的主観は、対象を「直観する（見つめる）」ことによってではなく「聞き取る」ことによってその受動性を際立たせるものであるということであろう。自律的言語として成立するアイヒェンドルフの詩、そこでは自己を解消した主観は「ざわめき（Rauschen）」として己の存在を告げ知らせるのである。「〈詩の叙述手段としての言語〉、すなわち自律したものとしての言語は、アイヒェンドルフの魔法の杖（Wünschelrute）なのだ。この言語を手助けするのが主観の自己解消なのである」（83）。

それゆえ、アドルノの文脈からすれば、媒介物としての言語という論理を推し進めていった先には、必然的に対象となるべき事物の死が待っていることになる。主観が同一化へと向かう飽くなき欲求の充足を追い求めた果てに、自らの限界に達したところで生じる事態が事物の死なのである。生ける対象に意味を与えては自己のうちに対象を取り込むことで、異質なものすべてを己と同一化せずにはおかない主観は、触れるものすべてを黄金に変えてしまうミダス王のごとく、事物そのものから意味を奪い去り、概念のうちに硬直した立像に変えてしまう。同一化には限界が存在するのだ。言語による対象の捕縛が、対象の死を意味するしかないというジレンマに直面するところに生じる行き止まりを、主観は同一化によっては突破することができない。もしあくまで同一化に固執するなら――とはいえ主観が同一化を完全に解除することもまた不可能なことなのだが――その際、生け捕りにするはずの獲物は、捉えた瞬間には常に死んでしまっているのである。このような事態からの反転現象として生じるべきものこそ、自律的な言語についての認識であり、対象を捉えるのではなく、その多義性に言語のうちで身を任せようとする「主観の自己解消」である。ここにおいて、潰えたはずのアウラが再び現れることが可能となる。

主観そのものが言語となる。そして、その言語が対象に同一化を強制するものではないという限りにおいて、それは森のあちこちから聞こえてくる「ざわめき（Rauschen）」である。「主観そのものがざわめきとなるのだ、そして言語となって、言語と同じように、ただ少しずつ消えてゆく間だけ存在するのだ」(83)。対象を写し取るものとして、同一化の手段として用いられた言語は、今度は、自ら主観に、しかも主観 - 客観の対立的構図に位置づけられるのではない、「ざわめき（Rauschen）」としての主観になる。このようにして初めて、おそらくはアドルノの哲学の内部において、客観は救出される。主観は意味付与する肯定的主観ではなく、否定的主観、疎外された主観として客観的なものと宥和するのである。そして、この事態を裏側から見るならば、それは客観の側

＊30　Theodor A. Meyer, *Das Stillgesetz der Poesie*, Frankfurt am Main 1990, S. 33-34.

に位置づけられた事物が、自ら意味する力を取り戻すということに他ならない。「冷え切った事物は、事物そのものと事物の名前の類似によって自らの家郷へと連れ戻されるのであり、そして言語の衝動がこの類似を呼び起こすのである」[*31](84)。すなわち、言語の赴くところへと身を任せる主観が現れるとともに、そして自律的言語の構成を通じて、客観もまたざわめきのうちに、主観による意味づけの下に硬化していた自らの意味を、自己を超越したものを指し示すという形で現し始めるのである。

憧憬のアレゴリー

「儚さ(Vergänglichkeit)」を核心とするアレゴリー的手法が、アイヒェンドルフの詩作に、死せる事物の復活の瞬間を捉えることを可能とする。生と死の敷居に佇むあらゆる事物の「儚さ」に反応する感受性は「哀しみ(Trauer)」をもってそれに応える。この「哀しみ」が、現に存在するものの内部に脈打つ世界の可能性についての「想起(Erinnerung)」を生ぜしめ、この想起が過去の亡霊への執着としてではなく、来るべきユートピアへの「憧憬(Sehnsucht)」として詩作に定着されるのである。このことを最もよく読み取れるとアドルノが考える詩、「人の手になるもののうちで唯一消え去ることのないような」(85)と形容される詩が、「憧憬(Sehnsucht)」である。

Es scheinen so golden die Sterne,
Am Fenster ich einsam stand
Und hörte aus weiter Ferne
Ein Posthorn im stillen Land.
Das Herz mir im Leibe entbrennte,
Da hab' ich mir heimlich gedacht:

星々が黄金の輝きを放つ夜に、
ぼくはひとり窓辺に立って
はるか遠方から郵便馬車の角笛が
静謐な土地に響くのを聞いた。
ぼくの心は肉体のなかで燃え上がり、
そこで秘かにこう思ったのだ。

Ach, wer da mitreisen könnte
In der prächtigen Sommernacht!

Zwei junge Gesellen gingen
Vorüber am Bergshang,
Ich hörte im Wandern sie singen
Die stille Gegend entlang:
Von schwindelnden Felsenschlüften,
Wo die Wälder rauschen so sacht,
Von Quellen, die von den Klüften
Sich stürzen in die Waldesnacht.

Sie singen von Marmorbildern,
Von Gärten, die überm Gestein
In dämmernden Lauben verwildern,
Palästen im Mondenschein,

ああ、あそこを連れ立って旅することのできる者よ
このすてきな夏の夜に！

若い二人連れが道をゆく
山の斜面を通り過ぎながら、
彼らが歩きながら口ずさむ歌をぼくは聴いた
それは静まりかえった一帯のこと。
歌の中で、めまいのするような岩塊の峡谷では、
森の木々が優しげにざわめき、
岩の割れ目から湧き出た泉は、
森の夜へと落ちてゆく。

彼らが歌うのは大理石像、
あるいは岩山の上にあって薄暗くなった園亭のなかで、
いまや荒れ放題になっている庭々のこと、
月明かりのなかに見える館では、

＊31　ここで指摘された「言語の衝動（der Zug der Sprache）」はすぐ後で「言語の傾斜（das Gefälle der Sprache）」（84）と言い換えられ、それについては「言語が自らそこへと向かうもの（das, wohin sie von sich aus möchte）」（84）と説明されている。

Wo die Mädchen am Fenster lauschen,
Wann der Lauten Klang erwacht
Und die Brunnen verschlafen rauschen
In der prächtigen Sommernacht.

娘たちが窓辺で耳を澄ましている、
リュートの響きがいつ目覚めるものかと
そこではまた噴水が物憂げにざわめいている
このすてきな夏の夜に。

静けさのアウラをその響きのうちに包摂する郵便馬車の角笛が、遠く土地を越えて響きわたってくる。そのとき、通常は用いられない「entbrennte」という過去形を用いて表現されるのは、過ぎ去ったものを思って身中に燃え上がる、未だ冷めやらぬ心臓の鼓動である。そして、この詩がその影響下にあるゲーテの「ミニョン（Mignon）」との対比のうちで、アイヒェンドルフの資質を際立たせている「すてきな（prächtig）」という形容詞の弱々しさが、言い換えるなら、ゲーテ的主観に対するアイヒェンドルフ的主観の弱々しさが指摘される。ゲーテでは「急な岩山の上を水が落ちてゆく（Es stürzt der Fels und über ihn die Flut）」と圧倒的な迫力をもって描き出される森の風景が、アイヒェンドルフでは「森の木々が優しげにざわめき（Wo die Wälder rauschen so sacht）」と、あくまで風に身を委ねる木々のかすかなざわめきのうちに現れてくる。「これは、壮大な風景が、開かれた無限性への逃走のためにイメージの限定性を犠牲にしてそこへと溶解してゆく、いわばただ聴覚的な〔詩作の〕内部空間でのみ聞き取り可能なひそやかなざわめき（Rauschen）のパラドックスなのである」（86）。ゲーテの詩作上の振る舞いとの隔たり、あるいは視覚的明瞭性との隔たりにおいて、アイヒェンドルフの詩作では聴覚的な不定形がその特色を成しているといえよう。視覚的な明瞭性と聴覚的な不定形の対比は、アドルノにおいて啓蒙主義（疾風怒涛派・擬古典主義）とロマン主義の対比とパラレルである。しかし、この対比はアドルノにおいては、単にロマン派における聴覚的＝音楽的なものの優位を意味するものではない。「ざわめき（Rauschen）」を核とした自己解消の試みは、ドイツにおける詩的自我の系譜において、あるいは反・詩的自我の系譜において、勇壮さのうちに自然支配に与することのない繊細さを備えた作家に遍く見出されるものとして指摘される類のものである。事実、ここで擬古典主義的作家として挙げられているゲーテについて、アドルノはそのイフィゲーニエ論において、「ざわめき（Rasuschen）」の存在を指摘し、視覚の人ゲーテというクリシェを破棄しているのである。そして、アイヒェンドルフと並んで「ざわめき（Rauschen）」がその詩作において重視されるボルヒャルトについての論考でアドルノの語った言葉こそ、「エスであるところのものに、自我は成らなければならない」、なのである。

この聴覚的な不定形のうちに「憧憬」は姿を現す。しかし「憧憬」は、それがどれだけ確たる対象を見定めようとする主観の解消の果てに生じたものであっても、一足飛びに世俗的社会を超越し得るものではない。「しかし憧憬の超越は、詩の結末で縛りをかけられている。（…）音楽的反復の内部で、どれほど見事に詩が円環的に結びあわされていることか。そのとき、素晴らしい夏の夜をともに旅するものへの憧憬の充溢として、〈すてきな夏の夜（die prächtige Sommernacht）〉が再び現れる。つまり、憧憬そのものが、である」（86）。先に引用した詩の一節と三節の末行がともに「このすてきな夏の夜に（In der prächtigen Sommernacht）」であるところから、アドルノは、詩の目指す憧憬が現実にそれとして実現されるのではなく、憧憬そのものの現れとして詩の円環構造のうちに回帰してくることを指摘する。憧憬の対象は「それ自身が再び憧憬のアレゴリー」[*32]（86）なのである。現実を、

*32　この言い回しのうちでアドルノの念頭に置かれているものは、おそらくは、ベンヤミンが『ドイツ悲劇の根源』で、一旦は消え去った仮象の再度の現れとして描きだした「復活のアレゴリー（die Allegorie der Auferstehung）」であろう。ベンヤミンの言葉を引いておく。「髑髏が情けなくも散乱したありようのうちで、儚さは、意味され、アレゴリー的に描き出されるというよりも、むしろ自ら意味するもの、アレゴリーとして舞台に上げられているのだ。すなわち、復活のアレゴリーとして、である」（Benjamin, *Ursprung des deutschen Trauerspiels*, in: *Gesammelte Schriften*, Bd. I-1, S. 405-406）。

現実的に超え出ることによっては、憧憬は満たされえない。現実において、あくまでその内部からしか現実の超越は望めない。憧憬の現実化、すなわち憧憬から現実への単なる横滑りとは別物として憧憬の充溢を求めたとき、それは憧憬の憧憬として、二重写しになった主観の充溢として、憧憬そのものの回帰として現れることになる。自律的言語による形成物の内部で自己自身を超え出てゆくものが、この憧憬の充溢のうちに提示される。「憧憬のアレゴリー」、このことを論じるべくアドルノが先の詩を解釈する上で重要な位置を付与しているのが、一節の「私」に呼応するかのように三節に現れ、窓際で耳を澄ましている「娘たち（die Mädchen）」である。[*33]

憧憬の充溢、この満たされることのない無限への飛翔のうちに、アドルノはエローティシュなものを嗅ぎあてる。「詩の最後のイメージが窓辺で耳を澄ましている娘たちへとたどり着くまでの道筋は、エローティシュなものとして正体を現す」(86) のである。しかしそれは、あくまで憧憬として、すなわち「沈黙（Schweigen）」(86) に覆われた欲望として無言のうちに暗示されるのみである。アドルノの解釈は、アイヒェンドルフの詩の構造からも正当化することができよう。実際、アイヒェンドルフの詩に現れる娘たちは、詩のなかに現れる「私」が聞いた、二人連れの若者たちが唄う歌のなかに出てくるのであって、現実的な性愛の対象としての娘ではない。そもそも一人の娘ではなく「娘たち（die Mädchen）」と複数形で描かれたイメージが、憧憬の対象の不確定性を表示しているともいえるのである。また、論考中、アドルノがアイヒェンドルフの詩におけるエローティシュなものに言及しているのは先の引用を含む二ヶ所であるが、そのうちのもう一ヶ所には以下の文言が読み取れる。「アイヒェンドルフのユートピアは、一ヶ所に腰を落ち着けないエローティシュなユートピアである。彼の散文の主人公たちが互いに反映しあい決して対立しない女性たちのイメージのあいだを揺れ動くように、アイヒェンドルフの抒情詩が恋人の具体的なイメージと結びつくことは殆どない」(77)。そして、すぐ後の方ではこう言われている。「［アイヒェンドルフの抒情詩においては］名と充溢に対して図像化禁止が言い渡されている」(77)、と。

恋人の名をそれと名指すことで対象のイメージを固定してしまうこと、そしてそれによって現実の性愛の対象として捉えられたイメージに憧憬の充溢を求めること、こうしたことは、結局のところ、憧憬の現実への横滑りに他ならないのではないか。アドルノの思考の道筋をこのように推察するなら、アドルノが自律的言語の構築物であるはずのアイヒェンドルフの詩作に現れる「沈黙」――自然の音と矛盾するはずのもの――を重視する理由も納得できる。アドルノはこう述べる。「もっとも偉大なドイツ文学の代表者たちのうちで、しかしながら叙述に固定されてきたのは祝福の祈りへと至る沈黙（Verschweigen）であり、そこでは、語られなかったものの力が言葉の内部へと突き進み、言葉にその甘味をもたらしている」(77)。エローティシュなものが、叙述のうちで沈黙をもって語りだされるものであるというところから、アドルノの哲学の枠内におけるエローティシュなものと自然美との相関関係を指摘できる。アドルノにとって自然美が問題となるのは、とりわけ『美の理論』においては、それが人間の意味付けや概念把握によって傷つけられていない太古のイメージを想起させるからであり、またこの太古のイメージが、過去に属するものであると同時に、「未だ存在しないもの（das noch nicht Seiende）」の暗号でもあるからである。自然が人間によって付与された意味から逃れ、自らを語りだす地点をアドルノはこう表現している。

芸術作品の隙間のなさ、緻密な構成、自己にやすらうありようは、沈黙（Schweigen）の模像なのであり、ただこの沈黙からのみ自然は語りだすのである。[*34]

逆説的にも、しかし本章のこれまでの考察からすれば必然的に、人為によっては到達しがたい対象である自然

＊33 Oskar Seidlin, *Versuche über Eichendorff*, Göttingen 1965, S. 69.
＊34 Adorno, *Ästhetische Theorie*, a. a. O., S. 115.

は、その反対物である人為の極まるところ、その自律を極限にまで推し進めた芸術作品のうちで初めて、自らを語りだすのである。これを主観の側から見れば、「ざわめき（Rauschen）」となった主観が「言語の暗がり」にその身を浸し、世界の可能性を言い当てた瞬間、ということになるだろう。言語的主観と自然が極限において触れ合う一点を、アイヒェンドルフの詩の中に求めたとき、アドルノはそれをエローティシュなものと名指したのである。アイヒェンドルフのユートピアの様態として摑みだされたエローティシュなものの内実とは、人間にとって最も身近で最も疎遠な自己の肉体に基盤を置いた快楽であろう。「快原理の此岸」と題された『ミニマ・モラリア』の一節に、このことは端的に表現されている。「盲目の肉体的快楽は、いかなる志向も持たずに最終的な志向を満たすものであるが、この肉体的快楽のうちにユートピアを特定できるものだけが、確固たる真理の理念にあずかることができるといえよう」[*35]。そうであればこそ、この快楽がカサノヴァ的な対象の征服に終始せず、またルサンチマンに満ちた文明道徳によって抑圧されることなしに、対象との宥和のうちに達成されるためには、憧憬を縁取る沈黙によって空白の一点に充溢を集中せねばならないのである。すなわち「言語の暗がり」を言い当てねばならない。しかも、外部を遮断した自己完結的な作品において、主観が自己を解消するという離れ業をやってのけることによってのみ、それは成し遂げられるのである。

自然美やエローティシュなものは、ともに市民社会の市場原理や道徳のもとで制圧あるいは抑圧の対象とされてきたものである。制圧の撤回、抑圧の解除が求められる。しかし、アドルノがモデルネの指標とする自律的言語による構成という枠組みからすれば、無制約な本能の解放など問題外のことである。このジレンマに捕らわれ一歩も足を踏み出せない状況が、アイヒェンドルフの描く市民社会の風景である。市民社会に生きる人間は自らの本源的欲求と文明道徳との板挟みの状態に置かれているのである。そこから抜け出すために、「疎外」のうちでの「主観の自己解消」、そして沈黙を表現にもたらすための「言語の自律」が要請される。自らの主観を「ざわめき（Rauschen）」と化して「言語の暗がり」に身をひそめつつ、沈黙のうちに語りだす自然との宥和に到達すること。「人間性」として市民社会がその萌芽において煌めかせた理念を自らの憧憬として保持する者だけが、おそらくは、この憧憬の内実を成すべきものを言語と自然の宥和の形象として、「憧憬のアレゴリー」のうちに復活させることを望み得るのである。

沈黙の真空に満たされた空間に、使い古された言語によって描き出された星座。しかし、夜空に輝く満天の星空そのものへの超越は「想起」という迂廻路を経てのみ到達されるものである。言語の格子に閉じ込められて星座の形をなぞろうとする主観の心的傾向は「哀しみ」に支配されている。超越の禁じられた世界で、自己の内部へとひきこもった主観は世界の「ざわめき（Rauschen）」に耳を傾け、それを模倣して自らそれに変じ、同時に自己を解消する。この主観ならざる主観が、はたして「言語の暗がり」に隠れた可能性を言い当てることができたかどうか。「憧憬のアレゴリー」は「人間性」の生命を維持できたかどうか。それは、『悪の華』を嚆矢として、アイヒェンドルフの死とともに幕を切って落とされたモデルネの作品たちに問われるべき事柄であろう。

アイヒェンドルフの詩は、未だ許された「猶予期間（Schonfrist）」（81）のうちにあったといってよい。少なくとも、「人間性」はエローティシュなものという肉体的契機を媒介として、憧憬の保護膜のうちで生き続けていたのである。しかし、アイヒェンドルフも目にした市民社会に拡がる灰色の風景は、彼の後のフランツ・カフカやベケットの作品のうちで、その色彩の度を強めていくことになる。おそらくは、自らの言語の流れに身を任せる無防備な姿勢に、終わりへの道ゆきの途上にあることの予感が現れていることを指摘するためであろう、ある個所でアドルノはアイヒェンドルフの抒情詩をアルチュール・ランボーの「酔いどれ船」に比している。しかし、

＊35　Adorno, *Minima Moralia*, in: *Gesammelte Schriften*, Bd. 4, S. 67-68.

終末を予感しながらも、それは「まだ緑の岸辺のあいだを色とりどりの三角旗をはためかせてゆく〈酔いどれ船〉」(78)なのである。モデルネへと向かう敷居の手前でざわめいているアイヒェンドルフの抒情詩は、アドルノの視座のうちでは、憧憬として描かれた「人間性」という星座の最後の輝きであったのかもしれない。

第Ⅳ章

市民社会の幻影
ワーグナーとファンタスマゴリーの技術

現実離れしたファンタジーの横溢という印象を抱かれがちなロマン派という名称が、一九世紀の芸術作品の多くに当てはまるとすれば、しかしこの同じ世紀には、たとえばフローベールがそうであるように、ロマン派の双子ともいうべき実証主義的なリアリズム（写実主義）への傾きが見出されるのである。[*1] アイヒェンドルフの作品にもその痕跡の感じられる、市民社会から身を引こうとする身振りは、それが対峙した現実として、科学技術と商品経済に覆い尽くされてゆくヨーロッパの近代というものを見据えている。その正体を白黒どちらともつけかねるこの両義的な時代に、アドルノがモデルネと呼ぶ芸術の現在は生じた。その際、この現在とは、過去にあったものとの否定的な関わり、伝統の否定として定義されるべきものであった。もちろん、それは過去に積み残された課題に向き合うことによる否定であって、その意味で、アドルノが限定的否定と呼ぶ方法論の行使は、芸術の実践にも見出されるのだと言える。

モデルネの概念が知らせているのは一つの欠如であって、それは初めから肯定的なスローガンなどではなく、むしろ現状もはや存在すべきでないものの否定であった。しかしそれは、これまでの各時代の様式がしてきたように先行する芸術実践を否定するのではなく、伝統そのものを否定している。その限りにおいて、それは芸術において初めて市民的原理を採用するものである。その抽象性は、芸術の商品性格と対になって現れた。だからこそモデルネは、それが初めて理論的に分節されたボードレールにおいて、直ちに災いのトーンを帯びていたのだ。新しいものは死と姉妹関係にある。[*2]

芸術作品を、商品性格、新しさ、そして死の描きだす星座のうちに位置付けるこの論述は、学派としての芸術運動から、モデルネと呼ばれる事象をその内実において区別するものであると言えるだろう。アドルノにとってのモデルネとは、一つには様式概念そのものの否定に結びつくものであったのだから。それは商品のように自らの新しさを目指し、その代償として物象化による死の危険に曝される。ロマン派の詩人と呼ばれるアイヒェンドルフにモデルネの予感が示唆されたのも、その作品に自らの死を顧みず使い古された商品のような言葉と結びついて未だ存在しないものを言い当てようとする振る舞いが見出されたからに他ならない。

そして、先の引用からもわかる通り、アドルノにおいてモデルネとは第一にボードレールの名前と結びつくものであった。しかし、独立の論考としてボードレール論を残さなかったアドルノの歴史記述の空所に接近するために、ここでは詩人がそのパリ公演に触れて自らの感動をあらわにしたドイツの作曲家ワーグナーに焦点を合わせることにしたい。というのも、今述べた様式概念の否定としてのモデルネとは、音楽史においてはまさにワーグナーに聞き取られるものとしてアドルノによって記述されていたからである。

近代において、成熟期のワーグナーの音楽のように、自分自身でも一つの様式に最も近づいたと考えていた音楽は、この様式そのものを、論争的な意志、つまりワーグナーとニーチェが同時に揃って一九世紀に非難したあの歴史上の折衷主義への批判に負っているのだ。ワーグナーの様式は、彼が多くを共有するユーゲント様式と同じく、様式のなさの函数であり、実際、のちに寝返ったニーチェはその様式のなさをワーグナーに咎めたのである。様式への意志は、今日と同様かつても様式と完全に矛盾していたのである。[*3]

あらゆる様式を過去の遺産としてすぐさま使いこなせるかのように扱う伝統の継承者たちの態度を折衷主義と非難することによって、そしてそれから逃れていくことによって、ワーグナーの様式のなさは一つの様式となった。これがアドルノの見立てである。しかし、アドルノにおいてワーグナーは決して肯定的な評価のみを受けているわけではない。実際、本章で主として扱われる彼の『ワーグナー試論』には多様な論点にわたって作曲家に対する批判が述べられてもいるのだ。

たとえば、アイヒェンドルフのような詩人の言語に読みとられた商品性格との結びつきは、この作曲家の場合には、オペラの登場人物とその性格をわかりやすく観客に提示するライトモチーフの手法に見出されるのだが、しかし、それはあたかもツギハギの衣服のようにパッチワークすることで全体の調和を見せかけるかのような欺瞞をアドルノに指摘されるのである。アドルノがボードレールにも看取する市場に対する芸術の無力という事態は、商品に擬態したワーグナー作品のファンタスマゴリーによって、むしろ主観の力が健在であるかのような偽

＊1　Adorno, *Ästhetische Theorie*, in: *Gesammelte Schriften*, Bd. 7, S. 13f. もちろん、アイヒェンドルフの詩作に対して、幻想的なものへの沈潜におけるその真逆の物質的な契機との衝突が指摘されていたように、この場合には、フローベールの文学に対して、素材への沈潜からの精神的な内実の浮上が指摘されている。

＊2　Ebd., S. 38.

＊3　Adorno, *Klassik, Romantik, neue Musik*, in: *Gesammelte Schriften*, Bd. 16, S. 136f.

りの輝きのなかに覆い隠されてしまう。

現実世界に対する諦念の裏返しとして、自らの内面世界にエロースを蓄えるこのファンタスマゴリーの使い手に帰依した詩人としてボードレールを描きだしたのが、パサージュ論の構想に取り組んでいたベンヤミンであった。複製技術論でのアドルノとベンヤミンの議論の実相とも関わって、本章ではまた、その際に二人の間に浮かび上がった作曲家と詩人の差異という問題に、もう一つの焦点が合わせられている。そのための議論のきっかけとして提示したいのは、ワーグナー論の構想を実現に移そうとしていた時期に書かれたアドルノのエッセイである。

ワーグナーの両義性

ワーグナーの神話大系の真正さに対してたとえどれほどの異議が唱えられようとも、そのなかのひとつの形象こそはまさに太古の世界から飛び出してきたものといえる。馬の形象である。「あそこのモミの木陰で微睡んでいるのは何だ？　馬だ！　深い眠りに安らっている」――かすかなピアニシモで下降和音にのせたワルキューレの主題が引用されるこの箇所は、英雄の剣よりも神々のヴァルハラよりも古く響く。それはただ記憶そのものと同じくらいに古い。他にはもう一度、トリスタンが古風な調べに目覚める情景でのみ、ワーグナーは夢の階層（その他の箇所ではトロンボーンにごまかされる）をこれと同じくらい完全に征服している。というのも馬は英雄たちのことを彼らよりもよく知っているからである。馬たちこそ太古の世界から生き延びた英雄たちなのだ。彼らはあたかも、犠牲を強いられた者たちが沈黙を打ち破るために最初の言葉を投げかけた対象であるかのようにそこにいる。いかなる吐き気によっても我々と区別されることのない唯一の動物であり、だからこそ我々が食べようとしない唯一の動物であるが、我々が言葉をもたない時代に後戻りするなどあってはならない。だからこそワーグナーにおいても馬は草を食むものとして、全きキリスト教的意味において浄福なものとして現れるのだ。「あそこにグラーネがいる。私の幸せな馬。元気に草を食んでいる。一緒に眠っていたはずよ！　私と一緒にジークフリートが起こしたのね」。草を食む馬と言葉を話す人間、両者はともに目覚めの形象をなしている。彼らのうちにワーグナーは音楽を、『ニーベルングの指環』にこれ以上ない恵みをもって対立する音楽を書き込んだのである。[*4]

アドルノとワーグナーという組み合わせに何かしら危険なものが感じられるとすれば、それはおそらくドイツ・ロマン派を代表するというにとどまらず一九世紀ドイツあるいはヨーロッパ文化の中心に位置したこの作曲家の作品が二〇世紀にたどることになった数奇な運命への連想が働くからではないだろうか。作曲家自身が生前に反ユダヤ主義のパンフレットを著していたことはまぎれもない事実であるにせよ、その楽曲が総統の公式行事に際して常に式典を彩る音楽として用いられ、あるいはジャコモ・マイアベーアへの個人的な負の感情にも由来したであろう彼の人種的偏見の表明に対して未曾有のカタストローフのBGMとしての役割が与えられることで、あたかも虐殺を公的に賛美するかのような印象がそこに刻み込まれたことは事実であり、またそれによって彼の個人的性格からバイロイトの理想にいたるまでの公私にわたるすべての領域に、モダニズム的な芸術と実生活との二分法を許さない暗い影が落とされることにもなったのである。第二次大戦後の芸術作品に臨むにあたってアウシュヴィッツ以降という時代的メルクマールを常に批判的に堅持しつづけたユダヤ系哲学者が、そこに現れる文化を総じてゴミ屑であると結論づける時、いかなる復興が意図されているにせよ、まず間違いなく彼によって断罪されたであろうものとして『マイスタージンガー』の復活を思い浮かべるのは、それゆえごく自然なことだ

＊4　Adorno, *Motive*, in: *Gesammelte Schriften*, Bd. 16, S. 277f.

と言わねばならない。しかし、実際にはそうではなかったのであり、そのことは戦後のバイロイトのプログラムへのアドルノの寄稿という一事からも明白である。

ワーグナー論自体は亡命期間中の一九三七年から次の年にかけて執筆され、さらにその翌年一九三九年の『社会研究誌』にその一部（第一、第六、第九、第一〇章）が公表されている。のちに全体を一冊にまとめた形で『ワーグナー試論 *Versuch über Wagner*』という表題のもとに公刊されるのが戦後も一九五二年になってからのことであるとはいえ、一九三四年以降の最初の亡命地であるイギリスからホルクハイマーの招きで社会研究所の移転先であるアメリカはカリフォルニアへと向かうのが、ちょうど執筆期間中にあたる一九三八年の二月であることを考えれば、そこに作曲家との対決という色合いの現れるのもごく当然のこととうなずける。しかし、こうした歴史的背景を抜きに考えた場合に、アドルノはワーグナーにどのように対応しただろうか。このように問うてみたくなるのは、実際のところ著作のなかには直接的にドイツの現状を批判したと思えるような文章は第一章「社会性格」の記述[*5]を除けば他には殆ど見当たらないからであり、戦後のバイロイトへの彼の関与という事実からも舞台神聖祝典劇の抹消など考えられていなかったことは明白だからである。成立時の著者の状況がいかに苦しいものであったとはいえ、その著作を音楽論に仮託された祖国への呪詛と捉えることはできない。いや、それどころかアドルノがモノグラフィーを著した他の二人の作曲家グスタフ・マーラーとアルバン・ベルクと同様に、また彼の音楽論の主著と目される『新音楽の哲学』において領土を分かち合ったシェーンベルクとイーゴリ・ストラヴィンスキーと同様に、彼はワーグナーを批判の対象ではなく批判的に対峙すべき対象と考えていたに違いない。そこには精神分析的な意味でのアンビヴァレントな感情が潜在しているように思える。対象へのこのアンビヴァレントな態度は、その意味では彼の論じるすべての題材に適用されるものであり、またそのような両義的な態度を許さないものの方が彼にとっては批判の対象であったともいえるほどである。

「ここでは時間が空間になる」

ワーグナーへの両義的な態度が、ではどこに現れるかというとそれが冒頭の引用の意図するところであった。神話とキリスト教、馬と人間、夢と目覚め。通常の感覚では二項対立を形成するこれらの概念がここでは見分けのつけようもなく溶融しあっている。神話的形象としての馬が人間の目覚めに関わってキリスト教的浄福を体現するとき、その出来事をつくりなす場所としての夢の世界が皮膜のようにすべての登場人物を覆い隠すかのようである。そこでの目覚めはただ目覚めであるのみならず夢であり、馬は人ではなく人も馬ではなく両者は言葉の所有によって区別されながらも結びつき、そこにおいて神話はただ太古の暴力ではなく神話的世界を抜けきれない人間を救う馬の形象となって一神教の世界のうちに物言わぬ動物として姿を現しているのである。すべては両義的に絡まりあいながらも罪と救いの平衡関係を打ち破ろうと蠢いている。ジークフリートは眠れるブリュンヒルデに近づくときに馬を目にし、ブリュンヒルデの方は目覚めののちに馬を目にする。夢と目覚めの両方に付き添うこの動物は現在における太古の反復であり、抑圧された神話への退行であり、また幸福の約束でもある。

引用された文章が『ウィーン音楽時報』に発表された一九三七年は先に述べた通りワーグナー論の執筆が開始された年でもあり、ここには既にアドルノの単著のモチーフはあらかた出揃っている観がある。デカダンという言葉に孕まれる陶酔と覚醒の両義性であり、一九世紀という時代を縁取るロマン派的幻想と実証主義的技術という両義性である。「何一つ一義的なものがない」[*6]、と明晰さの欠如を責められる楽劇たちも、それが魅力的なのは

＊5　たとえば次のような文章。「ユダヤ人の殲滅という考えすら彼は既に構想していた」。しかしまた続けてこうも言われている。「その際に彼がそのイデオロギー上の後継者から区別されるのは、彼が殲滅を救済と同等視していることによる」(Adorno, *Versuch über Wagner*, in: *Gesammelte Schriften*, Bd. 13, S. 24)。問題はここで言われる救済の意味である。

ひとえにその曖昧さのゆえである。ゆえに白か黒かを截然と分けることができない楽曲の性格それ自体はきわめて批判の難しい要点の定まらない事柄であり、その非をロマン派的な理想のうちに追求するのではなく実証主義的な技術的視点をもって探ろうとするところにアドルノ自身の両義性もまた現れている。ただし、それも技術的な視角から切り出された分析が作品の内実に食い込むものである限りのことである。というのも、技術が問題となるのは常に作品の内実に関わって、その両義性が明らかになる箇所でなければならないからである。

アドルノにとって、ワーグナー作品の両義性を最も一義的に表すもの、すなわちその曖昧さの最も明瞭に現れてくるところこそ、彼がファンタスマゴリーの名で呼ぶものに他ならない。それはたとえば、『トリスタンとイゾルデ』作曲中にその霊感を受けたことが報告される「移行の技法 Kunst des Überganges」[*7]にみられる半音階の駆使であり、全体の整合性をはかろうとする過度な期待のために旋律的着想を犠牲にせざるをえなかったという側面はあるにせよ、一般の理解の獲得と作品そのものの造形性に卓越したこの技術は、他にもこれに対応して主張される「無限旋律 unendliche Melodie」の理想に現れているように、作品の完結性を宙づりにするかのようなその果てしない連続性のうちに、作品の私人への帰属を許すまいとする革命児ワーグナーの私的所有への反逆を聞き取ることもできる。とはいえ、しかし、この作曲技術の進歩においてなされていることはアドルノにとってはまず第一に音楽によるその素材の支配なのである。そして、アドルノがワーグナーに指摘するその革新的な側面には二つあり、一つは和声の次元であり、もう一つは音響の色彩の次元である。

それゆえ、ワーグナー本来の生産的なエレメントとは、まさにそこにおいて主観が主権を放棄し、受動的に太古へと——欲動の基底へと——身をまかせている箇所である。このエレメントはまさに自分の解放的な力によって、時間経過を有意味なものに形作るというかなえられずにいる要請を犠牲にすることになる。この要素がしかし音になるのは、その二つの次元、和声と色彩の次元でのことである。[*8]

楽曲の総体を調性による統合のもとに全体の優位へと帰結させる古典派の作曲技法が全音階に足場を置くものであったとすれば、市民社会の爛熟とともにかつての理想であった全体と個別の調和というヘーゲルやベートーベンの苦闘がその獲得を目指したものが結局はかなえられずに終わるしかなかったところに、このたびはロマン派の原理として現れた半音階の技法が和声の次元に個の解放をもたらすのである。そしてまた、アドルノによって予感としての無調の先取りを指摘されるワーグナーの半音階には、後年のシェーンベルクによる突破を待つまでもなく、不協和音の存在がそこに見出されるのである。

真にモデルネの不変項たるボードレールとトリスタン以来の新たな芸術にとってあらゆる不協和な存在がもつ見渡しがたい射程は、そこにおいて芸術作品に内在する諸力の遊戯が、それに並行して主観を上回る力をそなえた作品の自律性へと高まってゆく外的現実と一致する点から生じている。*9

自らを己の力で疎外にまで導く主観の強さに信をおくところに不協和音のモデルネにおける真実が見出されるのであり、その際にまさしく「移行の技法」の生誕地である『トリスタン』が『悪の華』の詩人の横に並んで挙げられているところに、アドルノのワーグナーにおける和声技術の評価もまた読み取られる。

しかし他方で、先の引用に忍ばされていた「かなえられずにいる要請」としての時間経過への意味付与という

＊6　Ebd., S. 41.

＊7　Carl Dahlhaus, *Richard Wagners Musikdramen*, Stuttgart 2011, S. 87f.

＊8　Adorno, *Versuch über Wagner*, a. a. O., S. 60.

＊9　Adorno, *Ästhetische Theorie*, in: *Gesammelte Schriften*, Bd. 7, S. 29.

点に関して言えば、アドルノのワーグナー批判もまたこの一点にかかっているといっても過言ではないのである。和声における個の解放、音色の操作による絵画的印象派への接近といったそれ自体革新的な技術的進歩は、しかしその内実において真に新しいものを提示することはできずにいる、というのがアドルノの判断である。幾重にも重ねられる諸楽器の奏でる幻想的な効果はその出現場所の特定を困難にすることで、あたかも生産過程を隠蔽する資本主義の精神を表しているかのようであり、微細な個の戯れを可能とした半音階の技術も、むしろ全体との軋轢の解消を生じることで個人から力を奪う管理社会のディストピアを描き出しているとも捉えられるのである。見かけの新しさだけが横行する商品社会の正確な似姿として、ワーグナーの作曲技術に指摘されるのは、時間の空間化である。ゆえに、「ご覧、息子よ、ここでは時間が空間になる Du sie'st, mein Sohn, zum Raum wird hier die Zeit」[*10]、というグルネマンツの台詞が『パルジファル』から引かれてくるとき、アドルノはそこでワーグナーのファンタスマゴリーの核心について語っていることになる。この時間の静止を抜け出すこと、それこそがアドルノのワーグナー救済の要点である。そして、それはワーグナーにおいて全体性の優位の間隙を縫って現れる左手からの一撃ともいうべきライトモチーフの操作に見出されねばならない。

アレゴリーとライトモチーフ

しかし、孤独なモナドの散乱として現れる解放された音にいかにして統一を与えることができるのか。かつて生じた全体への反乱とは真逆の問題への解決を迫られたのが一九世紀ロマン派の芸術であったとすれば、オペラの展開を通じて個別の情景における個々人の心情の表明を全体の経過のいかんにかかわらず明確なものにしようとするライトモチーフの使用も何ものかによって全体へと統合されるべきものということになる。全体からこぼれ落ちるものを屑拾いのようにして集めるライトモチーフの行いは、一方では音楽的唯名論の傾向を支持するものであるといえる。しかし他方で、無限の可能性をもつ音の連なりを有限の組み合わせで代理するその技法は単語と文字の関係にも似て、一種のアレゴリー的硬化現象を引き起こす。[*11] それは常に同じパッケージで手渡される大量生産された商品であり、そこに行けば何が手に入るのかを消費者に告知する電光掲示板の広告である。[*12] ベルリオーズが『幻想交響曲』で用いた「イデー・フィクス idée fixe」にその音楽的起源を求めうる、この直訳すれば固定観念とでもいえる楽想の反復使用に「強迫観念 Obsessin」の存在を予感するアドルノは、さらにその行き着く先を「憂鬱 spleen」と言い換えることでボードレールの陶酔体験との連関を描き出しもするのである。[*13]「ベルリオーズの綱領からすれば、イデー・フィクスとは阿片陶酔者に現れる幻想のことである。それは自分の最も内側にある秘密そのもの、この場合には自我が自分自身から作りあげそれにいかれているキメラ、自我にあって疎遠なものの外部への投影である」[*14]。阿片吸引者が忘我の瞬間にみる幻影の秘密を言い当てたこの文章に暗示されているのは、一方では個人的心情の表現とされるライトモチーフが、実は楽曲全体の自己二重化によるずらされた自己認識にすぎないのではないかという批判的見解である。確かに、アドルノのテクストは、素直に読むならそのようにしか読めない。しかし他方で、どれほど批判的に語られているにせよ「自我にあって疎遠なもの das Ichfremde」という言葉づかいにはフロイト的無意識の言い換えとしか思えないニュアンスが込められているのも事実である。意識によって全面的に支配された作曲の表層を下降するところに現れる、自己の内部にあって自らに疎遠なものとしてのライトモチーフ、たとえばそれは冒頭の引用にワルキューレの主題として現れていた

*10 Adorno, *Versuch über Wagner*, a. a. O., S. 84f.
*11 Ebd., S. 42f.
*12 Ebd., S. 29 u. 87.
*13 Ebd., S. 29.
*14 Ebd.

ものであり、そこでは人格的断片を想起させる動機について夢の階層との親和性が述べられてもいた。自己のなかの他者として、形式の全体性を逃れ象徴体系を破壊するアレゴリーとしてのライトモチーフには確かに革命児ワーグナーの面目躍如たるものがある。

しかし体系の破壊者として、ドイツ観念論の伝統にたちむかう個物の代表たるライトモチーフには、アトム化された個人が工場労働において孤立化されていくかのような物質生産原理のアレゴリーとしての側面もそなわっている。[*15] アレゴリーという術語をアドルノが用いる際には常のことであるともいえるが、そこには必ず生命の躍動と死の静寂が同居している。[*16] 断片化は末端細胞の活性化であると同時に、相互の連絡を失って硬化した神経接続の比喩でもある。いずれにせよ、アドルノの指摘から理解できることはワーグナーの音楽がロマン派的な主観性の襞に分け入るものでありながら、他方で市場経済下に増大する物象化の経験にも触れているということである。ベンヤミンの複製技術論に異議を唱えたアドルノにふさわしくというべきか、ライトモチーフがその後継者を見出すことになるのはたとえば映画音楽であり、そこでの役割については「観客の迅速な理解のためにただ登場人物とシチュエーションを説明するだけ[*17]」などと皮肉に述べられるにとどまる。極めつきはワーグナーとの対決をまず初めに行ったフリードリヒ・W・ニーチェを用いて、しかしワーグナーを一旦は賛美したことの罪の告白をニーチェに迫るかのように、未来の芸術作品において生じるのは「音楽の精神からの映画の誕生[*18]」であったとの予言が事後的に見出されるのである。しかしここで注意しておくべきことがあるとすれば、アドルノが複製技術に反対したというよく聞かれる言説の正当性はきわめて疑わしい、ということである。このことは、ワーグナー論執筆の動機に関わって、アドルノとベンヤミンの思想的交流を検討するところから理解されねばならない。それによって初めて、アドルノがワーグナーのスコアの読解に際して、作曲家の技術的側面から抽出されるその魅力であり効果であるものをファンタスマゴリーという市民社会の幻影の戯れとして言い表したことの根拠が明らかにされるだろう。

複製技術の弁証法

ワーグナー論執筆の前年にあたる一九三六年三月一八日付の書簡で、前便にて受け取った『複製技術時代における芸術作品』の第二稿を取り上げた際に、アドルノがベンヤミンの擁護したミッキーマウスとチャップリンを認めなかったというのは事実である。*19 しかしこのことは、ベンヤミンによって複製芸術に対置された自律芸術のうちに、そもそもベンヤミンが当該論文においてその不可能性を論じようとしたアウラをアドルノが保護しようとしたということを意味しない。アウラの崩壊はアドルノにとっても議論の前提にあった。*20 彼が複製技術「論」に意見を述べた際にその著者に求めたのは、自律的芸術作品を「神話の側」に分類して話を済ませるのではなく、それ自体において「弁証法的」に扱うべきであるということであった。*21 ちょうどベンヤミンが自然支配的な第一の技術と、自然との遊戯を領分とする第二の技術という二種類の技術を考察することで、写真や映画といった複

＊15　Ebd., S. 47.

＊16　アレゴリーにおける生と死とは、たとえば一九三二年の講演「自然史の理念」では歴史と自然の対を用いて言い表されていた（Adorno, *Die Idee der Naturgeschichte*, in: *Gesammelte Schriften*, Bd. 1, S. 355ff.）。

＊17　Adorno, *Versuch über Wagner*, a. a. O., S. 44.

＊18　Ebd., S. 102.

＊19　「というのも私はモダンタイムスを見た今になってもクラカウアーのお気入りのこの俳優をアヴァンギャルドに数えることはできないからです。（…）〔フランツ・〕ヴェルフェルへの一撃は私を喜ばせてくれました。しかし彼のかわりにミッキーマウスがとられるとあっては既に事態は根本から紛糾することになります」（Adorno / Benjamin, *Briefwechsel 1928-1940*, Frankfurt am Main 1994, S. 172）。

＊20　「私は芸術作品の自律性を保護区として確保したいわけではありませんし、芸術作品におけるアウラ的なものがいまや消えつつあるということについてはあなたと意見をともにしています」（Ebd., S. 171）。

＊21　Ebd., S. 169.

製技術に関してそうしたように、である。

というのも、もしあなたが技術化や疎外を（まったく正当にも）弁証法的に扱っておきながら、対象化された主観性の世界についてはそのようにしないというのであれば、このことは政治的に言って、〔ウラジーミル・〕レーニンの命題に従えば、あなたによって地獄行きを指示された芸術作品の領域に属する弁証法的主体である知識人の理論によるよりほか生じえない成果を、直接的に（映画の主体である）プロレタリアートに想定するということを意味しているに他ならないからです。[*22]

ここで理論によって生じるとされる成果とはもちろん革命以外のものを指さない。

革命の目指すところは不安の廃棄です。ですから私たちは革命のことを不安に思う必要もなければ、自分たちの不安を存在論化する必要もないわけです。認識の禁止ではなく認識をもってプロレタリアートとの結束を守ろうとすることは決してブルジョワ観念論ではありません。自分自身の危機を、同じく危機のうちにあるプロレタリアートの美徳にすり替えるという行為が我々を繰り返し誘惑しようとも、そのようなことをしてはならないのです。革命がなされうるために我々がプロレタリアートを必要としているように、彼らも我々の認識をこそ必要としているのです。[*23]

これがアドルノの要請であり、それは複製技術の否定とはそもそもなんの関係もないことであった。この誤解は二人がともに技術 Technik という術語を用いながら、ベンヤミンが複製技術として念頭においているものとアドルノが自律的芸術作品の領域に考察しているものとのあいだにズレのあるところに生じているように思える。

前者はいわゆるテクノロジーを、後者は技法とでも訳せるようなことがらを想定している。確かに両者は技術に違いはないが、写真であり映画であり彼自身は聞く耳をもたなかったがひょっとしたらレコードであったかもしれないベンヤミンの複製技術と、アドルノがシェーンベルクのスコアに見た自然支配の技術とでは[*24]、そもそも問題にしていることが違いすぎるという観は否めない。二人がともに自然支配によるアウラ的なものの抹消を問題にし、しかもそれを不可避の事態であると認識しているという点に相違はないにもかかわらず、である。

こうした印象は、おそらくはベンヤミンに対して自律的芸術の公正な扱いを求めるアドルノが、同じ書簡で複製技術についてまったく否定的な言及しか残していない点にも起因するように思われる。映画スタジオがベンヤミンの言うような前衛的モンタージュの実践の場であるというよりは、きわめて古典的な現実の写し取り abphotographieren しか行っていないことを自らの経験から力説するアドルノの議論には[*25]、アウラの抹消が問題であるにしても消え方というものがあるだろうとの主張を聞き取ることができる。この批判がベンヤミンの意を汲んだものでないと言うことはできる。ベンヤミンによってなされた、写真に現れる普段意識されることのない視覚的無意識の発見は、心的領域において時間の経過と関わって見出された無意識を、物理的空間における現在時

＊22 Ebd., S. 170.

＊23 Ebd., S. 174.

＊24 アドルノが当該書簡においてベンヤミンに示唆していた一九三四年のシェーンベルク論には、作曲家の自然支配的傾向について以下の記述が見られる。「これとは逆に、彼がそれに従うことで押しのけた『素材』とは静止した不変の自然素材ではない。はっきりとシェーンベルクは既に戦前に、単純な倍音関係の優位を信じたドビュッシーの『自然への後退』に、和声論における『自然への前進』という公式を対置していた」（Adorno, *Der dialektische Komponist*, in: *Gesammelte Schriften*, Bd. 17, S. 202）。

＊25 Adorno / Benjamin, *Briefwechsel*, a. a. O., S. 173.

のアクチュアルな認識に結びつけようという意図に発するものであって、映画におけるモンタージュの手法という連続性を放棄した切断の体験の可能性とあわせて、すべては民衆のエネルギーを革命に転化するために投げ出された賭け金であるということを理解するなら、確かに、アドルノの自律芸術への公正さの要請は悠長にすぎるものであり場にそぐわないものであるといえよう。また実際のところ、ベンヤミンの写真芸術への着目はシュルレアリスムを通じたウジューヌ・アジェの発見をその端緒の一つとするものであり[*26]、映画における細切れの演劇法の理論的起源はベルトルト・ブレヒトの叙事演劇に遡る[*27]。この背景を読み取ることができれば、ベンヤミンが自律芸術を弁証法的に扱っていないなどとは到底言えない。

しかし他方で、写真と映画の起源に置かれるこの両者を単なる大衆芸術と呼ぶことは当時であっても不可能である。大衆の求める感情移入をこそブルジョワ的保守主義として退けたブレヒト、その文学キャリアの出発点にポール・ヴァレリーの純粋詩の理想への共感をもつアンドレ・ブルトンのシュルレアリスム。音楽の精神から映画が生まれたのと同じように、詩の精神から写真が、モンタージュが生まれたのである。では、もしミッキーマウスとチャップリンの代わりにこの二人の名前が取り上げられていたなら、アドルノの反応も異なっていただろうか。そうではあるまい。むしろ、大衆との同一化を夢想することのうちに前衛的知識人の欺瞞を見抜くアドルノの批判は、ベンヤミンの議論の背後にあるこれら知的エリートによるブルジョワ社会批判の安易さをこそ狙い撃つものであったと見るべきである。だからこそ彼の手紙は複製技術そのものというより、それに対峙する知識人とプロレタリアートの関係にあれほど固執していたのだ。またそれゆえに、アドルノは手紙の最後に次のように記してもいたのである。「手紙を終える前にあなたに言っておかねばなりません。革命による『大衆』としてのプロレタリアートの解体 Desintegration を論じた数行は、私が『国家と革命』を読んで以来出会った政治理論のなかで最も深く強烈なものでした」。これは年長の友人への気づかいなどではない。ここに示唆されている文章とは、複製技術論の第二稿にのみ現れる階級意識の形成に関する長大な註釈のことである。そこにはこう記されていた。

ついでに述べておけば、最も晴れやかなものであるプロレタリア階級意識が、プロレタリア大衆の構造を根本から変容させる。階級を意識したプロレアタリアートが緊密な大衆を形成するのはただ外側から見た場合のみの話、彼らを抑圧するものたちの頭のなかだけの話である。本当のところ、プロレタリアートが解放闘争に着手する瞬間、大衆のみかけの緊密さは既に緩み始めていたのだ[*28]。

階級形成において大衆はその見かけの緊密さを失う。階級形成とはベンヤミンによれば、実は弛緩 Auflockerung のことであり、このことを指してアドルノは解体と呼んだのである。そこにおいて解消される緊密な kompakt 大衆とは、したがって階級形成的運動としてそれに対置される連帯 Solidaritär とは別のことがらである。そして連帯とはベンヤミンにおいて大衆の弛緩以外のことを意味しない。

商品としての大衆

では緊密さが解かれ、弛緩の生じることで連帯が現れるという論理的に不可能と思える事態においていったい何が起こっているのか。沈黙を強いられた事物、アラゴンによって現代の神話と呼ばれた商品が語り始めるということである。商品と大衆、この二つをベンヤミンは以下のように結びつけている。「大衆 Masse の成立はしかし、大量生産 Massenproduktion の出来と同時期のものである」[*29]。この引用において「大量生産」が「大衆の産

*26 Benjamin, *Das Kunstwerk im Zeitalter seiner technischen Reproduzierbarkeit*, in: *Gesammelte Schriften*, Bd. VII-1, S. 360.
*27 Benjamin, *Was ist das epische Theater?*, in: *Gesammelte Schriften*, Bd. II-2, S. 529.
*28 Benjamin, *Das Kunstwerk im Zeitalter seiner technischen Reproduzierbarkeit*, a. a. O., S. 370.
*29 Benjamin, *Zentralpark*, in: *Gesammelte Schriften*, Bd. I-2, S. 668.

出」と同義に用いられていることは明白である。マス Masse としての大衆とは取り替え可能な商品として現れた限りでの大衆であり、そのようなものとしての大衆は商品のなかに硬直した物象化の事例としての自分を認識する。しかし、大衆とはまた、無名の集塊のことであり、このまとまりをもたない集合体がそれとして同一視されるには、外からの認識が付与される必要がある。すなわち抑圧する者たちによるレッテルの付与であり、この名指しの行為によって来るべき弛緩は硬直をきたし、資本のもとに身売りを迫られる。沈黙を強いられた商品とは、ゆえに階級意識に目覚めることを封じられた大衆のことである。そしてパサージュ論の構想をもって一九世紀を見つめるベンヤミンが、そのような商品としての大衆を一身に集約した行為として前世紀の首都パリに見出したものとは売春のことなのである。「売り子と商品が一体となった売春婦」[*30]について語ることが、ベンヤミンの考えのなかで同時に「静止状態における弁証法」[*31]の核心部に至るものであるとされるのはそのためである。彼の構想するモデルネの原史としての一九世紀の首都パリから、遠く現代にいたるまで革命への焦燥の中心にあり続けているのは、カール・マルクスにおいて疎外と定義されたもの、物象化の経験からの解放であった。

したがって、商品へと姿を変えられた自分自身を再び別の姿へとメタモルフォーズするために、過たず売春という行為を自らの実存に引き寄せたボードレールが、ベンヤミンによってモデルネの詩人として選ばれた理由もこの点に見出されねばならない。「ボードレールにおいて、大都市の大衆をその都市のファンタジーのなかに溶解させる酵母とは売春である」[*32]。その意味で売春とは目覚めの瞬間がそこに孕まれた夢であり、路上での出会いは硬直した断片のうちに静止する都市のアレゴリーでもある。「ボードレールが詩に性的倒錯の形象をもちこむとき、その対象は路上に求められる」[*33]。オスマン治下に改造計画実施最中のパリを舞台にした都市の情景を、たとえばあまりに有名な「白鳥」などにおいて詩人がどのような言葉へと編み直したのかについてここでは詳述しない[*34]。しかし、「通りすがりの女に À une passante」と題された一編で、足元を気にしながらも毅然とした様子で喪服の裾を褄取りながら通り過ぎる女にすれ違った語り手が「気狂いのように身を引きつらせて crispé comme un extravagant[35]」その女の目に飲み込まれるとき、この記述にベンヤミンが見出すものは商品となった売り子の死せる身体を愛でる売春のネクロフィリアと同じ倒錯した身体反応であり、それはまた一目惚れというのではなくむしろ雑踏に引き離される刹那の、これを最後の別れの一瞥として、都市の恋愛のありようを写し取ったものでもあった。

断片でしかありえない都市のエロティシズムを書き留める詩人の眼差しから倒錯とアレゴリーを抜き取ってくるベンヤミンの脳裏に、彼自身が『ドイツ悲劇の根源』で論じた一七世紀バロック悲劇が存在していたとして、超越なき世界の内在性を体現するこの演劇と一九世紀のパリの舞台との連続性を、時代の決定的な変遷とともに示すものとして後者に指摘されるのは、商品の一語である。使用価値から逃れて、交換価値への拝跪のもとに自らの新しさのみを強度として示す商品、「アレゴリー的直観形式の後を継ぐ[36]」ものとされるベンヤミン的商品の特異性とは、先の記述とつなげて言えば細片へと砕かれた大衆の経験である。永遠の新しさのうちに時間の連続的継起を切断し、空間的な同時的配列のうちにあらゆる時代を現出させる「同一物の永劫回帰[37]」が繰り返される一九世紀資本主義の光景がベンヤミンの眼差しのうちに名を与えられるとき、そこに彼によって見出されたもの

＊30 Benjamin, *Paris, die Hauptstadt des XIX. Jahrhunderts*, in: *Gesammelte Schriften*, Bd. V-1, S. 55.
＊31 Ebd.
＊32 Benjamin, *Zentralpark*, a. a. O., S. 669.
＊33 Benjamin, *Das Passagen-Werk*, in: *Gesammelte Schriften*, Bd. V-1, S. 343.
＊34 この点については本書第Ⅵ章の議論を参照。
＊35 Charles Baudelaire, *À une passante*, in: *Œuvres complètes I*, Texte établi, présenté et annoté par Claude Pichois, Paris 1975, S. 92.
＊36 Benjamin, *Zentralpark*, a. a. O., S. 686.
＊37 Vgl. ebd., S. 673.

こそ偽りの情景を映し出す幻灯機、すなわちファンタスマゴリーであった。「遊歩者の赴く空間のファンタスマゴリーに対応しているのは、賭博者が思いを傾ける時間のファンタスマゴリーである」[*38]。それはまた商品となった性愛のファンタスマゴリーとも呼びうるものであろうし、この幻影が都市の街路を詩人の目にアレゴリーと映じさせもしたのである。

ベンヤミンの構想におけるファンタスマゴリーという語の初出を求められるこの論考、一九三五年五月に書き上げられ、パサージュ論全体の草案 Exposé として位置付けられた「パリ——一九世紀の首都」にはさらに、「万国博覧会は一つのファンタスマゴリーを開示しているのであり、ひとはそこに退屈を紛らわそうと入場してくる」[*39]、といった記述が見られる。万博の展示物と同じように路上の女を崇める人々が、自分自身でありまた神でもある大量生産品に見出すファンタスマゴリーとは、資本主義に回帰する偽りのアウラである。この商品空間に充満するアウラを爆破することこそ、「一九世紀の原史 Urgeschichte des neunzehnten Jahrhunderts」[*40]を神話からの目覚めとして描こうとしたベンヤミンの本来の意図であった。そして、そこに呼び出されるべき事態こそ、先に緊密さの弛緩として捉えられた階級形成への動き、すなわち大衆の蜂起に他ならない。複製技術論第二稿の註釈から再度引用しておけば、そこにはまた以下のような記述も見られるのである。

緊密な、すなわち小市民的大衆と階級意識的な、すなわちプロレタリア大衆との区別が一旦明らかになれば、その作戦上の意味も明瞭となる。はっきり言って、こうした区別がその正当性を証明するのにこれ以上ない好例は、そもそも緊密な集団の突発的暴力として生じたものが、革命的状況の流れのなかであるいは時間の経つうちにいつの間にか一つの階級の革命的行為に変じていたという、しばしば見られる出来事であろう。[*41]

緊密な集団から拡散のうちに生成する革命的集団へ、その過程で生じるものこそ「プロレタリアートの解体」であった。また、そもそもの主題に戻れば、アドルノもベンヤミンと同じくそこに自らの賭け金をのせていたのである。

性愛と死

ここまでの論述に見られるように、ベンヤミンにおいて大衆の弛緩の始まる突発的な暴力の始原には性愛の経験が置かれている。この起源における性愛は、しかし生命の充溢した幸福な体験というよりは、その内部に死の深淵を隠し持っている。「娼婦とはアレゴリーが勝利のうちに手にする高価な略奪品である。それは生でありながら死を意味している」[*42]。アレゴリーの両義性を語るこの一節に示されているのはつまり、娼婦とは売り子として生命を持ち、商品として死を意味するものである、という既に明らかな事柄である。

他方で、ベンヤミンにおける性愛の両義性は、大衆の両義性とも重ね合わせることのできるものである。大衆は、緊密な集塊としては商品であり、弛緩した集団へと身を変じることで拡散へと向かう生命力を獲得する。それぞれに生と死を併せ持つこれら二つの形象もまた、ボードレールによって結び合わされたものである。散文詩「群衆 Les Foules」に描かれる無名の集団への孤独な自我の溶解を表すために詩人の用いた言葉、「魂の神聖な売

＊38 Benjamin, *Paris, die Hauptstadt des XIX. Jahrhunderts*, a. a. O., S. 57.
＊39 Ebd., S. 50.
＊40 Benjamin, *Pariser Passagen I*, in: *Gesammelte Schriften*, V-2. S. 1034.
＊41 Benjamin, *Das Kunstwerk im Zeitalter seiner technischen Reproduzierbarkeit*, a. a. O., S. 370f.
＊42 Benjamin, *Das Passagen-Werk*, a. a. O., S. 424.

春行為 cette sainte prostitution de l'âme」[*43]というのがその際の紐帯となるだろう。「集団 multitude の概念について、また『群衆 Menge』と『大衆 Masse』の〈関係〉について」[*44]とのメモを残したベンヤミンにこの詩がきわめて重要であったこと、ここで群衆と大衆のあいだになされた線引きが先に述べた二つの大衆の区別を意図しているであろうこと、等については言うまでもない。「ボードレールにおいて、大都市の大衆をその都市のファンタジーのなかに溶解させる酵母とは売春である」[*45]。そして、その目指すところは資本主義の夢からの目覚め、革命であったとひとまず言うことができよう。

しかしまた、この一文において気がかりを引き起こすのはファンタジーという語の使用である。その同義語をベンヤミンの著作に探すならば、直近のものとして置かれるべきは当然のことファンタスマゴリーであろう。これはまた、偽りの願望充足として人々を眠りにつかせる強烈な麻酔薬でもあった。新しさと古さ、生と死がどこまでも入れ子状に喰らい合うモデルネの舞台のうえで、ひょっとすると詩人は決定的な何かを逸していたのかもしれない。このような疑念がパサージュ論の著者の心中に兆していたと考えることもできる。「ボードレールはアレゴリカーとして孤立していた。彼が求めたのは、商品の経験をアレゴリーの経験へと連れ戻すことであった。これは挫折するより他にない試みであり、そこに明らかになるのは、彼の文章の出だしの遠慮なさは現実世界の遠慮なさによって凌駕されていた、という一事である。彼の作品にみられる衝動的な一撃はここに由来する。それが病的でサディスティックに思えるのは、しかしただその一撃が現実を取り逃しているからにすぎない。とはいえ、それもほんの髪の毛一本分のことではあるのだが」[*46]。髪の毛一本分の現実とのすれ違い、これがベンヤミンのボードレールへの留保である。アレゴリーの両義性によっては乗り越えられないもの、性愛の只中に口を開ける死の深淵へと落ち込むことで、現実に対して暴力衝動を爆発させることしかできなくなったモデルネの詩人の無力、ベンヤミンの疑念をこう言い換えてみることもできよう。あるいは自らの詩作のショック作用によって読み手に与えようとした一撃が、既に商品世界の衝撃によって無力化されていたことへの絶望が、そこに読み取られたのでもあろうか。

一九世紀の芸術運動においてこの外界への無力を糊塗するものの象徴としてベンヤミンに理解されているのが、ボードレールがそこに数え入れられる「純粋芸術 l'art pour l'art」の運動である。「妥協を許さない闘士たちは市場への芸術の引き渡しに反旗を翻す。彼らは純粋芸術の旗の下に集う。この合言葉から総合芸術作品の構想が生まれ、そこでは技術の発展から芸術を引き離そうとの試みがなされる。自らを祝う聖別の儀は、商品を神聖視する気散じの補完物である。両者が無視しているのは、人間の社会生活である」[*47]。そして続けてこう言われる。「ボードレールはワーグナーの幻惑に屈する」[*48]。これは、パリで『タンホイザー』あるいは『ローエングリン』の舞台に触れた詩人が一八六〇年二月一七日金曜日付で作曲家宛に出した、「この音楽は私の音楽だと、そう思えたのです **il me semblait que cette musique était** *la mienne*」[*49]、との一文を含むこれもまたあまりに有名な書簡を念頭においての一言と考えられる。とはいえ、ワーグナーの音楽を「私のもの」だと素朴に述べるこの手紙の文言は、しかし詩人の作曲家への帰依をのみ表すものではなく、音楽からのヘゲモニーの奪還をたくらむ文学の側からの戦略的な挑発であると解することも可能である[*50]。いずれにせよ、こうしたベンヤミンの留保、詩人の熱狂を舞台

＊43 Baudelaire, *Les Foules*, in: *Œuvres complètes I*, a. a. O., S. 291.
＊44 Benjamin, *Zentralpark*, a. a. O., S. 686.
＊45 Ebd., S. 669.
＊46 Benjamin, *Das Passagen-Werk*, a. a. O., S. 438f.
＊47 Benjamin, *Paris, die Hauptstadt des XIX. Jahrhunderts*, a. a. O., S. 56.
＊48 Ebd. ちなみに、アドルノたちが閲覧した草案の段階でのこの箇所は、「ボードレールはワーグナーによる幻惑の虜になる」、とされていた（Benjamin, *Exposé. Paris, die Hauptstadt des XIX. Jahrhunderts*, in: *Gesammelte Schriften*, Bd. V-2, S. 1247）。
＊49 Baudelaire, *Correspondance*, Bd. I, Texte établi, présenté et annonté par Claude Pichois, Paris 1973. S. 673.

に具現化された商品のファンタスマゴリーへの拝跪と捉える判断に対してアドルノは、一九三五年八月五日付の草案全体への批判として著された長文の書簡で次のように述べている。

純粋芸術と総合芸術作品に関する二一頁の命題は、私にはそのままで通用するとは思えません。端的な意味での総合芸術作品と芸術至上主義は、商品性格を回避しようとの対立する両極の試みであって、同一のものではありません。それゆえ、ワーグナーに対するボードレールの関係は、娼婦と社会のつながりと同様に弁証法的なものなのです。[*51]

複製技術論への批判と同じく、対象の弁証法的扱いを求めるアドルノがここで注意を向けているのは、総合芸術作品と純粋芸術の分離、すなわちワーグナーとボードレールについては両者の質の違いを考慮した切り離しを経たうえで論じるべきである、との要請である。

世界の没落＝ハッピーエンド

では、アドルノが両者の違いをどこに求めていたのかといえば、それこそ彼のワーグナー論に読み取られるべきことがらである。ワーグナー論全一〇章のうち六番目に置かれた章には「ファンタスマゴリー」の名が与えられている。この名がいかなる背景を持つものかは、執筆にいたる二年間の師友との書簡の往復のうちに幾ばくか垣間見ることができた。ベンヤミンはこの語のうちで、「高度資本主義の時代における抒情詩人」[*52]による反乱の試みが挫折を迎えるパリの情景に、詩人を誘惑する幻灯装置としてのワーグナーの舞台を重ねてみせたのである。ワーグナーの舞台をファンタスマゴリーとして理解すること、これにアドルノが反対する理由はない。ワーグナーにおける作曲技術の二つの革新的事項として和声と色彩の次元における古典派およびロマン派からの隔絶を指摘するアドルノが、財産の私的所有の撤廃を求めてドレスデン蜂起に加わったかつての反逆児の舞台に見出すのは、その真逆のもの、労働過程の隠蔽、商品によるファンタスマゴリーに他ならないのだから。

支配的所有関係の無意味さへの洞察が享楽への怒りに反転し、「余計なものが多すぎる」という身振りを通じて政治的意味を抜き取られ、社会的諸概念を生物学的なそれに置き換えることで曖昧に霧がかけられる。[*53]

晩年に至るまでプルードンを読み、反乱の季節にはバクーニンと交流をもったワーグナーの作品に差し込んでいる現実の影としてここに指摘されるのは、怨嗟としての禁欲主義、それに伴う非政治的身振り、社会構造の問題を生物学的決定論にすり替える似非科学主義である。これらはすべて革命の挫折の経験から導き出すことのできるワーグナー作品の仮面である。たとえばここに言われる生物学的概念とは人種としてのユダヤ性のことであり、彼がその殲滅を願うのはひとえに自らの救済のためである。しかし、そこに隠されているのは自分自身が「救われない」[*54]という確信である。ワーグナー作品の核心にはこの虚無がある。革命の機を逸した市民のニヒリ

＊50　こうした解釈についてはフィリップ・ラクー＝ラバルト『虚構の音楽——ワーグナーのフィギュール』（谷口博史訳、未來社、一九九六年）の議論を参照。

＊51　Adorno / Benjamin, *Briefwechsel*, a. a. O., S. 150.

＊52　これはパサージュ論から派生して構想されたボードレールについての一冊の書物にベンヤミンが本来つけようと考えていた表題である。Vgl. Benjamin, *Charles Baudelaire: Ein Lyriker im Zeitalter des Hochkapitalismus*, in: *Gesammelte Schriften*, Bd. I-2, S. 509. u. Bd. I-3, S.1064ff.

＊53　Adorno, *Versuch über Wagner*, a. a. O., S. 16.

＊54　Vgl. ebd., S. 25.

ズムこそが、ワーグナー作品に空虚に発する力を与えているのだ。作曲家の舞台に対峙するアドルノの問いかけが常に舞い戻ってくるのもこの地点である。すなわち、何もないはずの中心からなぜ何ものかが現れてくるのか、この虚無のうえに現れては消える「世界が没落していく」というイメージはいったい何を意味しているのか、という問いである。

しかし、話を一旦ボードレールとワーグナーの違いへと戻すなら、それをこの点に見出せないということは自明であるといえよう。そもそもベンヤミンが用いた術語であるファンタスマゴリーをアドルノがワーグナーに当てはめているのであって、そこに抽出されるべき自律芸術におけるアウラの死という事態が両者の前提に置かれていたことを考えれば、ボードレールとワーグナーの芸術に読み取りうる共通の運命としてのファンタスマゴリーが、詩人と作曲家の対立点ではなく一致点であることは明らかなのである。このことに思い至れば、逆によくわかるのはベンヤミンの叙述に反駁を加えることの困難であろう。モデルネに深く根ざしたファンタスマゴリー的体験様式とでもいうべきものを想定できるとすれば、たとえば先の書簡でアドルノがおそらくは念頭においていたであろう市場からの決別を図る純粋芸術としての抒情詩と、資本による商品生産のプロセスをその起源の喪失という出現形態にいたるまで忠実に我がものとすることでそれに技術的再現を与えようとする総合芸術作品の構想との対立という構図は、それこそ維持しがたいものにならざるをえない。「商品性格を回避しようとの試み」という最も本質的なところで両者が一致していることは、既にアドルノ自身が認めていたところでもある。

そしてそれは、意識的であれ無意識的であれ、売れ残りの過去の遺物、店晒しの商品へと自らを擬することによって交換価値からも抜け出すことを通じての試みであろう。ボードレールの救いであり罰でもあったファンタスマゴリー的体験様式は、通例は作曲家を糾弾したものと捉えられる傾向のあるアドルノのワーグナー論においても、同じく世界そのものの救済と同時にその没落をも意味していた。それゆえ、むしろワーグナー論執筆の段階でアドルノが意図していたのは、ベンヤミンが曖昧に放置した二つの芸術ジャンルの区別を明確にするということではなく、ボードレールの挫折の露呈する地点、詩人の可能性の潰える地点として設定されたオペラの舞台そのものを、再度モデルネの始原としてその否定的様相のうちに描き出そうとする試みであったといえよう。否定的様相とはすなわち、ファンタスマゴリーとして現れる世界の没落のイメージのことである。そして、この世界の没落が同時に、ワーグナーにおいて救済を意味しているというのは先に述べた通りである。アドルノはこのことを次のように確認している。「『指環』の結末における世界没落は同時にハッピーエンドである」[*55]。では、それがいかなる意味で救済となりうるのかが問われねばならない。

世界の没落をハッピーエンドと等値するアドルノの議論は、単にアドルノがワーグナーのオペラの内的構造から読み取ったものであるというにとどまらず、ワーグナー自身の内的ヴィジョンにも対応するものが見出される。それは、作曲家が著した反ユダヤ主義のパンフレット『音楽におけるユダヤ人』を締めくくる以下の一文に見出される。

> 後ろを振り返ることなく、この自己殲滅的で血まみれの闘争に参与するのであれば、我々は一体にして不可分であろう！　しかし、気がかりなことがあるとすれば、それは、君たちにのしかかっている呪いからの救済には一つしか道がなかろうということだ。すなわち、アハスヴェールの救済とは、没落のことだ！[*56]

磔刑にかけられるキリストが刑場に赴いた際、その休息の申し出を断ったユダヤ人アハスヴェールとは、その報いとして自らも安らいの場所を見出すことを禁じられ、それ以後、世界を彷徨することを定められた呪われた

＊55　Ebd., S. 139.
＊56　Rudlf Wellingsbach, *Wagner und der Antisemitismus*, in: *Wagner Handbuch*, Kassel 2012, S. 97f.

人物であり、国をもたないユダヤ人のイメージの典型として語り継がれる伝承の一つであった。ワーグナーの楽劇『さまよえるオランダ人』の主人公の遠い祖先とも言えるこの神話的形象にワーグナーの示唆する救済の可能性としての没落を、たとえば、ユダヤ人が民族的アイデンティティーを捨て去ることで、真のヨーロッパ人になるという平和的な同化への奨励と取るような解釈にアドルノが与するものでないことは、その理論的傾向からも理解されるだろう。アドルノが、ワーグナーの救済をわざわざ英語でハッピーエンドと言い換えているところからも、彼の意図するところは明白である。それは、アドルノが『指環』の世界を支配するものとしてワーグナー的神話の構造に見出す、既存の秩序を安寧のうちに保護する見せかけの宥和としてのハッピーエンドであり、商取引の無事の締結（等価交換の成立）を祝う契約の勝利としてのハッピーエンドであると言えるだろう。アハスヴェールの没落も、結局は他者からその質的契機が失われることを願うものとして、すべての事物が等しく個性を失うという意味でのハッピーエンドであったと考えられるのである。あらゆる商品の質を等しいものとする交換価値に支配された資本主義の世界に広がるファンタスマゴリーの風景、これは、ベンヤミンによって一九世紀のパリに見出されたものと同種のものであると言ってよいだろう。

退行するワーグナー

そうであるとすれば、『啓蒙の弁証法』での議論を想起するまでもなく、アドルノがワーグナーに認める神話とは、「常におなじもの」の回帰であったということになる。しかし、そのようなものとしてのファンタスマゴリーは、単にかつて存在したと妄想されるものを現世に呼び戻そうとする魔術であるだけでなく、もはや失われた状態へと自ら帰還しようとする退行の身振りとしても捉えられねばならない。アドルノにとって、ワーグナーの楽劇とはこの意味で、不変の太古へと遡行する退行的なものであった。

ワーグナーに見受けられるあらゆる両義性は、それが太古の様々なイメージと取り結ぶ関係から生まれている。過去を追想する彼の天才は、内面の心の蠢きに従って、その現実のモデルにまで下降し、そのようにして退行的要素を照らし出す。しかし、彼は同時に、この退行的要素を根源にある真理であると考えてそれに身も心も任せてしまうことで、自ら退行していくのである。[*57]

この退行の身振りにおいて、しかし、ワーグナーのモデルネ的ありようが際立つのである。すなわち、市民社会において禁じられたもの、「近親相姦、父親憎悪、去勢のモチーフ[*58]」といったその根源に封じ込められた太古のイメージが、まさに新奇なものを求める観客の心情に合致して、そこに何か新しいものが現れているかのような見せかけを生み出すのである。「こうした刺激のモデルネ以上に、ワーグナーが神話的であるところはない[*59]」と言われる所以である。ただし、いまアドルノによって指摘された、モデルネと神話の危険な一致は、ひとりワーグナーにのみ固有の現象ではなかった。というのも、ここで神話的起源への遡行として定義されたファンタスマゴリーに拝跪した詩人として、ベンヤミンが彼の文脈において描き出した人物こそ、ボードレールであったのだから。そして、問題はその際のワーグナーと詩人との間に、果たして差異は求められるものかどうか、ということであった。このことはおそらく、アドルノとベンヤミンによってモデルネの根源に見出された退行という現象、二人の思想家の議論がそこにおいて一致を見出しているように思えるこの現象の実相を、さらに深く見極めるところに現れてくるはずである。

＊57　Adorno, *Versuch über Wagner*, a. a. O., S. 116.
＊58　Ebd.
＊59　Ebd., S. 115.

ワーグナーがその退行の身振りを見せるところ、それは先にアドルノが述べていたように、現在の社会において禁止を言い渡された事象の現れてくるところであった。そのような禁忌の対象に触れておきながら、しかし、ワーグナーがその対象のさらなる起源を見出すことなく、それ自体を「根源にある真理」であると捉えてしまったところに、アドルノによるワーグナー批判は焦点を結んでいた。すなわち、あたかもそこに無垢な自然の存在を幻視させるかのようなワーグナーの楽劇の舞台において、実際に生じているのは、「制約のない社会のあきらめ、市民革命の挫折と、世界殲滅としての世界経過の叙述が曖昧に混ざり合う」[*60]という事態なのだ。ワーグナーの楽劇には、その過激な主題と裏腹に、密かな諦念が充満している。このように解釈するアドルノが、ワーグナーに指摘する退行の身振りとは、したがって、単に過去へと遡るものだけではない。そこには、望みの叶えられない外界からの自己の内面世界への遡行という意味での退行も見出されるのである。

ひとは現にある自己で満足している。楽劇に救済の言葉が欠けているとして、その代わりに楽劇の登場人物たちは絶えず自分自身のことを救済されたと言い募るのである。〔『タンホイザー』の〕エリーザベトだけが「清らかで天使のように」死を迎えようとするのではなく、〔『ニュルンベルクのマイスタージンガー』の〕エファもまた感謝の思いを込めて、「ただあなたお一人のみによって、私は高貴で自由で勇敢にものを思えたのです」とザックスへの思いを綴るのである。市民社会で最も有名なエローティシュな芸術家の身振りが、自己自身へと退行しているのは偶然ではない。この身振りは、ナルシシズム的なのだ。[*61]

現実の対象からの救いを得ることなく、自閉的に自らの救済を主張するワーグナーの楽劇のナルシシズム的構造に照明を当てるこの文章は、その続きでは、「かつて存在したものの崇拝と個人の崇拝とが、ワーグナーによる神話体系の召喚のうちでは幾重にも折り重なっている」と述べた上で、「そのために、『ニーベルングの指環』

は静止するのだ」[*62]と結論づけている。ワーグナーのファンタスマゴリーが、超越的次元を失い、商品経済のうちに閉じられてゆくロマン派の風景を写し取ったものとして一つのリアリティーを獲得しえたのは、まさにこの点においてのことであったと言える。啓蒙の神話がそうであったように、ワーグナーのファンタスマゴリーも、アドルノにおいては、時間の静止する地点にその居場所を特定されるのである。

この自己への回帰としての退行に見出されるワーグナーのナルシシズムが、世界の没落と結びつけられる際、アドルノが念頭においていたテクストに、おそらくフロイトのシュレーバー論が存在すると考えるのは、一つの仮説として許されるのではないだろうか。一九〇三年に自らの病の体験をもとに『ある神経症者の回想録』と題する一冊の書物を著したダニエル・パウル・シュレーバーについて、その公刊された記録のみに基づいてさらに一編の論考「自伝的に記述されたパラノイア（パラノイア性痴呆）の症例に関する精神分析的覚書」を一九一一年に公表した際のフロイトの考察である。日常の些細な迫害妄想に端を発するシュレーバーの症状形成にみられる、陰謀をはかる神の現前、その神の光線による自身の神経組織への侵犯行為、そしてそれによる身体の脱男性化、すなわち女性への変身といった荒唐無稽としか言いようのない、しかし奇妙な説得力をもつ狂気の言説を、患者の男性親族である兄、そしてとりわけ父への「同性愛的願望空想の防衛 **Abwehr einer homosexuellen Wunschphantasie**」[*63]という病因の解明にまで導いてゆくフロイトの分析が、この患者の性的エネルギーであるリビードの外界からの

＊60　Ebd., S. 125.
＊61　Ebd., S. 122.
＊62　Ebd.
＊63　Sigmund Freud, *Psychoanalytische Bemerkungen über einen autobiographisch beschriebenen Fall von Paranoia (Dementia paranoides)*, in: *Studienausgabe*, Hg. v. Alexander Mitscherlich / Angela Richards / James Strachey, Bd. VII, S. 183.

引き上げが極まった地点、いわば妄想の零点に見出されるものを、「世界没落 Weltuntergang」[*64]と名付けていたことだけ、ここでは想起しておきたい。

ワーグナーの舞台に見出されるナルシシズムの充満する内面世界に、アドルノが認めたのもまた、フロイトのパラノイア患者の内面世界にも似た自閉的な空間であったと言える。この比較が許されるとすれば、その際に重要な点は、アドルノの眺めるワーグナーの内面世界は、その発端を諦念によって説明されるとはいえ、そこにあるのは死への傾きではなく、むしろエロースの充溢した世界であるということである。すなわち、そこには時間的な存在がその果てに迎えるべき死の契機が見出せない。人間の労働力が商品として等価交換の系列に組み入れられる物象化のはびこる外界が性愛の実現を拒む死の世界であり、そこに現れるのが自らを商品と化した娼婦であるとすれば、その対極に行き着かんとするワーグナーの内面世界にアドルノが探りだしたものは、神話的なエロースの世界、無限の生命の充溢という同じく時間の失われた世界であったと言える。

「浄福」の両義性

ここで、先の引用中アドルノによって名前の挙げられていた『指環』に目を向けたい。そこには、確かに楽劇のナルシシズム的構造が見出せるのだ。呪いのかけられたニーベルングの指環を自らの力の源である契約の掟を破ってまでも手に入れようとするヴォータンの企みは、神によっては抗うことのできない己の力への反逆を、自分が人間の女とのあいだにもうけた子供であるジークムントに期待し、それが潰えたときにはさらにジークムントが同じ母親から生まれた自らの妹ジークリンデと交わった結果であるジークフリートに、その野望を託すことになる。彼の野望とは、ヴァルハラの建立の代金として取り上げられてしまった指環を巨人族のファフナーから奪取することであるが、しかしこのことは既に述べたようにヴォータン自身の契約に基づく力を弱めることになる。それを手にしたものに世界の覇権を約束する指環を手に入れずには自らが滅びるよりなく、指環を手に入れるためにも同じく自ら滅ぶよりないヴォータンによる、その孫ジークフリートへの野望の仮託という面から見たとき、ジークフリートは神々に抗う反逆児でありながら、父なる神の自殺の意図をそうと知らずに実現してしまう「理性の狡智」[*65]にはめられた操り人形のように思われてくる。「『指環』全体を、知略をもって行いの世界から身を引き、自らを滅しようとするヴォータンの自己意識の歴史として把握するなら、彼の対立者は意志それ自体のように盲目であることになり、この対立者の盲目性は、知が死に膝を屈するように、確実に自らの死を準備しているのである」[*66]。それゆえ、アドルノが『指環』四部作に押しとどめようのない「世界没落」を見て取るとき、それは外界からのリビードの引き上げによって自らもそれを幻視したパラノイア患者に似て、他者を排除して自己充足的に循環するまさに指環のようなヴォータンの意志の円環構造を指し示してのことと考えるべきである[*67]。

そして、この絶対知の支配する父なる神の領域に構築される閉ざされた没落の幻視に亀裂を入れるものこそ、本章冒頭の引用にアドルノが示したところの馬に代表される動物の形象なのであった。ワーグナー自身によって著された、「『ニーベルングの指環』にこれ以上ない恵みをもって対立する音楽」こそ、神話の眠りに停滞するモデルネに目覚めをもたらす使者としてのライトモチーフなのである。また、アドルノが同じ引用文中この動物のことを「全きキリスト教的な意味において浄福なもの」であると書くとき、「浄福な selig」という形容詞には、それの意味するとされるキリスト教の精神に反して、死すべき肉体に訪れる快楽への予感が込められていたと考えられもするのである。ここでもう一度だけフロイトに触れておけば、「失われた浄福を人類のために再建する

＊64 Ebd., S. 191.
＊65 Adorno, *Versuch über Wagner*, a. a. O., S. 123.
＊66 Ebd., S. 124.
＊67 Adorno, *Wagners Aktualität*, in: *Gesammelte Schriften*, Bd. 16, S. 560.

こと」、というパラノイア患者の妄想においてその身体の脱男性化への呼び水となる世界救済の使命を語る一文に現れるこの語について、彼は次のように記していた。「天上の浄福のこの驚くべき性愛化は、我々に対して、シュレーバーの浄福概念はこのドイツ語のもつ主たる意味合いである、死亡したと官能の幸福に浴した、の二つを一つに圧縮することで成り立っているかのような印象を与える」[*68]。「浄福」の一語に見出される死（死亡した verstorben）と性愛（官能の幸福に浴した sinnlich glücklich）の交錯。フロイトによって指摘されたこの言葉の両義性は、そのままアドルノがワーグナーの動物に指摘するそれでもあると言えるだろう。神話から抜け出してきた動物の形象は、ナルシシズム的なエロースの自閉空間に外の存在を告げ知らせている。

　アドルノのエッセイで動物たちを形容する「浄福」という語に注目することで浮かび上がるその両義性が、ワーグナーから失われてしまう過程は、彼の詩作をみれば実際に明らかになる。一八七六年に初演された『神々の黄昏』の前身として一八五二年に成立した未定稿の結末部分を次に挙げるが、そこではブリュンヒルデの台詞は現世における幸福を歌うものであった。

Nicht Gut, nicht Gold,
noch göttliche Pracht;
nicht Haus, nicht Hof,
noch herrischer Prunk:
nicht trüber Verträge
trügender Bund,
nicht heuchelnder Sitte
hartes Gesetz:

善行でもなく、金でもなく、
神の威光というのでもない、
家屋でもなく、屋敷でもなく、
尊大な華美というのでもない、
薄汚れた契約の
偽りの絆でもなければ、
みせかけの道徳の
厳しい掟などでもない。

selig in Lust und Leid　　快楽と苦痛のうちにあって、
läßt—die Liebe nur sein.[*69]　　ただ愛だけが浄福であれ。

世俗の財でもなく、陰鬱な契約の厳格な掟でもなく、快と苦痛のうちにただ愛のみが浄福であれと歌うこの詩行には、未だ私的所有の欺瞞を暴こうとする革命直後のワーグナーを聞き取ることができる。しかし、一八五四年のショーペンハウアー哲学との出会いを経てのちになされた一八五六年版の同一箇所の書き換えでは、既にそこに諦念の色が滲み出しているのである。

Aus Wunschheim zieh ich fort,　　願望の家を去って、
Wahnheim flieh' ich auf immer;　　私は永久に狂気の住処を逃げ去ってゆく。
des ew'gen Werdens　　永遠の生成という
offne Tore　　開かれた扉を
schließ' ich hinter mir zu:　　私は後ろ手に閉じるのです。
nach dem wunsch- und wahnlos　　願いも狂気もない
heiligsten Wahlland,　　神聖この上ない選ばれた土地へと、
der Weltwanderung Ziel,　　世界中をさまよって求められた目標の土地へと
von Wiedergeburt erlöst,　　復活によって救われた

*68　Freud, a. a. O., S. 157. 強調は原文による。
*69　Dahlhaus, *Richard Wagners Musikdramen*, a. a. O., S. 147.

zieht nun die Wissende hin.
Alles Ew'gen
sel'ges Ende,
weißt ihr, wie ich's gewann?
Trauernder Liebe
tiefstes Leiden
schloß Augen mir auf:
enden sah ich die Welt.[*70]

智ある女が今や身を移すのです。
すべて永遠なるものの
浄福な終末、
それを私がどうやって手に入れたか、あなたはご存知でしょう？
哀しげな愛の
最も深い苦しみが
私の目を拓いたのです。
私が見たのは世界が終わっていくところでした。

ここでは既に浄福のアウラは世界の黄昏を包み込む終末の薄明へと色褪せ、かつてこの語によって形容されていた愛はいまや悲しみの底に沈み込んでいる。フロイトによって「浄福」という言葉に読み取られた二つの意味、性愛と死の両義性が、ワーグナーにおいて失われ、ここに彼の自閉的なエロース空間が出現するきっかけが見られるのだと、そう考えることもできよう。この地点においてワーグナーはベンヤミンが捉えた意味でのワーグナー、エロティシズムと死の二つの深淵の抽象的対立のうちに幻影を繰り出すファンタスマゴリーの使い手になるのである。しかしまた、このように時系列に即して見出される二人のワーグナーは、実際は同一時期の同じ作品に並存してもいる。言い方を変えればこの二人の作曲家は別人としてではなく同じワーグナーとして捉えられねばならないのである。たとえそれがライトモチーフによって引用されるかすかな息吹でしかないにしても、性愛と死がその両義性において互いに触れ合う場所、アドルノが限定的否定という言葉でしばしば言い表す媒介の様相を捉えようとする作曲家は舞台の上で常にその存在を主張してはいるのである。ワーグナーのオペラをその著書の最終章で生と死、存在と無の「キメラ」[*71]であると述べるアドルノは、しかし、だからこそというべきであろうが、この怪物の中に無からの生成の瞬間を見出そうとするのである。

目的なく自己を再生産し続ける社会の悪無限のなかで、自然のイメージは歪められ、いまや全体の囚われに見出される唯一の裂け目としての無のイメージへと押し込められているのだとすれば、この無こそが、体系となった工場と社会の偽りの閉鎖性への抵抗を組織する地獄の名のもとに、何者かへと生成するのである。[*72]

地獄としての市民社会における無からの復活、ワーグナーにおけるファンタスマゴリーの担い手として硬直した死のイメージのもとにアドルノによってアレゴリーとも呼ばれたライトモチーフに見出されるこの瞬間とは、ベンヤミン自身が『ドイツ悲劇の根源』において、もはや意味されるのでなく自ら意味を与えるものとして深淵から立ち現れてくる「復活のアレゴリー[*73]」と呼んだもののアドルノなりの継承の仕方であったということもできよう。しかしまた、同じワーグナーによってこの瞬間は抑圧されるのである。

快楽の病気への反転はファンタスマゴリーの裏切りの仕業である。ヴェーヌス山とクリングゾルの魔法の庭、ワーグナーにみられるこの二つのファンタスマゴリーが夢の娼館を思わせるとすれば、同時にこれらの娼館は誰も性病をもらわずには帰ることのできない場所であるとの中傷を受けてもいるのであり、だからこ

＊70 Ebd., S. 201.
＊71 Adorno, *Versuch über Wagner*, a. a. O., S. 140.
＊72 Ebd., S. 142.
＊73 Benjamin, *Ursprung des deutschen Trauerspiels*, in: *Gesammelte Schriften*, Bd. I-1, S. 406.

そワーグナーのあらゆる憂鬱な舞台は花の乙女たちとの宥和を、彼女たちをその始まりから「取るに足りない幻影」として没落の手に委ねることでしか果たせないのである。[*74]

ワーグナーの革命への裏切りとは、ゆえに二重の意味での性愛への裏切りである。現実の対象を放棄するという意味での裏切りであり、自己の内部へと閉じこもり、世界の没落の幻視を作り上げることにのみそのエネルギーを行使するという意味での裏切りである。したがって、無垢な青年パルジファルに向けられたクリングゾルの槍が彼の頭上で静止するまさにファンタスマゴリーが舞台上に現れる瞬間に、この若者が口にする呪いの言葉、「槍よ、この偽りの虚飾を哀しみと瓦礫に堕としてしまえ！」、も同じく市民社会による自らの幸福への裏切りとして聞かれねばならないのである。「このパルジファルの呪いは、その若き日に忘れじの娼館へと突進したあの反逆児の呪いなのである[*75]」。この意味において、詩人の見つめる娼婦のファンタジーのうちに都市における反乱の口火を見出そうとするベンヤミンが、その詩人の挫折をワーグナーへの接近に見て取る時、確かに彼は作曲家の過ちを的確に捉えていたのだといえよう。しかし、果たしてそれは詩人の過ちでもあったのだろうか。

モデルネの原引用

既に引用した書簡に語られるボードレールがイタリア座でみた舞台とは、『オランダ人』、『タンホイザー』、『トリスタン』、『ローエングリン』からの抜粋であり、『トリスタン』を除いてそれぞれゼンタのバラッド、ヴェーヌス山、エルザの幻視についてアドルノにファンタスマゴリーを指摘される作品であるのは事実であるとしても、詩人がそこに映し出される市民社会の幻影に無邪気に興奮していたとは考えにくい。ベンヤミンがその構想中作曲家に言及したのは引用された一ヶ所にとどまり、アドルノの著作においても詩人が独立の論考において詳述の対象とはされなかったことに鑑みれば、両者の関係をアドルノとベンヤミンがじつのところどのように位置付けていたのかは大きな穴として残さざるをえないというのが実情であるにせよ、アドルノがおそらくは詩人のオペラ体験を、ファンタスマゴリーの間隙を縫って現れる抑圧されたエロースの時間の中への生成の瞬間に耳傾けるものと考えていたであろうとの推論を立てることはできる。

このことは再び冒頭の引用に関わる。そこでアドルノは『トリスタン』第三幕冒頭の目覚めの情景での旋律、あるいは『ワルキューレ』第三幕第三場での主題の引用について、「それはただ記憶そのものと同じくらいに古い so alt wie bloß Erinnerung selber」、と述べていた。ここで記憶と訳した元の言葉は Erinnerung である。動詞 erinnern の名詞形として通例は「回想」あるいは「想起」などの過去の出来事を思い出す行為として訳されるこの言葉が、しかし何かと同じくらい古いと言われるとき、日本語としては既に存在する体験の蓄積を意味する記憶の方が文章としては落ち着きがよい。しかし、アドルノの意図するところはおそらく行為としての Erinnerung であったのだ。とはいえ、ある旋律が想起と同じくらい古いと語られるとき、そこに意味されているのはいったいどのようなことであろうか。このことを端的に見て取ることのできる掌編が先の引用と同じ断片集にみられる。ニーチェによってワーグナーの対立教皇として召喚されたジョルジュ・ビゼーの『カルメン』を主題としたその短文には以下のような記述が見られる。長くなるが全文を引用しておく。

最も完全な旋律の多くは奇妙にも引用であるかのように響く。引用のように、とはいっても別の音楽作品からの引用ではなく、ただその断片を聴いたことがあるだけで、しかもそのすべてを理解することなどできずにいるが、しかし決定的かつまったく確固とした権威をもって現れてくる隠された音楽言語からの引用で

＊74 Adorno, *Versuch über Wagner*, a. a. O., S. 89.
＊75 Adorno, a. a. O., S. 91.

ある。こうした権威のいくらかは、シューベルトの着想に折に触れて聞かれるし、ショパンの、主要主題では絶対になく、ついでのような思いつきに、あるいはベートーベンの若干の箇所にもある。その最も強烈なものは同時に最もよく知られた旋律の一つであるカルメンのハバネラ、長調で繰り返される「愛はジプシーの子供 L'amour est enfant de Bohème」のルフランであり、これは、それを初めて聞いた誰もが想起として聞き取ることになる原引用である。こうした想起の深みにのみ通俗的なものの権利はある。我々の孤独によって生み出された音楽は、こうした引用を召喚する術を早々に失わずにはいなかった。かつてのそれに及ぶべくもないにせよ、なおそのいくばくかをなしうる唯一の人種はオペレッタの作曲家たちである。無数の流行歌が旋律的造形をもたない小唄のうちに自分自身のルフランの前史を打ち明けるとき、ルフランそのものが既に引用として現れているからこそ、これらの流行歌も自分のルフランを引用可能なものにできるのである。通俗的領域からの引用であり、その通俗性の背後には様々な原初のイメージの一つが隠れている。そこにこそルフランの発明の根拠そのものがあるのだと、殆どそう考えてもよいように思える。[*76]

エロースの逆りのうちに自分自身の破滅を見据えながらカタストローフへと突き進むカルメンの口ずさむハバネラ、その魅力を語るこの文章に現れる「原引用 Urzitat」の概念によって、おそらく詩人の書簡はベンヤミンの視点とはまた別の角度から眺めることが可能になる。通俗の領域への邁進のうちに「原初のイメージ Urbilder」をつかみ取る流行歌の作法とカルメンを接続するところに現れてくるのは、神話への退行の果てに見出されるモデルネそのものの姿である。一度も聞いたことのない旋律を、既に体験したかのように想起の対象として捉えることを可能にする流行歌のルフランが、アドルノによって語られたワーグナーのライトモチーフの同族であると認めることはそれほど難しいことではあるまい。神話的太古が想起されながら、しかしそこに新しいものが現れてくるこの予感としての中間地帯。詩人はワーグナー宛の書簡でこのことについて語ってはいなかっただろうか。

「最初、私はこの音楽を知っているように感じました。後にそのことを考えてみたところ、この蜃気楼の由来に得心がいきました。この音楽は私のものだ、と私にはそう思えたのです。私は、この音楽のすべてを既に知っているものとして再び見出しました。それを愛することを定められた人物が、当の対象をかつて見たものとして認めるのと同じようにして」[*77]。ここで、詩人が自らの体験を「蜃気楼 mirage」と記していることは示唆的である。なぜなら、ファンタスマゴリーの経験において生じる時間の空間化のことをアドルノは彼なりに「蜃気楼 Fata morgana」[*78]と言い換えていたからである。ゆえに、『悪の華』の詩人は、過たずワーグナーの核心をファンタスマゴリーとして認識していたと考えてよかろう。そしてその上で、そこに聞き取られる原引用の効果を言葉にもたらすことにも成功しているのである。この対象なき想起、すなわち原引用としての体験様式こそ、アドルノがワーグナーのファンタスマゴリーに対置した、しかしそれ自体ファンタスマゴリーのうちに見出されねばならない作曲家の技術の弁証法的空虚の正体であった。

一度として存在したためしのない過去の想起とは、それを聞き取ったボードレールと同じく、ワーグナーにおいてもまさしく、抑圧された性愛がみずらの死を迎えるべく世界の中に立ち現れる瞬間として、楽劇に閉じ込められた女たちの救済に結びつくものであったと考えられる。「根源にある真理」[*79]ではなく、真理としての根源を探りだすこと、すべては過去をいかに見出すかにかかっている。詩人が耳澄ます『タンホイザー』には、おそらくヴェーヌス山の地獄に落とされた娼婦たちの屍体を超えて、アドルノが書き留めたのと同じ市民社会の黎明期

＊76 Adorno, *Motive*, a. a. O., S. 273f.
＊77 Baudelaire, *Correspondance*, Bd. I, a. a. O., S. 672f.
＊78 Adorno, *Versuch über Wagner*, a. a. O., S. 83.
＊79 Ebd., S. 116.

に鳴り響いた「人間性」の解放を知らせる旋律の残響が聞き取られたにちがいない。実際、詩人の書簡には次のような言い回しも見つけられるのである。「私はしばしばまったく奇妙な性質の感情を抱きました。真に官能的な逸楽の侵入を許しそれで自分を満たしてしまおうとする傲慢と享楽です」[*80]。しかし、ワーグナーのファンタスマゴリーとは、その罪を市民社会という自分自身がその反転した形での似姿となっているもののうちに担うものである。いかにしても、純粋な恩寵の訪れのみをそこに見出すことはできない。抑圧されたいまだ存在しないモデルネの根源を見出すためには、自らを失う危機的な退行に身をまかせる必要がある。晩年のアドルノが『美の理論』において「死のミメーシス」について語ったとき[*81]、いま死と試みに訳した das Tödliche とは致死的なものとして死ではないが、死をもたらすものとしてそれ自体確かに死でもあるという両義性の相のもとに見つめられていた。ここには再び、モデルネの体験様式としての原引用の効果が見出せる。そして彼が当該箇所の表題として、その横に「宥和」の一語を並べるとき、そこに見透かされていたものを、ここで改めてエロースが時間的存在となって自らの死と向き合う瞬間のことであったと指摘してもよいのではないだろうか。その一節にはまた確かに、詩人と作曲家の姿を見出すこともできるのである。

＊80　Baudelaire, a. a. O., S. 673.
＊81　Adorno, *Ästhetische Theorie*, a. a. O., S. 200f.

インテルメッツォ

アドルノとベンヤミンの書簡による観相学的スケッチ

一八世紀ドイツ擬古典主義へと踏み入るゲーテの戯曲を読み解くアドルノの議論を端緒として説き起こされた本書も、ウィーン古典派を代表するベートーベンへの一瞥を経て、ロマン派のアイヒェンドルフ、そしてワーグナーへと一九世紀をその半ばまで辿ってくることで、ようやくアドルノの現代と地続きと考えられるモデルネの原史へと到達した。

これから続く二つの章を、本書ではベンヤミンの思想を記述することに当てる。このことについてあらかじめすこし断りを入れておきたい。本書のこれまでの論述から明らかなように、アドルノの筆致にベンヤミンの血が色濃く流れ込んでいることは見紛いようがない。そのことをアドルノ自身、否定したことは一度としてなかったし、しかも、本書の議論からも明らかなように、ベンヤミンからの影響は、アドルノの人間性理解にとって決定的な点に認められるものであった。とはいえ、アドルノ自身がベンヤミンからの影響をどれほど自明のものとして認めていたにせよ、その影響関係が純粋な形での相続と呼べるものであったのかどうか、という点については、様々な角度から疑義が提出されるのではないだろうか。実際、ベンヤミンとアドルノの継承関係を怪しむ意見は両者の生前から囁かれてはいた。たとえば、次のような文言によってそれは表明されていたのだ。

ヴィーゼングルント〔アドルノの父方の姓〕――彼の名前を僕はいま他の五〇名のものと一緒にフランクフルト大学の公式の罷免リストに見たところだ――彼の〔セーレン・〕キルケゴールに関する本を、僕はようやく三分の二ほど読み終えた。僕が思うに、この著作は稀に見る厚かましさで君の考えを剽窃したものだし、それに、君のドイツ悲劇の分析とは大いに違って、キルケゴールの文献に即した考察にとって将来もとくに意義を持たないだろう。[*1]

引用は、一九三三年一〇月二四日の日付をもってベンヤミンに宛てて出されたゲルショム・ショーレムの書簡からの文言である。『キルケゴール――美的なものの構成』という書名をもってこの年の「ヒトラーが独裁を手中にしたのと同じ日」[*2]に出版されたアドルノの処女作は、その二年前にパウル・ティリッヒを指導教授として提出されたフランクフルト大学での彼の教授資格申請論文を基に成立していた。アドルノの著作をベンヤミンからの剽窃であるとする手厳しい判断を含むショーレムの書簡でついでに言及されているアドルノの「罷免」という事態は、つまりはユダヤ系の出自をもつ彼の教授資格の停止を意味するものであって、この時から彼の不安定な亡命時代が幕を切って落とされたのである。この困難な時代にあって、しかし、当のベンヤミン自身は既にその年の四月に『フォス』誌にキルケゴール論の書評を著し、それを次のように賞賛していた。

しかしながら、神話的なものが、かくも独創的で、時代の刻印を受けた示唆に富む編成のうちに書き表された本は、『キルケゴール』の他には存在しない。きわめて正確で創造的なこうした編成の数々の発見と記述は、本著作の探求の多くの側面にいくらかファンタスマゴリーの面影を与えてはいる。しかし、この洞察と衝撃力は、「文化史」にしばしば見受けられるのとは違って、批判的正確さを犠牲にしてはいない。そして何と言っても、一九世紀の文化史では、星座をもちいて神話的なものにはっきりとした造形を与えてやることなどできないのだが、本書では、一九世紀の思考の中心から出発して、キルケゴールはある時はヘーゲルと、またある時はワーグナーと、別の時にはポーと、さらにまた別の時にはボードレールとともに一つの星座を描き出しているのだ。[*3]

アドルノの著作の書評であるとすれば当然のこととはいえ、ファンタスマゴリーという語が現れたあとで、ワーグナーとヘーゲルが、キルケゴールを通過点としてボードレールやエドガー・アラン・ポーと結びつけられる点に興味深い連想の働いているのが感じられるこの引用文に見られるように、今回の出版の折にはアドルノの著作に好意的な書評を寄せたベンヤミンですら、これに先立って一九三一年に行われたアドルノの就任講演「哲学のアクチュアリティー」に関しては、エルンスト・ブロッホに促されてのことだと推測されるが、書簡を通じてアドルノに対して、彼の講演の内容がベンヤミン自身の『ドイツ悲劇の根源』から着想を得たものではないのか、という疑念を表明していたのである。[*4] ブロッホやショーレムといった、アドルノより年長のベンヤミンの友人たちの目には、この当時のアドルノの思索の道程に伸びるベンヤミンの影はあまりに大きく、それがゆえにアドルノの著作はベンヤミンの思想にあまりに似すぎたものと映ったのだと、ひとまずはそう考えることができる

＊1　Benjamin/ Schorem, *Briefwechsel 1933-1940*, Frankfurt am Main 1980, S. 108f.
＊2　Adorno, *Kierkegaard: Konstruktion des Ästhetischen*, in: *Gesammelte Schriften*, a. a. O., Bd. 1, S. 261.
＊3　Benjamin, *Kierkegaard: Das Ende des philosophischen Idealismus*, in: *Gesammelte Schriften*, a. a. O., Bd. III, S. 381.
＊4　Adorno/ Benjamin, *Briefwechsel 1928-1940*, Hg. v. Henri Lonitz, Frankfurt am Main 1994, S. 17f.

だろう。しかし、このような異議申し立ては、密接な繋がりをもつサークルの中に異分子が紛れ込んだことに対する最初の拒否反応のようなものであって、さほど問題とするに当たらない。実際、その後のブロッホの『この時代の遺産』や、ジークフリート・クラカウアーのオッフェンバック論をめぐっては、アドルノとベンヤミンの間でこれらの著作について互いに苦情を述べ合うという一幕も見られるのであり、また、当初はアドルノに否定的であったショーレムも、亡命先のアメリカに到着したアドルノとはイェルサレムから書簡を通じて交際を深めるという具合に、彼ら各々個別の離合集散の様相は、困難な時局のうちに様々な形でその布置関係の変容を被ることになったのだから。

しかし、周囲の評価は別にして、アドルノとベンヤミン二人だけの関係に限ったとしても、そこに何かしら埋めがたい溝があるように見えることもまた事実である。そうした印象はやはり、一九二八年に始まる両者の継続的な書簡のやりとりのうちに、その当初からしばしば顔を覗かせては未決のままに持ち越されていきながら、ベンヤミン自身の予期せぬ死によって中断されたパサージュ論をめぐるやりとりから生まれてくるものであろう。前章でその片鱗を垣間見た両者の一致と差異について、ここでその詳細に立ち入ることは避けねばならないが、以下の二つの章の執筆は、その点に解釈の手を伸ばそうとするところに動機をもっていた。しかし、二人の議論を突き合わせるための前提を整えようという予備的な動機のゆえに、まずはベンヤミンのみに的を絞って書かれた以下の二章では、したがって比較対象としてアドルノの思想が直接引用されることはない。その作業は、また時期を改めて取り組むべき課題として残されたと言える。

ただし、アドルノとベンヤミンが共通の議題としていたものが何であったのかという点についてのみ、ここでは少し触れておきたい。それが「一九世紀の原史 Urgeschichte des neunzehenten Jahrhunderts」[*5]と呼ばれるものを共通の場所とするものであったことは明記されてよい。ベンヤミンの複製技術論によって定着した「アウラ」や、アドルノがワーグナーに見出した「ファンタスマゴリー」という言葉は、彼らが共同の思索のうちで、それぞれに一九世紀のヨーロッパ社会を論じつつ形を与えたものであった。一九三八年一一月一〇日付のアドルノの書簡、ベンヤミンが社会研究所に提出した「ボードレールにおける第二帝政期のパリ」[*6]について、その紀要への不掲載を伝えることになった書簡で、アドルノがベンヤミンの思索の特異性を形容して用いた言葉が「ブロッケン山のファンタスマゴリー群」[*7]であったことは、この点からして示唆的である。

ボードレール論の中にパサージュ論のためのモデルを立てようというあなたの考えを、きわめて重く受け止めていた私は、この悪魔的な舞台に、ブロッケン山のファンタスマゴリー群に近寄っていったファウストと殆ど同じく、「今度こそ多くの謎が解けるにちがいない」と思いつつ近づいていきました。しかし、「なんと、新たに多くの謎が結ばれることになりましたぞ」というメフィストの返答を、私が自分自身に与えることになったと言っては、お許しいただけるでしょうか。[*8]

---

*5　Vgl. Adorno/ Benjamin, *Briefwechsel*, a. a. O., S. 119, u. 366.

*6　ドイツ語版全集の編者によれば、ベンヤミンがパサージュ論の一環として着手したボードレール論は、記述の拡張とともに一冊の本の構想へと膨れ上がった。『シャルル・ボードレール――高度資本主義の時代における抒情詩人』という表題のもとに思い描かれたその本の第二部として、最初に著されたのがこの「ボードレールにおける第二帝政期のパリ」であった（第一部と第三部は書かれていない）。それに対して、前述のように社会研究所の側からの修正の申し入れがあったのちに、それを受け入れてあらためて書かれたのが「ボードレールにおけるいくつかのモチーフについて」であった。しかし、この際の修正において手が入れられたのは、紙幅の都合もあって、三章に分かたれた最初の論考のうち第二章にあたる「遊歩者」のみとなった。前後の章にあたる「ボエーム」と「モデルネ」に関しては、結果としてその完成稿が書かれることはなかった。Benjamin, *Gesammelte Schriften*, a. a. O., Bd. I-3, S. 1064ff.

*7　Adorno/ Benjamin, *Briefwechsel*, a. a. O., S. 364.

先に引用したベンヤミンによるキルケゴール論への書評に呼応するかのように、「ファンタスマゴリー」という言葉が今回はアドルノによってベンヤミンのボードレール論に適用されている。彼らが互いにこの言葉を、人を欺く幻想的光景という意味で用いていることは両者の用法から容易に推定できる。しかし、両者にとってこの言葉は、単に論述の不明瞭さを批判するという役割を担うにとどまらない。それは、むしろモデルネの原史を描き出すにあたって、彼らが主題とすべき事柄そのものでもあった。実際、一九三五年時点でのパサージュ論のための梗概として成立した「パリ――一九世紀の首都」の草稿がベンヤミンからアドルノに送られた際の書簡には、「きみのことだから多くの重要な語――フラシ天、退屈、『ファンタスマゴリー』の定義――が欠けていると思うだろうが、そうしたモチーフに対しては、僕はただ場所を作ってやらねばならなかったのだ。僕のもとで部分部分がぐんぐん成長しているそれらの形象は、この梗概には入らなかった」[*9]、との断りが付されており、また、先の不掲載の知らせを受けて改稿された論考「ボードレールにおけるいくつかのモチーフについて」に関する知らせをアドルノに送った際の同じくベンヤミンの書簡でも、「パサージュ、夜歩き、学芸欄といった諸モチーフ、ならびにファンタスマゴリーの概念の理論的導入は、第二部第一章にとっておかれた」[*10]、と述べられている。「ファンタスマゴリー」という言葉が、ベンヤミンによってもパサージュ論の構想の一つの焦点として見定められていたことは、このことからも明らかである。

そして、これらの書簡の内容からも読み取れるように、ベンヤミンは自分が納得のいくかたちで「ファンタスマゴリー」という語に定義を与える時間を結局は持つことができないまま、改稿された原稿を送り届けた一年後の一九四〇年にその死を迎えることになる。したがって、その内実を彼が実際いかなる形で定式化しようとしていたのかは推測の域を出ないわけだが、話を元に戻せば、最初に却下されたベンヤミンのボードレール論に対して、アドルノが覚えた不満とは、一九世紀のパリを彩る様々な事象を羅列するベンヤミンの記述が、あくまで材料の提示にとどまることで、解明の光が当てられるべき「ファンタスマゴリー」という現象、「一九世紀の原史」を覆い隠す幻想の皮膜に理論的釈義を施さないまま、それ自体が「ブロッケン山のファンタスマゴリー」のような謎に包まれた存在と化してはいないだろうか、というものであった。「しかし、〔ファンタスマゴリーの〕清算は、その真の深みにおいて、ファンタスマゴリーが――社会性格の『意図』としてではなく――客観的に歴史哲学的なカテゴリーとして稼働させられるときにのみ成功するのです[*11]」、という一一月一〇日付の書簡での意見や、議論の継続するなかで同じくアドルノによって出された翌年二月一日付の書簡にみられる文言――「この章〔「遊歩者」〕の最初の文章は、私にはとりわけファンタスマゴリーの主観化の危険を呼び寄せるもののように思えます[*12]」――などは、アドルノの要望がどの辺りに向けられたものであるのかを伝えるものとして明快である。

以下に続く二つの章は、こうしたアドルノの側から提出された疑念を暗黙の前提として、それに対するベンヤミンの側からの回答を導き出すべく着手された。その際、各章でベンヤミンの思想を探るためのカウンター・パートとして添えられるのは、クラーゲス（第Ⅴ章）とシュルレアリスム（第Ⅵ章）である。ベンヤミンとクラーゲスの出会いは一九一三年、そこからシュルレアリスム論が書き上げられる一九二九年までのベンヤミンの思想が、主筋として以下に扱われる範囲である。このことが含意している事柄は二つある。一つは、本書で取り上げられるベンヤミンは、一九二七年頃と目されるパサージュ論着想の時期へと向かうベンヤミンであるという

＊8 Ebd.
＊9 Ebd., S. 120f.
＊10 Ebd., S. 412. ここで「第二部第一章」と言われているのは、先の註でも触れたように、三部構成で構想されていたベンヤミンのボードレール論の全体における第二部の第一章、つまり改稿される以前の「ボードレールにおける第二帝政期のパリ」（三部構成の第二部に当たる）で「ボエーム」と名付けられていた章のことである。
＊11 Ebd., S. 366.
＊12 Ebd., S. 390f.

こと。もう一つは、一九二八年に始まるアドルノとの往復書簡が、その時期にはたった二通しか残されていないということである。二人の本格的な対話が始まる以前のベンヤミンを検討することによって、アドルノとの衝突が生じていない段階におけるベンヤミン本来の構想に集中することができるのであり、また、パサージュ論以前のベンヤミンに目を注ぐことを通じて、のちに多様な枝葉を繁茂させることになるパサージュ論の、ひたすら迂回路を辿り続けたとも言える遠大な思索の筋道を明らかにすることができるのである。ベンヤミンに独自の構想であり、彼のその後の思索に筋道を与えることになるものとは、パサージュ論以降であれば「一九世紀の原史」の名で呼ばれることになるアイデアであろう。

しかし、本書のようにパサージュ論以前と以降との移行期に当たる敷居の時期を問題にする場合、「一九世紀の原史」というベンヤミンの構想が生み出されてくる場所そのものが言い当てられねばならない。以下の二つの章では、ベンヤミンのパサージュ論の構想に場所を与えている概念として、「イメージ」という語に焦点が合わせられる。そしてこの言葉こそ、アドルノとの出会いの後には、ベンヤミンのパサージュ論をめぐる言説において「ファンタスマゴリー」という名前で把握されていく経験に最も近いところに位置しているものであると考えられるのである。それを描き出すことの必要性の認識を共有するとともに、それに囚われてしまうことの理論的後進性を、その後の書簡のなかでアドルノと互いに批判し合うことにもなる「ファンタスマゴリー」の、さらにその前史として見出されるベンヤミンの「イメージ」とは、諸個人の経験が一つの身体へと組織される集団の成立に関わって提起されたものであった。この点については、この後の各章の叙述を通じて明らかにされるだろう。以下、第Ⅴ章では、ロマン派的磁力を放って社会運動にのめり込む若きベンヤミンを魅了した魔術的思想家クラーゲスに対する、その後のベンヤミンの批判的な対峙の軌跡を彼の著作のなかに跡づけながら、両者の領土を相手のそれから分割区別する決定的な境界線は、彼らがそれぞれに「イメージ」として捉えているものの内実であったことを明らかにしていく。続く第Ⅵ章では、ベンヤミンがシュルレアリストたちのテクスト群との格闘を通じて、パサージュ論の内部に実現しようとしたものがイメージ空間と呼ばれてよいものであるということ、そして、その空間については、それが諸個人の経験の集団のそれへの生成を一つの標識とするものであったことが解明される。

ただし、各章の叙述はそれとして、さらに先回りして述べておけば、この集団的経験の捉え方にアドルノとベンヤミンの差異もまた見出されるのだと言える。ベンヤミン論のための前置きを終えるに当たって、アドルノとベンヤミンのボードレール論をめぐるやりとりから、この点に関して両者の差異を考える上で示唆的な箇所を少しだけ検討しておきたい。その箇所は、一九三九年二月一日の書簡中、ベンヤミンのボードレール論の本文にあらわれて集団的経験を戯画化して描き出す、オノレ・ド・バルザックの「類型」の叙述に触れて発せられたアドルノの次の文言とそれに関わるベンヤミンの返答に見出される。

しかし、ここで私があらかじめ言い添えておきたいのは、類型と関わって最も深いところで生じている問題、すなわち、ファンタスマゴリーの内部では、ある類型の人間たちが文字通り互いに同じものになっていくという問題が、この箇所ではおそらく持ち出されてはいますが、しかし決して解決されてはいない形で現れているということです。[*13]

ここで問題となっているのは、「ボードレールにおける第二帝政期のパリ」の論述において、「パリの生活のファンタスマゴリー」[*14]を担うものとしての探偵小説の発端を探るベンヤミンによって、その源流として指摘され

＊13　Ebd., S. 392. 強調は原文。

＊14　Benjamin, *Das paris des Second Empire bei Baudelaire*, in: *Gesammelte Schriften*, Bd. I-2, S. 541.

たバルザックの記述である。それは、一九世紀パリを彩る商品の幻惑的世界を歩き回る人々が、アメリカの未開の森林で出会う互いに敵対しあう部族のように、互いに似通っていくことの指摘された箇所であった。この箇所を捉えてアドルノは、バルザックにおける「際限のない記述への偏愛」[*15]が、実は一様化された民衆の集合体の中から個別の偏差を取り出してくるものであったことに注意を促している。その書簡の続きでアドルノは、バルザックの描き出す経験をオノレ・ドーミエのカリカチュアが提示するものに近しいと述べて、以下のように結論している。

ドーミエの「諸類型」がバルザックの際限のない記述とある直接的な関係を取り結ぶということは大いにあり得ると私には思われますし、いや、それどころか、両者は同じものだと言ってしまいたいくらいです。ドーミエのカリカチュアは、バルザックがあえて行った同一化への奇襲にきわめてよく似た投機的＝思弁的な冒険なのです。彼らの試みは、観相学をもちいて、同一性 Gleichheit の覆いを打ち破ることにあります。差異をつくりだす細部を、制服の一様性に対して度外れなまでに強調する観相学的眼差しが意義を持つとすれば、それは普遍の中にある特殊を救い出すことをおいて他にありません。[*16]

ここに引用されたアドルノの言述には、ファンタスマゴリーの経験の中に、あくまで差異の析出されるさまを摑みとろうとする彼の意図が明瞭に見て取れるだろう。カリカチュアというものが、その性格上、観察者の目によって眺められた対象に、むしろ歪んだ一様性を押し付けるものであることにも言及するアドルノは、さらにそのような事態においても、観察者によって捉えられた大衆のカテゴリーは、「類型に即して配置され、自然史的な種として、いわば変種として確保されるのです[*17]」と述べることで、その意図するところを明らかにしている。本書がアドルノに読み取ろうとする、逸脱の形象としての人間性への眼差しは、「変種」としての大衆を認識しようとするアドルノのこのような発言の中にも見出されるのである。

他方で、ベンヤミンが「イメージ」という言葉によって構想していたのは、先にも触れておいたように、諸個人の経験の集団への生成であった。そのベンヤミンによって主題化されるボードレールが、アドルノの手で読み解かれたバルザックとドーミエの経験に解消されてしまうようなものでなかったのは、当然のことでもあろう。実際、ベンヤミンは先のアドルノの書簡に対する返信という形で著された同年二月二三日付の書簡において、アドルノによってバルザックの祖先として持ち出されたミゲル・デ・セルバンテスやドーミエによる一様性への批判的介入という行為を、カリカチュアの意義として認めつつも、ボードレールの場合はそれとは異なった事態が問題になっていることをアドルノに示唆しているのである。

セルバンテスやドーミエは、爆笑のうちに同一性を消し去ってしまい、それを歴史的な仮象として取り押さえる。同一性は、ポーや、ましてボードレールの場合にはまったく異なった様相を呈している。ひょっとしたら『群衆のひと』の中には、まだ滑稽による悪魔払いの可能性が閃くかもしれない。〔しかし〕ボードレールの場合、そのようなことは語れない。彼はむしろ、商品経済とともに住み着いた同一性という歴史的幻覚に、人工の業をもちいて加勢してやったのだ。そして、ハシシュによって彼のもとに沈殿した諸形象は、この連関において解読される。[*18]

＊15　Ebd.
＊16　Adorno/ Benjamin, *Briefwechsel*, a. a. O., S. 393f.
＊17　Ebd., S. 394.
＊18　Ebd., S. 403f.

ここからもわかるように、同一性の覆いに隠された差異に目を光らせるアドルノと対照的に、ベンヤミンが着目するのはあくまで同一性の経験の内実であったと言える。もちろん、探偵小説の誕生を、隣人の行いを知る由もない大都市住民の経験から導き出し、個人の痕跡の消滅を敏感な差異として感じ取るその主人公にボードレール的主体の成立へと至る一段階を見ようとするベンヤミンが、単純に思考を放棄した同一性の経験に身を委ねたのだと言うことはできない。むしろ、彼はファンタスマゴリーのうちに成立する個と普遍の同一化のメカニズムにメスを入れようとしたのだと、そう言うべきであろう。先の引用箇所に続いて、同じ手紙でベンヤミンはそのことを次のように説明している。

商品経済は同じもの das Gleiche のファンタスマゴリーに補強を施すのだが、この同じもののファンタスマゴリーとは、陶酔の本来的性質であると同時に仮象の中心的形象であることが証明される。「この酒を腹に収めれば、君はすぐさまあらゆる女のなかにヘレナの姿を見るだろう」というわけだ。価格は商品を、同じ価格で購入できるすべてのものと同一にする。商品は――このことはこの夏のテクストへの決定的な修正だと言えるが――単に買い手にのみ感情移入するのではなく、むしろそれ以上に何よりも自分の価格に感情移入するのだ。[*19]

あらゆるものをその交換可能性の領域に取り込んで「同じもの」にしてしまう価格、この価格の支配する商品の市場に現れるファンタスマゴリーの経験を、ボードレールの陶酔の経験に引きつけるベンヤミンの意図は、そもそも市場の経験に発してボードレールへと向けられたものであると解することでよく理解されるのではないだろうか。つまり、数多ある商品の差異を同一性へと還元してしまう市場のファンタスマゴリーの仕組みを解明するために、先の引用に言及されていた「人工の業をもちいて künstlich」それを再現する詩人の作品を手がかりとして、再度その「同じもの」の経験に遡るという方向である。この意味で、ファンタスマゴリーの覆いのもとに一様化の波を乗り越える差異を見出そうとするアドルノに対して、ファンタスマゴリー的経験の成立をその必然性の認識をもって見極めようとしたのがベンヤミンであったと言える。その際、アドルノにとってファンタスマゴリーの理論的検討がおろそかにされてはならなかった——この時点までのその一つの成果が彼のワーグナー論であった——のと同じように、ベンヤミンにとっても、「同じもの」の幻影を生み出す陶酔の経験の記述は単なる忘我の記録という新奇な事象の提示にとどまるものではなく、その先に見える何かを求めてなされたものであったはずだ。パサージュ論の全行程がボードレールの陶酔を結論とするものではなかったことは、同年八月六日付アドルノ宛のベンヤミン自身の書簡からも見て取れるのである。

僕は、僕のキリスト教的なボードレールを純粋なユダヤ的天使たちによって天上へと運ばせている。しかし、その昇天の最後の最後になって、栄光への入り口のすぐ手前で、この天使たちが彼をまるで偶然のように落っことしてしまう準備は、既に整えられているのだ[*20]。

ここで言及されているその結末がいかなるものとして描かれたのかを知る機会は、この翌年に訪れることになるベンヤミン自身の死によって永久に失われた。しかし、陶酔のうちに成立する同一性の認識からの脱却として、そこに目覚めの形象が描き出されたであろうと推測することはできる。「同一性とは認識のカテゴリーのことだ。それは厳密に言って、醒めた知覚のなかには場所をもたない。最も厳格な意味において、あらゆる予断から自由

＊19　Ebd., S. 404.
＊20　Ebd., S. 413.

な醒めた知覚であれば、極端な場合でもただ類似したものにしか出会うことはないだろう」[*21]。遡って同年二月二三日付の書簡に読まれるこうしたベンヤミンによる言明は、そのための証左として用いられる。しかし、ファンタスマゴリーを抜け出した先に広がる風景を語ろうとするベンヤミンには、再び「イメージ」という言葉が、「弁証法的イメージ」という言い回しのうちに肯定的な意味を持って回帰していたことも忘れてはならないだろう。

以下の二つの章で検討を加えられることになるベンヤミンは、繰り返しておけば、このパサージュ論へと向かう時期のベンヤミンである。しかし、そこで焦点を合わせられることになる「イメージ」という彼の言葉は、その後には「ファンタスマゴリー」という言葉によってアドルノとの書簡のやりとりのうちに前景化される前記のような矛盾する内実を既に含み持つものとして解釈されねばならない。このことが意味するのは、それが「陶酔」と「目覚め」という相反する動きを内包する両義的な言葉として、ベンヤミンによって使用されていることは注意されてよい、ということである。このように読み解くことによって、ボードレールという名前が、パサージュ論の執筆過程において、ベンヤミンの構想に突出して存在感を示すようになった理由も、理解できるように思われるのである。すなわちそれは、この詩人の姿が、まさに「陶酔」と「目覚め」の敷居の上にあって二つの領域に同時に影を投げかける両義的な形象であったからではなかっただろうか。この場合、以下の第Ⅴ章で扱われるクラーゲスという名前は「陶酔」の経験に、主として第Ⅵ章で扱われるシュルレアリスムという名前は「目覚め」の形象に近しいと言うことができるだろう。しかし、その各章において論じられるように、目覚めは夢の領域に踏み入ることによって初めて勝ち取られるのであって、その意味では、ベンヤミンにおいて両者はどちらも他方なしには成立し得ない危機的な契機なのである。

ベンヤミンが命を落とす前に投函された最後のものになる一九四〇年八月二日付の書簡で、彼はアドルノにこう語りかけていた。「きみがニューヨークにいて、いわば『話のできる』状態にあって、本来の意味で見守っていてくれることは、僕を大いに安心させてくれる」[*22]。互いに忌憚のない意見を述べ合う間柄であった二人であれば、これもまたリップサービスという以上のものであったと考えてよいだろう。ベンヤミンとアドルノの往復書間を手がかりにして、二人の議論に触れることのできる現在の読者であれば、ここでベンヤミンの言う「話のできる」状態というものを、ベンヤミンだけでなくアドルノに対しても保つことは一つの利点であろう。その際、二人の対立点を無視することは不可能であるというだけでなく、また必要のないことでもある。両者の考えの違いを、真に対話として構成すること、また、彼らとともに思索することによってこそ、アドルノとベンヤミンがその手を伸ばそうとした場所は、各人から見たその遠さと近さにおいて、それぞれに気付かれるようになるはずである。

＊21　Ebd., S. 403.
＊22　Ebd., S. 443.

第V章

ベンヤミンのイメージ論

クラーゲスとシュルレアリスムのあいだで

結局は撤回されることになる教授資格申請論文として書かれたバロック論の完成と相前後して、一九二七年ごろに胚胎されたと考えられるパサージュ論の構想が徐々に前面に現れてゆくことになる三〇年代のベンヤミンにとって、一九二九年に発表されたシュルレアリスム論は一つの転機を記しづけるものであったといえる。しかし、いま転機と述べたことについていえば、それは彼の思想の内実における方向性の変化を意味しようとするものではない。むしろ、それまで様々な考察のうちに断片的に記されてきたひらめきが、一九世紀のパリに関する書物の作成という共通の背景を得ることで、その断片性をまったく喪失するというわけでは決してないにせよ、一つの星座として各々の考察相互の連関のうちにあらわになってゆくという意味での転機である。体系ではなくあくまで断片として、アカデミズムと手を切ったベンヤミンの叙述がそれでも一人の思想家の手になることの必然から一つの終局への意図の貫流によって示す広大な射程は、ここにきてそれまで以上に明瞭な輪郭をとって現れてくることになる。とりわけ、『ドイツ悲劇の根源』に通奏低音として流れ続けている彼の世界観、超越的次元を喪失した世界における内在性と閉塞感の強まりが、単に反宗教改革期における一七世紀ドイツの演劇にのみ固有の状況ではなく、ベンヤミン自身もそこでさまよった戦間期のヨーロッパに生まれた芸術にも見出されるものであることを確認しえたという点からして、シュルレアリスムとの出会いはベンヤミンにとって重要なものであったはずである。逆に、ほぼ同世代のシュルレアリストたちとの同時代的経験の共有という事実に鑑みれば、彼のバロック論での問題意識がシュルレアリスムを論じる際に共通の土台となりえたのはむしろ当然のことと言えるだろう。

バロック悲劇とシュルレアリスムが共有するこのような超越的次元の喪失への認識は、必然的に何が善で何が悪かを定める道徳上の境界線を揺るがすことになる。彼らの物語には、結末に現れてすべてに適切な裁定を下すデウス・エクス・マキナは存在しえない。市民道徳に迎合するカタルシスの排除を求めたブレヒトの劇作法に似て、サドやフロイトを彼らなりに手本としつつ、シュルレアリストたちの作品からは物語の構成に安定をもたらす世俗的な善悪の基準は排除されてゆく。そしてシュルレアリストたちにとって道徳の廃棄とは、すなわち他者の目から隠された自我の内面性の廃棄を意味するものであった。超越を欠いた世界で、内面性の崩壊してゆく過程において内と外とをつなぐ通路が出現する。現実に縛られた意識の抑圧を超えて、無意識のうちに内的言語が外的事物と一体となるイメージの世界こそ、ベンヤミンがシュルレアリスムの革命にその可能性を見た場所であった。ベンヤミンはその場所を、強調をこめて「百パーセントのイメージ空間」[*1]と名付けている。

これ以降、一九四〇年に死を迎えるに至るまでのベンヤミンの思索において、イメージ（Bild）という言葉のもつ喚起力はきわめて重要なものとなる。注意されるべきは、ベンヤミンの言うイメージが、認識能力によって得られる外界の表象といったものとはまったく異なった事柄、すなわち外的事物が無媒介的に言語として、あるいはその逆に言語によって表象されるべき事態が即座に外的事象として生起する自他の区別を欠いた直接性の契機を言い表したものであるということである。イメージ空間の出現は、内面性の崩壊と常に同時的な現象としてベンヤミンの頭の中では考えられている。また、このイメージ空間は自我、人格、内面性の崩壊した後の荒廃した人間の内的空間と大戦後の現実世界の都市の廃墟とを両つながら映し出すことで、[*2] 個々人からなる集団が一つの身体として組織化されうるような革命を可能にする空間としても構想されているのだが、この際、後に書かれることになるベンヤミンの著作をあらかじめ知ることが許されている現在の読者は、イメージ空間と集団的身体とが互いを条件として成立するというところから、自然と彼の複製技術論を想起することになるだろう。

実際、彼の「複製技術時代における芸術作品」において「遊戯空間」[*3] と名づけられることになる概念は、イメージによる集団的知覚の成立を目指すという点で、シュルレアリスム論で描き出された「百パーセントのイメージ空間」ときわめて親和性の高いものであるといえる。さらに、ベンヤミンはその最初のシュルレアリスムについての論考「夢のげてもの」（一九二五年成立、一九二七年発表）の冒頭で、ロマン派的憧憬の言い換えである「青い遠さ」[*4] のような超越的次元（市民道徳を支持する審級としての内面性）の確保がもはや不可能になったことの確認から始めて、その二年後に発表されたシュルレアリスム論の末尾ではイメージ空間の成立は「近さ」の領域（認識的表象を媒介としない言葉＝モノの成立しうる場）において初めて可能となることを宣言して筆をおいているのである。「遠さ」の不可能性から「近さ」への開眼へ、この移行の図式こそ、一九三一年に発表された彼の最初の複製技術論「写真小史」において、「アウラ」の崩壊の過程として素描されたものに他ならない。

＊1　Walter Benjamin, *Der Sürrealismus*, in: *Gesammelte Schriften*, Frankfurt am Main 1991. Bd. II-1, S. 309. 以下、ベンヤミンの全集は GS と略記し巻数と頁数を記す。「百パーセントのイメージ空間」については次章でも論じる。

＊2　「ブルジョワジーの廃墟について語ったのはバルザックをもって嚆矢とする。しかし、この廃墟への眼差しを最初に解放したのはシュルレアリスムである」（Benjamin, *Paris, die Hauptstadt des XIX. Jahrhunderts*, in: *GS*, Bd. V-1, S. 49）。

＊3　Benjamin, *Das Kunstwerk im Zeitalter seiner technischen Reproduzierbarkeit <Zweite Fassung>*, in: *GS*, Bd. VII-1, S. 369.

＊4　Benjamin, *Traumkitsch*, in: *GS*, Bd. II-2, S. 620.

それゆえ、シュルレアリスム的実践をみつめるベンヤミンの眼差しの延長線上に、写真や映画といった複製技術の問題は位置しているのである。しかし、ひとしくイメージを主題とするこの二つの論考群はシュルレアリスムという一本の糸によって結び合わせることのできないねじれを孕んでいる。そもそも、「夢のげてもの」ではノヴァーリスの「青い花」[*5]というドイツ・ロマン派の文脈に属する言葉から「遠さ」と「近さ」の問題系が語り始められるという点に、そのねじれは明白である。シュルレアリスムというフランスの前衛運動とドイツ・ロマン派の復古的色調。対照的であることは間違いない。しかし、それだけでは内面性からイメージ空間へ、という図式にねじれは生じない。それどころか、両者の対照性はベンヤミンの発想の転換を際立たせるためにきわめて効果的であるともいえる。[*6]それゆえ、ねじれが生じてくるのは、むしろ捨てさられてゆくはずの内面性がベンヤミン自身の内面にその痕跡をどこまでも残し続けてゆくという逆説ゆえのことと考えられるべきである。その痕跡をたどって行き着いた先の源流に、おそらくルートヴィヒ・クラーゲスが、彼の『宇宙生成的エロース』(一九二二年初版)が存在する。あたかも自己の属する部族を指示するトーテムのように。生ける屍となった内面性を封じ込めた石碑のように。彼こそパサージュ論へと向かうベンヤミンの思想に奇妙なねじれを生じさせる赤い糸、ベンヤミンの思想に「遠さ」への憧憬を織りこみ続ける途切れることのない赤い糸なのである。

ベンヤミンとクラーゲス

ベンヤミンとクラーゲスの出会いは一九一三年、クラーゲスの論文「人間と大地」に感銘をうけたベンヤミンが翌年の青年運動の大会での講演を依頼したところに始まる。進歩、文化、人格性を批判し、人間の機械化、物象化に抵抗するよう呼びかけるクラーゲスの姿勢に、若きベンヤミンが共感を寄せたことに不思議は感じられない。最晩年の「歴史の概念について」において、人類の進歩の歴史を廃墟の積み重なる破局の連続として捉えるベンヤミンにも、こうしたクラーゲスに相対した当時に持っていた社会運動的側面からの反響は聴き取ることができるだろう。均質で空虚な、充溢を欠いた時間の連続性のなかを見も知らぬ幸福へと向けて歩んでゆく進歩の理想に疑問を投げかけるベンヤミンにとって、現在から振り返って等し並に均された過去をその立体的な手触りのうちに感じ取ることこそ彼の考える唯物論であったはずなのだから。[*7]ゆえに「歴史の概念について」では、「過去のイメージ」を救出することが課題として提起されることになるのであるが、[*8]まさにこの点にベンヤミンの思想の核心部におけるクラーゲスの痕跡を見出すことができる。「可能性としては、ひとはあらゆる事物を破壊することができる。しかし、起こったことを起こらなかったことにしたり、あるいは、ことが起こった後でそれをそもそも存在しなかったことにするなどは、神の全能によってもなしえないことであろう」。[*9]クラーゲスの『宇宙生成的エロース』からの一節である。クラーゲスにとって、現実性に満たされた時間とは、未来ではなくあくまでも過去であり、未来を信奉する進歩の思想によって日々抹殺されているのは、そのような充実した瞬間としての過去のイメージなのである。彼の代表作の標題は『魂の敵対者としての精神』[*10]とされているが、この際、魂とは自然に根付いた人間の生命力の鼓動であり、それに対して精神とは、人類の進歩がこの先も均等に成し遂げられていくであろうことを担保に、現実性を欠いた「未来」という代物を現実の地平へともたらす計算的知性のことである。「有史的人類の直前に現れたプロメーテウス的人類は未来的なものを、我々がそこに帰ってゆく

＊5　Ebd.
＊6　そもそもシュルレアリストたちはドイツ・ロマン派の文学を高く評価していた。
＊7　Benjamin, *Über den Begriff der Geshichte*, in: *GS*, Bd. I-2, S. 701.
＊8　Ebd., S. 695.
＊9　Ludwig Klages, *Vom kosmogonischen Eros*, in: *Sämtliche Werke*, Bonn 1991 (2. Aufl.), Bd. 3, S. 421. 以下、同書からの引用に際してはKEと略記し頁数を記す。
＊10　クラーゲスの著作の日本語訳では、ここで「魂」としたSeeleは、通例「心情」と訳されている。

過去的なものと同じ現実性の段階に引き上げた。『世界史』に属するヘーラクレース的人類は、『未来』という頭で考えだされたものでもってかつて存在した現実を打ち殺し、打ち殺しつづけている」（KE 435）。進歩思想への異議申し立て、均質空間として現在を想定する歴史認識に対する違和感、そこから帰結する充実した瞬間としての過去の救済、こうした点でベンヤミンはその晩年に至るまでクラーゲスと一致していたといえるだろう。

さらに、ベンヤミンとクラーゲスは、そうした進歩思想に対する批判と過去のイメージの救済をその実践にあたって支える基本構想、すなわち「遠さ」という言葉によって言い表される距離化の心情についてより根本的な一致をみることになる。というのも、クラーゲスは過去を「遠さ」においてみることを要請する。彼の考えによれば、過去のイメージを距離をおいて観想（Schauung）することのできる人間にとって、現在は常に過ぎ去った時間に満たされた充実の瞬間として現れてくる。しかも、それは単なる個人的な体験として感得されるものではなく、宇宙との同一化の体験として、エクスターゼの状態として現れてくる。ただし、そこには対象との距離が必要とされる。すなわち対象との「遠さ」の保持が、過去のイメージとの共鳴には必須のものとされるのである。過去との触れあいにおける「遠さ」の強調。「近さ」の圧力が押しつぶしてしまう静謐な緊張関係を保つことが、イメージとの共振のためにはなくてはならない。ゆえに、クラーゲスが過去のイメージへの没入に際して強調するのは「遠さのエロース（Eros der Ferne）」である。この「遠さのエロース」は最もわかりやすいところでは、異性との合一、すなわち距離の消失を目指す性愛のあり方と区別される。すなわち、「充足の快楽（性愛の快楽）」からエロースの戦慄（宇宙との神秘的同一化）を区別するのは、エロースが最高の充溢の瞬間においても遠さのエロース（Eros der Ferne）にとどまっている」（KE 410）という事実にある。クラーゲスにとって過去のイメージによって喚起されるエロースの体験は、その対象との「遠さ」を維持することによってのみ可能となるものなのである。[*11]「遠さ」の呼び起こす神秘的性格、これこそ、あらゆるものを自分の手近に引き寄せ所有しようとする文化的嗜好に反対するクラーゲスの思想、自らを大いなる他者へと委ねることによって恍惚状態へと没入しようとする彼の思想を何よりもよく言い表している。それゆえクラーゲスの歴史哲学的認識にとっては時間的な「遠さ」こそ本質的な条件であって、空間的な「近さ」のうちに現れる事象は、彼が「遠さ」のうちに保持しようとする過去のイメージを破壊するものに他ならない。ベンヤミンにも、この「遠さ」への憧憬は共有されている。それは第一に、過去のイメージの救済という彼の晩年の構想に至るまで明白であるし、第二に、「歴史の概念について」に遡ること約一〇年、一九三一年に発表された論考「写真小史」において初めて定義づけられたアウラ概念へのクラーゲスからの影響という点からも見て取ることのできるものである。

クラーゲスからシュルレアリスムへ

ベンヤミンによって著された写真論「写真小史」は、単に写真の技術的発展の歴史を記録するために書かれたものではない。そこには、現実世界の細部に至るまでの精確な再現を、それまで人間の意識に何の痕跡もとどめることのなかった無意識的なものの発見として積極的に評価しようとする姿勢と同時に、そうした技術的発展によって生身の人間の知覚そのものがどのように変容していくのか、あるいはいくべきなのかを見定めようとするベンヤミンの意図が見出される。写真という技術の特性についてベンヤミンは次のように述べている。写真に写

＊11　神秘のヴェールを切り裂き「遠さ」を打ち殺すことで、すべてを「近さ」のうちに摑みとろうとする「世界の脱魔術化」への近代の人間の欲求を、クラーゲスは物象化の根源とみなしている。「物象化されたものは明晰このうえない視界の近さへもちこまれ、触れられ、握られ、摑まれるものになる。それゆえ、物象化とは、知性の働きとしての『理解すること』や『把握すること』であり、敬虔な時代であれば聖別された像に「触れること」としての冒瀆であった。このようにして、世界の脱魔術化の本質は、世界の遠さの内実（Gehalt an Ferne）の抹殺にあるということがハッキリとわかるようになる」（KE 481ff.）。

し込まれた風景のなかに、「人間の意識によって織り込まれた空間の代わりに、無意識によって織り込まれた空間が現れる。通常ひとは、たとえば人間の歩行について、単におおざっぱにではあれ説明を与えることができるが、『一歩を踏み出す』瞬間の細部において自分がどのような姿勢をとっているのかについてはまったく何も知らない。〔このような〕視覚的な無意識は写真によって初めて知られることになるのだが、それは欲動の無意識が精神分析によって初めて知られることになるのとちょうど同じことである」[*12]。無意識において働く欲動の発見についてのフロイトの功績に比して、ベンヤミンは物理的現実に対する人間の知覚の変容をもたらした視覚的無意識（das Optisch-Unbewußte）の発見を写真の功績として強調している。無意識を映し出す技術としての写真には、しかし、その歴史のうちで重大な転換点が存在したことにベンヤミンは注目する。この転換点を記しづける事態のうちに、ベンヤミンへのクラーゲスの影響は明白なものとなる。アウラの凋落、いや、凋落することを現在において運命づけられたアウラがいかなる性格のもとに一九世紀その勃興期にあった写真を彩っていたのかを描き出すベンヤミンの記述のうちに、クラーゲス的「遠さ」への憧憬を聴き取ることができるのである。では、初期の写真に写し込まれたアウラについて、ベンヤミンはそれをいかなるものとして記述しているのだろうか。「アウラとはそもそも何であるか。時間と空間の奇妙な織物である。どれほど近くにあろうとも遠さのうちに現れる一回的な現象のことである」[*13]。あまりに有名なこの定義のうちに、クラーゲスの思想の影響は容易に看取できる[*14]。文中にみられる「遠さ」という言葉が、クラーゲスのエロース論を指示するものであることは明白であろう。

たとえば、ベンヤミンのアウラ概念へのクラーゲスからの影響について、しばしば参照されるパオエン（Michael Pauen）の論考には以下のように記されている。「ベンヤミンは、クラーゲスから単に術語のみならず、その理論的背景をも借り受けている。それは、アウラがイメージのみを包み込むものであって、決して概念を包み込んだりはしないのだという考えと並んで、観察者の〔対象との〕距離の必然性についての確信にも関係している」[*15]。「写真小史」におけるアウラの定義に際してのベンヤミンとクラーゲスの「遠さ」の共有を下地に、パオエンは「遠さ」＝イメージ、「近さ」＝概念という対立を導きだし、そのうえで、自然科学的認識による概念（Begriff）ではなく、事物の表現（Ausdruck）としてのイメージのうちに、ベンヤミンはアダムの言語の復興を試みたのだ、という結論に達することになる。その際パオエンは、ベンヤミンとクラーゲスの差異を、「クラーゲスがあの表現の現れを主としてアルカイックなイメージのうちに見たのに対して、ベンヤミンがモデルネの観相学のうちにも根源的経験の残滓を認識することができた」[*16]、という点に求めることになる。クラーゲスの保守的性格を指摘することで、ベンヤミンの現代的意義を称揚するという論旨は一見明快なものではあるが、はたして事態がそれほど単純なものであるかどうかは疑問である。パオエンの議論を大枠で認めるにしても、彼が強調するアダムの言語の復興というベンヤミンの基本構想が、その可能性をモデルネのうちに求められると述べられているにせよ、クラーゲスの「遠さ」への憧憬とどれほどきっぱりと手を切ったものであるのかは不明瞭なままにとどまる。いや、むしろベンヤミンの著作全体へのクラーゲスからの影響を説明しようとするパオエンの論からすれば、ベンヤミンは決してクラーゲス的「遠さ」と縁を切ってはならないのだ。しかし、そうであればこそまさに両者の差異を明確なものにせねばならないはずである。にもかかわらず、パオエンが言うように、自然科学的認識を形成する「概念」と、事物の直接的経験を可能にする「表現」の区別をベンヤミンがクラーゲスから受け

＊12　Benjamin, *Kleine Geschichte der Photographie*, in: *GS*, Bd. II-1, S. 371.
＊13　Ebd., S. 378.
＊14　Vgl. Werner Fuld, *Walter Benjamins Beziehung zu Ludwig Klages*, in: *Akzente*, Heft 3, 1981, S. 274-287 ; Michael Pauen, *Eros der Ferne: Walter Benjamin und Ludwig Klages*, in: *Global Benjamin*, München 1999, Bd. 2, S. 693-716.
＊15　Pauen, a. a. O., S. 708.
＊16　Ebd., S. 713.

継いでおり、また、ベンヤミンの言語論がアダムの言語という表現的契機へと傾いてゆくものであったのだとするならば、イメージの構築に際して、アルカイックな過去をモデルとするか（クラーゲス）、モデルネにおけるその可能性を考慮するか（ベンヤミン）は程度の違いでしかないように思える。むしろ、現代におけるイメージの再興をベンヤミンが考えていたこと自体が時代錯誤ではなかったかどうか、という疑問があらかじめ排除されているというところからすれば、パオエンの議論はベンヤミンのイメージ論の射程を精確に見定めることができずにいるともいえるのだ。すなわち、ベンヤミンとクラーゲスとを分かつ分水嶺としての「近さ」が、ベンヤミンのモデルネを見つめる眼差しのうちでどれほどの重要性を持つものかが、「遠さ」からの遠さとして、論証されるべく残されたままなのではないだろうか。

とはいえ、ベンヤミンの思考の糸に常にクラーゲス的な「遠さ」への憧憬が織り込まれているという点に関して言えば、それはパオエンの指摘する通りだろう。事態を見極めるのが困難であるのは、「遠さ」によってアウラを語る際の思い入れに反して、ベンヤミンのイメージ論にはそれとは真逆の方向性、すなわち「近さ」への開眼がみられる点である。ベンヤミンの歴史認識に素直に従うなら、アウラに現れるような「遠さ」に裏打ちされたイメージは、既に彼の時代に崩壊しているのである。先に引用した「写真小史」からの一節、アウラの定義された個所の直後に、既に「近さ」の要求の必然性は認められている。それによると、現代人は事物を「より近くにもってこよう」[*17]とする。彼らが欲するのはイメージ（Bild）であるというよりはその模像（Abbild）である。[*18]「一回性と持続がイメージにおいて密接に交錯しているとすれば、一時性と反復可能性が模像のうちで交錯している」[*19]。現代においては、もはやイメージを憧憬に満ちた「遠さ」のうちに保持しておくことはできない。「対象の覆いを剝ぐこと、すなわちアウラの粉砕」[*20]こそ、この時代の特徴である、ということになる。ベンヤミンは、こうした時代の潮流に逆らってアウラの復興を目論んでいたわけではないだろう。「クラーゲスのような反動的な思想家が、自然の象徴空間と技術のそれとのあいだに打ち立てようと腐心しているものほど、救いがたく底の浅いアンチテーゼもない」[*21]。後年のパサージュ論におけるこうしたクラーゲスへの否定的な評価は、クラーゲスの言葉を受け継ぎながら、その遺産としてのアウラの不可能性を複製技術の問題系から語っていこうとするベンヤミンに、既に存在していたと考えるべきである。アウラの凋落はクラーゲスの考察からすれば自然科学的認識の所産とされるものであるだろうし、そうであれば、そもそも物理的現象の忠実な再現を目指す写真の技術がその発展の過程で対象からアウラを剝ぎ取っていくのは、きわめて当然のことといわなければならない。さらに、ベンヤミン自身の理論的展開をたどっていくなら、「遠さ」の消滅とアウラの崩壊という事態の認識は、彼自身のシュルレアリスム受容によって補強されたと考えられる。シュルレアリストたちによる現実の認識方法は、まさに先の引用でベンヤミンが「視覚的無意識」と名付けていたものと同義のもの、現実からそれを覆う常識の殻を剝ぎ取り、日常の知覚によっては認識されえない無意識の領域、超 - 現実を露呈させるものであった。アウラに現れる「遠さ」の知覚がクラーゲスに帰せられるものであるとすれば、その凋落ののちに現れる剝き出しの現実である「近さ」の知覚の積極的評価をベンヤミンに可能にしたものは、シュルレアリストたちの芸術的実践であったといえよう。事実、「写真小史」[*22]において、画面からのアウラの追放を成功させた第一人者として記されているアジェの写真については、「シュルレアリスム的写真の先駆者」[*23]、との位置づけがなされているのである。

＊17　Benjamin, *Kleine Geschichte der Photographie*, a. a. O., S. 378.
＊18　Ebd., S. 379.
＊19　Ebd.
＊20　Ebd.
＊21　Benjamin, *Das Passagen- Werk*, in: GS, Bd. V-1, S. 493.
＊22　「最近の一群の写真家たちの疑いようのない功績である対象のアウラからの解放は、アジェによって口火を切られた」(Benjamin, *Kleine Geschichte der Photographie*, a. a. O., S. 378)。

歴史的事実からしても、記録写真家を自任していたアジェの作品を芸術作品として自分たちの雑誌に掲載し、その評価に先鞭をつけたのは、他ならぬシュルレアリストたちであった。

「遠さ」と「近さ」のねじれ

では、クラーゲス的「遠さ」からシュルレアリスム的「近さ」へ、という図式によってベンヤミンのイメージ論をまとめてしまうことができるだろうか。たとえば、ベンヤミン自身の語の選択に揺らぎがあるにせよ、クラーゲスの言う「イメージ」がベンヤミンにおいて「アウラ」として定式化されたのであり[*24]、ベンヤミンがシュルレアリスム的空間を名指す際に用いた「イメージ」は、その「近さ」との親和性を顧慮するなら、「アウラ」とは別個のものである、というふうに。しかし、事態はそれほど単純ではない。ここに、ベンヤミンの思考における根本的なねじれが存在する。というのも、「歴史の概念について」はベンヤミンの死の直前まで書き継がれた論考であるが、既に見たように、そこに現れる様々なモチーフにはいまだクラーゲスからの影響が明瞭に見て取れるのであり、なおかつ「過去のイメージ」という言葉は、シュルレアリスム的イメージ空間と同時にクラーゲス的な「遠さ」への憧憬をも読み手に対して喚起せずにはいない。問題は、その初期にはクラーゲスからの影響が明白であったにせよ、クラーゲス哲学の核心に置かれるべき「遠さ」のイメージを「写真小史」において消えゆく「アウラ」とすることで、一応の理論的な昇華を行ったように見えるベンヤミンが、晩年にいたるまでその著作のなかに「遠さ」のイメージを書き残していったことの不可解さにある。自らの経験への洞察を深めることによって「遠さ」の契機を断念せねばならなかったベンヤミンにとって、いったいクラーゲスの何がそれほど重要であったのか。そもそも、「写真小史」に見出されるクラーゲスの痕跡は、「アウラ」概念に吸収された「遠さ」のイメージのみなのであろうか。

おそらく、それだけではないだろう。ベンヤミンのシュルレアリスム論を、そしてその背後にひそむパサージュ論の全体的構想を、「遠さ」から「近さ」へ、「アウラ的芸術」から「非アウラ的芸術」へ、というかたちで定式化できるとすれば、そこにもう一つ付け加えることのできる移行図式は「夢」から「覚醒」へと向かう人類の集団的知覚に関わるものである。「遠さ」や「アウラ」が対象との距離をおいた居心地のよい空間において享受されるもの、自分よりも大いなる存在によって捉えられることの恍惚のうちでの自我の喪失という受動的事態を言い表したものであるとすれば、それに対置される「近さ」や「アウラ喪失」の意味するものは、当然、対象との距離のなさのうちで自らの触覚を働かせる手探りの感覚[*25]、伝統的な主客の区別を保持しようとするものではないにしろ、幾分かの能動性によって保証される「覚醒」状態であるといえよう。そして、「遠さ」と「近さ」、「アウラ」と「非アウラ的現象」が、その対立的な構図においてベンヤミンのうちにクラーゲス的文脈を跡付けるものであったように、「夢」と「覚醒」の対もまたクラーゲスへと遡ることのできる術語なのである。

クラーゲスは夢において、主観‐客観の対立が廃棄されると考える。[*26] この主張が、彼の遠さの形而上学に支えられたものであることは明白である。「遠さのエロース」において、人格性は廃棄される。個人のうちに閉じ込

＊23　Ebd.

＊24　アウラの同義語である「光背（Nimbus）」という語はクラーゲスによって既に用いられている（KE 423）。Vgl. Klages, *Charaktere der Traumstimmung und des Taumes*, in: *Sämtliche Werke*, a. a. O., S.163.

＊25　イメージについてクラーゲスには不可触性による定義がある。「ところで、近いイメージを遠くに置かれたイメージからさえ区別するのに役立つ特徴があるかと問うてみるなら、まず真っ先にあらゆるイメージの不可触性（Unantastbarkeit）という否定的な目印が挙げられる」（KE 431）。ベンヤミンは、これに対して、「複製技術時代における芸術作品」で芸術作品の視覚的な距離をおいた受容に対して、「触覚的受容（taktische Rezeption）」を対置している（Benjamin, *Das Kunstwerk im Zeitalter seiner technischen Reproduzierbarkeit*, a. a. O., S. 381）。

＊26　Klages, *Charaktere der Traumstimmung und des Taumes*, a. a. O., S. 166.

められた「独感的（Idiopatisch）」なあり方から諸個人の統合された「共感的（Sympatheisch）」なあり方への移行（KE 401）、この共感的集団の成立が、個人的自我の廃棄と結びつき、さらには知性的個人的「精神」と対をなす「魂」の管轄下において夢の領域の独自性が確保されることで、もう一つの現実としての夢が成立し、人間と宇宙との感応的統一が成し遂げられる。クラーゲスによって主張されたこれらの考えが、ベンヤミンに集団的経験の可能的場としてのイメージ空間の構想を手助けした、という可能性も考えられないことではない。しかし、クラーゲスのイメージ空間が「遠さ」を基軸として成立するものであったことを再度銘記しておく必要があるだろう。さらに、ベンヤミンがシュルレアリスム論以降に展開してゆくことになるイメージ論は、その集団への統合の契機を「近さ」への目覚めによって獲得するものであったことも併せて思い起こしておきたい。

つまり、問題は以下のように整理できる。ベンヤミンは、クラーゲスがその著作で「遠さ」について述べているところから自身のアウラ論を構築した。しかし、ベンヤミンのモデルネの構想のうちで、アウラはあくまで現代におけるその不可能性を論じられることによって、現代的知覚の諸相があぶり出されてくるような一つの里程標として位置づけられている。そして、アウラ的「遠さ」の消え去った空間に現れるのがシュルレアリスム的「近さ」であり、ベンヤミンのイメージ論はそこにおいてまさに彼独自のイメージ論を開花させているように思える。にもかかわらず、である。この「近さ」のイメージ空間のうちに呼び出されようとする「百パーセントのイメージ空間」というマジックワードは、ベンヤミンの歴史認識を決定づける内面性の崩壊という事態をその条件として名指すことによって、またそれにもかかわらず、再びクラーゲス的な夢の空間へと退行していくかのようにみえるのである。クラーゲスの側に「遠さ」、「アウラ」、「夢」が置かれるとするなら、ベンヤミン（そしてシュルレアリスム）の側には「近さ」、「イメージ」そして「覚醒」が置かれねばならない。しかし、こうした二項対立の図式自体が、そもそもクラーゲスの文脈に即してベンヤミンの体内に摂取されたものであるなら、先にパオエンの論について指摘したように、両者の考えの違いは秤のどちらにより比重を置くかという程度の問題にすぎないものと捉えられてしまいかねない。「遠さ」から「近さ」へ、この直線的に理解できそうなベンヤミンの思考の糸が、その終点で集団への問いが提起されることによって、不可思議なねじれを生じ、一旦はそこから離れていったはずの出発点、「遠さ」へと引き戻されてゆく。ベンヤミンにとって「近さ」とは何か、クラーゲス的二項対立の図式からシュルレアリスム的「近さ」はいかにして抜け出すことができるのか。このことが問われねばならない。

ベンヤミンの「近さ」

ベンヤミンがアウラを「遠さの一回的現れ」として定義していたことは先に見たとおりである。ここにみられるクラーゲスからの影響を示す言葉が「遠さ」であることはもはや論をまたない。そして、ベンヤミンの言う「近さ」を、あくまでクラーゲスのアウラ生成的「遠さ」の地平から考察する限りにおいて、議論は堂々めぐりを繰り返すしかないことも前節でみたとおりである。しかし、他方で「写真小史」におけるベンヤミンは、アウラについて、それを「遠さ」とは別の言葉を用いて語ってもいる。「連続性（Kontinuum）」[*27]、「雰囲気（Hauchkreis）」[*28]、「一回性（Einmaligkeit）」[*29]と「持続（Dauer）」[*30]、等である。技術的複製可能性によって、もちろん「一回性」は消滅する。それに伴って、ただ一度の緊張感のうちに醸成されてきた「持続」も、もはや持ちこたえられなくなり、写真に息づいていた「雰囲気」は吹き消される。ついには、長時間の露光を必要としないカメラ撮影によって、

＊27　Benjamin, *Kleine Geschichte der Photographie*, a. a. O., S. 376.
＊28　Ebd.
＊29　Ebd., S. 379.
＊30　Ebd.

かつては被写体の着衣の襞にまでしみ込んでいた光から影へといたる明暗の「連続性」、人々の群像を一体のものとして捉えることを可能としていたあの「連続性」も同じく追放されることになる。自身の論考における「遠さ」の経験を特徴づけるこれらの言葉づかいによって、ベンヤミンは周到にクラーゲス的な「遠さ」からの離反を準備している。「城壁跡に見えるアルクイユ門、豪奢な階段、中庭、カフェのテラスには人気がなく、テアトル広場にもしかるべくして人気はない。そうした場所はさびしげというのとは違って、そうではなくて雰囲気に欠けている。写真のなかの都市は、まだ新しい借り手が見つからない部屋のように空っぽになっている。こうした成果のうちで、シュルレアリスム的写真は、環境と人間のあいだに治癒的な疎外（eine heilsame Entfremdung）を準備するのだ[*31]」。アジェの写真を評してのベンヤミンの言葉である。連続性や持続によって人間と自然のつながりを保持しようとするクラーゲス的空間とは異なって、ベンヤミンはシュルレアリスム的効果をもつ写真のうちに「疎外」のための下準備が進められているのをみる。人間のいない静まりかえった街路あるいは室内の情景は、写真を見るものを疎外する。しかし、それは冷ややかな峻拒の身振りによってというよりは、醒めた静寂と安らぎに張りつめた緊張感をもってひとを迎え入れる。逆に、ひとの中に無人地帯のイメージが入り込む、ともいえる。空虚を受け入れることで、もはや取り戻すことのできない充実したアウラという亡霊からひとは解放される。疎外が「治癒的な」と呼ばれる所以である。ベンヤミンのイメージ空間は疎外を前提として成立している。環境と人間、ひととひと、事物と事物、それらが互いに疎遠なものとなった世界を包み込むイメージ空間には、傷と罅《ひび》が欠かせない。〈断片性〉あるいは〈非連続性〉とも言えそうな、人間の知覚に現れる断絶の瞬間こそ、ベンヤミンのイメージ論に必須の構成要素なのである。

実際、こうしたアジェの写真に読み取られる断絶の経験に比して、クラーゲスの「遠さ」についての理論からは連続性を除外することはできない。彼は常に「遠さ」を基盤とした「近さ」の現れを、互いの「両極性（Polarität）[*32]」という観点からまとめることによって一体のものとなしているのである。「近さと遠さとは、単に空間的のみならず時間的にも互いを補い合う両極（Pole）である」（KE 432）。そして、この両極性とは、「あらゆる覚醒の基盤となる〔主客の〕対立に代わって現れる」ものであって、「その探求に、我々が夢の現実性についてどのような考えを打ち立てるかがかかっている」とされる。[*33] クラーゲスの「遠さ」と「近さ」とは磁石の両極のように互いに引き合うものであり、そのあいだに断絶は存在しない。「精神」に支配された「覚醒」の状態が主観と客観の対立する非連続の世界であるのに対して、「魂」の安らう「夢」の現実は自らの位置する地点を「遠さ」としつつも常に「近さ」へと連れ去る引力によって導かれる連続性の充溢した世界なのである。

ベンヤミンが「写真小史」において、アウラを連続性の相のもとに位置づけ、さらに複製技術論でも同じ言い回しを用いてアウラを定義しているところにも、クラーゲスの「遠さ」を特徴づける「両極性」の思想からの影響はみられる。クラーゲスのイメージ論を支える「遠さ」の経験とは、「近さ」を対照点とする「遠さ」との両極のあいだにおける連続性の経験でもあるからだ。それゆえ、ベンヤミンのイメージ論がクラーゲスのものと袂を分かつのは、彼がクラーゲスよりも「近さ」を重視したということにあるのではなく、むしろ彼の言う「近さ」がクラーゲス的な「遠さ」との連続性を断ち切った地点に現れることによって、「断絶」の経験（あるいは「経験」の断絶）を強調する点にあるといえる。「カメラはどんどん小型になり、それに応じて流れ去るひそかなイメージをますます多く捉えることができるようになる。このイメージの与えるショックが、観察者の内部で働いている連想のメカニズムを停止させる」。[*34] 恍惚のうちに我を忘れるのではなく、視覚の無意識的領域の発掘に

---

*31 Ebd., S. 379.
*32 Klages, a. a. O., S.170. Vgl. KE 387.
*33 Ebd., S. 170.
*34 Benjamin, *Kleine Geschichte der Photographie*, a. a. O., S. 385.

よって茫然自失となったショック状態から、イメージ空間の構築は始まる。連続性ではなく、あくまで断絶がベンヤミンのモデルネを特徴づけている。「遠さ」ではなく「近さ」。この点をみるために、ベンヤミンに独自の「近さ」が獲得されるまでの道のり、その過程を垣間見ておくことにしたい。ベンヤミンにおける「近さ」の現れは、剝き出しの事物を直視する眼差しの誕生と相関している。その直前の最後の一瞬、アウラの最後の輝きとして、ベンヤミンの歴史地図に登録されているのがゲーテの『親和力』（一八〇九年出版）である。ゲーテの小説を論じるベンヤミンを以下で参照するのは、そこで用いられる「美しい仮象」の定義が、複製技術論でアウラと関係づけて自己引用のかたちで参照されるからである。アウラが最後の輝きを放つ、しかしそこでアウラが終焉を迎えるわけではない、モデルネの一歩手前。ベンヤミンによって論じられるゲーテは、アウラから一歩を踏み出そうとするベンヤミン自身の姿と重なって、曖昧な両義性の光に包まれて現れることになる。

アウラの崩壊の始まり

ベンヤミンによってアウラ崩壊の端緒がどの時点に想定されているかについては、「写真小史」から四年後の一九三五年に初稿が書かれた「複製技術時代における芸術作品」、とりわけその第二稿における「美しい仮象」についてのベンヤミンの註釈が示唆的である。まずその註が振られた本文の収められた第一一節では、アウラが知覚対象の「いま－ここ」という一回的性格に関わって現れるという「写真小史」以来の定義が述べられたあと、この一回性という特質が映画からは失われていくことが述べられる。たとえば、演劇において、劇の登場人物がアウラをもって観客に立ち現れてくるのは、それを演じる役者の人間としての一回性と切り離すことができない。しかし、映画においては、物語の進行と撮影のそれとは必ずしも一致せず、窓を飛び越えるシーンを撮影所で収録したあと、それに続く地面を走ってゆくシーンは何週間もあとに撮影が行われ、それらの収録素材は編集、すなわち「モンタージュ」によってつなぎあわされることでスクリーン上での滑らかな運動を獲得するのである。[*35]

その際、映画俳優の人間としての「いま‐ここ」にいるという一回性は撮影の過程でズタズタに切り裂かれてしまっている。言い換えれば、俳優が作品に没頭するためのストーリーの連続性が、複製技術としての映画からは失われてしまうのである。このような議論を踏まえて、ベンヤミンはこう述べる。「これまで芸術が繁栄することのできる唯一の場所とされてきた『美しい仮象』の王国から、芸術が抜け出てしまっているという事態を、これほど露わに示すものはない」[*36]。そして、この文章に付された註では、こう述べられている。「美しい仮象の意義」が基礎づけられたのは、いまや終わりを迎えつつある「アウラ的知覚」の時代においてのことだ、と[*37]。芸術作品の一回的性格として輝き出る仮象が、アウラを知覚する眼差しによって基礎づけられる。仮象とアウラとは、ベンヤミンの芸術史的認識のうちでほぼ同義のものと位置づけられている。現象としてのアウラの認められる最後のものとして、ベンヤミンは初期の写真を挙げていた。写真の成立をダゲレオタイプの完成した一八三六年とするなら、アウラの崩壊が明確なものとして現れてくるのは、一八五〇年代以降ということになる。そして一八五七年生まれのアジェがこの死せるアウラを写真から追い出しにかかるのはおよそ一八九〇年以後のことである。しかし、仮象の最後の輝きは、アウラが消え去ってゆく一九世紀半ば以前に遡る。ベンヤミンによって求められたその場所こそ、ゲーテの小説、『親和力』であった。

ゲーテにおける仮象の意義については、ベンヤミン自身、長編評論「ゲーテの『親和力』」(一九二一‐二二年

＊35　ここでは、アウラ的媒体としての演劇とアウラ喪失的媒体としての映画が対置的に並べられているが、ブレヒトの叙事演劇についてのベンヤミンの高い評価は、それがまさに俳優の演技の連続性を断ち切り、「〝隔字体〟で演技すること」を要求することによって、モデルネの経験に即した事態を表していることに由来していた。

＊36　Benjamin, *Das Kunstwerk im Zeitalter seiner technischen Reproduzierbarkeit*, a. a. O., S. 368.

＊37　Ebd.

成立、一九二四‐二五年発表）で縷々述べているが、そのなかでも重要なのは、後に複製技術論の先の註でも引用されることになる次の一節である。「覆いも覆われている対象も美ではなく、美とはその覆いのうちにある対象のことである」[*38]。複製技術論のベンヤミンはアウラを論じながら、自身の親和力論のこの個所へと遡ることでアウラを仮象に接続する。引用文中で「美」と呼ばれているものは、仮象としての美であって、対象の美しさではない。対象そのものが剝き出しの状態で存在することは美ではない。そこには不可知のもののもつ奥深さ、遠さの次元が欠けている。仮象としての美が存在するためには、対象そのものが人間にとって不可触のものとして取っておかれるような前提が必要とされる。こうした前提を形成するものが人間社会において伝統と呼ばれるものであるとすれば、仮象の成立とはまさに国家や社会や民族といった共同体の基底に眠る集合的な記憶によって醸成されるものであるといえよう。ベンヤミンが複製技術論で提示した芸術のありように関する二つの術語、「礼拝価値」と「展示価値」の区別[*39]と、ルネサンス以降における前者から後者への移行という図式は、まさにこの集団的記憶の崩壊に関わって取り上げられていた。ベンヤミンは礼拝価値の例として中世の「大聖堂（Dom）」を挙げているが、それは礼拝の対象としてアウラで満たされた空間としてそこに存在することで十分なのであって、その全体の隅々、ひとの入り込めない暗がりに至るまで、あるいは聖体として覆いをかけられたままの図像などを、ひとが目にすることは不可能でもあったし望ましくもなかった。この神秘のヴェールが技術的複製によって光のもとに切り裂かれることで、芸術作品は礼拝価値、アウラ芸術としての価値をなくし、展示価値を専らとする剝き出しの存在へと姿を変えていったのである。

親和力論は、主としてアウラ的芸術としての小説を論じる。しかし、そこには仮象の没落を論じる興味深い論点が見出される。とはいえ、そこで想定されているものが複製技術論でいわれる「展示価値」のような、あるいはアジェの写真のような非アウラ的芸術と呼べるものであるかどうかは疑問である。ただし、そこからベンヤミンが、ともかく仮象やアウラ的な現象を位置づけるためには、モデルネの芸術作品とは別個の文脈が求められるのかもしれない、と考え始めた気配は感じ取れる。とりわけ、ノヴェレ（短編）を包括するロマーン（長編）という入れ子構造的な構造分析を行うベンヤミンの視点には、それがよく感じ取られる。この入れ子構造のメタファーとして用いられるのが、ここでも「大聖堂（Münster）」[*40]である。大聖堂（オリジナル＝ロマーン）の中にかけられた大聖堂の絵（複製＝ノヴェレ）、複製の全体図によって初めて見る者＝読む者は自己の位置する空間が把握される。ゲーテにおける仮象の没落を論じる途上に、大聖堂の比喩が複製技術論とパラレルであるかのように現れてくる。

どういうことか、少し迂回しながら見ておこう。ベンヤミンによれば、ロマーンに包み込まれたこのノヴェレには、〈愛〉が表現されている。ここで、「愛の根源とは浄福な生の予感」[*41]であるとされる。ノヴェレに描かれる愛が、小説全体の仮象を剝いでゆく。ノヴェレでは、幼いうちに相手をこれと思い染めながら、無意識の葛藤のうちに争いを繰り返した二人の恋人が、そののち両親の意向もあって別々の土地で成長し、時を経て再会する。しかもその時というのが、娘の方には言い交わした相手ができたばかりの祝いの時なのである。にもかかわらず、娘は軍人として帰郷した青年を一目見た瞬間、自らの幼年期の反抗の奥底に、相手に対する熱い思いの秘められていたことを自覚し、いままたそれを抑えきれなくなっている自分に気づく。そしてついに、娘は仲間との川下りの最中に、その時には船の舵をきっていた当の青年に帽子を投げ渡して水にその身を躍らせるのである。そして青年が川に飛び込み、娘を助け出したとき、青年は相手の濡れた衣服を脱がせ、手当てを施そうとするわけだ

＊38　Ebd.; Ders, *Goethes Wahlverwandtschaften*, in: *GS*, Bd. I-1, S. 195.
＊39　Benjamin, *Das Kunstwerk im Zeitalter seiner technischen Reproduzierbarkeit*, a. a. O., S. 358.
＊40　Benjamin, *Goethes Wahlverwandtschaften*, a. a. O., S. 196.
＊41　Ebd.

が、ベンヤミンはここでのゲーテの言葉づかいに注目する。「その際には、相手を救おうとする思いが他のあらゆる配慮を圧倒したのです」[*42]。ゲーテはこう記している。「配慮」としたのはBetrachtungであり、「思い」はBegierdeである。娘の体は覆いを剝がれ、いまや剝き出しの裸体をさらしながら、しかし青年の心中には「配慮」のような相手との距離を保持する静観的な態度は微塵も現れてこない。そこにあるのは、相手を救おうとする「思い」だけである。この裸体との接触における「思い」の強さこそ、何にもましてノヴェレの主人公たちを幸福なものとするのである。というのも、「愛の根源とは浄福な生の予感」であるとするベンヤミンの定義に見られる「浄福な生」とは、覆いの剝がれた人間に「崇高なもの」[*43]を感得することのできる生のことだからである。この何ものにも隠されることのない裸体の崇高の前に、すべての仮象はその輝きを失い、作品そのものの統一性が破壊される。しかし、ベンヤミンは覆いを剝がれた裸体を前にした恋人の思いを「崇高」の観念へと翻訳しなおしている。「近さ」ではなく「崇高」である点に、注意が必要である。ゲーテにおいて仮象の没落をもたらすもの、複製技術論であればまさにアウラを破壊するものと考えられる〈覆いを剝がれた裸体〉は、ゲーテにおいてはあくまで、そこから「崇高なもの」の立ち現れてくる言語を絶するものの領域となるのである。「写真小史」あるいは複製技術論とはやはり違う。ゲーテの作品から複製技術論への道筋はどうしてもつかない。ベンヤミンにとってゲーテの作品は仮象の最後の輝きとして、彼以後に失われる芸術作品の輝きを常に発し続ける恒星のようなものであった。その意味で、ノヴェレの裸体は写真によって捉えられた剝き出しの「近さ」と何の関係もない。それはあくまで仮象の「近さ」、輝きの内部で生じる断絶の瞬間にとどまっている。

いずれにせよ、剝き出しの裸体の崇高によって達せられる「浄福な生」の対極に置かれるのが、ロマーンの主人公たち（とりわけエードゥアルトとオッティーリエ）の相手の美しさを眺めて満足する「観想的な生vita contemplativa」[*44]、すなわち美を仮象のうちにとどめようとする「遠さ」を内実とする生である。「観想的な生」がロマーンの主人公たちを幸福なものとしないのは、ひとえにこの「遠さ」、「仮象」、仮象のうちにとどまる「美」が、観相の対象となるオッティーリエへと投射されることによって、そしてそれゆえに彼女は直接的な生のうちに芽生える〈愛〉を摑み取ることができず、仮象の美を身にまといつつ、ただ〈死〉のうちに没落していくより他ないからである。「愛のうちに自らを委ねることのない美は死の手に落ちるよりほかない。オッティーリエは、自らが死への途上にあることを知っているのだ」[*45]。〈愛〉においても〈死〉においても仮象は没落する。しかし、ノヴェレの恋人たちが、運命に何の言い訳もせずに水中へと決死の跳躍をなしてみせることによって摑み取る「浄福な生」が、すなわち「愛」が、ロマーンの「観想的な生」のうちでは、「挫折してゆく」[*46]のみなのである。ロマーンにおいて、ついに勝ち取られることのなかった「愛」を描き出すこのノヴェレの功績に、おそらくゲーテは気づいていなかった。そうベンヤミンは考えている。ゆえに彼は、それを「まったく奇妙なこと（das Wunderlichste）」[*47]と述べるわけだが、このベンヤミンのゲーテと距離をとろうとする示唆的な言い回しからして、彼がこの論考を著した二〇年代初頭の時点において、既に仮象（のちの定義によってアウラと同一視されるもの）に、ある種の距離感をもって対峙していたことが理解できる。

さらに、このロマーンとノヴェレの関係を作品全体の構造的見地から考察するなら、『親和力』という小説に描き出されているのは、覆いとしてノヴェレを包み込むロマーンというアウラが崩壊してゆく過程、すなわち仮

＊42　Ebd.
＊43　Ebd.
＊44　Ebd.
＊45　Ebd., S. 198.
＊46　Ebd., S. 196.
＊47　Ebd.

象の没落してゆく過程であるとみなすことができる。そして、この入れ子構造を喩えるにベンヤミンは、〈大聖堂の中に置かれた当の大聖堂自身の絵〉という比喩を用いるのである。「ノヴェレは、それがロマーンに対して示している自由と必然性からして、大聖堂の暗がりにかけられたひとつの絵に比することができよう。この絵は、〔外から見られた〕大聖堂そのものを描き出しており、それによって同時に、ノヴェレは明るく、それどころか醒めた（nüchtern）日の光の残照をロマーンの内部にもたらすのである」[*48]。ロマーンがあくまで大聖堂そのものとして、暗がりとアウラの充満した礼拝堂の内部を示すのに対して、その壁に掛けられながら当の大聖堂の外観を示すノヴェレは、内にありながら外の光を映し出すパラドクシカルな仕掛けとして作用する。ノヴェレはロマーンに包摂されたアウラの核でありつつ、自己のアウラであるロマーンを崩壊させる「醒めた（nüchtern）」部分として作品の全体的構造のうちにその位置価をもつのである。

このうえないアウラの輝きを放ちながら、同時にその内部で仮象の没落を引き起こす覚醒の予感を孕んだゲーテの作品、とりわけ芸術作品の運命を一身に体現することで、ありえない逆説を作動させる装置としての『親和力』を、ベンヤミンはモデルネへの入り口に置かれた敷居であると、読み解こうとしたのかもしれない。大聖堂の中にある大聖堂の絵というメタファーによって、一〇年の歳月を超えてベンヤミンの思考に通路が拓かれる。「美しい仮象」の没落から複製技術による「アウラ」の崩壊へ、ベンヤミンの思考は生成し変化し続けながらも、常に一定の方向を向いていたといえる。仮象からアウラへ、術語は変われど常に覆い覆われた状態に保たれたまま鑑賞者から距離をとって享受される芸術作品の崩壊過程を変奏し続けるベンヤミンの考察は、しかし、単に芸術・文学史上の断絶を表明することのためだけに書かれたわけではない。そこには常に、そのような芸術作品の制作と受容の変化を促す、より根本的な人間の知覚の変容が対応するという考えがあった。「写真小史」や「複製技術時代における芸術作品」などの論考は、ある意味愚直なマルクス主義的傾向を友人たちに非難されつつも[*49]、技術による人間の知覚の身体レヴェルでの変容を、その精神態度の常態の変化に当てはめて考察しようとしたものと理解できる。このことからしても、ベンヤミンの「近さ」は、「遠さ」の対極にあるクラーゲスの「近さ」とは別物なのである。クラーゲスの著作には、技術による人間の知覚様式の変化を肯定的に解釈しようとする意図は見出せない。

しかし、仮象やアウラが消え去っていくことを確認するベンヤミンの思考に一貫性が見られるとしても、それら伝統的芸術作品の不可能性が明らかとなった後に、ベンヤミンが思い描いていたイメージ空間がいかにして現れるのかという疑問は残る。機械的な技術と人間の身体とのあいだに、どのようにして連絡がつけられることになっているのか。そして、そのイメージ空間がクラーゲス的（あるいはユング的）な集団の夢の領域からいかにして区別されるのか。これらの問題を検討するために、次に一つのノートを取り上げたい。親和力論の完成と同年に書き始められたとされる「心身問題のための図式」である。ここでベンヤミンは仮象内部の「遠さ」・「近さ」を突き抜けて断絶の「近さ」へと一歩を進めることになる。

「心身問題のための図式」

親和力論の成立した一九二二年から翌年にかけて記されたと推測されるベンヤミンのノートに、「心身問題のための図式」[*50]と題された断片がある。これは、ベンヤミンの残したもののなかでもクラーゲスへの直接的な参照が指示されているという点で、きわめて示唆に富んでいる。実際、これまでにみたようにベンヤミンが現代にお

＊48　Ebd.
＊49　Adorno / Benjamin, *Briefwechsel 1928-1940*, Frankfurt am Main 1994, S. 168ff.
＊50　Benjamin, *Schemata zum psychophisischen Problem*, in: *GS*, Bd. VI, S. 78-87. 以下、同論考からの引用に関しては節ごとの頁数を記す。

ける人間の知覚様式の変容に関してアウラの崩壊という事態を論じる際、そこにクラーゲスのからの影響が認められるとはいえ、彼自身がクラーゲスとアウラを直接結びつけて語ることはまったくなかった。また、その著作中でクラーゲスの名が挙げられるのもごく断片的な仕方でしかない。その点、メモ書きとはいえ、クラーゲスを名指しで挙げているこの論考は、ベンヤミンとクラーゲスの対立点を明瞭に示すために有益であるといえる。その際の対立点とは、すなわちベンヤミンとクラーゲスの両者による「近さ」の捉え方の違いであり、それがここではきわめて鮮明に表れている。さらに、このメモ書きの成立が親和力論の書き上げられたのと同年、一九二二年と推定されている事実も興味深い符号として読まれることになるだろう。

この論考の全体は六節に分けられており、各節のタイトルは以下の通り。「I 精神と肉体」、「II 精神と身体」、「III 肉体と身体」、「IV 精神と性愛・自然と身体」、「V 快楽と痛み」、「VI 近さと遠さ」、そしてもう一つの第六節「VI 近さと遠さ（続）」である。そのうち、参照文献としてクラーゲスが指示されているのは、第六節の「近さと遠さ」である。まずは、そこに至るまでの議論をまとめておく。

第一節[*51]では「精神」と「肉体（Leib）」がなんらかの実体ではなく現実世界の「関数（Funktion）」として現れる瞬間的な「形態（Gestalt）」であるとされる。第二節[*52]では、「身体（Körper）」とそれに関係する限りでの「精神」が、一つの「基体（Substrat）」ないし「実体（Substanz）」であるとされ、その根拠として、自己の身体がそれによって知られるところの「快楽（Lust）」と「痛み（Schmerz）」が挙げられる。そしてこの二つの感覚によって惹起される「陶酔（Rausch）」が、他との関係において形態化された「求心的（zentripetal）」な「肉体」の限界を超えて「身体」を「遠心的（zentrifugal）」なものにすると説かれる。さらに第三節[*53]では、個別的肉体はその原理として「個別性（Individualität）」をもつが、この原理は個別的肉体を超えてゆくものであり、人間の個別性はこの原理への遡行によって逆に「人類の肉体（Leib der Menschheit）」というより高い次元へと解消されてゆくとされる。この「人類の肉体」こそ、遠心的原理を備えた人間の「身体」に他ならないとすれば、そこに生じるのは、肉体の「解消（Auflösung）」と身体の「復活（Auferstehung）」である。

また、ここで興味深いのは、人間の肉体が自らを解消し、限界の喪失のうちに自己を拡張してゆくとき、「すなわちこの没落、この充溢において、人類は、生あるものの総体の外側にあって、生なきもの、植物そして動物といった自然を、技術によって（durch die Technik）、部分的にであれ自分のなかに引き込むことができる」、と述べられている個所である。ここには二点、注意を促しておくべきことがある。第一に、「人類の肉体」の実現が無生物的なものとの合一をも含むという点はシュルレアリスム論の「身体空間（Leibraum）」を想起させるということ。第二に、それが「技術によって」可能にされるとする考えは複製技術論の「遊戯空間（Spielraum）」の萌芽として読み解くことができるものであるということ。この二点である。

そして、こうした点を踏まえ第四節[*54]では、自然の深みからいかにして「身体」としての人間が到来しうるかが「生命の内実」であるとして論じられる。その際、さきに自然の身体化を助けるものとして描き出された技術の誤用が、第一次大戦へのベンヤミンの眼差しと触れあいつつ、批判的に描きだされる。「現在のヨーロッパ世界が経験している身体性の完全なる崩壊のうちには、身体性の刷新の最後の道具として自然の苦痛が残り続けている」。このような敵対的ではないかたちでの自然との関係をベンヤミンは、一つには自然への没入としての「運命」と呼び、もう一つをそこからの上昇運動としての「芸術」と呼んでいる。もちろん、ここで重きを置かれるのは自然という深海からの浮上としての「芸術」である。この点にベンヤミンの審美主義的とも捉えられかねな

---

*51 Ebd., S. 78.
*52 Ebd., S. 79f.
*53 Ebd., S. 80f.
*54 Ebd., S. 81f.

い側面が顔を出してくる。「しかし全体の活力が芸術のうちにその唯一の宥和の作用をもつがゆえに、他のあらゆる表現形式は破壊へ行き着くよりほかないのである」。芸術における人間と自然の宥和、ベンヤミンが複製技術論以降も常に追い求めたものがここに表明されている。複製技術論においても、映画が彼によって称揚されるのは、それが自然支配的な技術の使用ではなく、自然と戯れる「遊戯空間」を人間に差し出すものであることを理由としていた。

こうして、続く第五節[*55]では「身体」にその実体としての尊厳を与えていた「快楽」と「痛み」が単に物質的な次元での区別のみならず、形而上学的な区別を持ち合わせていることが指摘される。すなわち、快楽と痛みの「陶酔」が人間の身体をその個別性から解き放ち、「人類の肉体」というイメージ空間を実現するものであるとするなら、いったいその陶酔作用において、人間になんらかの可能性をもたらすものは快楽と痛みのどちらであるのか、ということである。この際、「痛み」は人間にとってそれが永続的に続くものであり、それに一旦囚われた人間が決して逃れることのできないものとされる。「すなわちただ痛みの感情だけが、物質的なものにおいても形而上学的なものにおいても、途切れることのない（ununterbrochen）遂行、いわば主題的な扱いを可能にする」。痛みは決して瞬間的なもの、断続的、断片的なものではなく「永続的（permanent）」なものと感じられる。それに対して、快楽はあくまで刹那的なものであって、恍惚の一瞬において体験される得がたい経験でしかない。それゆえ、「快楽は、人間がそれを追い求めようとするその至るところで行き止まりの正体を現す。快楽は実際、まさにある別の世界の前触れであって、〔この点で〕痛みが二つの世界を結びつけているのとは違っている」。ここで「二つの世界」と述べられているものに関して、ベンヤミンの言明はきわめて不明瞭である。しかし、痛みというものが、人間に逃れがたい過去の体験の持続として考察されるものであるなら、痛みの現世的現れの背後には人間の個別存在を呑み込んでゆく自然の世界が負の形象を帯びて屹立していると考えることもできる。また、そうであるとすれば、快楽はこうした自然の世界への通路を開きながらもその瞬間的性格のゆえに、つねに一つの「恩寵（Gnade）」として立ち現れてくることになる。ゆえに、快楽において示唆されるのはつねに次の間から漏れてくるかぼそい光の糸のみであって、それはいつ消えるかもわからない不安定な決して持続的とは言えないイメージなのである。「それゆえ、器官的快楽は断続的（intermittierend）なものであるのに対して、痛みは永続的なものとなりうる」。快楽のこの「断続的」な性格、これこそが「恩寵」として現在とは異なるイメージ世界への扉を打ち開くものなのである。そして、そのイメージ世界の先に、世界の関数として形態化された個別的肉体を超えた「人類の肉体」、すなわち自然の深みから這い上がってきた「身体」としての「芸術」が成立することになるのである。

突然の中断の可能性を孕んだ「断続的」快楽を物質的・形而上学原理とする芸術作品の構想を、ベンヤミンはしかし、この論考の書かれた時点においてどの程度具体的に考えていたのだろうか。おそらくは、「人類の肉体」を具現するようなものが、ベンヤミンにとって同時代の経験のなかから姿を現すのは、彼がシュルレアリスムと取り組み始めた一九二五年を境とするのではないだろうか。写真との親和性の高さはもちろん、シュルレアリスムの絵画に見られる無機物と有機物との一体化は、現実の皮膜をペロリとめくりあげて臓物を直視させるようなショック作用、デペイズマンと呼ばれる彼らなりの異化作用を伴って、大戦から受けた技術のオートマティックな進歩への幻滅に対して、ベンヤミンが決然として立ち向かうための起爆剤となったのかもしれない。いずれにせよ、快楽の「断続的」な性格は、ベンヤミン流の唯物論の基盤として、この当時から胚胎されていたものであったことがこの論考から確認できる。また、そこからベンヤミンの歩みを振り返ったとき、「異化」の本家ブレヒトの劇作品との出会いは、シュルレアリスムや複製技術の解読にあたっても議論されつつ、パサー

＊55　Ebd., S. 82f.

ジュ論を支えるベンヤミンの歴史構想の中心に置かれることになる〈経験の断絶〉という事態を、より具体的な理論へと構築してゆくための素材を提供するものであったともいえよう。

続けて論じられる第六節[*56]での「近さ」と「遠さ」はそれゆえ、そこにクラーゲスへの参照が指示されているにもかかわらず[*57]、もはやクラーゲス的なイメージの世界とは別個のベンヤミン自身のそれを示すものとして読まれねばならない。このことは次の一文に明瞭である。「エロースの生命は遠さにおいて燃え上がる。他方には、近さと性愛の親和性が現れる」。クラーゲスは、人間の下半身に局限された性愛の活動を重視する傾向として、フロイトを、その名を挙げることなしにあからさまに批判しているが、それはフロイトが（クラーゲスの理解によれば）性欲動や合一欲動のような人間の下半身の活動のみにエロースの役割を限定し、物理的な身体の結合という「近さ」の現れしか問題としないことによって、イメージを生み出す「遠さ」の神秘をぶち壊しにしてしまうからである。しかし、先のゲーテの親和力論に見られたように、ベンヤミンには仮象の内部における「近さ」の美学とも呼ぶべきものが存在していた。『親和力』のノヴェレの読解に際して、水に溺れた恋人の救助にあたる男の「思い」に現れる裸体への崇高の念として解釈されていたものがそれである。同様に、この節においても、ベンヤミンは近さのうちにも「美」が成立すると主張する。それは、あまりに近くにあるものをそれとして判じることのできない「愚昧（Dummheit）」としての「美」である。たとえば「門の前の牛」の例が引かれながらこう言われる。「しかしまさに、このあまりに近すぎる（精神を欠いた）理念の観察が、持続的な（断絶のない）美なのだ」、と。しかし、ここでのベンヤミンは、クラーゲスのイメージ世界に欠けている近さの美、仮象としての「近さ」を提示するにとどまっているといえる。なぜなら、ここで「持続的（dauernd）」あるいは「断絶のない（nicht intermitirierend）」という言葉で記しづけられているのは、あくまでクラーゲス的な連続性の空間に他ならないからである。それゆえ、この連続性の空間に亀裂を持ちこむ決定的な「断絶」は続いて、同じく第六節とされている「近さと遠さ（続）[*58]」で表明されることになる。この「断絶」の表明はまた、その歴史認識においてべンヤミンが、仮象に覆われたゲーテの世界から複製技術へと向かう決定的な一歩を記しづけるものともなるだろう。

クラーゲスのイメージ世界が「近さ」と「遠さ」をその両極とすることで成立し、自らを遠くにあると感じるものがその求めるところの近さへと引き寄せられる磁力的な連続性の支配する空間であったことは先に見たとおりである。しかし、自然という人間を包括する全的存在からの離脱的合一という逆説によって初めて到達される「人類の肉体」を自らのイメージ空間とするベンヤミンにとって、現実世界の深層に位置するものとしてのクラーゲス的なイメージ世界は、その発想においてきわめて示唆的であったとはいえ、一九二三年の時点では、既にそこから垣間見られる新たな次元への移行が問題とされるべきものでもあった。すなわち、ベンヤミンのいう身体、限界を喪失することによって自らを拡張し、無生物とすら一体化しようとする人間は、誘蛾灯におびき寄せられる昆虫のようにイメージの中心へとおびき寄せられるだけの存在ではない。たとえば恋する男は、そのようなイメージの世界の住人と考えられている。「男にとって遠さの諸力が規定的な（bestimmend）力であるのに対して、近さの諸力は彼がそれによって規定されてある（bestimmt sein）ような力である。憧憬とは〈規定されて－いること〉である（Sehnsucht ist ein Bestimmt- Werden）」。この点から、エロースについてはこういわれる。「エロースは自然のうちなる拘束者である」。拘束者としてのエロース、夢の世界に人間を捉える「近さ」の魅惑的引力、これらを端的に表したものとしてベンヤミンの挙げているのが、ゲーテの詩中、最も有名なものの一つであり、

＊56　Ebd., S. 83f.
＊57　参照を指示されている文献は、「夢意識について」、「精神と魂」、『意識の本質について』、『人間と大地』、『宇宙生成的エロース』の五つ。
＊58　Klages, a. a. O., S. 84f.

なかんずく「死して成れ！」の一節によって、最も引用されることの多いものとなった「至福の憧憬」である。「君は呪縛され、飛びきたる（Kommst gefolgen und gebannt）」、彼方への憧憬に身を焦がし、どのような遠さをも苦にすることなく夜の闇を滑空する一つの影。光源への接近が死を意味することを知りながら、あえて炎に身を焼かれる幸福を求めるものこそ天上の生に与《あずか》ることができると歌いあげるこの詩には、クラーゲス的イメージ世界の内実、エロースの拘束力のありようが強烈に表現されている。現にこのゲーテの詩は、クラーゲス自身によっても引用されており（KE 396）、また、ベンヤミン自身も、一九三九年、その死の前年に発表した論考「ボードレールにおけるいくつかのモチーフについて」のなかで、改めてこの詩について、「アウラの経験に満たされた、愛の古典的描写とみなされるべき[*59]」ものであると記している。クラーゲスの言うイメージ、ゲーテに現れる美しい仮象、これらがベンヤミンのうちでアウラとして定式化されていったことは、このことからもうかがえる。そこは連続性に満たされながら、人間の自由が自然の諸力によって呪縛されたデモーニッシュな世界でもあるのだ。

ベンヤミンのイメージ空間においては、こうしたエロースの拘束あるいは「近さ」による規定からの解放が求められている。むしろ人間は自然の諸力から自由なものとして、「近さ」を自分の側から規定できなければならない。しかし、「近さ」を規定するとは、イメージの世界から抜け出して、事物を自分の意のままに支配することを意味しているのではない。自然を支配するのではなく、自然と宥和すること。地下の古層に眠る冷え切った石からはるか天上をただようエーテルにいたるまでの自然の諸要素を「身体」へと変容させること、しかも技術によってそれをなすこと。ベンヤミンが「近さ」を規定するという時、そこに意図されているのは、自然の諸力の抑圧ではなく、むしろ解放である。人間からの自然の解放は、自然からの人間の解放でもある。自然と人間を結ぶ紐帯が断ち切られ、そこに深淵が口を空ける。ゲーテの「至福の憧憬」がアウラの充溢を表示する代表的抒情詩であったとすれば、自然との断絶を表示することでエロースの連続性に傷をいれようとする言葉はカール・クラウスの詩に読み取られる。「Die Verlassenen」、孤独なものたち、あるいは、見捨てられたものたち[*60]。

Berückend gar, aus deinem Zauberkreise
gezogen sein!
Nun zieht nach unerhörter Weise
die Lust auf ihre letzte Reise
allein.

どこまでも魅惑的だ、君の魔法の圏域から
解き放たれてあることは！
いまや法外なやり方で
快楽はその最後の旅路をゆく
一人きりで。

Und nie erstattend findet sie die Nahrung,
Vertraut
dem Urbild einer Menschenpaarung
und einer Flamme Offenbarung,
die sie geschaut.

そして快楽は決して不足を補うことなしに身を養うものを見出した
それは承知しているのだ
一組になった人間という根源のイメージを
そして自らの恐れた、
燃え盛る炎の啓示を。

Wie mag es sein, aus meinem Feuerkreise
geflohen sein!
Nun zieht nach ungewohnter Weise
die Seele auf die lange Reise

それが如何なるものにもせよ、私の炎の圏域から
逃げ去ってあれ！
いまや異様なやり方で
魂は長い旅路をゆく

＊59　Benjamin, *Über einige Motive bei Baudelaire*, in: *GS*, Bd. I-2, S. 648.
＊60　クラウスのこの詩をベンヤミンは以下の論考でも取り上げている。Vgl. Benjamin, *Einbahnstraße*, in: *GS*, VI-1, S. 121.; *Karl Kraus*. in: *GS*, II-1, S. 362.

allein.

一人きりで。

この三連から成る詩をベンヤミンが読み解く目的は、それが「断続的（aussetzend）」なものであることを証明することにある。まず、第一連と第三連では「快楽」と「魂」がそれぞれ「法外な」あるいは「異様な」仕方で旅に出る、ひとりきりで。孤独なものたちというタイトルは、この両者の結びつきのほどけた状態を指してのものと解することができる。二人は互いに他方から見放されている。「快楽」は恋人の魔法のような魅力から解き放たれ、「魂」は自らの引力を放棄することによって、ともにエロースの両極性から身を引き離す。快楽は人為のものであり、魂は自然の産物である。人為は性愛を作りなし、自然はエロースによって拘束する。二つが一つであれば、そこには「近さ」と「遠さ」が絶妙のバランスで静止していることになる。しかし、クラウスの詩では両者のあいだに一つの空隙が設けられている。第二連、両者の孤独な旅路の狭間に立つ詩節は、快楽の肉のよろこびを、ゲーテの詩では死よりの復活としてどこまでも牽引力としてのみ作用していた空白の中心点である「近さ」の享受を描き出すことによって、それが「遠さ」から自らを切り離す瞬間の「深淵（Abgrund）」をつくりあげる。「それゆえ、この深淵は、最も内的なあらゆる性愛的（erotisch）な近さにおいて知られる原初の事実なのである」。

この深淵にベンヤミンのイメージ空間は産み落とされるのだ、とひとまずはいえるだろう。たとえ「心身問題のための図式」と題されたこのノートのどこにもイメージという単語が用いられていないにしても。それでも、やはりここでベンヤミンがどうにかして問題として立てようとしているものは、この二年後、「夢のげてもの」の執筆によってシュルレアリスムと本格的に取り組み始めてからのベンヤミンによってイメージと呼ばれるものと同じものではないだろうか。二つの生身の身体の触れあいを完全な合一という仮象の輝きで覆うことなしに、そこに表れるリズムの乱れ、互いに近づきすぎたがゆえの呼応する間合いの喪失、端的に言えばクラーゲス的イメージ世界を貫く両極性の崩壊のうちに、世界は主体へと近づいてくる。事物を遠く離れた場所に封じ込めておくアウラの皮膜が消え去ったところで、性愛の生々しい快楽が、自ら自然とのあいだに作り上げた深淵へガタガタと音を立てながら落ち込んでゆく。主体はもはや充溢を経験することができない。あるいは世界が主体に充溢の時を禁じている。しかし、単に剝き出しの存在へと押し込められた主体として人間は存在しているのではない。少なくとも、ベンヤミンにとっては。彼は主体の方を空虚にしてゆく。世界を主体の内側へと余すところなく浸透させるために。世界との直接的な接触、ここにイメージがその無媒介的媒体としてベンヤミンの思想に現れてくることになる。そして、これこそが彼のシュルレアリスム論における「百パーセントのイメージ空間」の、おそらくは内実をなすものであろう。

シュルレアリスム論と同年、一九二九年に成立発表された論考「プルーストのイメージのために」のなかに、自我の空虚化とそこに流入するイメージというベンヤミンのこうしたイメージ論の構図が明瞭に著された次のような一節がある。

覚醒のうちで我々の関心を占め、また我々があらかじめ考慮に入れているような、あるものと別のものとの類似性は、ただ夢の世界のより深い類似性の周りをふわふわと漂っているにすぎない。夢の世界で生じることは、同一のものではなく、類似したものであり、見通しがたく自己自身に類似したものとして浮き上がってくる。子供たちはこの世界の目印となるものを知っている。それは靴下だ。靴下は下着をしまう箱のなかで丸くなっているとき、夢の世界の構造を身に帯びる。つまり、「袋」であると同時に「袋に入っているもの」なのだ。そして子供たちが、この二つのもの、袋とその中身をいっぺんにある第三のもの、すなわち靴下に変えてしまうのに少しも飽きることがないのと同じように、プルーストも倦むことなくまがい物の自我をいっぺんに空っぽにしてしまい、そこに繰り返しあの第三のもの、彼の好奇心、いや彼の郷愁を静めてくれたイメージを持ちこんだ。類似性の状態において歪められた世界への郷愁に引き裂かれて彼はベッドに横たわっていた。この歪められた世界のうちに生活の真にシュルレアリスム的な相貌があらわれてくる。[*61]

洗濯されて二つばらばらになった靴下を衣装ケースにしまうためにクルリと丸めて一つにしてしまう。そんな当たり前の日常のしぐさが、子供たちにとってはありえない空間的技巧の実践の場となる。ひとつに丸められた靴下（袋状になって内と外の区別がつかない奇妙な物体）をもう一度クルリとひっくり返すことで、内と外の連続体を形成していた球体が第三のもの、単なる靴下へと早変わりする。これをベンヤミンは『一九〇〇年ごろのベルリンの幼年時代』（一九三二―三五／三八年に成立、一九五〇年に単行本化）の中の「靴下」と題された一節でも繰り返しているが、そこでは丸められた状態から靴下が現れる過程について、「それは私に、形式と内容、覆いと覆われているものとは同じものだと教えてくれた[*62]」とされており、明らかに親和力論の仮象の定義を示唆している点、興味深く思われる。仮象を形成する覆い―覆われた状態が解消されることによって、マルセル・プルーストのイメージは空虚な自我へと流れ込む。仮象あるいはアウラを保持する連続性の消滅は、ここでもやはりシュルレアリスム的なイメージ空間の出現への前提条件におかれている。

一つの状態というよりは、夢からの目覚めという行為をこそ問題とするベンヤミンのイメージ論には、そこからの目覚めが問題とされる夢の領域へとふかく潜り込むことが要求されるがゆえに、アルカイックなものへの憧憬とでもいうべきものがそこここに織り込まれてゆくことになる。そのことを本章ではクラーゲスという名前に代表させることによって、ベンヤミンがそれをどう消化吸収し、自分の思想のうちに位置づけたのかをみてきた。クラーゲス的「遠さ」への懐古的心情がベンヤミンの中に明瞭に現れてくるのは、彼がアウラについて語るときであり、彼がアウラの不可能を述べるとき、その認識はモデルネのそれとなる。その意味で、ゲーテの『親和力』

が書かれた一九世紀初頭は、写真の台頭に顕著なように複製技術の時代への転換点にあたっていたという点で、一つの分水嶺であった。古いものと新しいものがまざりあい、ある要素は消え去り、ある要素は前景化してくる。良しあしの問題などではまったくなく、アウラは消えゆき、写真は人気のない通りを写すアジェの写真によって一つのイメージ空間たりえた。そしてベンヤミン自身も、親和力論以降、断絶の経験に焦点を定めることによって、徐々にモデルネとの邂逅、シュルレアリスムのショック体験へ向けて準備を進めてゆくことになる。そして、そこで探り当てられた近さのなかでの断絶の経験こそ、彼のイメージ論における内面性の消去と関わって「百パーセントのイメージ空間」という発想を彼にもたらしたものであったと考えられる。

「クラーゲスの哲学は、持続の哲学であるにもかかわらず、創造的進化については何ごとも知らず、ただ夢の心地よい揺れを知るのみである。そして、この夢の諸相はといえば、魂や、とうの昔に過ぎ去った諸形式のノスタルジーにすぎない」[*63]。ベンヤミンはそのバッハオーフェン論のなかで、このようにクラーゲスの哲学を評している。彼の哲学は、心地よい夢のなかにまどろんでいるだけではないか、彼のイメージの世界は結局のところ不毛なノスタルジーにすぎないのではないか。ベンヤミンのクラーゲスへの苛立ちは、しかし、ベンヤミン自身がクラーゲス的なイメージ世界にきわめて近いところに立っていたからこそ出てきたものともいえる。アドルノが書簡で述べているように、ベンヤミンについて真に驚くべきは、彼が一見自分と近いように思えるものから「これ以上なく強固かつ厳しい態度で距離をとる」[*64]、その姿勢にある。そして、クラーゲスとの対決に際して、その瀬

*61 Benjamin, *Zum Bilde Prousts*, in: GS, Bd. II-1, S. 314.
*62 Benjamin, *Berliner Kindheit um neunzehnhundert*, in: GS, Bd. VII-1, S. 417.
*63 Benjamin, *Johann Jakob Bachofen*, in: GS, Bd. II-1, S. 229.
*64 Adorno / Benjamin, *Briefwechsel 1928-1940*, a. a. O., S. 83f.

戸際においてベンヤミンを夢のまどろみから覚醒させるべく役立ったものこそ、シュルレアリスムとの出会いであったといえよう。ブルトンの『ナジャ』やアラゴンの『パリの土着民』を読むことなしに、ベンヤミンはパサージュ論に着手することはなかっただろう。また、資本主義という夢の覚醒の可能性を探るべく一九世紀の根源史へと手を伸ばしたベンヤミンにとって、集団の問題、とりわけ夢に囚われた集団の目覚めへの問いかけは避けて通ることのできないものであった。それに加えて、「心身問題のための図式」に見られた「人類の肉体」という術語、あるいは自然の身体化としての芸術といったそこでの構想からしても、クラーゲス的まどろみからの脱却は彼にとって焦眉の問題であったはずである。そして、このノートからパサージュ論へと歩みを進めてゆく一九二〇年代前半のベンヤミンに、一九三〇年前後に開花する彼のイメージ論の萌芽を既に読み取ることができるという事実は、シュルレアリスムとの出会い以前からの彼の問題意識の一貫性を物語るものとしてきわめて興味深い。そして、その一つの回答が、性愛の近さに現れる深淵の経験であったことは、死の直前まで書き継がれた彼のボードレール論へのさらなる読解の継続を促すものであるといえよう。「来るべき目覚めは、ギリシャ人たちの木馬のように、夢のトロイのうちにある」[*65]。大聖堂の中にかけられた大聖堂の絵のように、と付け加えてもよかろう。クラーゲスとシュルレアリスムの狭間で揺れ動くベンヤミンのイメージ論は、まさに、繰り返し襲いくる夢の波に断絶の切れ目を入れつづけることによってこそ維持されるべきものである。彼の夢の木馬が、自身の置かれたアウラの城塞を内側から攻め落とし、真の目覚めをもたらすものとなったときに初めて、過去は安んじて眠りにつくことができるのかもしれない。

＊65　Benjamin, *Das Passagen-Werk*, in: *GS*, Bd. V-1, S. 495.

第VI章

ベンヤミンのシュルレアリスム論

「内面性」の崩壊とイメージ空間の出現

ベンヤミンとシュルレアリスム

一九一九年にアンドレ・ブルトンとフィリップ・スーポーによって著され、翌年に出版された『磁場』を出発点とする二〇世紀モダニズムにおける最も重要な芸術運動の一つが、一九二四年、その成立から数年を経て、あるテクストによって自らの出生に明確な日付を与えた。ブルトンによって『溶ける魚』の序文として起草されながら、結局は一つの宣言へと発展し、その年の一〇月一五日、『溶ける魚』とともに一冊の書物に収められて出版された文章、すなわち『シュルレアリスム宣言』がそれである。そしてもう一冊、ブルトン、スーポーと並んで初期シュルレアリスムの三銃士の一人に数えられるルイ・アラゴンの『夢の波』も同じく一九二四年に出版され、ブルトンのものとともに一つの宣言をなすものとして迎えられた。

これらの宣言が出された翌年の一九二五年、ドイツで一人の若者がこのパリの運動に目を向け、自らそれについての短文を書きあげる。青年の名はヴァルター・ベンヤミン、当時三二歳、そして、後に一九二八年に単行本として出版されることになる『ドイツ悲劇の根源』の基になる論文を、当時の彼は教授資格申請論文としてフランクフルト大学に五月に提出したところである。しかしその後、七月に撤回勧告が出され、九月ないし一〇月にベンヤミンがそれを受け入れ、論文を撤回することで、彼のアカデミズムでのキャリアは終わりを告げることになる。この撤回勧告の出された七月の三日付、リルケ宛の書簡にまずはシュルレアリスムの名前が見られるが、シュルレアリスムとの取り組みについてベンヤミンが語ることになるのは、同月二一日付、ショーレム宛の書簡においてのことである。「とりわけ私は、フランスの最新のものに取りかかるつもりです。一つはポール・ヴァレリーの素晴らしい著作（『ヴァリエテ』、『ユーパリノス』）、そしてもう一つはシュルレアリストたちのあやしげな書物です」[*1]。同じ書簡でベンヤミンは、その年の秋の『文学世界』誌にこの点に関する報告が掲載されるだろうと予告しているが、実際にシュルレアリスムに関する彼の最初の文章が掲載されるのを見るには一九二七年の『ノイエ・ルントシャウ』誌を待たなければならない。この時に書かれたベンヤミンの最初のシュルレアリスム論が「夢のげてもの（Traumkitsch）」[*2]である。

それゆえベンヤミンの論考では、その表題からうかがえるように、「夢」がキーワードになるわけであるが、シュルレアリスムによる夢への着目は、この運動の一つの原理として現在では広く知られているところである。とりわけ、夢における無意識状態についてなされたブルトンによる理論的展開は、「口述であれ、記述であれ、他のあらゆる仕方であれ、思考の実際の動きを表現しようとする純粋な心的オートマティスム」[*3]というシュルレアリスムの定義そのものの根幹をなすものであるといえよう。ブルトンが言うように、シュルレアリスムは、「夢の全能への信頼に基盤をおく」[*4]ものなのである。

ブルトンを夢ないし無意識へと惹きつけたのは、第一次大戦中の一九一六年に彼が配属されたサン＝ディジェの神経＝精神病理学センター（Centre de neurologie à Saint-Dizier）での二つの出会いである。一つは、そこに入院していた精神病者たちの言動であり、もう一つは、エマニュエル・レジスの『精神医学概論』で紹介されていたフロイトの無意識についての理論であった[*5]。このうちフロイトに関して言えば、このエピソードに顕著なように、ブルトンに限らずフランスのシュルレアリストたちは一般に、二〇年代に展開されたフロイトの様々な理論にはまったく精通していなかった。[*6] たとえば、『シュルレアリスム宣言』出版の前年に当たる一九二三年には、いわゆる第二局所論（エス・自我・超自我）を提示した『自我とエス』が出版されているが、フランスでは『夢解釈』の翻訳が一九二六年にようやく出版されるといった具合なのである。[*7] それゆえ、フロイトの理論に発想を得

＊1　Walter Benjamin, *Briefe*, Hg. u. Anm. von Gershom Scholem / Theodor W. Adorno, Frankfurt am Main 1978, Bd. 1, S. 393.
＊2　掲載時のタイトルは「シュルレアリスム註解（Glosse zum Sürrealismus）」であった。
＊3　André Breton, *Manifeste du surrealism*, in: *Œuvres completes*, Paris 1988, Bd. 1, S. 309-346. Hier S. 328.
＊4　Ebd.
＊5　ジャクリーヌ・シェニウー＝ジャンドロン『シュルレアリスム』星埜守之・鈴木雅雄訳、人文書院、一九九七年、一〇〇頁。また、同書二九八頁には以下の記述も。「ブルトンがフロイト理論を知ったのは、アルカン社から一九一四年に出版された、レジスとエナールの『精神分析』によってであることはよく知られている」。
＊6　シェニウーによれば、フロイトのドイツ語のテクストを読めたのは、マックス・エルンスト、ハンス・アルプ、トリスタン・ツァラの三人だけであった。シェニウー前掲書、九九頁。
＊7　フランスにおける最初のフロイトの著作の翻訳は、一九二〇年の『精神分析五講』である（塚原史『アヴァンギャルドの時代　1910年‐30年代』未來社、一九九七年、六七頁）。塚原によれば、ブルトンは幼少期にドイツ語を学び、一九一〇年にはシュヴァルツバルトに一ヶ月のホームステイを経験しており、したがって彼がフロイトのテクストに直接触れた可能性は存在するとのことである（塚原前掲書、八四頁以下）。さらに塚原は、スタロビンスキーの論を引用しつつ、シュルレアリスムの自動記述と精神分析の自由連想法の違いを次のように指摘している。「したがって、無意識の意識化をめざすという方向では一致していても、『無意識の一定の秩序（ordre déterminé de l'inconscient）をあきらかにする』ためのものであった自由連想法は、エクリチュールを理性のかなたに退行させることによって狂気のシミュレーションを現出させようとした自動記述の試みとは異質の性格をもつ手続きであったということができるだろう」（同書、九六頁以下）。

て夢に着目したにもかかわらず、シュルレアリスムの夢理論はきわめて明朗なものという印象を与えるのであり、おそらくそこにフロイト的な抑圧の問題系が入り込むことはなかったにちがいない。アラゴンは、一九一九年にブルトンとスーポーが夢のメカニズムの解明に没頭した際に、何を発見したかを以下のように語っている。「彼らを驚かすのは、彼らが気づいていなかったある能力、比類のない安楽、精神の解放、前例のないイメージの産出、そして彼らの記述の超自然的なトーンなのである」[*8]。つまり、彼らが夢に求めるのは、現実を超えていく人間の心的能力の自発性なのであり、シュルレアリスムが〈超現実〉主義である限りは、象徴としての夢の解釈が抑圧の壁を越えて現実に着地するといった精神分析的な方法論は有効なものとは考えられないのである。夢の無意識状態から、直接に生のエネルギーが湧出するさまを書き留めることこそ、彼らシュルレアリストたちがオートマティスムの名で呼んだ自らの方法論であったといえよう。

とはいえシュルレアリストたちは、抑圧というういわば人間の精神にのしかかる重しのような存在を取り除けることで、現実を楽天的に捉える視点を獲得しようとしたわけではない。抑圧という壁を、そうとは知らずに取り払うことで、彼らは無意識の留め金を外してしまうことになる。そこに現れるのは、自己の内面性として知覚される意識の領野が外的な事物世界との融合を果たす、「イメージ」の世界である。ベンヤミンがシュルレアリスムの最大の功績とみているものも、おそらくはこの「イメージ」の問題と関わっている。そしてもう一点、ベンヤミンがシュルレアリスムに読み取った「イメージ」の成立は、それに連動する事態として「内面性」の崩壊をそのうちに孕んでいる。

夢のげてもの ―― 「内面性」の崩壊

「もはや青い花が正しく夢見られることはない。今日、ハインリヒ・フォン・オフターディンゲンとして目覚めるものは、寝過ごしてしまったに違いない」[*9]。「夢のげてもの」の冒頭、この一文におけるベンヤミンの主張は、きわめて明白である。ロマン派的理想、すなわち、市民社会の現実を拒否する者にとってのアジールでありえた「無限への憧憬」が、ここで無効を宣告されているのである。ロマン派的メンタリティーを支えるユートピア幻想、ここではないどこか、として想定されるような「遠さ（Ferne）」への憧れを、もはや夢の領域は確保しえない。「夢はもはや青い遠さ（eine blaue Ferne）を打ち開くことはない」[*10]。いまや夢の道の通じる先は、「遠さ」ではなく「近さ（Nähe）」、日常の事物世界なのである。薄汚れた日用品、「卑俗なもの（das Banale）」、こうした物どもの「慣習によってすり減らされ、安っぽい格言によって飾りつけられた」[*11]側面。夢の突き当たりはここである。夢は、憧れや期待の育まれる色鮮やかな空間ではもはやない。夢とモノの出会いは、いまや日常の灰色の風景と地続きの場所でなされる。ベンヤミンが「げてもの」[*12]と呼ぶのは、夢にまで顔を見せる、この事物のすり減った側面のことである。

夢の「近さ」は、「卑俗なもの」へと通じる道であると同時に、そのようなものとして、大人になった人間にとっては、擦り切れて古びたものになってしまった幼年期へと通じる道でもある。ベンヤミンが提示するのは、ポール・エリュアールが文章を書き、マックス・エルンストがそれに絵をつけた『復習（*Répetitions*）』に収められた一枚の絵である。そこでは子供たちは、読者に背を向け、教師に、そして教壇にも背を向け、バルコニーの向こうに広がる空想の世界（風船が浮かび、巨大な鉛筆が細い軸の上で揺れている）に見入っている。自分の手で世

＊8　Louis Aragon, *Une vague de rêves*, in: *Œuvres poétiques complètes*, Paris 2007, Bd. 1, S. 79-97. Hier S. 85.
＊9　Benjamin, *Traumkitsch*, in: *Gesammelte Schriften*, Frankfurt am Main 1991, Bd. II-2, S. 620-622. Hier S. 620.
＊10　Ebd.
＊11　Ebd.
＊12　Ebd.

界を発見する喜びに満たされた幼年期には、ひとは大人の世界に対して意識的なプロテストを行う必要もなく、常識に類する規範といったものにただ無関心であることができた。「子供として、大人の世界の只中で、私たちは自らの姿を卓越したものとして示していた[*13]」。「卑俗なもの」は、まさにこうした忘れられた幼年期の「復習＝反復」を可能にするものなのである。「卑俗なものを摑むとき、私たちはそれと一緒に善きものを摑んでいる、この善きものは、見よ、これほどにも近いところにあるのだ[*14]」。

この使い古された事物の世界は、単に物体的存在によってのみ開示されるものではない。それは、円滑に進行する会話の影に隠された言語の本来的な機能不全としても確認される。ブルトンは『宣言』で、日常的な対話のもつ欺瞞的な装飾性を指摘し、話をつなぐことに苦心するあり方から対話を解放しようとする。「私がこの研究を捧げている詩的シュルレアリスムは、これまでに、二人の対話者を礼儀正しさの義務から解放することで、対話をその絶対的真理のうちに再建することに専念してきた。対話者の各々は、ただ自分の独り言を追い求めるのみで、その際にそこから対話に固有の喜びを引き出したり、隣人に少しでも畏怖の念を起こさせようなどということを求めたりしない。（…）言葉やイメージは、聞き手の精神にとっては、ただスプリングボードとして示されるにすぎない[*15]」。ブルトンによれば、このような相手の最後の一言を手がかりとして始められる真の対話としての自動記述でのスーポーとのやりとりを通じて、最初のシュルレアリスム的作品である『磁場』は完成されたのである。ベンヤミンはこの部分を含む文章を自由引用によって提示した後、最後のスプリングボードの比喩を用いて、対話が「誤解[*16]」によって生気を得るものであると述べている。互いに相手の言葉をきっかけとしてのみ利用することで、自らの内面にあった発話の意図を、相手の精神に寄り添う有機的な生成の過程においてではなく、まさに硬い質料を持った物体的な即物性のもとに知覚するシュルレアリスム的対話を、ベンヤミンは「唯一の真の現実性[*17]」に触れるものであると考えている。「唯一の真の現実性」とは、言葉によって織りなされる会話の只中で、言葉の覆いの剝がれた場所が露呈する瞬間とでもいえよう。ブルトンはこのような会話の例として、彼が作り上げた医者と精神病患者の応答を例として示している。「おいくつですか、あなたは？——あなたです」。あるいは、「あなたのお名前は？——四五軒の家です」[*18]。このような例が極端なものであるとしても、ブルトンの考えでは、どのような会話もこうした混乱に陥る危険性を孕んでいるのである。では通常、こうした混乱や誤解が隠蔽されながら進行する対話を聞くとき、人はどこにおいて「唯一の真の現実性」に触れることができるのか。それはまさに、会話において使い古され、擦り切れた個所、つまりは、決まり文句によって装飾が施された個所においてである。「会話の装飾は最も内的な絡まりあいに溢れてきた。そのなかにある心からの好意や愛が、げてもの、なのである」[*19]。会話の装飾個所は、聞き手であった人物が語り手となる際に、相手の話題に身を寄り添わせようと苦心する、人間的愛情の発露であるといえよう。しかし、そのような気づかいが意図せずに隠蔽しようとしているものがあるとすれば、それは円滑な会話の受け答えのうちに見え隠れする言葉の無意味であろう。二人のあいだに交わされる言葉に施された装飾が、無意味の印として判読されることで、人間の愛情や心づかいといった精神的なものが、使い古された事物へと反転してゆくのである。

夢に現れる幼年期、会話の装飾のうちに露呈する根本的な行き違い、ベンヤミンによって読み取られたこれらのモチーフを、シュルレアリストたちが取り集めてきたのは、やはりフロイトの精神分析からであろう。夢、会

＊13 Ebd., S. 621.
＊14 Ebd.
＊15 Breton, a. a. O., S. 336.
＊16 Benjamin, *Traumkitsch*, a. a. O., S. 621.
＊17 Ebd.
＊18 Breton, a. a. O., S. 336.
＊19 Ebd.

話、日常的行いのうちでふとしたきっかけからその姿を露呈する無意識、しかし、にもかかわらずシュルレアリスムの無意識は、フロイトの無意識とはやはり異なっている。それは、人間の心的メカニズムの解明という精神分析的な問題意識とは別個のところから現れたものなのだ。「睡眠という伝染病がシュルレアリストたちを襲った」[*20]というアラゴンの記述や、サン＝ポル・ルーが眠りに入る前に自宅のドアに「詩人は仕事中（le poète travaille）」[*21]と書いた掲示を掛けていたというブルトンの報告を受けて、ベンヤミンはそれをこう解釈する。「こうしたことのすべては、廃棄された事物の核心へと突き進むためのものである」[*22]と。シュルレアリストたちにとって、夢は日常的な道徳判断に囚われる以前の幼年期の反復を可能にするものであったし、会話の礼儀作法からの解放が重要であったのは、それが意味のない一言から始められる自動記述の実践に関わってのことであった。夢と自動記述は、無意識を介して通底している。この無意識を空間的に表象するなら、そこにあるのは魂ではなく、古びた事物である。そして、それが事物であるというところから、魂のような、あるいはフロイト的局所論における無意識のような空間的な表象を、それが受け入れるものではないことも理解できよう。それは、いわく言いがたい「イメージ」のうちに捉えられる。たとえば、精神分析が、夢の判読にあたって、患者の無意識を読み解くために、夢に現れる一見重要でない「卑俗なもの」を、「夢工作（Traumarbeit）」によって加工された無意識の現れ、すなわち「判じ絵（Vexierbild）」として利用するとすれば、「こうした確信をもって、シュルレアリストたちは、魂ではなく、むしろ事物のあとを追跡する」[*23]のである。「卑俗なもの」を「判じ絵」として読み解くことで、魂ではなく、事物が姿を現す。この事物こそ「げてもの」に他ならない。原史の森の奥深くに佇むトーテムポール、その一番上、最後に置かれたしかめつら（Fratze）、これが「げてもの」である。人間の心理の奥底に隠された無意識は、シュルレアリスムにおいて、もはや心的な要素の一片たりとも残していない「げてもの」へと姿を変えてゆく。そして、この「げてもの＝無意識」を通じて、人間は廃墟と化した世界との交流を果たすのである。「げてものは、卑俗なものの最後の仮面であり、私たちは夢や会話の中でこの仮面を被る、死滅した事物世界の力を私たちの中へと引き込むために」[*24]。

人間が行為の主体として、認識の主観として、市民社会的な個人として、確たるアイデンティティーを保持しうるとすれば、それは文明道徳をその身に引き受けることによって、アドルノの言葉を使うなら、対象へと暴力的に働きかける「同一化」の担い手として存在することによってのみである。逆に言えば、非暴力的な宥和の実現は、常に同一のものとして表象されうる人格の支えとしての「内面性」の棄却が可能か否かにかかっているといえよう。

その際、ベンヤミンがシュルレアリスムに読み取った「げてもの＝無意識」の出現は、この「内面性」の徹底的な破壊を目論むものとして捉えられねばならない。「私たちが芸術と呼んでいたものは、身体から二メートルの距離をおいて初めて始まる。しかしいまや、げてものの内部で事物世界の方が人間に近寄ってくる。事物世界は人間が手探りしながら摑みかかってくるのに身を委ね、最後には人間の内部に自らの形象を打ち立てるのである」[*25]。人間の内（「内面性」）と外（事物世界）が互いに混ざり合う。そう、あくまでも互いに対等に溶け合うと考えるべきであろう。外的事物世界によって、人間の内部が全面的に占拠されてしまった、というふうに考えては、おそらく間違いなのだ。「内面性」の破壊を射程に収めながら、しかし、その最良のものは残さねばならない、

＊20 Aragon, a. a. O., S. 89.
＊21 Breton, a. a. O., S. 319.
＊22 Benjamin, *Traumkitsch*, a. a. O., S. 621.
＊23 Ebd., S. 621-622.
＊24 Ebd., S. 622.
＊25 Ebd.

そうベンヤミンは考えている。「新たな人間は古い諸形式のあらゆる精髄を自己の内部に所有している」[*26]。事物世界の侵入を許した内面性が、そこにおいて保持しうる「精髄」とは、おそらく「眼差し」のことであろう。事物を客体として捉え、それに視線を注ぐ主体としての人間を確立する礎石であった「内面性」が、自ら崩壊し人称性を喪失した後に残るもの、それが眼差しであろう。この眼差しの問題系は、次節以降で扱う「シュルレアリスム」において問題化され、その後もベンヤミンの著作のなかで様々なヴァリアントを生み出してゆくことになる。そして、意図せざる最後の時を前にして、ベンヤミンはそれを、眼前にうずたかく堆積してゆく文明の廃墟を見つめながら、前方から吹きつける進歩という名の風に広げた羽根を閉じることもできず、いかんともしがたく後方へと吹き飛ばされてゆく歴史の天使の眼差しとして書き留めることになるだろう。いずれにせよ、シュルレアリスム的主観において、事物世界が「内面性」のうちに自らの形象を打ち立てるとき、この事物世界の形象は、反転するかたちで人間の「内面性」によって捉えられた、まったくの外部となっている。この逆説を成立させるものが「イメージ」なのである。この点についての消息を、アラゴンは『夢の波』で次のように記述している。

「あたかも無意識の蝶番に達した精神が、自分が反転した場所を認識する能力を失ってしまったかのごとくに、万事は進行した。この精神のなかで肉体を身につけたイメージが存続し、現実性のある物質になった。（…）私たちはイメージのあらゆる力を理解した。私たちはイメージを扱う能力を失った。私たちの方がイメージの領地、イメージの枠組みになってしまったのだ」[*27]。内的充溢を欠いた枠組みとしての主観とそこに流入するイメージとしての外部世界を描くアラゴンの文章からは、「内面性」の崩壊とシュルレアリスム的イメージの成立を明瞭に読み取ることができる。

「イメージ」によって「内面性」が外部の事物と融合する、このような事態の誕生の日付を、ベンヤミンは一九世紀の後半に特定している。「一九世紀の後半に誕生したある環境との対決のうちで形成されたものが、夢の中で、そしてある種の芸術家の文章やイメージのうちで、〈家具つき人間〉と呼びうるであろうような存在なのである」[*28]。それゆえ、ベンヤミンのパースペクティヴにおける「内面性」の崩壊を跡づけるためには、この「家具つき人間（der möblierte Mensch）」の身元を明確なものにしなければならない。一九世紀後半に始まり、シュルレアリスムをベンヤミンの生きた時点における一応の終着点とする「内面性」の崩壊という現象は、そうした作業を通じて初めて明確な歴史哲学的位置を確定されることになるだろう。

先取りして言うなら、この最後の一文に現れている着想は、ベンヤミンがこの論考の発表された一九二七年ごろに構想を抱き始めたパサージュ論とシュルレアリスム論との内的連関を示唆しているように思える。たとえば、「家具つき人間」という存在は、この後、一九三三年に発表されるアドルノのキルケゴール論に呼応するかたちで、パサージュ論のキーワードになってゆく「室内」のモチーフを先取りしているといえるであろうし、また一九世紀後半以後という時代画定は、ボードレールの抒情詩『悪の華』（一八五七）にベンヤミンがその最初の具体化を見出すことになるモデルネの動きを見据えたものとも考えられる（ボードレール以後に展開されるフランス象徴主義の系譜の末端に位置するのがブルトンたちシュルレアリスムの作家であったことを想起しておこう）。

とはいえ、この問題を追いかけるより先に、この二年後の一九二九年に発表されたベンヤミンのもう一本のシュルレアリスム論「シュルレアリスム――ヨーロッパ知識人の最新のスナップショット」に目を向けなければならない。そこでは、二七年の段階では出版されていなかったブルトンの『ナジャ』（一九二八）、そして出版自体は二六年になされており、なおかつパサージュ論懐胎期のベンヤミンに決定的な影響を与えたにもかかわらず、「夢のげてもの」ではまったく触れられることのなかったアラゴンの『パリの土着民』[*29]、これらの著作たちがベン

＊26　Ebd.
＊27　Aragon, a. a. O.,S. 86.
＊28　Benjamin, *Traumkitsch*, a. a. O., S. 622.

ヤミンによるシュルレアリスムの「イメージ」受容に関して重要な証言を与えてくれることになるだろう。

世俗的啓示――シュルレアリスム的唯名論

ベンヤミンの「シュルレアリスム」は、副題に「ヨーロッパ知識人の最新のスナップショット」とあるように、一つの完結したシュルレアリスム論であろうとする意志をもつものではない。それはむしろ、肌身に迫る近さで目下進行中の思想運動を一瞬の静止画像のうちに捉えようとするものであったといえよう。冒頭の段落ではフランスとドイツの「落差」について述べられるが、[*30] これはつまり当時のシュルレアリスムの重要性の認識の度合いに関する落差のことであって、フランスにおいてはほんの小川程度の瑣末な事象とみなされているこの運動の秘められたポテンシャルは、源流から遠く下流に位置するドイツでは大河の激流となって発揮されているのが認められるということを述べたものである。「ドイツの観察者が立っているのは源泉のそばではない。このことが彼のチャンスなのだ」(295)。しかしそれは、文学運動としてのシュルレアリスムの成果が、ドイツにおいて十分に認められている、といったことではない。ベンヤミンが強調するのは、シュルレアリスムに文学的意義を認めることは、シュルレアリスムを真に評価することにはつながらず、むしろまったく逆にその意義を殺してしまうことになる、ということである。ドイツの観察者にとってチャンスがあるとすれば、それは傍観者の立場からこの運動の鳥瞰図を系譜、人脈、影響関係などをあげつらいながら縷々述べてゆく落ち着きが彼に与えられていると いう点にではなく、むしろこの運動がフランスおいて否定的な評価を受ける際の文学的文脈から離れた地点に彼が立つことができるという点になのである。「ここにおいて、密接に結びついた人々の一つのサークル〔シュルレアリスム〕が『文学的生活』をその可能性の極限にまで推し進めたことで、文学の領域は内部から爆破されたのである」(296)。シュルレアリスムを評価するに際しての、これがベンヤミンの前提である。

現実から一歩身を引いた〈観想的〉態度が求められる文学の領域を内部から爆破する、すなわち、「身体から二メートルの距離をおいて初めて始まる」[*31]芸術を打ち砕くところからシュルレアリスムは始まる。自らの足場を破壊しながら先へ進もうとするシュルレアリストたちの姿勢を、ベンヤミンはこの論考において繰り返し「弁証法的」という言葉で形容している。おそらく、この「弁証法的」という言葉は、ベンヤミンのドイツ的教養のなかから現れたメタファーであるというよりは、この時期に摂取されたシュルレアリストたちの理論的書物からの影響を示唆するものとして考慮されるべきであろう。もちろん、この言葉の源流にはヘーゲルが存在する。そしてブルトンやアラゴンによってヘーゲルはシュルレアリスムに移植されたのである。とりわけ、ベンヤミンがこの運動の「弁証法的核心」(296)が最も明瞭に表された初期の著作として挙げている、アラゴンの『夢の波』にこのことは顕著である。そこにおいて、弁証法的綜合の理論は、精神によって捉えられた現実と非現実との対立を〈超現実〉のうちにある宥和へと導くものとして現れている。この〈超現実〉とは、アラゴンが、当時のシュルレアリスムの理論的支柱であった自動記述が、夢やある種の精神障碍と合致するものであることの根拠をそこに求めた、「心的物質(une matière mentale)」[*32]の言い換えである。そしてさらに、この「心的物質」とは、我々の五感に達するやいなや、その字義的な様相を脱ぎ捨て、現象の諸様態をファンタジーへと接続する言葉のイメージに他ならない。現実と非現実を〈超現実〉において綜合するこの言葉のイメージを包括するシュルレアリスムの理論を、アラゴンは「絶対的唯名論」[*33]と呼び、そしてこう結論づけている。「先に述べたこの心的物質とは、

＊29　通例『パリの農夫』と訳されるこの本のタイトルについては本章註47を参照。
＊30　Benjamin, *Der Sürrealismus: Die letzte Momentaufnahme der europäischen Intelligenz*, in: *Gesammelte Schriften*, Bd. II-1, S. 295-314. Hier S. 295. 以下、出典は引用後の(　)内に頁数を記す。
＊31　Benjamin, *Traumkitsch*, a. a. O., S. 622.
＊32　Aragon, a. a. O., S. 87.

結局のところ語彙（le vocabulaire）そのものであることが私たちに明らかになった。言葉の外に思考はない。この命題をすべてのシュルレアリスムは支持する」[*34]。およそ一般的な理解として、唯名論なるものが、現実からの抽象化によって思考に包括される個別の存在を擁護するために、普遍的な概念の存在を唯の名目上のものとみなし、存在するものは個物のみであることを主張する立場を意味するという点からしても、言語体系という普遍的なシニフィアンの連鎖の一要素を構成する言葉というものが、「絶対的唯名論」の根拠になるという命題は逆説を孕んだものであるといえよう。言葉は抽象の産物でしかありえない。しかし、アラゴン自身が言葉のイメージによる綜合作用を「逆説的活動」[*35]と記しているところから明らかなように、一般的な言語理解によっては、シュルレアリスムのイメージ論を捉えることができないのも確かなことである。では、その逆説とは何か。すなわち、言葉がモノであるという逆説である。

シュルレアリスムにおいて、夢が無意識と現実の通路になること、そこに「げてもの＝無意識」としてのイメージの成立をベンヤミンが見て取ったことなどは先に指摘した通りである。現実と無意識の〈あいだ〉に夢をおく、とはつまり夢を現実と無意識のあいだにある〈敷居〉として捉えることを意味する。ここで現実に対置されている無意識を非現実と読み替えるなら、現実と非現実の綜合としての〈超現実〉がまさに夢として把握されていることが理解できよう。夢、言葉、これらの綜合の働きがイメージとして現れるところに、〈超現実〉のリアリティーもまたその強度とともに現れるのである。「シュルレアリスムが手を触れたあらゆるものは統合された。生は、目覚めと眠りのあいだにある敷居が、時折り押し寄せる波のような大量のイメージに洗い流されるがごとく、各人のうちで踏み減らされたときにのみ、生きるに値するように思われ、言語は、音とイメージ、イメージと音がオートマティックな精確さでもって、わずかの『意味』の入り込む隙間もないほどにうまく互いにかみ合っているときにのみ、言語そのものであるように思われた。優先するのはイメージと言語なのだ」(296)。音とイメージのオートマティックな結合、そこに意味の入り込む余地はない。言葉の意味が、その抽象化によって事物との直接的な交流を妨げ、人間を現実から疎外するものであるとすれば、言葉のイメージによる現実の感覚的触知は、意味という媒介を経ることなしに内と外をつなげてしまう。普遍的な概念の網の目に取り込まれることのない個物の経験は、言葉のイメージによって可能になる。アラゴンが「絶対的唯名論」の名で呼んだシュルレアリスムの方法論は、そもそも普遍＝概念的なものである言葉が特殊＝個別的なものである事物を意味に先だって摑み取るというこの逆説を言い表したものに他ならない。

事態がここまでくれば、ことは単に言葉と意味の優先権のみの問題ではなくなる。意味を支えるもの、「内面性」の主である自我そのものが俎上に載せられる。言葉は、「意味に優先するだけではない。自我にも優先するのだ。世界の構造のうちで、夢は個別性を虫歯のようにぐらつかせる」(297)。言葉、夢、そしてイメージ、これら内と外をつなぐ敷居の空間は、そのつながりによって双方の同一性を陽炎のごとき危うい存在に変えてしまう。自我をぐらつかせ、意味をぐらつかせ、そして意味によって固定されていた外界をぐらつかせる。文学を内側から爆破したシュルレアリスムの、その実践的性格をベンヤミンがこの点に見ていることは間違いない。世界をぐらつかせるシュルレアリスムの実践的性格、それをベンヤミンは「陶酔（Rausch）」と呼ぶ。心的領域の外界との接続が、さらに身体感覚にまで拡張され、集団的陶酔として一つの神経組織を形成すること、ベンヤミンが陶酔を用いて目指そうとするのは、革命的群衆の組織化である。しかし、それゆえに陶酔は通過点にすぎない。たとえば、陶酔という言葉のすぐ近くに位置する麻薬たち、ハシシュやアヘンは確かに個別的自我の枠を取り去ることに貢献しうるのかもしれない。しかし、それでは不十分なのだ。陶酔を転回点とする、その先の事態を見なけ

＊33 Ebd.
＊34 Ebd. 強調は原文による。
＊35 Ebd.

ればならない。この論考のためのベンヤミンのメモには次のように書かれている。「この〔シュルレアリスムの〕運動全体は次のように構成できるだろう。課題となるのは、陶酔の力（それ自体で孤立的、拡散的に作用する）を革命のために利用可能にすることである」[*36]。この一節は形を変えて本文にとりこまれているが、問題はここで言われている革命の内実である。それが、市民社会への叛乱を意味するものであることに疑問の余地はない。この叛乱にとって陶酔は確かに、日々締めつけを厳しくする内的な道徳原理を廃棄するために役立つものではあろう。しかし、市民社会のうちで、陶酔に浸ることの危険性もベンヤミンにはよく理解されていた。端的に言って、それは現実逃避にすぎないのである。自我の撤廃が、内面性の止揚が、結局のところ中身のないうつろな人間もどきを生み出すものにすぎないのであれば、そんなものはむしろない方がましぐらいのものであろう。陶酔の誤用は警戒されねばならない。とりわけ、「麻薬のエクスタシー」、そして「宗教的エクスタシー」（297）が。

レーニンによって民衆のアヘンと呼ばれたのはまさに宗教であった[*37]。そして、レーニンによる同一視に反して、ベンヤミンが強調するのは、宗教的なものの力強さと、カトリシズムに対するシュルレアリスムの先駆者たち——ランボー、ロートレアモン、ギヨーム・アポリネール——の闘争である。宗教的なものとの対決が問題となる。自我を恍惚のうちに抜け出す「宗教的エクスタシー」をもたらす啓示が、克服されねばならない。「真に創造的な宗教的啓示の克服は、しかし、今や実際、麻薬のうちにはない。それは唯物論的、人間学的な霊感である世俗的啓示のうちにある。この世俗的啓示にとって、ハシシュ、アヘンその他のものは何であれ入門書となりうるだろう（しかし危険な入門書である。またこれに比べれば宗教の入門書の方がより厳格である）」（297 強調は原文による）。宗教的啓示を克服するものとしての「世俗的啓示（profane Erleuchtung）」、これが麻薬の体験と異なったものであることは明白である。宗教と麻薬というういずれにせよ陶酔に親和性の高いこの二つに回収されない集団的経験の確立が目指されねばならない。ベンヤミンの本文中、括弧付きで強調されている「シュルレアリスム的経験」（297）とは、世俗的啓示によって達成されるこのような集団的経験のありようを指すものと考えられる。では、この世俗的啓示は、シュルレアリスムの作品のうちでどのようにして集団的経験への道を開いているのか。

歴史的眼差し・政治的眼差し

この点をみるためにベンヤミンがまず第一に挙げてくるのが、ブルトンの『ナジャ』である。「扉のように開きっぱなしにされている本（livres qu'on laisse battants comme des portes）」[*38]、ブルトンのこの言葉に注目し、ベンヤミンはそれをドイツ語にこう翻訳している。「ドアがぱたんぱたんしている本（Buch, wo die Tür klappt）」（298）。ブルトンがモデル小説を批判し、市民的プライバシーの撤回を求めた際の有名なくだりである。小説の後ろに何も隠しておかない、読者のせせこましい詮索の入る余地のない透明な小説、このブルトンの構想をベンヤミンはモスクワ滞在時の自分の経験と重ね合わせてゆく。それによると、彼が宿泊したモスクワのホテルには、会議のために世界中の僧侶が集まっており、そのうちある階の部屋はすべての扉が必ず少し開けられたままであった。最初は偶然に思われたこの奇妙な出来事は、最後には、実は「締め切った部屋には決して滞在しないことを誓った宗派の人々が宿泊していた」（298）ためであることが判明する。このとき自分が受けたのと同じショックを、ベンヤミンは『ナジャ』の読者が感じ取れると考えている。つまり、自己の内面を覆い隠すものが何もないという「不気味さ」（298）である。しかし、ここにもまた自己を抜け出すという意味でのエクスタシーとしての陶酔が現れている。この陶酔が革命的経験へと転換される。「ガラスの家に住むことは、きわめて革命的な美徳である」[*39]

＊36　Benjamin, *Gesammelte Schriften*, Bd. II-3, S. 1021.
＊37　実際には、この言い回しの初出は一八四四年の『独仏年誌』に発表された、マルクスの『ヘーゲル法哲学批判序説』である。
＊38　Breton, *Nadja*, in: *Œuvres complètes*, Bd. 1, S. 643-753. Hier S. 651.

（298）。モデル小説へのブルトンの苛立ちを、ベンヤミンがシュルレアリスムに読み取った「内面性」の廃棄とつなげて考えるなら、ここで革命という言葉が使われていることの意味も明白であろう。

陶酔を転回点とするもう一つのありうべき世界への移行、これをベンヤミンは「陶酔の弁証法」と名づけている。「陶酔の弁証法はきわめて独自のものである。おそらく、一つ一つの世界におけるあらゆるエクスタシーは、それと相補的な関係にある世界ではひとを恥じ入らせるほどの冷静さなのではないだろうか」（299 強調は原文による）。ここで語られているものを、一つのユートピアといってもよいだろう。言い換えれば、いま目の前にある世界を現実として、もう一つの可能世界が想定されている。可能世界は、しかし不可能な世界である。現実ではない、という意味において。その世界では、おそらく、この世では否応なくなんらかの陶酔として現れざるをえない批判的行為が、これ以上ないほどの安らぎのうちに見出されるにちがいない。この不可能なユートピアの実現は、しかし、抽象的な思考によるロマン主義的空想の産物として考えられているのではなく、具象的な思考による具体的な事物への接近から生じるものとして考えられている。「私は、彼女の近くにいながら、彼女の近くにある事物の方にいっそう近いのだ」[*40]、というブルトンの言葉をパラフレーズしながら、ベンヤミンの連想は事物そのものへと向かってゆく。

現在という時間のうちに縛られ、奴隷化された事物、流行から取り残され、その事物に取り巻かれて過ごす人々をも奴隷化してゆく古びた事物が、シュルレアリスムの眼差しのもとで「革命的エネルギー」（299）を充塡される。時代の流れから弾きだされ、埃をかぶった事物たちが、「げてもの」を意味することは言うまでもないだろう。そして、このげてものたちとの交感の只中で、いままさに世界の喉元から吐き出されようとする一つの「気分（Stimmung）」が事物を眼差すものに感じ取られるのである。「ブルトンとナジャという恋人は、我々が憂鬱な鉄道旅行（鉄道は古くなり始めている）の際に経験したこと、神に見捨てられた日曜の午後の大都市のプロレタリア地区で経験したこと、新しい住居の雨に濡れた窓越しの一瞥のうちに経験したあらゆることを、革命的行為ではないにせよ、革命的経験のうちに実現している。彼らは、これらの事物のうちに隠されている『気分』の強大な力を爆発させるのだ」(300)。事物のうちに隠されている「気分」は、ブルトンたちの眼差しによって喚起される。見る者が見られるもののうちに、それ自身を超え出る「気分」を呼び起こす。こうした経験をベンヤミンは後に、「ボードレールにおけるいくつかのモチーフについて」のなかで、自らの学位論文で使用したノヴァーリスの言葉、「知覚されうることはひとつの注意深さである」を再度用いて、アウラの経験へと結びつけることになるだろう。「ノヴァーリスがこのように語っている知覚されうることとは、アウラが知覚されうることに他ならない。(…)ある現象のアウラを経験するとは、この現象に眼差しを打ち開く能力を付与することである」[*41]。ベンヤミンが複製技術論で提起したアウラの崩壊という問題を、ボードレールを出発点として「内面性」の崩壊という主題のもとに追跡するという興味深い課題はいまは別の機会に譲らねばならない。むしろ、ここではシュルレアリスム的経験を革命的経験へと転換する、この眼差しの持つ意味を特定しておくべきであろう。この作業は、これ以後ベンヤミンのライフワークとなるパサージュ論(ボードレール論はそのための一環として構想された)への見通しをつけるためにも必須のことと考えられる。

ではこの眼差しは、いかなるものとしてベンヤミンのうちで構想されているのか。この眼差しが文学的審美主義者の眼差しでないことは、これまでの論から明白である。そして、文学の対極にベンヤミンが位置づけているものが政治であるという点も特に断る必要はないであろう。それゆえ、「過去の事物への歴史的眼差しを政治的眼差しと交換すること」(300)が、シュルレアリスムにおける世俗的啓示の内実をなすものとなる。歴史のうち

*39 Vgl. ebd., S. 651.
*40 Ebd., S. 701.
*41 Benjamin, *Über einige Motive bei Baudelaire*, in: *Gesammelte Schriften*, Bd. I-2, S. 605-653. Hier S. 646.

に死せる事物と化したげてものたちに、今再びの活力を付与するところに、シュルレアリスムのアクチュアリティーがあるとベンヤミンは考えていたにちがいない。歴史的眼差しから政治的眼差しへの転換を志すベンヤミンの思考の軌跡は、たとえばシュルレアリスム論と同年の一九二九年に成立した、パサージュ論の初期草稿「パリのパサージュII」にも認められる。そこでは眼差しの転換は「コペルニクス的転回」と呼ばれ、次のように説明されている。「「歴史的直観のコペルニクス的転回とは以下のようなものである。これまでひとは『過去の事物』を固定した点とみなし、現在を見たうえでこの固定されたものへと認識を手さぐりしながら導いていこうとしていた。今や、この関係は逆転し、過去の事物は、目覚めがそれに対立する夢のイメージとともに完遂する綜合によって、自らを弁証法的に確定するのである。政治が歴史に対して優位を獲得する[*42]」。ここで、現在から過去へと向かう眼差し、一方的な固定化の力を働かすことによって過ぎ去ったものごとを差し押さえようとする眼差しがシュルレアリスムにおいて〈歴史的〉と名づけられていたものだとすれば、かつて存在した事物が、そこにおいては目覚めの瞬間に背後から襲いかかってくる夢のイメージのような生命の躍動をもって、現在との緊張関係のうちに綜合されるような眼差しが〈政治的〉眼差しということになるだろう。歴史的眼差しから政治的眼差しへと向かう「コペルニクス的転回」を通じて、シュルレアリスム的経験は、身近な事物のうちに読み取られた「気分」を爆破へともたらす革命的経験として捉えなおされることになる。

都市とシュルレアリスム

この「気分」が充満するのは、流行の波に洗われた事物が、忘れられた時代の名残として室内あるいは商店の棚の隅に堆積してゆく商品社会、すなわち都市の内部においてである。商品としての事物がその市場を見出す都市と衝突するところで、ファンタスマゴリーが虚飾のきらめきを撒きちらす。そして、泡沫の時が過ぎたあとで輝きの失せたげてものとして存在する事物こそ、シュルレアリスムの事物なのである。「この事物世界の中心にあるのは、この事物を対象とする夢のうちでも最も夢見られることの多いもの、すなわちパリの都市そのものである」(300)。都市との結びつきを抜きにしてシュルレアリスム的経験を考えることはできない。モーベール広場の偉人ホテルやパンテオン広場のエティエンヌ・ドレの銅像、『ナジャ』でブルトンがあてどなく歩き漂うそれらの場所から、夢の都市としてのパリの相貌が浮かび上がってくる。そして「近代劇場(Théâtre Moderne)」、当時既に取り壊されていたオペラ座横町(le passage de l'Opéra)に存在した彼らのかつてのたまり場について、ブルトンはそれを「湖底のサロン」[*43]というきわめて魅惑的な呼称を用いて文中に書き留めている。ベンヤミンはこの個所から、自身のかつての行きつけの喫茶店、ベルリンの「プリンツェス・カフェ」を想起し、その二階の裏部屋、「解剖室」と呼ばれる場所が「愛のための最後の場所」(301)であったと記している。これらの記述の対象となっているものが、失われた愛、存在した当時から古びていた事物、消失したアウラとして事物の周囲に漂うファンタスマゴリーの残滓といった、過去を見つめる眼差しを惹きつけるものであることはいうまでもない。こうした物どもが古びてゆく場所は都市の内部である。都市の内部、とりわけベンヤミンの念頭に置かれているのは、オペラ座横町をはじめとするアーケードに覆われた商品の陳列された空間、すなわちパサージュである。「シュルレアリスムの父はダダであり、その母はパサージュであった」[*44]、とは先にも引用した「パリのパサージュII」に見られる言葉である。[*45] 一九二九年二月一四日付のショーレム宛の書簡においても、シュルレアリスム論については、「パサージュ論の前におかれた遮光性のついたて」[*46]と語られていることからもわかるように、

*42 Benjamin, *Pariser Passagen II*, in: *Gesammelte Schriften*, Bd. V-2, S. 1044-1059. Hier S. 1057.
*43 Breton, *Nadja*, a. a. O., S. 668.
*44 Benjamin, *Pariser Passagen II*, a. a. O., S. 1057.
*45 同様の文言は、パサージュ論草稿の断片「C1, 3」にも見られる。

シュルレアリスムと都市あるいはパサージュとの結びつきは、ベンヤミンの思考の内部ではきわめて強固なものであった。一方を他方なしに考えることはできないのである。その結びつきの生成のプロセスを逐一たどることは現在では不可能であるにせよ、一つの大きなきっかけとして、アラゴンの『パリの土着民』[*47]を挙げることができる。実際、一九二七年ごろから構想され始めた（そしてついに書物として完成することなくベンヤミンの死によって中断された）パサージュ論にとって、アラゴンのこの本は決定的な衝撃を与えるものであった。この点についての証言を再び書簡に求めるなら、シュルレアリスム論から六年後の一九三五年五月三一日付のアドルノ宛のものに次のような言葉が見られる。「ぼくがグラシアンの『何ごとにおいても時間を味方につけるよう心がけよ』という箴言をかつて有効に活用したことがあるとすれば、それはこの仕事（パサージュ論）と取り組む際のやり方のうちでだ、と僕は思う。この仕事の始まりにはアラゴンがいる――『パリの土着民』が。ぼくはこれを幾晩もかけてベッドの中で読んだのだが、二ページか三ページ読んだだけでもうそれ以上読み進むことはできなかった。心臓の鼓動が激しくなってきて、本を手にしていられなかったのだ。僕自身とこのような読書とのあいだに持ち込まれねばならない歳月に関するなんという警告、なんという指示！　しかし、パサージュ論に関する最初のメモはそのころに書かれている」[*48]。アラゴンの著作から、ベンヤミンのパサージュ論がどれほどの霊感を得ているかを如実に示す言葉であるといえよう。そして、その際にベンヤミンが受けた衝撃の内実は、深く都市の相貌という主題に関わっている

　都市とシュルレアリスム、この両者の結びつきはたとえば次のような言葉に端的に表れている。「一つの都市の真の相貌ほどに、シュルレアリスム的なものは他にない」(300)。では、この都市の相貌としてベンヤミンが考えているものが何かと言えば、挙げられているのは「人気の絶えた街路」であり、「そこに響きわたる警笛と銃声が決断を促す」(300)のである。ただし、ここでベンヤミンの念頭にあるのは、アラゴンではなくブルトンである。決行の時を前に静まりかえった街路がその不在を指示しているのは、己のうちに力を蓄えた事物と、歩き

去りながらそれに眼差しを注いでゆく街路を埋め尽くす大衆である。そして、それら大衆と事物を「代表する者」（301）としてナジャが名指されている。ナジャの事物に対する関係性が、無意識における都市との神経交流へと拡大してゆく個所として、ベンヤミンは次の個所を引用している。「生き生きと反響する大いなる無意識よ、常に私が証明しようとしている方向に向かって、ただそれを確証させる行為だけを私に与える大いなる無意識よ、私に属するものすべてを永久に意のままに用いてくれ」[*49]（301）。留保なしに無意識へと身を任せるシュルレアリスム的主体のありようが描かれたこの個所からベンヤミンが読み取るのは、「都市の内部の諸々の城塞」（300）、すなわち『ナジャ』においてその「象徴的な力」を他のどこよりも発揮している「汚物（Schmutz）」（301）が、この小説の中にいかほど紛れ込んでいるか、という一事である。モーベール広場から「近代劇場」に至るまでにブルトンの筆に捉えられた無益な事物の逐一が、シュルレアリスム的無意識にとっては版図拡大のための城塞となるのである。ここで、ベンヤミンが街路に溢れるげてものをそう呼んでいる「城塞」は、ブルトンの著作で「重要戦略拠点（grands points stratégiques）」[*50]と呼ばれるもののパラフレーズであることは明白である。実際、ブルトンが

＊46　Benjamin, *Briefe*, a. a. O., Bd. 2, S. 489.

＊47　『パリの土着民』の原題 Le paysan de paris の paysan は二様に訳すことができる。一つは「土着民」、もう一つは「農夫」である。この両義性に、シュルレアリスム的主体の都市に対する感覚の両義性、すなわち違和感（農夫）と帰属意識（土着民）を見る解釈もある。Peter Bürger, *Der französische Surrealismus*, Frankfurt am Main 1996, S. 107ff. この二面性のどちらかを優先することは、それゆえ、本来の意味から逸脱することになるが、本章ではシュルレアリスムと都市の内在的なつながりを強調するために、「土着民」の語を採用した。

＊48　Adorno / Benjamin, *Briefwechsel 1928-1940*, Hg. Lonitz von Henri, Frankfurt am Main 1994, S. 117-118.

＊49　Breton, *Nadja*, a. a. O., S. 749.

＊50　Ebd., S. 748.

そのような拠点に数えているものといえば、自己増殖した中国人が自分の複製を引き連れてウィルソン大統領のオフィスに押しかける映画『タコの抱擁（*L'Étreinte de la Pieuvre*）[*51]』や、自分の学園の生徒である少女を凌辱して殺害する女校長の登場する芝居『気の触れた女たち（*Les Détraquées*）[*52]』を舞台にかけていた「雙面劇場（Théâtre des Deux-Masques）」などのいかがわしい事物なのである。そして、ベンヤミンはこのような『ナジャ』に書き留められた城塞についてこう述べている。「ここに現れるパリのあらゆる場所は、そこにおいて人々のあいだに存在するものが、回転ドアのように動いている場所なのだ」（301）。

しかし、こうした拠点はいまや、つまり一九二〇年代の末にはパリの街からなくなりつつあった。では、ブルトンの記述は単なるノスタルジーであろうか。まさに、こうした疑わしさのうちにシュルレアリスムの生命は宿っている。自らの叙述が懐古的心情と無縁のものである点、ブルトンは次のように述べている。「私としては、『都市の姿』がどうなったかについて、それどころか、生命に必要と思われる空気のように私の思考に不可欠のある要素の力によって、私の住んでいる都市から分離され抽象された真の都市がどうなったかについてすら、思いをめぐらすつもりはない。いかなる悔いの念もなく、今この時、私はこの都市が別のものに変わってゆくのを、いやそれどころか逃げ去ってゆくのを見ている[*53]」。ここに括弧つきで用いられている「都市の姿（la form d'une ville）」は、ボードレールの『悪の華』からの引用である。「白鳥（Le Cygne）」と題されたその詩に謳われるのは消えゆくパリの街である。「年老いたパリはもはやない（都市の姿の／変わりゆくさまは、ああ！ ひとの心の移ろうよりも早く）Le vieux Paris n'est plus (la form d'une ville / Change plus vite, hélas! que le cœur d'une mortel)[*54]」。ボードレールの視線が、ブルトンのものと重なり合う地点に、衰えた姿をさらし、薄明のうちに消えようとするパリの街が現れる。

アラゴンの描くパリの土着民の都市を見つめる目も、ボードレールやブルトンのそれと同じく、滅びゆくものを眼差す目である。さらに言えば、この土着民の眼差しが捉えたものとは、パリのパサージュ、オペラ座横町

(le passage de l'Opéra) なのである。ベンヤミンがボードレールの「白鳥」を、後年「ボードレールのパリの情景への覚書」（一九三九）で引用した際、消えゆくパリ――その象徴として捉えられているものはパサージュである――を葬り去るものとしてオスマンの都市計画がボードレールの詩の経験的事実として想定されていた。[*55] 一九二〇年代になって、シュルレアリストたちのパサージュを破壊したのも、この一九世紀のセーヌ県知事と同じ名前を冠された通りの拡張計画である。オスマン大通りの侵蝕によって、いまや取り壊されてしまったこのパサージュの崩壊前夜を描くアラゴンの描写には、そのアーケードの下に軒を連ねていた店の描写が事細かに記されている。ホテル「モンテカルロ」、カフェ「プチ・グリヨン」、その横手にある杖商と郵便切手の販売店等々。オペラ座のパサージュ内の「近代劇場」をブルトンが「湖底のサロン」と名づけていたのに対して、それにあらかじめ呼応するかのようにアラゴンはこのパサージュそのものを、アーケードに覆われた海底に差し込む深緑の光線が人と商品のあいだをゆらめき漂う夢幻的なイメージのうちに、「人間の水族館（aquariums humains）」[*56]と名づけている。そこは、売れ残りの商品たちがファンタスマゴリーの覆いを剝がされた死せる事物、すなわちげてものとして人間たちに語りかけてくる空間である。「生あるものたちの最もさだかならぬ活動が続けられている場所で、生命を失ったものが時としてその最も秘めやかな動機を映し出している。このようにぼくたちの都市には、知ら

＊51 Vgl. ebd., S. 663.
＊52 Vgl. ebd., S. 668ff.
＊53 Ebd., S. 749.
＊54 Charles Baudelaire, *Le Cygne*, in: *Œuvres complètes I*, Texte établi, présenté et annonté par Claude Pichois, Paris 1975. S. 85.
＊55 Benjamin, *Notes sur les Tableaux parisiens de Baudelaire*, in: *Gesammelte Schriften*, Bd. I-2, S. 740-748. Hier S. 742.
＊56 Aragon, *Le paysan de paris*, in: *Œuvres poétiques complètes*, Bd. 1, S. 143-295. Hier S. 152.

れることのない多くのスフィンクスが存在しているのだ。彼らは、上の空で歩きすぎてゆく通行人が、考えにふけるあまり迂闊な注意を彼らに向けない限り、そのひとを呼び止めたり、命に関わる問いを発したりはしない[*57]」。しかし、ひとたび通行人が彼らスフィンクスに——とはつまり、死せる事物と化した商品に——目を向け、その問いを浴びせかけられたなら、「奇怪なものからくるモデルネの光（la lumière moderne de l'insolite）、これが以後、彼を魅了することになる[*58]」。

自らの時を終えた事物のうちに、通行人の眼差しによって立ち現れる光とは、先にベンヤミンによって政治的眼差しと呼ばれたものによって見通される事物の内に隠された「気分」に他ならない。パリの土着民の眼差しが、この点においてシュルレアリスム的経験と重なり合うものであることを見るためには、この著作におけるアラゴンの構想を確認せねばならない。アラゴンの著作の主題は「現代の神話（une mythologie moderne）[*59]」を打ち立てることにある。合理主義の光が世界を満たし、暗闇に息づく感覚的認識が誤謬の根源として徹底的に排除されてゆくとき、しかし、「光は影によってのみ理解されるのだし、真理は誤謬を前提とするのだ[*60]」と呟くアラゴンによって企まれているのは、合理性（光）と感覚的認識（影）を混ぜ合わせてできた神殿に、想像力（imagination）によって作り上げられた神ならざる神を降臨させることである。神ならざる者であるというのは、アラゴンがこの著作において、神の観念について、それを弁証法的運動を静止させる悪しき観念論として断罪しているからである。「神の観念は、少なくともそれを弁証法のうちに導き入れるものは、精神の怠惰でしかない[*61]」。なぜなら、神の観念は、現実の様相を秩序と無秩序に分かつ二元論によって把握しようとする精神が、無秩序を具象的に認識することができないところから要請する、抽象的な秩序の法則にすぎないからである。合理的精神の具象的に認識できるものが秩序のみであるというところから、この精神にとって秩序こそが現実であり、無秩序が非現実であるという分類が可能となる。『夢の波』の図式をここに適用するなら、このように二分割された現実と非現実を、〈超現実〉によって綜合することがシュルレアリスムの方法論、すなわち「絶対的唯名論」であった。そしてこの〈超現実〉が、あくまで個物の具象的な認識に関わるものであったことを想起するなら、無秩序を単に非現実としてその認識不可能性の暗闇に投げ捨ててしまうような、神の観念による綜合の不十分であることもよく理解できよう。『パリの土着民』において、無秩序という限界に行きあたって神の観念を持ちださざるをえなくなるリアリスティックな精神には〈論理学〉という名が、そして無秩序の具象的な認識を追求するシュルレアリスティックな精神には〈形而上学〉という名がそれぞれ与えられ区別されている。そして〈論理学〉の合理的な二分割による抽象的な法則性によらず、〈形而上学〉の光と影の綜合による具象的なモノの認識によって捉えられた個物こそ、アラゴンによって「現代の神話」の神と呼ばれる存在なのである。

このシュルレアリスム的認識論の構図を確認したうえで、今一度シュルレアリスムにおける都市の経験に立ち戻るなら、そこに、打ち捨てられた事物を転回点とする集団的経験の可能性が現れてくる。衰えゆく街を見つめながら、なんらかのノスタルジーにも陥ることなく、ただひたすら事物の具体的経験のみを追い求め、現実と非現実の境目を越境してゆくシュルレアリストたちの視線は、個人的経験を集団的経験と交差させる記憶の場所と出会うことになる。そこに、都市の内部でもとりわけパサージュにベンヤミンがこだわる理由も見えてくる。そしてそれは、内面性の崩壊からイメージ空間へという人間の主観性の質的変容と、都市のトポグラフィーとの内的連関から導き出される。先に「夢のげてもの」を論じた際に確認したように、内面性の崩壊がシュルレアリスム

＊57　Ebd.
＊58　Ebd.
＊59　Ebd., S. 145.
＊60　Ebd., S. 148.
＊61　Ebd., S. 285.

的イメージの前提条件であり、このイメージの出現とともにその歴史的存在を確定されたのが「家具つき人間」であった。「遠さ」への憧れを見出せない世界で、「近さ」のうちに現れる事物との距離のない接触のうちに自己の内面性を具体的イメージへと明け渡すこの主体ならざる主体のありようから読み取れるのは、ベンヤミンの思想地図における内面性と「室内（Interieur）」の位相的同質性である。この点について、「パリのパサージュⅡ」ではこう述べられている。「ルイ・フィリップとともに登場した市民が重きを置いたのは、〈近さ〉と〈遠さ〉が作りかえられて〈室内〉となることである[*62]」。「近さ」と「遠さ」が「室内」において一体となる。そこに生じるのが「家具つき人間」として表象される、げてものと一体化した内面性なのである。ルイ・フィリップの在位は一八三〇年から一八四八年であるから、「家具つき人間」の出現する時期としてベンヤミン自身が指定していた一九世紀後半という時代範囲からずれるように思えるが、こうして読み取られた内面性の一局面が、後にボードレールにおいて初めて表現へともたらされるのだと考えれば、内面性崩壊の前史としてルイ・フィリップの治世を対象としているというふうに理解することができる。この内面性が、室内に閉じこもることで、事物との接触の機会を拒んだ場合、そこから生じるのはユーゲント様式の過剰装飾である。一九世紀も末の世紀転換期、もはや外からの圧力に耐えきれなくなった内面性を、曲線の美によって補強することで、室内を外部から暴力的に遮断しようとするユーゲント様式は、ベンヤミンによって「不毛な努力[*63]」と一蹴されている。もはや「室内」に閉じこもることはできない。では、「室内」として表象される内面性から外に出てゆく時、そこには何が待ち受けているのか。それこそ、都市であり街路であり、ここにおいて個人的経験は集団的経験と触れあうことになる。とはいえ、集団的経験への接続はそれほど容易なことではない。外に出かければ人と会うことはできる。しかし、人と人とが相互の経験を共有することの不可能性が、ロマン派的内面性あるいは「室内」の誕生を促したのである。ある意味では、内面性の崩壊が不可避の事態とされるのは、疎外された経験を取り戻すためであるとも言えよう。また、矛盾した言い方をすれば、直接性を媒介するために、ここにおいて事物が必要とされるのである。

しかし、内面性が崩れ去り、自我が死滅したのちに、いかなる経験が可能であるのか。そこに現れる集団とはどのようなものであるのか。

まずは、個人的経験の集団的経験への接触を考えてみたい。個人と集団を分けて考えるなら、「家具つき人間」はあくまで個人である。それが家具を引きずったキメラのごとき存在として街路に現れる様子は、モデルネの内面性の崩壊過程を明確に見せつけるものである。このキメラは事物を自己の内面に導き入れているという点では、もはや「室内」にとどまる存在ではない。しかし、その内部に取り込まれた事物と家具との結びつきから、「家具つき人間」が現実の「室内」の痕跡を多くその身に引きずった存在であることも明らかである。外に開かれているにもかかわらず「室内」にとどまる存在であり、そして街路を歩いているにもかかわらず「室内」の雰囲気をその身に帯びた存在。「家具つき人間」とは、室内と都市との〈あいだ〉を棲家とする生き物であるといえよう。この外と内の狭間に居場所を定める者のことを、ベンヤミンは後にこう呼ぶことになる、「遊歩者(Flaneur)」と。一九三五年、パサージュ論の梗概として成立した「パリ——一九世紀の首都」において、この遊歩者の性格について明確な規定が与えられている。「遊歩者はいまだ大都市への、市民階級への敷居に立っている。彼はそのどちらにも取り押さえられてはいない。そのどちらも、彼の住処ではないのだ[*64]」。全き外部としての都市に取り込まれることもなく、また市民社会の道徳性の保護区としての内面性の住人である市民階級に懐柔されることもなく、遊歩者として「家具つき人間」は〈あいだ〉を歩む。引用文中にある言葉を用いて言い換えるなら、彼は「敷居(Schwelle)」の住人なのだ。そして、「パリ——一九世紀の首都」で遊歩者と呼ばれている人

*62 Benjamin, *Pariser Passagen II*, a. a. O., S. 1052.
*63 Ebd., S. 1058.
*64 Benjamin, *Paris, die Hauptstadt des XIX. Jahrhunderts*, in: *Gesammelte Schriften*, Bd. V-1, S. 45-59. Hier S. 54.

物こそ、先に「白鳥」におけるパリを見つめる眼差しがシュルレアリスム的イメージの嚆矢と位置づけられたボードレールなのである。しかし、個人として、内面性にも都市にも取り込まれない彼の眼差しは、「疎外された者の眼差し」[*65]である。彼の経験は集団的経験に手が届かない。その理由は、おそらくは彼の位置する地図上の点がどこであるのかに関わっている。遊歩者が室内と都市の狭間に自らの居場所を見出す余白の空間、それこそパサージュに他ならない。一九三八年に成立した「ボードレールにおける第二帝政期のパリ」にこの点に関する説明が与えられている。曰く、「遊歩者にとって街路が室内として現れ、この室内の典型的な姿こそパサージュであるとすれば、こうした室内の堕落した姿がデパートなのである」[*66]。街路を室内へと変貌させる想像力の行使が「家具つき人間」という溶解した内面性のなせる業であるとすれば、室内と街路の敷居としてパサージュが存在することもそれほど不思議なことではない。アラゴンによって、アーケードの覆いの下に光のゆらめく深海のイメージとして捉えられたパサージュこそ、事物と融合した内面性に最もふさわしい場所であるといえよう。そしてこの点に、集団的経験の可能性と不可能性がふたつながら現れることになるのである。

「家具つき人間」が疎外された個人として、大衆との同一化を拒む遊歩者を表すと考えるなら、それが意味するのはモデルネの臨界点としての個人の存在可能性であろう。ひょっとしたらこの個所において、アドルノとベンヤミンは最も近いところにいるのかもしれない。しかし、疎外された個人が自己を堅持するところから集団的経験の成立することはない。また他方で、パサージュの海の底で商品のファンタスマゴリーに虚ろに見入っているだけでも集団的経験は成立しえない。そこに生じるのは、夢の空間への集団的な疎外現象であろう。個人であろうとする遊歩者とは逆に、同一化を求める大衆が陥っているのはこの夢への耽溺である。集団的経験の可能性は、むしろこの夢の領域からの脱出にかかっている。すなわち、個人は陶酔をきっかけとする世俗的啓示を手がかりとして、集団的記憶の領野である夢へと一旦は沈潜せねばならない。しかし、幼年期のナルシシズムとも関わる規範の超越を、目覚めへともたらすことこそ肝要なのである。ファンタスマゴリーによる陶酔を革命的目覚めへと転換すること、すなわち、過去へと向かう歴史的眼差しを政治的眼差しへと転換することによって、集団的経験はその可能性を与えられるのである。滅びゆくパリを見つめるシュルレアリストたちの目が、アラゴンのパリの土着民を焦点としてパサージュへと集中するとき、夢と目覚めの弁証法が静止状態のうちに強度を高めてゆく張りつめた空気こそ、ベンヤミンがそこに見出したものなのである。

ペシミズムの組織化 —— イメージ空間の出現

それゆえ、ベンヤミンがシュルレアリスム論の中に「革命」という言葉を書きつけるとき、それは夢から目覚めへの一歩をどのように推し進めるか、という一事を狙い澄ましてのことと解されねばならない。「陶酔の力を革命のために獲得すること、シュルレアリスムはあらゆる著作と試みにおいてこの問題の周囲を旋回している」(307)。この命題も、そういった文脈から読み解かれるべきものである。この点を考慮するにあたって、ここで、先に見ておいたベンヤミンのメモをもう一度引用しておきたい。「この〔シュルレアリスムの〕運動全体は次のように構成できるだろう。課題となるのは、陶酔の力(それ自体で孤立的、拡散的に作用する)を革命のために利用可能にすることである」。このメモには最後にもう一文、以下のような書きこみが置かれている。「この観点から、私はナヴィールの本を読まねばならない」[*67]。

ここで言及されているナヴィールの本とは、一九二六年に出版され、シュルレアリスムのサークル内に政治参加か文学運動かという二者択一を迫ることで波紋を引き起こした『革命と知識人たち』のことである。ブルジョ

＊65　Ebd.
＊66　Benjamin, *Das Paris des Second Empire bei Baudelaire*, in: *Gesammelte Schriften*, Bd. I-2, S. 511-604. Hier S. 557.
＊67　Benjamin, *Gesammelte Schriften*, Bd. II-3, S. 1021.

ワ階級に足場を置くためにそれを批判することのできない知識人の無力を説きながら、批判的知識人が自らの出自に無頓着であることも許されないという事態を「弁証法的」という言葉で告発したこの本から、ベンヤミンが取りだしてくるのは「ペシミズムの組織化」[*68]（308）の一語である。この言葉の意味を、ベンヤミンはどのように捉えているのか。ここで言われている「ペシミズムの組織化」とは、ベンヤミンにとって、「想起（Erinnerung）」と結びつけられるべきものである。たとえば、メモ書きには次のような文章が見られる。「ある経験の啓示が建設的な場合。この啓示の舞台となるのは、想起である」[*69]。啓示という言葉が「世俗的啓示」と同義であることは明白である。そして「ある経験」とは革命的経験を意味すると考えるのが自然であろう。つまりこの文章の意味するところは、革命的経験についての世俗的啓示がなされるのは想起においてである、ということになる。先に見たように、世俗的啓示は陶酔をそのきっかけとするものであった。このことを考え合わせるなら、この陶酔が過去へと遡る想起と何らかの関係を持つものであるということも理解できよう。そしてベンヤミンが、過去を見ることなく、党の綱領として、プロパガンダの一環として民衆にばら撒かれる薔薇色の未来像を、「オプティミズム」（308）と呼んでいるところから、「ペシミズムの組織化」と想起の結びつきは明らかである。直線的な進歩の先にユートピアを思い描く楽観的思考法と、忘れられた過去の事物の救済へと目を向ける想起の技法が対置されている。しかしまた、想起が陶酔をもたらすものであるという点において、「ペシミズムの組織化」はそれから区別されねばならない。陶酔からの、あるいは想起という集団的記憶への接続を可能とする夢の領野に近しい現象からの目覚めこそ、ベンヤミンの求めるものなのである。大衆の目をくらますファンタスマゴリーとしての「オプティミズム」を粉砕し、なおかつ、自らの建設的手段として用いられるべき想起の実践からも身をもぎ離すことによって、目覚めは達成される。「ペシミズムの組織化」とは、このような目覚めを促すものとしての集団的経験の組織化を指すものと考えられる。では、それはどのようにしてなされるのか。

ここにおいて、ベンヤミンの用いる謎めいた語が「百パーセントのイメージ空間（der hunderprozentige Bildraum）」

である。「ペシミズムを組織するということが意味しているのは、すなわち、道徳的比喩を政治から追放し、政治的行為の空間に百パーセントのイメージ空間を発見することに他ならない」(309)。道徳的比喩の政治からの追放、とはオプティミズムの排除を意味するものである。比喩(Metapher)とイメージ(Bild)の対比をここでベンヤミンが語る際に、念頭に置かれているのはアラゴンの『文体論』(一九二八)である。アラゴンはこの著作で、陳腐な未来像を提供する「比喩(comparaison)」と、具象的な事物との直接的交流を可能にする「イメージ(image)」とを区別している。[*70] 比喩がオプティミズムに、イメージがペシミズムに結びつく。オプティミスティックな比喩が幻惑的なファンタスマゴリーであるとすれば、ペシミスティックなイメージとはそれに平手打ちをくらわせる目覚めの一撃であるといえよう。すなわち、「ペシミズムの組織化」によって見出される「百パーセントのイメージ空間」とは、想起を通じて獲得された集団的経験が目覚めの後に全面展開されたものなのである。この間の事情をベンヤミンは次のように述べている。

そうなればいよいよ彼の語るウィットは切れ味を増すだろうし、彼はもっとうまくウィットを語れるだろう。というのも、ウィットのうちにも、罵詈雑言のうちにも、誤解のうちにも、およそある行為そのものが自分の中からイメージを生み出し、イメージとなり、イメージを引きずりこみ、イメージを食らいつくすところでは、つまり〈近さ〉が自分自身の目を見開いてものを見るようになるところならどこでも、この求められたイメージ空間は開けるのだから。このイメージ空間は全面展開され統合されたアクチュアリティーの

＊68　Pierre Naville, *La révolution et les intellectuels*, Paris 1975, S. 116.
＊69　Benjamin, *Gesammelte Schriften*, Bd. II-3, S. 1021.
＊70　Aragon, *Traité du Style*, Paris 1980, S. 151.

世界であって、そこに「接待用の客間」など存在しない。一言でいってこの空間とは、そこにおいて政治的唯物論と身体的被造物とが、内面的人間、魂、個人その他なんでも僕たちが非難したくなるようなものを、弁証法的公正さに即してバラバラに引き裂いたあとで分け合うことになるような空間なのである。(309)

内面性の崩壊からイメージ空間へ、という主観性の質的変容——あるいは消滅——はベンヤミンによって夢から目覚めへと向かう弁証法的運動として捉え返されることになった。そして、ベンヤミンにとってシュルレアリスムとは、まさに一つの「目覚まし時計(Wecker)」として把握されるべきものなのである。

フョードル・ドストエフスキー、ランボー、ロートレアモンによって一八六五年から一八七五年までのあいだに仕掛けられた「時限爆弾」(305)、その爆発の時を告げる時計こそシュルレアリスムの作品なのである。『マルドロールの歌』(一八六八、一八六九)、『地獄の季節』(一八七三)、そして『悪霊』(一八七三)、これら市民道徳に真っ向から歯向かう著作に目覚めをもたらしたのは、確かにシュルレアリストたちであった。彼らの目覚まし時計のベルは今も鳴り続けている。「彼らシュルレアリストたちは、入れかわり立ちかわり様々な表情の動きを示してゆく。毎分六〇秒ベルを鳴らし続ける、目覚まし時計の文字盤になりかわって」(310)。未だ暗がりに包まれた街路、眠りにまどろむパサージュの人気の絶えた空間に目覚まし時計のベルが鳴り響く。シュルレアリスムのイメージ空間がそこに現れるまで、音の鳴りやむことはない。

第Ⅶ章

アドルノのベケット論

市民社会論的解読の試み

前章で触れたベンヤミンのイメージ空間について言えば、パサージュ論に結実するはずであったその可能性（「弁証法的イメージ」）には賛同しつつも、アドルノがそれに批判的な見解を抱いていたことは、既に触れたところである。しかし、本章でアドルノのベケット論を検討するに当たって、そのやりとりを省みて興味深いのは、両者の往復書簡で時折発せられるベンヤミンの理論的視座へのアドルノの批判が、一つには先のシュルレアリスム論でベンヤミンが用いていた「人間学的唯物論」という言葉に集約されているのが見出せるからである。

というのも、その他の点では原理的にも具体的にもあなたとの一致の下にある私が、あなたと意見を違えることになるあらゆる論点は、人間学的唯物論という表題にまとめられるのですから。この考えに、私は従うことができません。それではまるで、あなたにとって具体化の尺度は人間の身体であるかのようです。しかし、身体とは一種の「不変項」であって、私が思うに、この不変項は決定的に具体的なもの（弁証法的イメージであって、太古的イメージではありません）を偽装しているのです。[*1]

引用は一九三六年九月六日付の書簡における、ベンヤミンの「物語作者」に関するアドルノの言及の一部である。シュルレアリスム論に見られた、イメージ空間を身体空間として表象するベンヤミンの議論は、第V章で検討した「心身問題のための図式」における「人類の肉体」という表現から連続する発想として捉えることができるだろう。そこに神秘的な集合的無意識への傾きが推測されることは、その論考とクラーゲスの理論との近しさからも感じ取られるところである。シュルレアリスム論でイメージ空間のための哲学的原理として明示された「人間学的唯物論」という概念が、その後、アドルノによって批判の的とされたことの理由は、この点を顧慮するなら明瞭だと言える。しかし、陶酔のもたらすファンタスマゴリー的経験からの目覚めを意図して書き継がれたベンヤミンの諸論考が、アドルノ的批判の段階に足を止めるものであったはずはない。ベンヤミンの言う「イメージ」が陶酔と目覚めを同時に意味する危機的な概念であったことを想起するなら、アドルノの批判は、この両極の間を振り子のように揺れ動くベンヤミンの思索に、一定のリズムをつけて目覚めを意識させようとするものであったとも言える。

こうした点に関して示唆的なアドルノの発言は、ベンヤミンの死後、パリの国立図書館から発掘されたパサージュ論の草稿に取り組んだ彼が、ベンヤミンの著作集をともに編纂していたショーレムに宛てて出した一九四九年五月九日付の書簡に次のような形で現れている。

最も困難を覚えるのは、法外な抜き書きの蓄積に対して、定式化された理論的思索が極端なほど後景に退いてしまっていることです。このことは、はっきりと定式化された（その他の点では私には問題があるように思える）理想から部分的には説明されます。論文を純粋に「モンタージュ的に編集する montieren」という理想、つまり、解釈を加えずとも理論が飛び出してくるような具合に、引用から組み立てようとする理想です。*2

この引用のあとに、「こうした考えがそもそも可能であるとすれば、そのようなことを成し遂げられるのは他ならぬベンヤミンただ一人だったでしょう」と続く書簡では、ベンヤミンの思索は確かにこうした引用を基になされたとはいえ、その思索そのものは書き留められていない、というアドルノの嘆きが聞かれるのである。そこにはまた、これはある着想を書き留めた作曲家が、その響きが彼の頭で鳴った際の楽器編成についてメモし忘れたようなものだ、という言い回しも見られる。[*3] 未完成な草稿群に理論的統一が求められないのは当然とはいえ、ベンヤミンが採用したモンタージュの手法にアドルノが批判的であったのは、テクストに向き合った人間の生理学的な反応に理論的媒介を経ることのない直接的な変革の契機の顕現（イメージ空間の出現）を期待するベンヤミンの考え方にその理由の一端を持つのであり、こうしたことが、先に触れた「人間学的唯物論」へのアドルノの留保を動機づけていたとも考えられるのである。

そして、アドルノがベンヤミンの理論に関して高く評価する点は、まさにこの人間的なものと真逆のものに見出されている。一九五一年五月四日付の、同じくショーレム宛の書簡で、そのことは次のように言われている。

> この〔ベンヤミンの〕哲学からは、多義的で神話的な自然本質と神秘的な自己——彼が初期の頃に言っていたところでは名前でしょうか——との間の緊張関係のうちで、ひとが自我、人格、主体、個人と呼んでいるすべてのものが根本から消え去っています。そして、ここにこそ本来ベンヤミン的な概念の労働における否定的な契機があるのです。私が思うに、彼がクラウスの非人間によって試みたように、彼の「非人間性

＊1　Adorno/ Benjamin, *Briefwechsel*, a. a. O., S. 193. 強調は原文。
＊2　Adorno/ Schorem, *Briefwechsel 1939-1969*, Frankfurt am Main 2015, S. 61.
＊3　Ebd.

（Unmenschlichkeit）」そのものを理論の中心から掴み取り、それを救済したときにのみ、ひとは彼を、無害化することなしに、正当に評価したことになるのです。[*4]

アドルノの人間性理解に決定的な影響を与えたベンヤミンに、アドルノが読み取った最高度の可能性が「非人間性」であった、ということを示すこの書簡の文言は、字面だけを表面的に眺めるなら、本書の前提を根底から覆すものであると映るかもしれない。しかし、本書がアドルノの思索をたどりつつ示してきたところからも、彼の目指す「人間性」の内実がこのような意味での「非人間性」を一つの契機とすることで、またそれとともに織り上げられるべきものであったことは理解できるはずである。宥和の形象を求めてゲーテ、ベートーベン、アイヒェンドルフ、ワーグナーに取り組むアドルノが見出したものは、まさに「ひとが自我、人格、主体、個人と呼んでいるすべてのもの」が彼らの作品のうちに跡形もなく解体されていく不毛の風景でもあったのであり、彼の言うユートピアとは、そのような場所にしか現れ得ないものなのである。

永遠の反復を繰り返す神話的無時間性としての同一性原理からの逸脱、そのようなものとして捉えられるべきアドルノの「人間性」とは、通常の理解からすればその対立物であるはずの「非人間性」をも、自らの核心に孕むものであったのだと言える。このような読解によって浮かび上がる逸脱の形象としての「人間性」をアドルノのテクスト群に探り出してきた本書の議論は、以下に彼のベケット論を検討することによって締め括られる。一九四〇年に没したベンヤミンが知ることのなかったこの作家を論じるアドルノによってその作品に指摘されるのも、そのような逸脱の内在因としての「非人間性」の経験であると言えるだろう。その限界へと下降することなしに、あるいは野蛮への退行をさらに限界すら超えて推し進めることなしに、もはや「人間性」などあり得ないという、ベケットを論じるアドルノのテクストに読み取られる彼の現状認識は、彼の思索を結論とすることすら禁じるものである。したがって、以下に綴られるのは、結論を宙づりにせざるを得ないものとして現在を認識するアドルノの思索についての一つのスケッチということになるだろう。そこからどのような帰結が引き出されるのかは、現状においては未定にとどまるのである。

ベケット論前史

アドルノの「『勝負の終わり』を理解する試み（Versuch, das Endspiel zu verstehen）」は一九六一年二月二七日にフランクフルト・アム・マインでの「ズーアカンプ出版の夕べ（第七回）」で一部が読み上げられた。しかし、単独の論考としては未発表であり、同年に出版された『文学ノートII』に収められることで初めて公表された。[*5] 以下では、まずはベケットの『勝負の終わり』のストーリーを（とはいえそれは筋なき筋ではあるが）アドルノの解釈を踏まえてなぞっておく。

主人公にしてアンチヒーロー（Unheld）であるハムとクロヴ、そしてごみバケツのドラム缶の中に暮らすハムの両親であるナッグとネル、この人物たちが核によるカタストローフを生き延びた地上最後の四人であり、彼ら以外の人間はおそらく誰一人存在しない世界。この世界がベケットによってEndspiel（Fin de partie）すなわちチェスの終盤戦にたとえられている。

＊4　Ebd., S. 79.

＊5　テクスト公刊の経緯については、Theodor W. Adorno, *Noten zur Literatur*, in: *Gesammelte Schriften*, Frankfurt am Main 2003 の編集後記 Editorische Nachbemerkung（hier v. a. S. 697-698）に簡潔に記されている。また、本章でのアドルノの著作からの引用は、先に挙げたズーアカンプ版の全集（以下 GS と略記）による。ただし、「『勝負の終わり』を理解する試み」（GS, Bd. 11, S. 281-321）からの出典は引用の直後の（　）内に頁数を示す。また、『否定弁証法（*Negative Dialiktik*）』（GS, Bd. 6）からの引用は ND、『美の理論（*Äthetische Theorie*）』（GS, Bd. 7）からの引用は ÄT とそれぞれ略記し、（　）に頁数を示す。

死に損なった市民社会の体現者であり、車椅子にしがみつく以外には自分ではもはや何をする能力も（生殖能力ももちろん）ないハムと、この傲慢な父親の軛《くびき》を逃れようとするクロヴの争いが、ヘーゲル流の主人と奴隷の弁証法をパロディーにして茶化すかのように、この劇は進行する。というのも、ハムは何よりも「死ねない」ことを恐れていながら、自分が生き延びることに執着し、他方のクロヴは下僕としてハムに仕えながら、ヘーゲルの奴隷のように労働を通じて自己を獲得することなどできないまま、ひたすらこの父親を殺せる（置き去りにできる）日が来ることを願っている。そして、クロヴの唯一の逃げ道であるシェルターからの退出は、同時にクロヴ自身の死をも意味するものであり（なぜなら外にはもはや自然は存在しないのだから）、ここにはどのようなジンテーゼ（綜合）も存在しない。この劇の最後の場面では、とうとうハムのもとを去ろうとするクロヴが戸口の前で立ち止まったまま、舞台の中央に置かれた車椅子に座ったハムによる独白が行われるが、そこに提示されている情景はこの劇の冒頭のシーンとまったく同じものである。それゆえ、舞台の幕が下りた後でクロヴが本当にこのシェルターを出て行くのか（チェックメイトするのか）、それとも再度同じストーリーが反復されるのか（引き分けに終わるのか）は明らかでない。

以上のような粗筋に要約しうるベケットの戯曲『勝負の終わり』は一九五七年、『言葉なき行為』（一九六六年に同名の無言劇が書かれてからは、『言葉なき行為I』）とともに、ロンドンのロイヤル・コート・シアターで初めて上演された。ベケットや上演関係者が当初予定していたフランスの劇場（ルーブル座）が、他の芝居の上演を優先したため、『ゴドーを待ちながら』（一九五二）に続くフランス語での二作目の演劇は、ロンドンでの上演を余儀なくされた。アドルノは論文中で、『勝負の終わり』のエピローグとして『言葉なき行為』が演じられることの適切さを、ベケットの戯曲が目指す沈黙へと向かう道程として示唆しているが、それはおそらく、アドルノが一九五八年にウィーンで観た舞台もロンドンでの初演と同じ組み合わせで上演されたことに触発されてのことだと推測できる。

ベケットの作品のドイツ語訳を『勝負の終わり』以前から出版していたズーアカンプ社の社長、ペーター・ズーアカンプの取り計らいで、その年の一一月二八日、パリのホテル・ルティーツィアでアドルノとベケットの最初の出会いは実現した。

その後、前記のように一九六一年二月二七日のズーアカンプ社主催のパーティーで、アドルノのベケット論の核となる部分が読み上げられた。「それはフランクフルト大学教授のアカデミックな講演に他ならなかったのだが、『サミュエル・ベケットへのオマージュ』と題するこの講演は大きな反響を呼んだ。アドルノは、音楽ホールの演壇で極度に集中しつつ自説を展開し、終わりには、まるでいかなる学問的な講演もせず、むしろピアノの名手として登場したかのように腰をかがめて挨拶したのだった」[*6]。アドルノが自分の解釈にどれだけ自負するところがあったかは、この誇らしげな振る舞いから一目瞭然である。

ところで、この講演にはベケットも招待されていた。そこで、夕方の講演に先立って、アドルノ夫妻とベケットはジークフリート・ウンゼルト（後のズーアカンプ社社長）によってセッティングされた昼食をともにしている。その際アドルノが、論文中でも言及されているハム＝ハムレット説を展開したところ、ベケットはそれに反論してこう答えたそうである。「失礼だが、教授、ハムという名前を思いついたとき、わたしはハムレットのことなどみじんも考えていませんでした」[*7]。自作の解釈をかたくなに拒むベケットの姿勢はよく知られたものであるが、そのベケットの態度にすら現代芸術の一つの模範を見ていたアドルノは、ベケットによる拒絶にもなんら臆することなく、あくまで自説をベケットの前で開陳しようとする。「アドルノは自分の考えに固執し、几帳面にも、テクストにおける客観的な意味の過剰からは作者の意図を超えたものが引き出されうるのだ、という自分のモッ

＊6　シュテファン・ミュラー＝ドーム『アドルノ伝』徳永恂他訳、作品社、二〇〇七年、四五一頁。
＊7　ジェイムズ・ノウルソン『ベケット伝　下巻』高橋康也他訳、白水社、二〇〇三年、一一二頁。

トーを述べるのだった」[*8]。こうして、二人のあいだに齟齬を孕んだまま昼食会は終了し、そして、いよいよ講演のときがおとずれる。その時のアドルノの陶酔振りは先の引用で示しておいた。では、それに対するベケットの反応はどのようなものであったのか。ウンゼルトが報告するところによると、それは以下のような次第であったらしい。

夕方、アドルノは講演し、案の定、「ハム」は「ハムレット」に由来すると指摘しました。(…) ベケットは辛抱強く聴いていましたが、わたし〔ウンゼルト〕の耳にこうささやいたのです。ドイツ語でしたが、英語に訳すとこうなります——「これが科学の進歩というものだ。教授たちは自分たちの誤りを推し進めていけばいい」[*9]。

このベケットの呟きは、ヴィルトゥオーゾ気取りのアドルノの鼻をへし折る、痛烈な一撃であるといえよう。こうしてアドルノの解釈の正当性は、原作者であるベケット自身によって拒絶の憂き目を見ることとなる。しかし、そうしたベケット一個人の人間的な反応にも見るべき点はあるにせよ、アドルノの指摘するベケットと実存主義との差異、ベケットの演劇論における沈黙への退行、そうしたことを踏まえての「人間性」の喪失した状況における演劇としてのベケット作品の評価、これらアドルノによって摑み取られたトピックはいまだにその鮮烈な印象を失ってはいない。ベケットを単に一人の芸術家として見るのではなく、カフカ、プルースト、シェーンベルク、パブロ・ピカソと並ぶモデルネを代表する芸術精神の表れと捉えていたアドルノの論考は、その射程の広さ、そしてその展望のあくまで暗いことを顧慮するなら、決して「科学の進歩」を礼讃するようなものではありえない。ベケットのアクチュアリティーを擁護するアドルノの論述からは、アドルノ自身の現状に対する批判的思考が透けて見える。アドルノの死の同年(一九六九年)にノーベル賞を受賞したことで、いまや公認の現代芸術家となったベケットの作品を、「芸術の進歩」への寄与という楽観的な視点から見ることを拒むかのようなアドルノの視座こそ、彼のベケット論をいまなおアクチュアルなものとしている要素に他ならないのである。

アドルノがその死の直前まで手を加え続けた『美の理論』(一九七〇)は、彼の生前の意向としてはベケットに捧げられるはずであった。アドルノの思考が、最後にはそこへと収斂していったであろう星座の中の一つの輝き。アドルノのベケット論をそのように評することもできよう。また、そうした輝きを放ちながら、ベケットを論じるアドルノのあゆみは死の気配を漂わす暗闇によって取り巻かれている。この光と闇の弁証法は、アドルノが啓蒙(市民社会)の運命について苦闘した試行錯誤の連関のうちに置き直されることで、その鋭さを際立たせることになるだろう。アドルノの思索の総体の中でベケットの重みを量ること。以下の論考は、そのための一つの試みである。

しかし、以下に論を始めるに先立って指摘しておくべきことがあるとすれば、アドルノの著したベケット論『勝負の終わり』を理解する試み」(一九六一)には独特のわかりにくさがある、ということであろう。これはとくにベケット論に限らず、本章までに論じてきたアドルノの著作全般に関して言えることではある。アドルノの叙述のスタイルは、自身の用いる術語に明確な概念規定をそのつど施しながら、前提、本論、帰結という一貫した道筋に即して、明晰な論証を積み重ねるという行き方から最も縁遠いところに位置している。それゆえ、アドルノを読み解く際には、解釈を行う者によるひとつの視座の設定が必要となる。論者によって定められた一つの点との照応関係のもとに置くことで、めまいを起こさせるかのようなアドルノの切れ目のない叙述に、息継ぎのための間をもうけることができるだろう。

本章では、解釈にあたって据えられねばならない定点を「市民社会」というカテゴリーに置く。ドイツにおい

＊8　ミュラー＝ドーム前掲書、四五二頁。
＊9　ノウルソン前掲書、同頁。

て一八世紀、啓蒙主義の時代にその始点を求められる市民社会とは、アドルノが「啓蒙」という言葉を使うときに、しばしば暗黙のうちに参照されている歴史‐社会的枠組みである。アドルノの提示する「啓蒙」という概念は、他者への教化的働きかけとして理解される通常の意味からすれば、少々異質なものである。アドルノにとっての「啓蒙」とは、まずもって、ホルクハイマーとの共著である『啓蒙の弁証法』において、ギリシャ神話の世界からナチスの全体主義的国家体制に至るまで共通して見出される、人間に本来的に備わった自己破壊的な本性とされるもののことである。既成の権威からの個人の自律を助け、人類に進歩をもたらすかに見える「啓蒙」が、その内部に神話への退行という破滅の種を孕んでいるというのが、『啓蒙の弁証法』の核心をなすテーゼである。確かにこの文脈からすれば、「啓蒙」という言葉は時代的制約を無視して、普遍妥当的に用いられているように見える。しかし、その内実を探ってみれば、アドルノにとって、「啓蒙」のもたらす理知を駆使する人間、すなわち自然の脅威から逃れることを志しながら、仮借のない自然支配へと駆り立てられることで、逆に自身の逃げ出そうとした神話的罪責連関のうちに捕らえられてゆく人間とは、「市民社会」のうちに生きる人間のことであることが理解される。

このことは、「人間性（Humanität）」という、明白に一八世紀の市民社会に由来する理念の崩壊を、アドルノが常に「啓蒙」の自己崩壊とパラレルに語っているところから明らかとなる。「啓蒙」‐「人間性」‐「市民社会」、この三つ組《トリアーデ》が、本章の提出するアドルノ解読のための概念の布置関係である。

サミュエル・ベケットの戯曲『勝負の終わり』のうちに、アドルノは死に損なった「市民社会」を見る。そこにはもちろん、市民社会の支柱であった「人間性」の消失も読み取られている。そして、この「人間性」の消滅のプロセスは、アドルノの提示するところによれば、啓蒙の弁証法に即して進展してゆくことになる。

本章は、全体を大きく二節に分かち、前半では、アドルノのベケット論に即して、『勝負の終わり』のうちにアドルノが看取した「人間性」の死滅へのプロセスをたどりなおしていく。その際、必要に応じてアドルノの他の著作を引き合いに出すが、焦点が当てられるのはあくまでベケット論の解読である。そこから、アドルノが「市民社会」(そしてその崩壊)を基本的な参照点とすることで、「人間性」の喪失という現在の状況を分析していることが明確化される。すなわち、現在の状況の否定的なことを強調するアドルノの叙述の背後にある、そうした現状に対峙するアドルノ自身の積極的な姿勢が読み取られることになる。そして後半では、ベケット論から析出された「市民社会」を前提とするアドルノの叙述の姿勢を、アドルノの他の著作を参照しながら、それが彼の哲学のみならず文学論、音楽論にも共通する基礎的なものであることを明らかにする。最後に結論として、アドルノにおいて「市民社会」の運命がどのようなものとして捉えられていたのかを示す。

本章の構成はベケット論の内在的解読と、外在的要因に結びついたアドルノの思索の文脈内にベケット論を位置づけること、このようにも言い表すことができるだろう。内から外へ、外から内へ、この往還運動のうちで、アドルノの難解な叙述に適切な分節化を施すこと、以下ではそうした作業を通じてアドルノの持っていたパースペクティヴを少しでも明瞭なものとすることが図られる。そのためにまず、ベケットの『勝負の終わり』を分析することの意味をアドルノが定式化している箇所を見ておく。「『勝負の終わり』を理解するということは、この演劇の不可解さを理解するということ、具体的には、いかなる意味連関も持たないということの意味連関を追構成するということでしかありえない」(283)。それゆえ、アドルノのたどる分析の道筋は、ベケットの描き出す無意味の具体的性格の解明を目指すものとなる。その際、実存主義、存在論、個人というカテゴリー、演劇の伝統的形式、言語の意味連関、主観の絶対性、これらのものが批判の対象として検討されることで、ベケット作品の不条理の性格が浮き彫りにされていくのである。

実存主義

アドルノの論考の冒頭に置かれているのは、フランス実存主義への批判である。「ベケットの作品は、パリの実存主義と多くのものを共有している」。これがアドルノの論文の書き出しである。実存主義について語られる際の決まり文句ともいえる「不条理」「状況」「決断」といった言葉は、そのままベケットの作品にも当てはめることができる。ハムとクロヴの意味を成さない会話の連続はまさに「不条理」であり、逃げ場のない「状況」への被拘束性は彼らが繋ぎとめられているシェルターという舞台設定からして自明であり、そこで登場人物たちが行う「決断」は舞台上の時間的文脈を断ち切るように唐突になされるものであり、「状況」への囚われによって逆照されるかたちで主観の無軌道ぶりがスポットライトを浴びる。しかし、実存主義とベケット、この両者の見かけ上の類似は、それ以上に両者の間に横たわる違いによって決定的に覆される。この違いは、現に存在する主観の一回性の尊さを論じつつ、この一回的な生を普遍的な理念とする実存主義[*10]と、個別的存在が単にそれだけで唯一絶対のものではなく、あくまで歴史的に媒介された存在であることを主張しながら、その人類の歴史の先端において個人が崩壊していることを示そうとするベケット[*11]の違いであるとアドルノは考えている。こうした図式を用いて、ベケットと実存主義との間に一線を引くことは、アドルノの考える現在の歴史的・主観的状態を見抜くためにはまずもってなされねばならないことであった。

実存主義が、時間的一回性を強調しつつ、今ここに存在する個人の絶対性を強調することで、この最も限定的な存在が逆説的に永遠的なものに連なる本質をそのうちに秘めているかのような錯覚が生じる。このことをアドルノは次のように述べている。「サルトル版実存主義の説明によると、強制収容所の犠牲者にも、苦痛のうちに彼に加えられるものを内的に引き受けるか、あるいは拒否するかという自由があることになる」(290)。人間の尊厳をどこまでも保持しようとする実存主義の思弁は、まさにその論理の一貫性によって不条理へと導かれる。アルベール・カミュの異邦人が、人格の同一性を自分で確信できない状況に置かれることで不条理の雰囲気を伝えていたのだとすれば[*12]、主観の同一性の崩壊という不条理が、状況の不条理に耐える個人の内的意志の不滅へと転化されることで、実存主義は観念論(主観の絶対性)へと後戻りしてしまうことになるのである。「実存主義的存在論は、自分自身が無意識的に行っている抽象化のプロセスのうちで普遍妥当性を主張している」(287)。アドルノによって実存主義の源流として捉えられたエトムント・フッサールの本質直観は、主観の具体性と主観のアプリオリな性格とを一致させ、それによって結局のところ実存そのものを成している時間と空間のうちで個体化されたものを消し去ってしまうのである。[*13] そこから現れるのは、超時間的な主観性の幻影である。こうした具体的な

---

*10 「実存主義は個別の現存在の非解消性を原則としつつも、それにもかかわらず、『不条理』を普遍的なものや永続的なものといったヨーロッパ的パトスと結びつけていたが、〔『勝負の終わり』では〕不条理は自身のこうした普遍性を断念する」(281)。

*11 「歴史のうちで舞台に現れるものといっては、ただ歴史の結果である残りかすばかりである。実存主義者たちのもとで現存在の一回性として飾り立てられていたものは、歴史の先端へと縮こまっており、この先端はポキンと折れてしまっている」(288)。

*12 とはいえ、アドルノ自身は否定弁証法についての講義では、カミュの小説をジャン＝ポール・サルトルの作品と並べて、その「テーゼ的性格(Thesencharakter)」をベケットに対置して批判している(Adorno, *Vorlesung über Negative Dialektik*, Frankfurt am Main 2003, S. 217)。

*13 「もはやうまくいかないあらゆることが、実存主義の前史をつかさどるモチーフたるフッサールの普遍的世界殲滅を、方法論の黄泉の国から救い出す規範となっている」(283)。ここに見られる「世界殲滅(Weltvernichtung)」という言葉は、フッサールの『イデーン』から取られた言葉である。アドルノは『認識論のメタクリティーク』でこの言葉を引用しているが、それは次のような文脈においてのことである。「写真におけるカメラ・オブスキュラと撮影された対象のイメージとの関係同様に、現象学においては意識の内在と素朴実在論の関係は相互に内属しあっている」(Vgl. *Zur Metakritik der Erkenntnistheorie*, in: *GS*, Bd. 5, S. 199-200)。この「世界殲滅」を「方法論の黄泉の国から救い出す」ベケットの演劇とは、すなわち、意識へと世界のすべてを内在させる絶対的な主観を現実のものとして表現することで、その実際的な帰結のいかなるものかを観客に見せつけるものである。アドルノはここでは、逆説的に、フッサールの方法論の厳格さをベケットの戯曲を貫く演劇論のモデルとみなしている。

個物からの世俗的な性格の剝奪を、『否定弁証法』でアドルノは「存在者の存在論化（Ontologisierung des Ontischen）」（ND 125ff.）と呼ぶことになる。すなわち、概念的統合作用に逆らう非同一的なものを、時間を超越した「存在」すなわち「同一性」のうちに取り込む作業のことである。アドルノの非同一的なものの擁護は、ベケット論のうちにも繰り返し現れている。

これに対してベケットは実存主義の具体的な個物からの時間の抽象化を逆手にとる。「ベケットは、なんといっても時間的にのみ存在するであろうような実存のうちにある時間的なものを取り除くのではなく、まさに時間（歴史の流れ）を現実から没収しようとしているものを、実存から取り除くのである」（ebd.）。超越への逸脱を禁じることによって、状況への内在は実存主義のそれよりも過酷なものとなって現れる。もしも、体を掠めていく時間の流れとはべつに、内面世界における自己の確信というものが真空状態のうちに無傷で存在すると仮定するなら、歴史は人間に対してその効力を幾分か和らげることになる。しかし、ベケットの戯曲では時間の流れは押しとどめようもなく主人公たちに押し寄せ、実存主義的存在論もろとも歴史の中に飲み込んでしまうのである。[*14] 核による荒廃を生き延び、ただもう状況が変わることだけを待ちわびる登場人物たちにとって、人格の内的自由などお笑い種でしかない。アドルノの考えを敷衍して言うなら、こうした状況の提示そのものが、実存主義へのアンチとなっている。歴史を無視して自己について語ることの滑稽さをハムが身をもって証明しているこの世界、時間の流れが避けがたく現れるカタストローフ以後の世界は、しかし、時間の流れの不可避性、実存がそれを回避することの不可能性を提示するのみではない。そこにはもう一つ別の側面がある。主観的差異と時間、この両者の喪失である。

主観的差異と時間の喪失

ベケットの戯曲の表題「勝負の終わり」はチェス用語で試合の終盤戦を意味する。この表題の意図するところは、ゲームの進行とともに盤上の駒の数が減っていくだけのチェスの終盤戦と同じく、地球の表面から人間が減っていったあとの最後の詰みの寸前の状況が、シェルター内部で演じられているということである。この話の文脈は、それ以前のことが何も語られないので、核による破壊の後の世界という舞台設定（プラグマーティッシュな前提〔286〕）もアドルノの推測によるものである。そして、チェスの盤面を終盤から見た場合にそれ以前の駒の動きを把握することができないように、この戯曲の人物間の相互関係も暗黙のうちに語られることなく劇の筋は運ばれていく。そこで観客が遭遇するのは、延々と続く同じ行為と同じ語りの反復である。この点で『勝負の終わり』はまぎれもなく退屈な作品であるといえるが、しかし、「『勝負の終わり』の退屈さは、最高度の差異性によって記録され聞き出されているのである」（289）。この損なわれた人間たち（ハムやクロヴ）の行いは、主観的差異に対するベケットの敏感さによって書き留められている。つまり、いまや消費の領域におけるファッションの流行のような文化産業の内部に取り込まれたモードによって規定される主観的差異が、そもそも社会の鋳型から抜け出そうとする主観の意図を孕んだものであったことを感じ取る能力によって書き留められたものなのである。『啓蒙の弁証法』の図式に従えば、宗教のような世界にその統一形式を与える超越的審級を失ったあとで、複雑に絡みあった私的な利害関係によって一見その見通しの悪さだけが強調されるかのように思える近代社会においても、実は世俗化された神とも言うべき絶対精神と資本主義の支配が、商品と広告の世界を通じて人々の画一化をかつてないほどに実現しているのである。こうして張り巡らされた同一化の網の目をすり抜けるために、アドルノがとる戦略は、主観の多様性を擁護することではなく、むしろそうした多様性の可能性と無力を同時に感じ取っているベケットの戯曲に見られる簡素化の傾向を、見せかけの多様性に対して振り向けることである。簡素

＊14　「フランスの実存主義者は歴史に摑みかかった。ベケットでは歴史が実存主義を飲み込んでいる」（284）。

化のうちで省略され、語られることのなくなったものが、暗黙のうちに指示されることでカタストローフを生き延びる可能性を手にするのである。[*15]

この語られないものとは一つには「人間性（Humanität）」のような市民社会に伝統的な価値規範であり、またそれとともに育ってきた「自律（Autonomie）」の思想であろう。この自律はまた「自由」とも言い換えることができるだろうが、自由が生じることの前提は、アドルノにとっては「不自由」が存在することであった。『否定弁証法』で、このことは同一性と非同一性の二律背反として表現されている。つまり自分が自由であるという自覚は人格の同一性を要請するが、そのことは同時に道徳律への服従を要求する限りで不自由である。逆に非同一性は雑多な自然存在として人間の自由の名には値しないが、心的衝動に自ら身を任せることで自由が達成される。この二律背反の思想は、ベケット論にも反映している。登場人物たちは人格の同一性を失っている。彼らはただ状況への反射作用によってのみ行動する。そのさまは、あたかも叩き潰されたハエの痙攣するかのようである。[*16]ここに自由がないのは一目瞭然である。同一性と非同一性の緊張関係が崩壊した世界こそ、『勝負の終わり』の世界なのである。この劇の登場人物たちの、もはや自分自身でしかありえない存在様式をアドルノは「肉体を得た無世界論」（293）と名づけている。

主観的差異の消失の過程をその極限までたどりきることで、時間の流れに左右されない超越的主観の幻惑を突き破った地点に、もはや時間の流れを感知できずに自分ひとりのうちに引きこもった無力な主観が登場する。[*17]アドルノがベケットの引き算と呼ぶものの正体はこれである。[*18]言い換えれば「ベケットは、主観の清算という逃走線を、主観が『ここにあるこれ（Diesda）』に縮小する点にまで引き伸ばすのである」（287）。

しかし、「人間性」のような積極的・肯定的な人間の尊厳や、価値ある振る舞いについて語ることを禁じることで、逆説的にポジティヴなものを炙り出そうとするベケットの戯曲について、もはやそれ自体が素晴らしいというようなことは言えなくなってしまう。「『勝負の終わり』の登場人物たちの悲惨は、哲学の悲惨なのである」

（295）とアドルノが述べているように、世界を解釈する言葉を失い、堂々巡りを繰り返しながら生きながらえる哲学は、ベケットの登場人物の体現している悲惨そのものであるといえよう。彼らのうちに残されたものは、（アドルノの論文に繰り返し現れる表現を使えば）「残滓」でしかない。そして、それは解釈しようとする言葉にとっても同様なのである。ヴィトゲンシュタインの「語りえないものについては沈黙しなければならない」という命題を、アドルノは他の著作でしばしば引き合いに出して批判する。[*19] 語りえないものについて語ろうとする努力、概念で捉えきれないものを摑み取ろうとする努力こそ哲学の目標であるというのがアドルノの考えであった。『勝負の終わり』の無意味を再構成しようとするアドルノの解釈は、それゆえ解釈を行う言語そのものを問題と

＊15 「無調の和声法における協和音のように、省略という行為のうちで省略されたものが、避けられたものとして生き延びている」（289）。「いかなる涙といえど鎧を溶かすことはできず、残るのはただ涙の涸れ果てた顔だけである。これこそ、自らの人間性が既に（…）非人間的なものの宣伝となってしまっているものたちが、非人間的なものであると非難している〔ベケットのような〕芸術家の振る舞いの根底に置かれているものなのだ。（…）ベケット文学の不条理さを形作っているのは、それが自らの顔を隠しているということである」（290）。

＊16 「ベケット劇の登場人物たちは、カタストローフ以後の状態にふさわしく原始的‐行動主義的に振る舞っているが、このカタストローフが登場人物たちをすこぶる不具にしているので、彼らが別様に反応するというのはまったく不可能なことなのである。それはちょうど、ハエたたきで殆ど押し潰されたあとでピクピクと痙攣しているハエとまったく同じであるといえよう」（293）。

＊17 「歴史は触れられずにおかれているが、それは歴史を思考する意識の力、すなわち想起の能力を歴史が枯渇させてしまったからである。演劇は沈黙のうちに身振りとなり、様々な対話の只中で硬直する」（288）。

＊18 「ベケットは、この〔実存主義的存在論の〕告白されることのない〔時間的なものの〕抽象化に対して、あからさまな引き算によって痛烈なアンチテーゼを突きつける」（287）。

＊19 Vgl. ND 21.

しなければならなくなる。

言語への問い

しかし、言語はやはり最初は演劇の言語として問題とされることになる。ベケットの登場人物たちの台詞は意味をなさない。意味をなそうとして常にしくじり続けるのが、ベケットの作品において無意味の具体化される場面である。こうした無意味それ自体を、こういってよければ「効果」として狙っている作品は、もはや伝統的な演劇形式に則って上演されることはできない。それゆえ『勝負の終わり』では、形式はパロディーに供されることになる。

ハムやクロヴは、状況の転換に際してもはや叩き潰されたハエのごときものとなってしまっているが、そこにはいまだ身体だけは残っている。それも有機的に充溢した身体ではなく、人間がぎりぎりそれだけでやっていけるだけのものしか残していない自然科学的な無機的身体であり、これもまた一つの残滓である。こうした身体に行き止まりを見出すしかないストーリーの進展は、カタルシスへと発展することなくひたすら退行の道をたどっていく。この退行の道の途上でユーモアが、まずは無効を言い渡される。ユーモアは、これまでの人間関係において宥和の場所を作り出すに最適の言語形式であった。しかし、ベケットの作中人物たちは、常に言い損ない、つっかえ、どもりながら、最後には沈黙へと落ち込んでいく。残るのは、他人を笑いのめすという「笑い」のうちにそもそもの最初から含まれていた暴力的側面だけである。そして、ユーモアの失敗とともに、主人公たちのもつ道化的性格があらわになるが、かれらの繰り出す機知（Witz）も空回りするだけである。観客は期待をもって彼らの会話が落ちへとたどりつくのを見守るが、そこには身のすくむような人間のいやらしさが現れるだけなのである。「それは、既に階段の一番上まで上り詰めた人間が、さらに一歩を踏み出すことで、思わずたじろいでしまうようなものである」（301）。

笑いと同じく、作劇上のカテゴリー〔三一致の法則、導入部、場面の連結、ストーリー、展開部、カタストローフ〕もパロディーに供される。ところで、アドルノはベケットのパロディーをこう定義している「パロディーが意味しているのは、〔演劇上の〕諸形式が不可能な時代にそうした諸形式を使用することである。パロディーはこの〔形式の〕不可能性を実演しながらそれによって諸形式を変化させていくのである」（302-303）。へたくそな道化芝居によって、もはや伝統的な演劇形式によって形作られてきたドラマの緊張というものが、ベケットの舞台からは消え去っているのである。形式は変形させられ、対話の緊迫感は弛緩した応答に変じ、最後には言葉は身振りとなり、沈黙が舞台を支配する。アドルノによって『勝負の終わり』のエピローグと捉えられている、台詞のないマイム芝居『言葉なき行為』が演じられることは、確かにベケットの戯曲の行き着く先として、最もふさわしいといえよう。[*20]

しかし、そうであればこそ会話の不可能性をめぐって解釈は行われねばならない。このことを、アドルノは、イプセンから続く象徴主義の遺産を受け継ぐベケットというイメージを提出したあとで、言語の意味論的要素とミメーシス的要素の乖離として考察している。対象をそのものとして捉えるためには言語はミメーシス的とならねばならない。しかし、伝達という要素を捨てることができない言語は、意味論的な値を持ち続けなければならない。このジレンマを、ベケットはまさに道化の身振りのうちで実践へともたらしているのである。「黙り込むものたちの第二の言語、商品のトレードマークすなわち広告業界の寂れたこだまとしてのビッグマウスの常套句のオンパレード、見せかけの論理的結合、偽物のメッキを施された言葉たちが、言語を否定する文学の言語へと機能転換させられるのである」（306）。

＊20　「『勝負の終わり』の一種のエピローグとして『言葉なき行為』が引き続き演じられることが、『勝負の終わり』の最終目標なのある」（304）。

こうした足場にたって言語を取り扱うものとベケットの戯曲を捉えるアドルノの解釈は、それゆえ、コミュニケーション的言語の欺瞞を暴くところにまで達する。登場人物たちの会話はまったく意志の疎通がとれたものではない。それは、ハムがクロヴに外に何か見えないかという問いを発する、何度も繰り返される情景に顕著であるが、こうしたコミュニケーション不全を引き起こす言語が、それにもかかわらず常に合理化の過程にあることをアドルノは指摘し続ける。つまり、言語における意味と無意味の弁証法とでも言うべき事態が、ここでは生じているのである(307-308)。そして、この言語への問いが先鋭化していく先に、四人の名前が、そして彼らの音楽的連なりが問題とされることになる。

名前、音楽

ネルの祖先としてチャールズ・ディケンズの感傷的な『骨董屋』の少女が、そしてナッグの由来として英語の「nag ぶつぶつ小言を言う」が指摘される。ハムはハムレットという正統的な演劇の主役が清算されたキャラクターであり、また「ham actor 大根役者」として常に正常なモノローグをしくじる人物であることが確証され、クロヴは「clown 道化」から vn が切り取られた痛めつけられた道化であり、「glove 手袋」という意味と、「cloven foot 悪魔の馬脚」という意味をもつ点でハムにつき従う下僕としての性格、それとともに主人の命を狙うものであることが指摘される。

名前に遡る言語的探求は、この作品の音楽的構成の連想へと導かれ、ハムとクロヴの離れがたい結びつきが、ストラヴィンスキーの『ラグタイム』の楽譜に付されたピカソの扉絵にみられる一筆書きの乞食の肖像にまで引き伸ばされていく。絡み合い離れられない二人の関係は、アドルノによって二重奏のフーガにたとえられる。一つの主題はハムによって歌われる。それは、食料戸棚の鍵を手中にしていることで絶対的支配をつかさどりながら、車椅子に座ったままクロヴの助けなしには何もできず、死を願いながら、死に損なうことを恐れ死ぬこともできない状態である。もう一つの主題はクロヴによって歌われる。つまり、ハムを殺したいと願いながら、この劇の唯一のルールとも言うべき非決断に従って何もできず、唯一の打開策は死の世界が待つシェルターの外に逃げ出すことだけである。「この変化へと向かう動きと、それが予告されるだけで実現しないということが『勝負の終わり』を貫く筋である」(314)。

次の状況へ向かうべく予告された運動が成就されぬまま、両者がにらみ合った状態から動き出さない終盤戦において、アドルノはハムとクロヴが二つの主題のそれぞれ一方を受け持っていると解釈する。この点にアドルノの主眼がある。そして、この二人の関係を解釈するに際して、ヘーゲルの主人と奴隷の弁証法もまたパロディーの題材として考察に盛り込まれているのである。主人ハムと奴隷クロヴ、彼らはもはや互いの敵対関係から主観を創出する気力も持てずにいるのであり、なにより歴史哲学的観点からして、もはや主観の到来は遅きに失しているのである。人格の同一性の崩壊、それ以前の世界の崩壊とその付随現象とでもいうべき言語の崩壊。こうしたことが沈黙のうちに道化の身振りへと凝縮されたあとで、アドルノは、この道化たちをも片付けにかかる。それによって何が達成されるのか。それが、おそらくはアドルノがベケットを論じながら最も述べたかったこと。主観の死である。

主観の死

この殺伐とした、というよりも笑いすら乾ききった荒涼たる風景のうちで、まだしも直接的に人間性を感じさせてくれるのは、ハムの両親ナッグとネルの夫婦としてのやりとり(いちゃつき)だけである。しかし、人間的な触れ合いを感じさせるものは、この劇では敵意の対象となる。この両親はもはや幼子に戻ってしまっており、いまやハムが彼らの父親となっており、彼らを恫喝するのである(301-302)。彼らはごみバケツの中で死んでしまう。残るはハムとクロヴだけである。

彼らはハムの座る椅子をクロヴが押して、部屋中をグルグル回るという幕間劇を演じる。アドルノは、そこに主観の終焉の完璧な現れを見ている。クロヴに椅子を押してもらいながらハムは言う。「ちょっくら世界を一周だな」(317)。ハムは、神の代わりに人間を世界の中心に据えようとする観念論の「傲慢(Hybris)」を体現している。彼が死ぬまでそこで過ごすであろうシェルターは「家具のない屋内(Innenraum ohne Möbel)」である。「全世界がそれに変じ、それと同時に彼自身の主観性の内部空間もそれに変じたこの室内」(317)に暮らすハムは、まさに「肉体を得た無世界論」(293)であり、少々強引に関連付けるなら「客観なき内面性」[*21]である。自己の内部に引きこもった主観は、外気に触れることなく室内でその充溢を享受することができる。実存主義に対して歴史に触れることを禁じた注意書き、「時間と永遠との接触というキルケゴール的なもののパロディー」(286)は主観の絶対性を取り戻そうとする観念論にとっても必須の幻影なのである。しかし観念論の亡霊が世界を手中にすることなどありえない。この傲岸不遜な主人は自分の部屋の中心すら見つけることができないのである。[*22]

この幕間劇からアドルノが読み解くのは、主観性そのものの生まれ持った罪である。『啓蒙の弁証法』でははっきりと指摘された、自然支配へと宿命付けられた主観(理性)の運命。外的自然支配が、内的自然支配と手を結び、世界は人間もろとも理性の自律のもとに生きる余地を奪われてしまう。世界を支配可能なイメージとして表象することで「単にそれだけにすぎないもの(Nur)」(318)へと縮小させてしまう主観は、自己を純粋に自分だけで存在するものとして措定するが、その結果生まれるものは無のみである。自己保存の原理という理性的命題に従うことによって招きよせられるこの不条理な結末こそ、ベケットの作品のもつ解きがたい不条理であり、この不条理はもはや理念として掲げることのできない無意味を照らし出している。この不条理の矛盾を指摘することで(すなわち理性の支配の永続性に疑義を呈することで)、ベケットの演劇は存在論を否定する「否定存在論」(319)となる。

永遠に続くかに思われる現状を突き破るためには、永遠の本質としての存在に訴えかけるのではなく、常に回帰する主観の抽象性のために強奪された「時間的なもの」を歴史のうちに取り戻さなければならない。「無時間的なものの神話的暴力が手中に収めたものを時熟（zeitigen）させるのは、唯一、歴史だけなのである。」(319)。

それゆえ、これもまた逆説となるが、ベケットの舞台に描き出される歴史を失った世界は、それを紡ぐ一本一本の糸を歴史によって織り込まれているのであり、その情景としてあらわれるのが永遠に続くカタストローフなのである。このカタストローフを、ハムとクロヴは受け入れていく。極端にも自然がもはや存在しないと述べることで、彼らは自らの発言の行き過ぎを自覚しつつ、しかしそれが事実であることに思いをめぐらすのである。この了解のプロセスを成し遂げるものを、アドルノは「限定的否定」(320) と呼んでいる。しかし事態の絶望的なことに耐えられない二人は、自分たちの考えを「気のふれた」(ebd.) 考えであるとすることで、事実を承知しながら、それでもその事実を意識から遠ざけることでメランコリーに陥るというダブルバインドの状態に投げ込まれる。

世界を直視することに耐えきれず主観が崩壊していく横で、世界そのものはまったく穢れたものとして汚物のかたまりとして、地獄の様相を呈している。「ベケットの構想のうちに、ベンヤミンの静止状態の弁証法という理念は落ち着き処を見出すのである」(320)。そうであれば、舞台を覆い尽くした死のイメージによって、天国と地獄はともに現世において実現する。「この死のイメージのうちでは、絶対的支配、すなわち時間と空間に完全に拘束されつつ、そこではもはや絶対に何も変化しない地獄と、すべてが各々定められた場所に落ち着くであろうメシア的状態との区別が消え去る」。そしてこう続けられる。「無の静けさと宥和の静けさが互いに見分けがつ

＊21　Adorno, *Kierkegaard: Konstruktion des Ästhetischen*, in: GS, Bd. 2, S. 46.

＊22　「**ハム**　おれはだいたい真ん中にいるんだな？／**クロヴ**　そう思うよ。／**ハム**　そう思うだと！　ちゃんと真ん中にもどせ！」(286)

けられないということが、最後に出てくる究極の不条理なのである」(321)。彼らに残された希望は死ぬことである。それも静謐な死が望ましい。(市民社会がその手本とした)ストア派のアパテイア(無感動)の状態にこそ彼ら(市民社会とともに誕生し、いまや死に行く主観)の慰めは存在するからである。[*23]

最後に、ベケットの主観の死を描き出そうとする意志が、ベルゴットの死の場面に己の断末魔を書き込もうとして果たせなかったプルーストの遺言を受け継いだものであるという断り書きを付して、アドルノは『勝負の終わり』の読解を終えている。

しかし、アドルノは最後の引用が終わった次の文章の冒頭においてこう述べている。「意識は己の没落を直視しにかかる。あたかもハムとクロヴが没落を生き延びたのと同じく、自分もこの没落を生き延びようとするかのように」(321)。自己の死を見つめる主観の眼差しには、ひょっとすると起死回生のチャンスがきらめいているのかもしれない。アドルノがここまで紡いできた、主観の死をその必然的帰結とする歴史哲学的分析を、単に現状に対する絶望的なペシミズムの表明と捉えることは避けられるべきであろう。無意味の赤裸々な描写によって有意味性のネガを舞台上に繰り広げる作家というアドルノがベケットのうちに読み込んだのと同様の姿勢は、主観の死を描き出すアドルノの論考にも読み取られねばならない。主観はその傲慢を非難されることで没落するのみではない。没落を反省のうちに取り込むことで、暗闇に取り巻かれたメランコリーへの沈潜から、意識は覚醒することができるのかもしれない。アドルノ自身が、ベケットと同様の手法を用いて救済しようとしたもの、すなわち、アドルノの論考において否定的に取り扱われたものの裏返しの可能性とでもいうべきものを、探っていかねばならない。このことが、次節での課題となる。

個人

アドルノはベケットと実存主義との差異を明確化するにあたって、実存主義のよって立つ個人というカテゴリーがもはや無効となっていることを強調している。「個人そのものが、歴史的カテゴリーとして、資本主義による疎外過程の結果であり、その過程に対するかたくなな異議申し立てとして、すなわち、再び過ぎ去り消えゆくもの（ein wiederum Vergängliches）として明らかとなった」(290)。アドルノの理解するところでは個人という概念は、その始まりから自らのうちに崩壊の危機を孕んでいた。すなわち、ヨーロッパが啓蒙主義の勃興をみた一八世紀、宗教的権威からの自律を求めたドイツ市民階級の旧体制への反乱は、彼ら自身の経済的優位を基盤として成立していた。しかし、市民社会の求める既成の権威からの個人の自律（こうした主張は端的にはカントの『啓蒙とは何か』に見られる）は、その理想とするものにおいてまったくポジティヴなものであったといえるが、現実には諸身分・諸階級のあいだでの不平等をなんら是正することがなかった。ルソーが『不平等起源論』（一七五五）で人間の社交性を批判したのは、社会の成立が否応なく富めるものと貧しいものとを作りだすということを理由とするものであったし、またレッシングが『エルンストとファルク』（一七七八）で一つの問題として提起していたのも、もし原初の平等というものが存在するにせよ、世代間における財産の移譲に際して、多くを残せるものとわずかしか残せないものとのあいだに必ず差ができてしまうという事態であった。啓蒙の世紀の思想家たちにとって、社会（ここで個人は自律を獲得する）の成立と不平等の出来は分けて考えることのできない根本的な問題であったといえよう。言い換えるなら、社会の客観的な理念としての個人の自律は、社会に内在する諸個人相互の不平等を、やむをえず必要悪として取り込むことによって維持されてきたのである。個人は、市民社会の発展とともにその枝葉を伸ばしながら、そこに生み出される不平等あるいは疎外の危機によって常に脅かされている。その意味で、個人とは、自分を生み出した歴史的プロセスに反省的であらねばならず、それゆえ、自己

＊23　「希望はこの世界から這い出し、自分のもといたところ、すなわち死を迎えることのできる場所へと戻っていく。この作品が、その唯一の慰めであるストア的慰めを引き出しているのは、この死からである」(321)。

の母胎となる社会を自らの手で断罪せねばならない存在である。確かに、アドルノが個人を「再び過ぎ去り消えゆくもの」と呼ぶのは、個人を担う主観が、敵対的な社会と宥和する可能性（個人が個別的であることをやめて全体と調和する可能性）をどこかで念頭においているからには違いない。しかし、現状においてそれが可能性にすぎないことは、アドルノ自身よく承知していることでもあろう。

ただし、「再び過ぎ去り消えゆくもの」すなわち ein wiederum Vergängliches という表現は、個人と社会との宥和を、個人（あるいは社会）という実体的カテゴリーを維持したまま実現することの不可能性をこそ証言している、という点に注意することが必要である。このことを指摘するには、少し回り道をしなければならない。そもそも Vergängliches という語を、アドルノはベンヤミンから継承した概念 Vergängnis を念頭に置いて使用していると考えられる。語の形態から両者の連関は明白である。しかし、この Vergängnis という概念について、それを、「別のものへと形を変えて移ろってゆく」という存在者の単なる儚さを言い表したものと捉えることはできない。あるいは、現状に縛られた存在者が新たに生まれ変わるという肯定的な事態を問題としているのでもない。そこには、明白に滅びへと向かう道筋が刻み込まれているのである。

この点について、ベンヤミンの『ドイツ悲劇の根源』（一九二八）からは、以下のような文言が読み取られる。「バロック悲劇とともに歴史が舞台のなかにさまよい込んでくるとき、歴史は文字としてさまよい込んでくる。自然の顔貌には、Vergängnis の象形文字で〈歴史〉と刻まれている。（…）しかも、そのように仕立て上げられることで、歴史は、永遠の生のプロセスとしてではなく、むしろとめどもない崩壊（Verfall）の成り行きとして特徴づけられるのである」[*24]。アドルノはこの箇所を自身の最初期の論考「自然史の理念」（一九三二年に行われた講演をもとに、アドルノの死後初めて公表された）で取り上げている。そこでは、ルカーチの物象化論における、歴史的なもの（時間的な推移）の自然（無時間的・神話的連関）への硬直と対比されるかたちで、自然という永遠の同語反復の、歴史という変化状態への「覚醒（Wiedererweckung）」[*25]が語られている。この点だけを取り出すなら、アドルノの理解するVergängnisはベンヤミンへの参照を求めながらも、そこからの少なからぬ飛躍を含んでいると言えるだろう。

しかし、ベンヤミン‐アドルノの師弟関係に見られる両者の共通点と差異という興味深い問題にはここではこれ以上は踏み込めないにせよ、歴史的カテゴリーとしての個人を問題とするアドルノを、ベンヤミンの素直な後継者とみなしてこそ、ここでアドルノの言わんとしていることは理解されるだろう。「芸術作品は全体と部分の関係において、本質的にプロセスである。(…)芸術作品が自分自身のプロセスとしての性格に力を借りて、歴史のうちに生き延びることができるとして、この芸術作品は、同じく歴史のうちに消え去ることもありうる。(…)終極において、芸術作品の展開は、その崩壊(Zerfall)と軌を一にしているのである」(ÄT 266)。これは、『美の理論』のうちのVergänglichkeitと題された節からの引用である。ここでアドルノがVergänglichkeitとして理解している芸術作品の性格が、『ドイツ悲劇の根源』におけるベンヤミンのVergängnisと同じ、滅びをそのうちに秘めたプロセスであるということは明白である。つまり、ここで芸術作品の運命として語られている事態を、市民社会における個人の運命と重ね合わせてみるならば、芸術作品も個人もともに、自己保身に走ることなく己のすべてを展開しきった地点において、その使命が全うされ、それと同時に滅びが到来するということになる。アドルノにとって、ひとつの歴史的カテゴリーであることが明らかとされた個人は、そもそもは普遍に対する特殊の側からの権利要求の主体として、必然性をもって歴史の舞台に登場したものではある。しかし、個人がその課題、社会との敵対関係の解消という課題を達成するということは同時に、社会に対立する自分自身を消去することでなければならなかったのだといえよう。

＊24 Walter Benjamin, *Ursprung des deutschen Trauerspiels*, in: *Gesammelte Schriften*, Bd. 1, Frankfurt am Main 1991, S. 353.
＊25 Adorno, *Die Idee der Naturgeschichte*, in: GS, Bd. 1, S. 357.

実存主義はこの個人を強調する。それは、自分自身以外に寄る辺のない一個の実存であり、その決断によって状況を新たに創出するものであろうが、主観性への依存を深めることによって、知らず知らずのうちに個別具体的な現実から遊離した抽象的なものとなってしまうような個人であった。「これ〔個人を歴史的カテゴリーとみなす視角〕とは逆に、個人主義の立ち位置は、あらゆる実存主義に萌す存在論への第一歩〔そこには『存在と時間』も含まれるのだが〕にふさわしいものであった」(290f.)。実存主義と存在論との親和性は、アドルノに指摘されるまでもなく、フランス哲学におけるハイデガー受容という自明の事実から容易に推察されうるものである。そこに見られる実存主義哲学の存在論との親和性が、ベケットと実存主義との分かれ目となる。

存在論は、アドルノにとっては、あるはずのない宥和をあるかのように見せかけるイカサマの思弁に他ならなかった。ここでの宥和という言葉を、主観と客観との和解と言い換えるなら、それは自分の生に意味を求めることから要請された理想であるといえるだろう。自らの生に意味を求める、このことを別にアドルノは否定しているわけではない。しかし、生があるがままで有意味なものであるという断言には、あくまで異議を唱えるのがアドルノである。「人生に何の意味もないというテーゼは、積極的なテーゼとしては愚にもつかないものであるが、それは、その逆を言い表したものが虚偽であるのと同じことである。人生に意味などないというこのテーゼが真であるのは、〔人生は有意味であるという〕断言を下す月並みな決まり文句への一撃となるときだけである」(ND 370)。存在論によって請われている個別的な存在者の根底にある「存在〔ザイン〕」は、アドルノからすれば、そんなものは存在しない、と切って捨てれば済むというものではなかった。人間が意味を求めずにはいられないことは、アドルノにとっても一つの前提であったといえる。意味の支えを何に求めるにせよ〔存在であれ、神であれ、絶対精神であれ〕、その根本には静態的な安定を求める同一性の思考が存在する、とアドルノは見ている。しかし「存在の哲学は、それが存在のうちに何らかの意味を要求するやいなや破綻してしまう」(ND 105) のである。しかし安定を求めるために、自己に異質なものを根絶せしめようと目論む主観的意図は、自己の存在意義を破壊の対象となる他者に負っているにもかかわらず、その他者を始末してしまうことで、自らの無意味に直面することになる。意味を求めずにはおられない人間のありようが、意味を求めることによって逆説的に無意味に逢着してしまうというアポリア。ベケットの戯曲でハムが見せる苛立ちも、この行き止まりへの反応と解することができる。

ハム　全員を助けてやれたかもしれないんだがな。（間）助ける！（間）全員を俺は救ってやれたかもしれないんだ。（間）救う！（間）あんたたちはそこら中から這い出してきた。（間。激しく。）だがな、考えてもみろ、よく考えろ！　あんたたちは地上にいるんだし、それはどうやったって救いようのないことなんだ。[*26]

個人というカテゴリーの有効性を唱えることは、すなわち生の有意味性を肯定することにつながる。実存の無意味に苦悩することは、単に予定調和的に誂えられた決断へのプロセスにすぎない。しかし、決断はなんら状況を変えるものではなく、そもそも決断を下す主観がその意志を支えきれずにいる。ベケットが、主観性の肥大化した姿を舞台上に晒すことによって、主観は自らの無力を証明することとなる。主人公たちの、世界を無視した断固たる命令は、反響を見出すことなく虚ろに響くだけである。個人、そしてそれと連動する主観性の、歴史における有効期限の失効こそ、ベケットの戯曲によってクローズアップされている事態なのである。

省略されたもの

個人というカテゴリーに無効が言い渡されると同時に、それを涵養してきた市民社会も批判される。アドルノ

＊26　Samuel Beckett, *Endgame*, in: *The Complete Dramatic Works*, Faber and Faber London 2006, S. 89-134, hier S. 125［「勝負の終わり」安藤信也訳、『ベケット戯曲全集1』白水社、一九六七年、八三頁以下］。この箇所はアドルノも引用している（318）。

によれば、市民社会は「死に損なっている」。生きる術を見出せず、さりとて自らの命に終止符を打つこともできず、いたずらに苦痛を引き伸ばしながら瓦礫の上を這いずり回っている姿。アドルノの眼には、市民社会は自らの誕生の日にその福音を告げるものであった「人間性」の理念をむさぼり喰らう「末人」(287)としてイメージされている。

死に損なった市民社会。『勝負の終わり』ではハムがそれに当てはまる。そしておそらくはクロヴも。しかし両親(ナッグとネル)はどうだろうか。彼らはまだ人間らしさを漂わせている。消えゆく幸福の象徴としての、子供に戻った大人。その代償として、父となって凱旋してきた息子の支配に身を委ね、ごみバケツのうちで死なねばならないのも、彼らが人間であるからこそである。ユーモアや機知(Witz)がベケットの戯曲において不可能となっていることと、人間としての残り香が、二人の老人とともに消えてしまうこととは無関係とはいえない。たとえば、アドルノも言及しているように、フロイトは人間の笑いをある種の退行(克服された成長段階=幼年期への逆戻り)として捉えている。「一般化してもよいものならば、ここでの探求の対象である滑稽なものの特殊性を幼児的なものの覚醒に置いて、滑稽なものを再び獲得された『失われた子供の笑い』であると捉えることは、かなり魅力的であるように思われる」[*27]。すなわち、他者の一見不快な印象を子供のそれと比較すること(悪党=悪がき)から生じる快、あるいは窮地に追い込まれたものが「思慮分別」[*28]の加わらない前反省的な段階へと退行することから生じる「子供に固有の快」[*29]の獲得である。特に後者で触れられた子供独特の快は、同じ行為の「反復」に起因するものであるが、この幼児による「遊戯」は「批判ないし思慮分別と呼ぶのがふさわしいある要因が強められることで(…)終わりを迎える」[*30]とされている。これを要するに、文化・文明の施す教育によって制止された快の表出が、一時的な退行によって抜け道を見出すことから笑いは生じる、ということになるだろう。

フロイトのこの解釈をアドルノは前提としている。しかし、ハムの両親として、この劇における退行への道筋を作り出すべきはずのナッグとネルは、自分たちが一足先に幼子へと退行してしまっているために、観客は笑うことができない。子供の無作法に制止をかける人物が、この劇には欠けている。「精神分析は道化のユーモアが個体発生のきわめて初期の段階への退行であることを解明しているが、ベケットの作品は退行を演じつつそこからさらに下へと降りていくのである」(300)。

舞台から笑いが消えるとともに、これまで市民社会の指導原理であった「人間性(Humanität)」も姿を消す。あとに残るのは、人間的なものをまったく欠いた主観性による、観念論的「無世界論」の幕間劇であり、主観性が自らの殲滅の対象としての客観(自然)を無視しようと振る舞う際に見せる「傲慢(Hybris)」だけである。

しかし、「無調の和声法の協和音のように、省略(Weglassen)という行為のうちで省略されたものは、避けられたものとして生き延びている」(289)。個人というカテゴリーが無効となったのは、社会が主観的差異(主観によって他者との相違のうちに感じ取られる自己自身の個別化の契機)というものを、富裕層の無駄遣いや、生活必需品を買い求めるのとは別の用途へと向けられた金銭感覚へと追いやってしまったことに、その原因がある。いわば、上から規定された差異としての社会的流行(ファッション、トレンド)が、経済的要因によって決定されることに麻痺してしまった感覚が、主観的差異を差異として感じ取れなくなったところに個別化の衰退は見出されるのである。主観的差異、すなわち様々な主観の多様性を多様なあり方そのままに保持することの現状における困難が、ベケットをして、まったく反対の道へと駆り立てた、とアドルノは考えている。それゆえの「省略」であ

＊27 Sigmund Freud, *Der Witz und seine Beziehung zum Unbewussten*, in: *Gesammelte Werke*, Bd. VI, London / Furankfurt am Main 1940, S. 256.

＊28 Ebd., S. 144.

＊29 Ebd., S. 258.

＊30 Ebd., S. 144.

る。主観的差異の消失した舞台をネガとして描き出すことで、ポジとなるべき多様な主観の存在を暗示すること、ベケットにおける省略の意図はここに求められる。大仰なレトリックを用いた人間讃歌、あるいは表現主義の「おお、人間よ」の声高な呼びかけと厳しく対立する手法こそ、アドルノがベケットにおいて「省略」と名づけたものである。

ベケットの「省略」は唐突である。それは近代最初の演劇主観であるハムレットとは違って、もはや自らの動機を理路整然と語ることのできない主人公（あるいはアンチヒーロ）によって、身振りで示される。ベケットの戯曲のト書きの多いことは、テクストを一読すれば明らかであり、そこで事細かに指示される俳優のジェスチャーへのベケットによる執着は、演者による自由な感情表現など毫も許すものではない。『勝負の終わり』がセンチメンタルな感傷主義から程遠いものであることは容易に理解されるが、それはまた何らの理性的思惟をも有することのない非合理な茶番劇でもありえない。ベケットの戯曲は、合理性によって貫き通されている。「芸術作品が賢明なものとなるか愚劣なものとなるかはその作品の振る舞い方いかんにかかっているのであって、作者が作品のうえに自らこしらえ上げた思想など問題ではないのだ。上辺だけの合理性からかたくなに身をもぎ離そうとするベケットの芸術は、どの時点においても、つねにこうした事柄に内在する理性（immanente Sachvernunft）を身に備えている」（ÄT 176）。ベケットの戯曲の中に、深遠な思想を思わせぶりに口にするような、文化への好意的な目配せを期待することはできない。彼の作品は、ベケット自身が身に付けた教養を「彼自身の手で文化廃棄物へとおとしめ」（281）ることでできあがったものに他ならない。

ベケットの初期の作品が非常な雄弁をもって、そのきらびやかな文化的装飾を見せ付けていたことはよく知られている。その後、いわゆる小説三部作（『モロイ』（仏語一九五一、英語一九五五）、『マロウンは死ぬ』（仏語一九五一、英語一九五八）、『名づけえぬもの』（仏語一九五三、英語一九五八）での延々数百ページにわたって沈黙と隣り合わせに吐き出される饒舌なモノローグを経て、『勝負の終わり』（仏語一九五七、英語一九五八）、そしてアドルノが『勝負の終わり』との結びつきを強調する『言葉なき行為Ⅰ』（仏語一九五七、英語一九五八）で、沈黙が文字通り達成されることになる（『言葉なき行為Ⅰ』には台詞は一切ない）。その間のベケットの身振りは、まさにその身に染みついた文化的遺産を、どうにかして洗い落とそうとするものであるかのように映る。「というのもぼくはいつだってあまりに喋りすぎるかあまりに喋らなさすぎるからで、それはぼくみたいに真理への情熱にとりつかれた人間にとってはおぞましいことなんだ」。あるいはその直後の箇所、「よく考えてみれば、というよりも結局のところ、ぼくの言葉の豊富は言葉の貧困なんだってことや、その逆でもあるってことがハッキリするんだから」[*31]。『勝負の終わり』より以前に書かれたことで、ハムやクロヴよりはいまだ明晰に自らの不条理を語る術を身に付けている三部作の語り手は、また次のようにも述べている。「耳に入る音のヴォリュームはたしかに同じだ、単にその音を分解する能力を私が失ってしまったにすぎない。自然の、人間の、そしてさらに自分自身の、ノイズがすべて一つにごちゃまぜになって、出鱈目な、わけのわからないおしゃべりと化してしまったのだ。もううんざりだ。(…) 今晩は断固として、嘘でないことは一言も口にしないつもりだ、つまり、自分の本当の意図がどこにあるのか自分でもわからなくなるようなことしか言わないつもりだ」[*32]。言葉の表層において、これらの語りは明白に不条理であり、非合理である。しかし、語り手の振る舞い、アドルノが芸術作品に求める振る舞いにおいて、ベケットの作品は見事に合理性を貫徹している。「分裂病の王国のうちで、ベケットの演劇は正気を保っている」(297) という『勝負の終わり』についてのアドルノの命題は、この点で正鵠を射たものである

＊31　Samuel Beckett, *Molloy*, in: *Three Novels*, Grove Press. New York 1958, S. 5-176, hier S. 34.〔『モロイ』三輪秀彦訳、集英社、一九六九年、三三頁〕

＊32　Samuel Beckett, *Malone Dies*, in: *Three Novels*, a. a. O., S. 177-288, hier S. 207.〔『マロウンは死ぬ』高橋康也訳、白水社、一九九五年、六八頁〕

といえよう。

では、ベケット作品に内在する合理性は、いかなる目的のために保持され続けるのか。主観の崩壊という非合理かつ不条理な出来事を、客観的な合理性をもって描き出すベケットの真意はどこにあるのか。すなわち、ベケット作品において「省略」によって〝越冬〟を余儀なくされているものはいったい何であるのかが問われねばならない。本書でのこれまでの考察から明らかなように、この省かれたものは端的にいうならば「人間性」の理念である。しかし単に「人間性」と述べるだけで、この言葉が含意するものが何であるのかが明らかとなるわけでもなければ、真実この理念が現在も生き延びていることを保証することにもならない。アドルノがこの言葉を用いて何を意図していたのか、それによってベケットの戯曲の具体性がどの程度きわだつものであるのか、次に問われねばならないのはこのことである。

生まれ損ない

アドルノは、『勝負の終わり』を論じるなかで、ベケットとカフカの血縁関係を繰り返し指摘している。とりわけ、自身のカフカ論（『カフカ・スケッチ』一九五三）でも言及されていた、死に損なった市民社会のアレゴリーとしての『猟師グラックス』との類縁性が指摘される。カフカの描くグラックスは、死出の旅路の途中、棺を乗せた船が座礁したことから、冥界へたどり着くことができずに、港から港へと漂泊を続ける生ける屍である。アドルノはカフカ論で、このグラックスと市民社会とを重ね合わせながら、その末期のさまを次のように描き出している。「カフカによって太古のイメージへと翻訳されることで、市民なるものは死ぬ。個別者の諸特徴の放棄、すなわち文化という石の下でうようよと蠢く身の毛のよだつ恐怖の暴露が、個別性そのものの崩壊を記し付けている。しかしながらこの恐怖は、市民が自らの後継者を見つけられなかった、ということに由来する。『〔革命への賛同名簿には今のところ〕誰も記入していません』。この点からグラックスの物語が思い浮かべられる。もはや野蛮な猟師ではなく、死に損なった暴力の男グラックスの物語が。これと同じように、市民階層も死に損なったのである。救いとなるもの〔死〕を取り逃がしたことで、カフカにおいて、歴史は地獄となる。この地獄への扉を打ち開いたのは、死を迎えようとしていた市民階層自身なのである」[*33]。アドルノの時代診断によれば、一八世紀にその始まりと盛期を迎えた市民社会は、一九世紀の半ばにはもはやその内部に宿した緊張によって自壊しかけていたにもかかわらず、自ら状況を正視することを拒むことでこれまで生を永らえ、それと同時に死を迎える決定的な瞬間を取り逃がすことでもはや生ける屍となってしまっている。

カント、ヘーゲルのうちに、アドルノは市民社会の抱える葛藤、すなわち普遍的な理念（あるいはこれを「人間性」と言い換えてもよいだろう）と個別的な存在者の特殊性との不調和を調停する試みを見出そうとしている。しかし、彼らよりも時代を下ったキルケゴールのような思想家のうちには、理念に圧倒される主観の無力と、個別的主観という支えを欠いた普遍的理念の崩壊とを読み取ることになる。「キルケゴールの哲学では、認識する主観は客観の側にある相関物に手を届かせることができない。それはちょうど、交換価値によって占拠された社会では、人間たちにとって事物がその『ありのままの形』では近づくことができないのと同じことである。最盛期を迎えんとする資本主義的状況の悲惨を、キルケゴールは認識していた」[*34]。「彼にとって事物の世界は、主観が我が物としているのでも、客観の側に独立に存在しているのでもない。それは欠落しているのだ」[*35]。「人間性」の理念を掲げた市民社会は、市民階層が自らの出自をそこにもつ経済的基盤の拡張とともに、資本主義経済との絡まりのなかに消え去っていく。ここに現れる主観のありようを、アドルノは「客観なき内面性」[*36]と名づけている

＊33　Adorno, *Aufzeichnung zu Kafka*, in: GS, Bd. 10, S. 273.
＊34　Adorno, *Kirkegaard*, a. a. O., S. 59.
＊35　Ebd., S. 45.

が、こうした命名によってアドルノの言わんとしていることは、一九世紀という時代の半ばにいたるまでに、既に市民社会はそこに包摂される諸個人との宥和を失ってしまったということである。

とはいえ、ルソーやレッシングに見られるように、市民社会はその始まりから緊張を抱えたものであった。ドイツ市民精神の音楽における代表者と目されるベートーベンにも同様の緊張が見出される。ベートーベンの『ミサ・ソレムニス』への論評において、作家の晩年の様式に触れながら、そこに現れる自由奔放さに注意を促しつつ、しかしアドルノの眼は、作家の自己抑制の動機へと向かう。「荘厳ミサ」の類のうちでも、一種異様な雰囲気を漂わすこの作品をどのように評価するのか。全体の宥和をその曲の構造を通じて提示することのない作曲家の意図を、アドルノは社会状況との対応関係においてベートーベンが事態に忠実であったことの証左とみなしている。「彼は、個々の部分の対立した運動の総体（この総体へと個々の部分は身を沈めるわけだが）が肯定性そのものである、という擬古典主義音楽の極め付きの主張のうちに、真理でないものを感じていたにちがいない。この点において、彼は、自身の作品がその音楽的な最高の宣言を形作っている市民精神の上を行っている。彼の天才のうちの何ものか、おそらくは最も奥深くにあるものが、宥和されていないものを、形のうえで宥和させることを拒んだのであった」[*37]。一九世紀ドイツにおける市民社会と「人間性」の破綻は、アドルノの手によって、このようにして様々な兆候のうちに読み取られることとなる。先にベケットの作品について指摘された「事柄に内在する理性（immanente Sachvernunft）」も、こうした解読作業を経て、ベートーベンにも帰されることとなる。「この事柄に内在する理性は、決してモデルネ［ベケット］の特権というわけではない。これはたとえば、晩年のベートーベンに見られる切りつめ（Verkürzung）や、余計な、その限りで非合理な付け足しの拒絶にも、同じように読み取ることができる」（ÄT 176）。

しかし、その誕生の瞬間から身のうちに死へと向かわざるをえない運命を抱えた市民社会を、死に損なったという面から捉えるだけでは不十分ではないだろうか。おそらく、この点で、ベケットはアドルノとある意味で真逆の視点を提供してくれるように思える。それは、彼が精神的危機の時代にあった一九三五年、ロンドンのタヴィストック・クリニックでのC・G・ユングの講演を聴いた際に深く打たれた、ある少女のエピソードから導き出される。ユングはその講演で会場からの質問に答えて、一人の少女のエピソードを語った。それは、子供の夢をどのように解釈するのかということをそもそも主題とするものであったが、ユングは途中から話題を切り替え、自分が最近経験した不気味な出来事について報告し始める。「最近、びっくりするような神話的な夢をみた一〇歳になる少女の例に会いました。彼女の父がこうした夢について私に相談したのでした。その夢は薄気味悪い予後を含んでいたので、私の考えたことを話せませんでした。この少女は一年後に伝染病で亡くなりました。彼女は完全には生まれてはいなかったのです」[*38]。ベケットはこのエピソードを、ラジオドラマ『すべて倒れんとする者』（一九五七）で主人公のルーニー氏とルーニー夫人との会話のなかでおそらくは彼が受けた印象そのままに語りなおしている。

ルーニー氏　それで？　その話のどこがそんなにおもしろいんだ？

ルーニー夫人　違うのよ、わたしの頭からその時以来離れないのは、そのお医者さんが言ったちょっとしたことことか、それとその言い方なのよ。

ルーニー氏　それでお前は夜も目を開けたまま横になって、あちこち寝返りをうちながら、しかつめらしくそのことについて思いを巡らしてるってわけか。

＊36　Ebd., S. 46.
＊37　Adorno, *Verfremdetes Hauptwerk*, in: *GS*, Bd. 17, S. 158.
＊38　ユング『分析心理学』小川捷之訳、みすず書房、一九七六年、一四九頁。

ルーニー夫人　そのことやそれ以外の（…）つまらない幾つかのことをね。（間）そのお医者さん、その女の子のことを話し終えると、そこにしばらくのあいだじっと、そうね、たっぷり二分間くらいだったかしら、立ちつくして、テーブルに目を落としていたの。それから急に顔を上げて、まるで啓示でも受けたみたいに、叫んだのよ、この子はほんとうは全然生まれてなかったんだ、それがこの子の病気の正体なんだ！って。（間）これを全部なんの覚書もなしに喋ったのよ。（間）わたしは、話が終わる前にそこを出ちゃったんだけど。[*39]

『すべて倒れんとする者』では、この会話を交わす前に、ルーニー氏の到着する列車が遅れていることに夫人がやきもきする場面が続き、その列車の遅れた原因が子供をひき殺したことにあることがわかる。最後には、実はルーニー氏がその子供を突き落としたのかもしれないことが暗示されるかたちでドラマは終わる。『勝負の終わり』でもそうだが、ベケットの登場人物には「未来の生殖係[*40]」である子供に対する恐れや嫌悪感がしばしば見られる（もちろん老人への痛罵もかなりのものがあるが、彼らもまた退行の結果として子供になっている）。この子供への恐怖心を、アドルノのように、これからも世界が続いていくことへの恐怖に囚われた自己閉塞的な観念論の妄想と考えることも確かにできる。自分の内部に引きこもって、そのうちで暴政を敷くハムにとって、世界が自分の存在しない場所で続いていくことは、世界が終わる（死ぬ）ことと同じくらい恐ろしいことだからである。しかし、ベケットの動機を深読みするなら、彼の舞台に登場する子供たちは、単に世界に希望をもたらす象徴としてあらわれているわけではないだろう。『勝負の終わり』にあらわれる（おそらくはクロヴに捨てられた子供と考えられる）少年も、『ハムレット』のフォーティンブラスやホフマンスタールの『塔』に出てくる子供の王様のような象徴的な意味以上のものは持っていないにせよ、その陽炎のような姿は、はっきりとこの世に生まれることなく、ユングの言う「元型」との結びつきを強く保持し、それゆえに長く生きることのできない、生まれ損なったものとして描かれているようにも思える。アドルノの死に損なった市民社会のイメージと対比するなら、ベケットにおいては「人間」がそもそも生まれ損なっているのではないかという疑念が前景化してくる。リビードの退行を神経症の発生の原因と捉えるフロイトに対して、神話的創造行為への退行の積極的意義を認めたユングをベケットが好んだことは、つとに指摘されてきたことではある。しかし、単に神話的世界への退行をベケットが望んでいたと考えることもできない。神話的世界との宥和を望みながら、その不可能性を意識することからベケット作品の緊張感は生み出されている。ここまで見てきたように、あくまで理性をもって狂気に与するベケットという、アドルノの提示する作家像は確かにベケットそのものから引き出されたものである。ベケットの個人的体験という枠を取り去るなら、確かにユング的な世界観への共鳴は残り続けるにせよ、彼の舞台の上に現れるものには常に神話の自己崩壊へと向かうイメージ、つまりは啓蒙の弁証法との格闘が見出される。

ベケットの点〔自己の実存の極限にまで引き伸ばされた主観〕は、（…）原子と同様、自分の中に無限の充溢を蓄えている。人間性（Menschheit）がいつの日か現実のものとなれば、それはもはや自己のうちに閉じこもった内在的な文化など必要とはしないだろう、ということは考えられなくもない。ただ、今日では誤った文化の廃棄、すなわち野蛮の進攻こそ差し迫った問題であるといえよう。『名づけえぬもの』の結末、「続けなきゃならない（il faut continuer）」という言葉が定式化しているのは、芸術は外側から現れることなど不可能であって、その内側で継続されねばならない、というアンチノミーである。芸術が己の没落を我がものと

＊39　Samuel Beckett, *All That Fall*, in: *The Complete Dramatic Works*, a. a. O., S. 169-200, hier S.196.〔「すべて倒れんとする者」高橋康成訳、『ベケット戯曲全集1』白水社、一九七六年、二五二頁以下〕

＊40　Samuel Beckett, *Endgame*, a. a. O., S. 131.〔「勝負の終わり」前掲書、九七頁〕

するというところから、あらたな質が生じる。芸術とは、支配的精神を批判するものとして、自己自身に対して反対することもできるような精神なのである。（ÄT 474）

アドルノがベケットの『勝負の終わり』に見たものは、まさに自己の没落を直視する主観の眼差しであった。この自己批判的精神によって、主観は自らの死を乗り越える（あるいは全うする）ことができるのだろうか。現状において、アドルノがベケットやカフカに託した「人間性」の理想は、傷を負わない晴れやかな姿のままでは、その活路をどこにも見出すことはできない。一八世紀の啓蒙主義者たちが唱えた「人間性」は、その肯定的な意味をもはや保持しえない。それは（もしそれが生きようと欲するなら）、繊細さを極めた精神によって作り出された作品の振る舞いのうちで、省略という技法によって現象世界の片隅に追いやられることで〝冬〟を越すしかないのである。それゆえ、メシア的状況と地獄の同時的出現の場において最終決定が下されるまでは、アドルノの眼には死に損なった生ける屍であり、ベケットの眼には生まれ損なった陽炎のような子供であったこの理念は、そのしぶとさと儚さのゆえに、自分が生きているとも死んでいるとも見当をつけられないような中間地帯をさまよい歩くことになるだろう。この中間地帯を超えて死を迎えることへの希望とは、すなわち生を意味あるものとすることへの希望である。アドルノの求めた自己批判的精神が、主観の不可能性というジレンマにどこまで耐えることができるのか。一切はこの一点にかかっているといえよう。

アドルノによって差し出された色彩を欠いた灰色の作家ベケットのイメージは、アドルノの解釈の技法であるネガとポジの反転という着想から、「人間性」の生存の可能性を「省略されたもの」として探り出すためにとことんまで突き詰められている。ベケットの描き出す非人間的な情景は、現在する世界のネガとしてまさに写実的なのであり、その舞台に現れる不条理の極みともいうべき状況は、それ自身反転の可能性を秘めたものとして、弱々しく絶望に顔を覆いながらも「人間性」を指し示している。

本章は、「市民社会」というカテゴリーを参照点とすることで、あたかも「メエルシュトレエムの渦」とでも言うべきアドルノの叙述に、ひとつの中心点を設定し、それによって、様々な論点の現れるベケット論が、「人間性」の消失、そしてそれに付随して生じる「主観の死」、こうしたことをその一つの結論とするものであることを明らかにした。

それが「一つの」結論であるというのは、アドルノの論考が辿った人間存在の行き止まりへと向かう道筋には、その叙述のそこここに編み込まれるようにして、ありうべき活路の開ける可能性が示唆されているからである。『美の理論』を中心としたアドルノの他のテクストとの照合を行いながら、ベケット論のうちに隠された暗号を解読することで、死に損なった市民社会にアドルノの見出した可能性、すなわち死を迎えることの可能性が探りだされる。自己自身を抹消する芸術作品との類比のうちに捉えられた、自己批判的精神がそれである。

市民社会は、本章において、アドルノの視点から死に損なったものとして、逆にベケットの視点からは生まれ損なったものとして描き出された。両者は畢竟するに同根に帰するものである。アドルノにとって市民社会は自らの死を希望とするものであった。また、市民社会をアドルノのようには問題としていないにせよ、ヨーロッパ人文主義の伝統に深く棹さしているベケットにとって、口にすることはなくとも「人間性」の崩壊は自明のこととして眼前に迫っていたと考えられよう。その際、ベケットがユングの講演をヒントに作り上げたものは、生まれ損なった子供のイメージであり、この子供の希望することは、居場所を得ることのできない現世を去って、神話的な母胎へと回帰することであった。そして、原初への回帰のあくまで空想的であることを認識するところから、ベケットの作劇上の格闘が開始されるのである。

アドルノとベケットについて両者の近接性を、アドルノの論述に引きつけるかたちで、ここまで論じてきた。そうであれば、ベケットを解釈するアドルノがベケットに寄り添った思考を展開しているように見えることは、ある意味で当然のことといえよう。しかし、ベケットの側にも、アドルノを迎え入れる用意はあったのかもしれない。間接証拠として、最後に、アドルノがそのために大量のメモ書きを残し、できうればひとつの論考をまとめあげようとしていたベケットのもうひとつの作品、小説三部作の最後に当たる『名づけえぬもの』から、一文を引いておく。

おれだけが死なないんだ、どうしろっていうんだ、おれは生まれることができない[*41]

このベケットの言葉を、市民社会の誕生と死をめぐるアドルノとベケットの思索の一致点を示したものと読むこともできるだろう。この行き止まり、すなわち中間地帯の仮借のない描写のうちにこそ、アドルノとベケットが、安請け合いすることなく、そこから希望を引き出してこようとする始まりの地が存在するのである。

＊41 Samuel Beckett, *The Unnamable*, in: *Three Novels*, a. a. O., S. 289-414, hier S. 383.〔『名づけえぬもの』安藤元雄訳、白水社、一九九五年、一九五頁〕

結びに代えて

アドルノによるゲーテの『イフィゲーニエ』の読解をさらに読み解くところから始まった本書は、この後に置かれている補章としてのレッシング論二編に描かれるその前史としての一八世紀ドイツの演劇をめぐる状況についての考察を除けば、前章でベケットの『勝負の終わり』に関するアドルノの歴史哲学的な位置取りを論じたことをもって、ここで終えられることになる。

ドイツ擬古典主義の傑作がその意を注ぐ様式化の原理に逆らうかのように、ゲーテによる文章の彫琢の試みの最中にはしなくも露呈する暴力の痕跡を、人間性そのものに内在する野蛮であると指摘するところに始まって、二つの大戦が終わった後に広がる二〇世紀の荒廃した風景を、既に盤上の駒も残り少なくなったチェス・ゲームの終盤に例えるベケットの戯曲に読み取るなかに、世界のすべてが静止するかなえられた時間の訪れであり、また死に損いの呪われた時間の出現でもあるような、現代の人間性のアンチノミックなありようを描き出すところに終わるものとして、ここまで書き継がれてきたアドルノの歴史哲学にとって、人間性とは、序論でも述べた通り、逸脱の形象であった。

自らの死を死ぬことのできない老いた父としての市民社会に内在する希望の原理としての人間性、それは、永遠の反復を逃れることで真に歴史的時間を開始しようとするものであり、それ自体が果てしなく続く死の空間に終わりをもたらすものであると考えられる。これは一つの希望ではあるが、しかし、この希望がまた、ただ死の瞬間を先延ばしにすることしかできない望まざる不老不死の霊薬でもあることが、今日における人間性のいたずらな再興を禁じてもいるのである。無闇に生命の充溢を煽り立てるもの、膨張のうちに自己の限界を常に拡張しようとする無目的な自然の慣性に逆らうこと、アドルノの著作に読み取られる逸脱の形象としての人間性とは、こうして、盲目の生にも終わりをもたらすものであると考えられるのである。

日常の生活においても、生とは死をその裏面とするものであり、一枚のコインがそうであるように、そのどちらを裏とするか表とするかは、見るものの判断に委ねられる。そして、そのどちらの場合でも、生と死は、永遠の循環を形成している。死を内在させる生の流れを断ち切り、生に絡みついてどこまでもその蔦を伸ばそうとする死に終わりをもたらすこと、アドルノにおける人間性とは、この場合、終わりを意味するものである。また他方で、時間を喪失した世界に終わりをもたらすものとして、人間性とは、終わりへと向かう始まりとしての歴史を開始するものでもある。

生でもなく、死でもなく。アドルノの言う人間性は、こうした意味において、中間地帯として捉えられるより他にないものであり、この場所をこそ彼は、ある時はユートピアと、またある時は無人地帯と呼んだのである。本書が描き出そうとしてきたものも、この終わりの地であり、同時に始まりの地でもある、アドルノの思想の只中に開ける中間地帯であったといえよう。

過ぎた昔を懐かしむのでもなく、まだ見ぬ明日の世界を希望的観測のもとに眺めるのでもなく、この現在において過去となり、また未来として現れもする時間の様相を、いまここから地続きに果てしなく続く地獄として冷徹に見据えるところから、アドルノの歴史哲学は構想されている。

地獄としての現在というアドルノの認識は、本書もまた共有するところである。また、そうした認識の共有が、アドルノの思想に安易に結論を求めることを禁じる原因ともなったのだといえよう。人間性は、文字通り、生死の境をさまよっている。その動揺の静止する瞬間が恩寵の時となるか最悪の時となるかは、いまだ予想の範囲外にとどまる。

補章Ⅰ

ドイツ啓蒙主義における「道徳性」と「美的なもの」

レッシング『ハンブルク演劇論』第七四－七九篇を手がかりとして

はじめに

「演劇の舞台はそれ独自の道徳を持つ（Die Schaubüne hat ihre besondere Sittlichkeit）」[*1]とは、レッシングの戯曲『賢者ナータン』の主人公のモデルとして名高いモーゼス・メンデルスゾーンの言葉である。一八世紀当時まで、「教化機関（moralische Anstalt）」[*2]として、国民の趣味の洗練に寄与するものとされていた劇場は、フランスに立ち遅れたドイツの民衆の粗野な風儀を、舞台上での模範を示すことによって改良することができるという点において、その正当性を保持していた。しかし、既成の秩序や宗教に支配された道徳の批判者として、万人に共通の「人間性」の理想を掲げることになる一八世紀のドイツ啓蒙主義者たちは、思考や道徳の自律（Autonomie）を様々な分野で推し進めていく過程で、その手を芸術にまで伸ばし、舞台に現れる絢爛たるイリュージョンのなかから、現世の道徳とは別種の規範に従う美の価値を取り出し、そこに美的なものの自律を見出したのである。[*3] ここにおいて演劇のもつ意味が、それまでのものとはまったく異なったものへと変化する。

しかし、もちろんその過程は一直線に進んでいったわけではない。それぞれの思想家・文学者個人の内面における消化吸収をまって初めて、時代の漠とした流れは具体的現実へと結晶化される。演劇の舞台が道徳の支配から逃れ、そこに美的なものの自律が出現するまでの過渡期において、啓蒙主義の担い手たちがいかに思考したか。本章ではこの問題を、先に挙げたメンデルスゾーンの友人であり、一八世紀ドイツ啓蒙主義を代表する人物とされるG・E・レッシングの演劇論に即して探っていく。

宗教思想、美学、歴史的文献学、そしてなにより『賢者ナータン』に代表される劇作によって知られるこの啓蒙主義者は、一七六七年、ハンブルクに誕生したドイツ初となる「国民劇場」の演劇主任として招かれ、そこで六九年の劇場の閉鎖までの二年間を過ごすことになる。[*4] この地での彼の劇評家としての活動の集大成として出版されたのが、本章で扱う『ハンブルク演劇論』(一七六七–六九)である。

以下では、そのなかでも特に第七四篇から第七九篇にかけて展開される悲劇論(アリストテレス解釈)に論述を限定することで、その背景をなす当時のドイツの劇壇の状況との関係を顧慮しつつ、「道徳性」とそこから自律していった「美的なもの」、この両者がレッシングの演劇論のうちでどのように交錯していたのかに焦点を当てていく。議論の進め方としては、Ⅰで『ハンブルク演劇論』でのレッシングの議論の前提となる彼の周囲の状況を明瞭なものとし、それを受けてⅡにおいてレッシングの論旨を追うかたちを取りながら、彼の悲劇論に見られる道徳性と美的なものの葛藤に的を絞っていく。

Ⅰ 『ハンブルク演劇論』までの道のり

(1) 天才とシェイクスピア

レッシングが『ハンブルク演劇論』でアリストテレス解釈へと踏み入るきっかけをなすのは、C・F・ヴァイセの戯曲『リヒャルト三世』を俎上に載せたことにあった。それというのも、この脚本が舞台にかけようとするリヒャルトの残忍な性格が悲劇にふさわしいかどうかを検討するためである。ここから展開されるレッシングのアリストテレス解釈は後述することとし、ここではまずヴァイセの戯曲が題名からわかるように、シェイクスピアの『リチャード三世』と同じ題材を取り扱っていることを[*5]、レッシングが本格的な悲劇解釈に進む直前の第七三篇で論じていることに注目したい。

ヴァイセは盗作をはたらいたわけではない。彼自身の述べるところによれば、作品を仕上げた後で、彼はシェイクスピアの同名の作品を知ったということである。それどころか、シェイクスピアを盗作することは、一つの

＊1　Moses Mendelssohn, *Über die Empfindungen*, in: *Gesammelte Schriften*, Jubiläumsausgabe, Bd. I, Berlin 1929, S. 94.

＊2　ドイツ語の moralische Anstalt を「教化機関」と訳すに当たっては、『ハンブルク演劇論』（鳥影社、二〇〇三年）の「解説」（六一四頁）で訳者の南大路振一が、シラーの *Die Schaubühne als eine moralische Anstalt betrachtet* を「教化機関として見た演劇」としているのに倣った。

＊3　ここでは「美」という言葉で、単に「美しいもの」が意味されているのではない。それはまた、「不気味なもの」、「グロテスクなもの」をも、それらが快く感じられる限りにおいて、包摂する。一八世紀における、この醜いものの美学を通覧した文献として以下を参照。Carsten Zelle, *» Angenehmes Grauen «, Literaturhistorische Beiträge zur Ästhetik des Schrecklichen im achtzehenten Jahrhundert*, Hamburg 1987.

＊4　ハンブルクの国民劇場とレッシングの関係については、以下を参照。永野藤夫『啓蒙時代のドイツ演劇――レッシングとその時代』（東洋出版、一九七八年）。それによると「レッシングは座付き作者（Theaterdichter）、現在の演劇主任（ドラマトゥルク）として招かれながら、それをこばんで、当時 Theaterberichter とよばれていた劇評家という身分で招きに応じた」（同書、三二九頁）とある。

＊5　リヒャルトはリチャードのドイツ語読み（欧文表記はどちらも Richard）。モデルとされているのは同一人物であるが、混同を避けるため、ヴァイセの戯曲の主人公はリヒャルトと表記する。

功績となりえただろうというのが、ヴァイセの認めるところなのである。レッシングはヴァイセの作品のドイツ演劇界における重要性を十二分に認めながら、しかしそれゆえに、ヴァイセのこの告白に同意する。

シェイクスピアを盗作することが可能だと考えてみよう。しかしホメロスについて、彼から一行をもぎ取るくらいなら、ヘラクレスから棍棒をもぎ取る方が簡単だと言われたことは、そのままシェイクスピアについても言える。彼の美しさのうちで最も卑小なものにも、全世界に向かって「私はシェイクスピアのものだ！」と呼びかける印章が刻印されている。この美しさに自ら肩を並べようとする他人の美しさに災いあれ！[*6]

ヴァイセの才能を認めながら、しかしそれ以上にシェイクスピアの偉大さを称揚するレッシングにとって、シェイクスピアとは、単にヴァイセとの比較において相対的にその才能を認められるに留まるような存在ではなく、天才概念の絶対的な範例を成していた。[*7]既に一七五九年の『文学書簡』の第一七信で、シェイクスピアはそのようなものとして登場している。そこには特に、当時の劇壇に覇権を揮っていたヨハン・クリストフ・ゴットシェートの規則偏重の演劇論に対してオルタナティヴを提示すること、またゴットシェートが模範とするフランス古典主義、とりわけピエール・コルネイユを批判する意図も同時に込められていた。

ゴットシェートは、我々の古い演劇を改良しようとしたというよりも、まったく新たな演劇の創始者たらんと欲した。いったい何が新しいのか？　一個のフランス風の演劇ではないか。このフランス風の演劇がドイツ人の思考様式に適応させられるものか否かについて考えを深めるようなことは何らなされていない。（…）古代人の模範に即して事態を決めてみれば、シェイクスピアはコルネイユよりも偉大な悲劇作家である。コルネイユが古代人を非常によく勉強し、シェイクスピアがそれについて殆ど何も知らないにしても。コルネイユは機械的な規則によって古代人に近づくが、シェイクスピアは本質においてコルネイユよりも彼らに近いのである。[*8]

ここに見られる「機械的な規則」と詩人の「本質」という対立は、レッシングの天才論の萌芽を示すものであり、後の『ハンブルク演劇論』においても同様の筋立てのもとで繰り返されることになる。一例を挙げるなら、第三四篇には以下のように書かれている。

天才は、学童なら誰でも知っている無数のことがらを知らなくても許される。習得された記憶のストックではなく、天才が自分自身から、自分自身の感情から生み出すものが、彼の財となるのだ。(…)我々が彼よりもよく知っているすべてのことは、単に我々が彼よりも勤勉に学校に通ったことを証明しているにすぎない。そして、もし我々がまったくの馬鹿に留まりたくないなら、残念なことに我々には学校に行くことが必要だったのだ。[*9]

＊6　Gotthold Ephraim Lessing, *Hamburgische Dramaturgie*, in: *Werke*, Hg. Herbert G. Göpfert, Bd. 4, München 1973, S. 571. 翻訳は『ハンブルク演劇論』(前掲書)を参照した。

＊7　レッシングの天才概念がいかに変遷したかをたどるには以下の文献が有益である。B. Rosenthal, *Der Geniebegriff des Aufklärungszeitalters: Lessing und die Popularphilosophen*, Berlin 1933, S. 149ff.

＊8　Gotthold Ephraim Lessing, *Briefe, die neueste Literatur betreffend*, in: *Werke*, a. a. O., Bd. 5, S. 71ff.

＊9　Lessing, *Hamburgische Dramaturgie*, a a. O., S. 385ff.

この言葉は、『文学書簡』で示されたシェイクスピアとコルネイユの対置に、ピタリと当てはまる図式を描いている。

しかし、『文学書簡』での彼のシェイクスピア宣言によって告知されたものは、前述の通り、単に規則と自然の対立だけではなかった。それは、当時のドイツの演劇の状況をめぐる風潮、すなわちフランス偏愛の風潮に変革を告げるものでもあったのである。

(2) フランスに対するアンビヴァレンツ

フリードリヒ大王という啓蒙専制君主として名高い王の治世の下で、しかし一八世紀、いまだ多数の領邦国家に分裂していたドイツにとって、フランスはアンビヴァレントな感情を抱かせる隣国であった。一方では極端なまでのフランス贔屓と、その裏面をなすドイツ語への軽蔑が、宮廷の貴族たちに共有されていた。レッシングの死の一年前の一七八〇年にいたってなお、フリードリヒ大王は『ドイツ文学について』と題する本を出版し、そのなかで、「余はドイツ語を、ドイツが有する州と同じ数の異なった方言に分かれている半ば野蛮な言語だと思う」[*10]と述べている。ドイツ啓蒙の政治的代表者にあってすら、ドイツ語を嫌悪するフランス趣味への順応はこれほど根深いものであった。それゆえ、彼はフランス的趣味に従い、それを模倣し、サン・スーシ宮殿を築き、ヴォルテールを招き、死ぬまでそこにとどまったのである。

しかし、その一方で、貴族ではなく市民階層にその出自を持つドイツの啓蒙知識人たち（レッシングもその一人である）は、こうした位階秩序によって定められた趣味の強制に反旗を翻した。フランスからイギリスへ、コルネイユからシェイクスピアへ、というレッシングによって提唱されたドイツ演劇の方向転換は、こうした当時のドイツ知識人たちの宮廷文化に対する反抗をも含意したものだったのである。[*11]

ただし、宮廷に見られる親フランス的な心情と、ドイツ国民の趣味の陶冶をドイツ人によって推し進めようとする知識人の反フランス的な心情は、個別的に見るならば、決して硬直的なものではない。宮廷に住まうフリードリヒ大王が、その趣味においてどれだけフランスにのめりこもうとも、公的な場での彼の政策決定がそうした趣味と矛盾するものを含むのは当然のことであった。たとえば一七五六年、七年戦争における、プロイセンによるフランスとの同盟の破棄、そしてイギリスとの同盟の締結は、レッシングのシェイクスピア宣言と軌を一にしていると見ることもできるだろう。

知識人たちにしてみても、フランスは単に打倒すべき宮廷文化を代表しているだけではなかった。ドゥニ・ディドロやルソーのようなフランス啓蒙を代表する思想家の著作は、積極的にドイツ語に翻訳され、彼ら自身の血肉とされたのである。たとえばルソーの『不平等起源論』（一七五五）は、メンデルスゾーンによって翌年の一七五六年には早々に翻訳されており、[*12] レッシング自身も、一七五八年に出版されたディドロの『演劇論』を一七六〇年に匿名で翻訳出版している。前者の文明批判と、後者で主張された「まじめな喜劇[*13]」という新たな劇形

*10　ノルベルト・エリアス『文明化の過程・上』赤井慧爾他訳、法政大学出版局、新装版二〇〇四年、八二頁。

*11　ドイツ文学におけるシェイクスピア受容は、レッシングより下の世代、シュトゥルム・ウント・ドラングにおいてはもはや自明のものとなっている。とりわけ、ゲーテの戯曲『ゲッツ・フォン・ベルリヒンゲン』（一七七三）はシェイクスピアを手本としたものとして名高いが、フリードリヒ大王はこれについて、「我々の言葉に翻訳されたシェイクスピアの俗悪な戯曲」（エリアス前掲書、八四頁）という判断を下すのである。

*12　ルソーの翻訳をメンデルスゾーンがレッシングに送った際、彼はそれに公開状（一七五六年一月二日付）を付している。それは、ルソーの自然状態の賛美と社交性・「完成可能性（perfectibilité）」に対する嫌悪を批判的に検討したものであった。ハンス＝ユルゲン・シングスの指摘によると、ここに現れるメンデルスゾーンの、社交性に信を置いた「完全性（Vollkommenheit）」理解に対するレッシングの批判が、この年の後半からニコライを交えて開始される「悲劇に関する往復書簡」での両者の対立の淵源となったとされる（Hans-Jürgen Schings, *Der mitleidigste Mensch ist der beste Mensch*, München 1980, S. 22ff.）。

式は、ドイツの思想家や文学者に、宮廷文化への批判をさらに進展させるための理論的足場を提供するものであった。このように、ドイツ文学そのものの展開のためにも、フランス由来の理論の受容は欠くことのできないものであったことが理解できる。ドイツの知識人たちは、フランスかぶれの宮廷人たちを打ち負かすために、フランス啓蒙の理論的支えを必要としたのである。この点に、彼らのフランスに対するアンビヴァレントな姿勢が浮かび上がってくる。

そしてこれと同じことが、レッシングのゴットシェートとの関係についても言える。レッシングは確かに『文学書簡』の第一七信で、ゴットシェートを完膚なきまでに叩きのめしたといえよう。さらに、レッシングのゴットシェート批判の動機を背後にまで遡れば、そこにはゴットシェートのコルネイユへの心酔とそれを通じて現れる宮廷文化との親近性に対する拒絶があった。しかし、レッシングのフランス批判の要点は、上からの強制による趣味の他律的なあり方を批判することで人々の自律的思考を促し、それによってドイツの民衆を洗練することにある。そして、この民衆の趣味の洗練という問題意識は、ドイツの演劇界ではまず第一にゴットシェートによって実行に移されたものなのである。彼の演劇界における啓蒙的努力は、その理論と実作における規則尽くめの単調さをレッシングによって批判されるにせよ、その意図においては明らかにレッシングの先駆者であった。[*14] それゆえ、レッシング（ドイツ・民衆）－ゴットシェート（フランス・宮廷）という図式では捉えきれないものが両者のあいだには存在している。

では両者の差異はどこに求められるのか。その手がかりとして、次に一七五六年の後半から翌年の前半にかけてレッシングとニコライ、メンデルスゾーンの三者間で取り交わされた悲劇論についての往復書簡、通称「悲劇に関する往復書簡」での議論に目を向けることとする。

(3) 同情と人間性

一七五六年から五七年にかけて、レッシング、フリードリヒ・ニコライ、メンデルスゾーンのあいだで戦わされた「悲劇に関する往復書簡」での議論は、そもそもニコライが自身の創刊を予定していた『文芸文庫』に新作悲劇の募集をかけたところに始まる。この募集によってどのような悲劇が選ばれるかの審査基準を定めるためにニコライ自身が「悲劇論」を著し、それをレッシングとメンデルスゾーンに送付したところ、レッシングとニコライ、メンデルスゾーンの二組のあいだに見解の相違が出現し、かくして三人のあいだで（しかし議論としては、主としてレッシングとメンデルスゾーンのあいだで）手紙がやりとりされることとなったのである。

まず、発端となったニコライによる悲劇の定義は次の引用に明らかである。

悲劇の真にして唯一の目的は、激情を引き起こすことである。（…）悲劇は道徳上の教えと争うことはな

＊13　一七世紀のフランス古典主義において確立された、悲劇と喜劇の分離と、前者に貴人を、後者に庶民を割り振る演劇理論に対して、この演劇形式は庶民の不幸を描く中間形式として唱えられ、ドイツの市民劇にも大きな影響を与えた。小場瀬卓三「理論的反省」（『フランス文学講座第四巻　演劇』大修館書店、一九七七年、二八三頁以下）を参照。

＊14　南大路振一・中村元保・石川寛・深見茂編著『ドイツ市民劇研究』（三修社、一九八六年）の四四頁以下に見られる次のような記述が参考になる。「ゴットシェートの演劇改革の試み（…）そのより深い動機はドイツの民衆――幅広い市民階層の教養を高めることにあった。フランス古典主義を規範とする演劇改革は、他の二つの領域での彼の活動――ヴォルフ哲学の普及ならびに標準ドイツ語の涵養と別個に行われたのではなかった。これら三つはドイツ民族の文化的後進性を克服しようとする啓蒙主義者の真摯な努力のあらわれに他ならない。（…）その成果には一定の限界があったのも当然であろう。したがって、一世代あとのレッシングに追随してゴットシェートの仕事をただ否定的に評価するのは正しくない」。

い。よく言われるように、劇場はそれ独自の道徳をもっている（daß das Theater seine eigne Sittlichkeit habe）のであり、この劇場の道徳は世俗の生活の道徳からは区別される。[*15]

この引用に現れる劇場の道徳と世俗の道徳の分離（「劇場はそれ独自の道徳をもっている」）は、本章冒頭に引用したメンデルスゾーンの言葉（「演劇の舞台はそれ独自の道徳を持つ」）を受けてのものであることは明白である。ここにはドイツ啓蒙主義における、美的なものの道徳性からの自律が典型的に表現されている。しかし、メンデルスゾーンとニコライによって主張された美的なものの自律の思想にレッシングは反対することになる。これを積極的に言い換えるならば、演劇における道徳の擁護こそレッシングの主張の眼目を成していた、ということである。では、それはいかにして行われたのだろうか。

この点は、ニコライが悲劇の引き起こすべき激情として、「恐怖（Schrecken）・同情（Mitleid）・感嘆（Bewunderung）」の三つを挙げたことに関して、[*16]レッシングと他の二人（主としてメンデルスゾーン）が「感嘆」をめぐって争ったことに明瞭である。まず、メンデルスゾーンはどう考えていたか。簡潔に述べるならばメンデルスゾーンの考えはこうなる。観客は自分がなしうるとは到底考えられない崇高な行為を舞台上に目撃し、感嘆を抱く。そしてこの感嘆の念によって演じられた行為を模倣しようとする。この点で感嘆は人々の徳を高める「徳の母」[*17]である。つまりメンデルスゾーンは、悲劇の引き起こす激情に「感嘆」が加えられることになんら反対するものではなかった。これに対して、レッシングは「感嘆」に批判的であった。というのも、メンデルスゾーンによって披瀝された見解は、ライプニッツ＝ヴォルフ学派の見解を取り入れた「完全性」概念を基盤として成立しているが、そこにレッシングは疑念を抱いていたからである。[*18]つまりメンデルスゾーンは、上級認識能力としての知性と下級認識能力としての感性を分割し、感性的認識と知性的認識の前者から後者への上昇、後者から前者への下降を前提としつつ、知性の領域に置かれる完全性を観客の感性に合致させることを意図していた。しかし、レッシングはこのようなヒエラルヒーに従って秩序立てられた認識の段階的発展への信頼から距離をとっている。

一般の理解によれば感嘆とは、めったにない完全性に対して個々人の抱く満足以外のものではありません。この感嘆が模倣によって人々を洗練するのです。そしてこの模倣は、私が模倣しようとする完全性についての明晰な認識を前提としています。〔しかし〕このような認識を持っている人がどれほどいるでしょうか？[*19]

そしてまた同じ書簡ではこうも言われている。

下層民（Pöbel）の能力は大変に貧しいものであり、彼らの徳はまったく月並みなので、彼らはこの二つ〔能力と徳〕をある程度において発見しさえすれば、感嘆するのです。彼ら自身の狭隘な領域を超えるものを、彼らはあらゆる人間本性の領域を超えるものであると、信じているのです。[*20]

＊15　Friedrich Nicolai, *Abhandlung vom Trauerspiele*, in: Gotthold Ephraim Lessing, Moses Mendelssohn, Friedrich Nicolai, *Briefwechsel über das Trauerspiel*, Hg. und komm. v. Jochen Schulte-Sasse, München 1972, S. 17.
＊16　Ebd., S. 25.
＊17　Mendelssohn an Lessing, 23. Nov. 1756, in: *Briefwechsel*, S. 60.
＊18　Schings, a. a. O., S. 31. また、この点に触れながら、同時にレッシングとモラル・センス哲学（シャフツベリ、ハチソン）との関係を考察したものとして、以下の文献を参考。Jan Engbers, *Der » Moral-Sense « bei Gellert, Lessing und Wieland. Zur Rezeption von Shaftesbury und Hutcheson in Deutschland*, Heidelberg 2001, S. 67ff.
＊19　Lessing an Mendelssohn, 28. Nov. 1756, in: *Briefwechsel*, S. 66.
＊20　Ebd., S. 63.

一番目の引用で問われているのは「完全性」について、それを演劇の見本から受け取って模倣しようとすることは結構なことだが、しかし、そもそも「完全性」についての明晰な認識を誰が所有しているのか、とりわけ劇場を訪れる民衆のうちで、というものになる。このレトリカルな問いによって、レッシングが「完全性」を万人に入手可能なものと考えていないことが理解できる。そして二番目の引用では、下層民〔Pöbel〕という、演劇がその客層とし、劇の上演によって趣味が洗練されなければならない人々について、とりわけ「完全性」の認識の欠如が疑われるのである。[*21]

レッシング自身はこのような「感嘆」批判に足場を置くことで、「同情」を通じた人間性の形成こそ悲劇の主眼であると主張する。「悲劇の使命は、同情を感じる我々の能力を拡大することであるべきなのです[*22]」。それゆえ、恐怖・同情・感嘆の関係は次のように整理される。

ですから、階梯はこのようなものです。〔下から順に、〕恐怖、同情、感嘆です。しかし梯子の名前は同情です。だから恐怖と感嘆は、梯子の最初の段、つまり同情の始まりと、そして同情の終わりにすぎません。[*23]

そこから、「最も同情深い人間が最も良い人間、すなわち、すべての社会的な徳、あらゆる種類の高潔へと向かう素質を最もよくそなえた人間なのです[*24]」、という定義が引き出されることになる。そして民衆の趣味の洗練に寄与するに際して、感嘆に対する同情の優位が宣言される。

これ〔感嘆〕に対して、同情は何の媒介物もなく、人々を洗練するのです。我々自身がそれに対して何の働きを寄せる必要もなしに、洗練するのです。賢者も愚者も、同様に洗練するのです。[*25]

演劇の道徳と世俗の道徳を分離しようとし、それゆえに観客の道徳的洗練を顧慮しつつも「感嘆」という美的領域を開拓することで美的なものの自律を訴えたメンデルスゾーンとニコライの二人に対して、「同情」の生起を悲劇の主眼とするレッシングの立場は、その道徳性へのこだわりという点において一見すると保守的なものに思える。さらに、ニコライとメンデルスゾーンがその悲劇論において、快感を引き起こす作品はその模倣の対象のいかんにかかわらずよしとする、フランスの主観的美学の創始者であるJ-B・デュボスの『詩画論』(一七一九)の影響を受けているという点も考慮に入れるなら、レッシングの保守的性格はいっそう際立つように思える。[*26]

このように往復書簡でのレッシングの同情重視の考えを概観してきたうえで、話を再度レッシングとゴットシェートの関係に戻すなら、両者の差異を単に後者がフランスに範を仰ぐことで宮廷的な趣味に加担しており、

---

*21 ここで言われる「下層民(Pöbel)」は、単に身分制によって下位に位置づけられる人々を意味しているわけではない。この言葉は、この文脈では、身分の上下にかかわらず、感情と知性の陶冶の程度の低い人々を指すものである。Vgl. Kurt Wölfel, *Moralische Anstalt: Zur Dramaturgie von Gottsched bis Lessing*, in: *Deutsche Dramentheorien*, Hg. Grimm Reinhold, Bd. 1, Frankfurt a. M. 1971, S. 72. u. 79.

*22 Lessing an Nicolai, Nov. 1756, in: *Briefwechsel*, S. 55.

*23 Ebd., S. 54.

*24 Ebd., S. 55.

*25 Lessing an Mendelssohn, 28. Nov. 1756, in: *Briefwechsel*, S. 66.

*26 芸術作品のうちで模倣されている対象が何であれ、その模倣を通じて観客に引き起こされる激情が快なるものであるなら、そこに芸術のよさがある、とするデュボスの説の否定にレッシングの同情論は基盤を置いている。またそこから明らかとなるレッシングとゴットシェート、さらにゴットシェートとスイス派の同質性を指摘したものとして、以下を参照。Peter Michelsen, *Erregung des Mitleids durch Tragödie: Zu Lessings Ansichten über das Trauerspiel im Briefwechsel mit Mendelssohn und Nicolai*, in: *DVjs*, 40, 1966, S. 548-566.

前者が啓蒙主義の観点からそれに批判的であったという点にだけ求めることはできなくなる。ゴットシェート自身が『批判的詩学』(初版一七三一)で暗にデュボスを批判していることを考えあわせるなら、[*27] レッシングとゴットシェートは演劇における道徳性の擁護という点では、むしろニコライやメンデルスゾーンに対して共同戦線を張っていると考えることもできるのである。[*28]

しかし、この道徳の擁護という領域における「同情」の重視が、レッシングをまたしてもゴットシェートから際立たせることになる。というのも、レッシングが悲劇の引き起こす「同情」を重視するのは、先にも挙げておいたように、無媒介に人々を洗練するという理由からであった。それに対してゴットシェートの演劇論の背景には、メンデルスゾーンと同じくライプニッツ=ヴォルフ学派による理性的教育の理想があった。つまり、メンデルスゾーンの「完全性」と同じく、ゴットシェートにおいても、現実の社会における人間がどうであるかということよりも、あるべき人間の姿がその理論において優先されていたといえる。もう少し厳密に述べるならば、既存の秩序のなかに「かくあるべし」と置かれた人間は、変化の可能性を奪われることで制度の網の目から抜け出すことができなくなるのである。レッシングが同情の直接性を積極的に取り上げ、「賢者も愚者も」同じように自分を高めることができると考えていることを考慮するなら、この違いは決定的といえる。

ゴットシェートにしろレッシングにしろ、一八世紀の演劇をめぐる議論として常に口にされる「教化機関(moralische Anstalt)」としての演劇を目指していた。しかしゴットシェートの考えはあくまで伝統的なものであった。つまり、彼の考えは、領主のような高貴な身分には「悲劇」を割り当て、私人として現れる民衆には「喜劇」を割り当てるという、いわゆる「身分条項(Ständeklausel)」によって規定されていた。[*29] それゆえ、演劇の効果を、道徳的なものに絞り込んでおきながら、そこに身分制に従った区分を設けることによって、レッシングに代表されるドイツ啓蒙の後期段階からゴットシェートは取り残されることになる。彼に欠けていたものは何か。そこに両者の差異は求められる。すなわち、レッシングが、とりわけ『賢者ナータン』(一七七九)で到達したとされる「人間性」の理想がそれである。[*30]『賢者ナータン』、この戯曲では、キリスト教、ユダヤ教、イスラム教の三者が、結末において一つに結ばれる。そしてその宗教的多様性がその違いのうちに調和へともたらされる一方で、それぞれの宗教は異なった身分、すなわち、騎士（キリスト教）、商人（ユダヤ教）、君主（イスラム教）によって代表され、さらにそこには女性も加えられている。

この身分と性別の違いを乗り越え、人間を真の同一性にもたらす「人間性（Humanität, Menschheit）」の理想こそ、レッシングの同情論の根底におかれているものなのである。単に美的なものの快楽を目指すだけでは得られない、人間の人類としての同一性の達成は、「人間性」の理想をまって初めて実現可能なものとなったといえよう。

三　『ハンブルク演劇論』第七四－七九篇における「道徳性」と「美的なもの」

(1)「恐怖（Schrecken）」と「不安（Furcht）」

「人間性」をその基盤とするレッシングの同情論が明らかとなることで、『ハンブルク演劇論』での悲劇論（こ

＊27　Johann Christoph Gottsched, *Versuch einer Critischen Dichtkunst*, in: *Ausgewählte Werke*, VI-1, Berlin/ New York 1973, S. 169ff.

＊28　Michelsen, a. a. O., S. 553.

＊29　Peter-André Alt, *Tragödie der Aufklärung: Eine Einfürung*, Tübingen und Basel 1994, S. 77ff. さらに、Wölfel, a. a. O., S. 98. また、ゴットシェートがシェイクスピアに反対した理由も、イギリスの演劇が社会的秩序（身分制）を乱すと彼が考えていたことに求められる（Wölfel, S. 71ff.）。

＊30　この点については、安酸敏眞『レッシングとドイツ啓蒙』（創文社、一九九八年）第五章「『賢者ナータン』とレッシングの『人間性の思想』」（一六九－二〇八頁）が、レッシングの「人間性」概念を、その背後にある「キリスト教的敬虔」の文脈と照らし合わせながら解釈している。

れは彼独自のアリストテレス解釈という側面をもつ）の解読に着手することができる。ヴァイセの『リヒャルト三世』について、レッシングはそれがアリストテレスの『詩学』における悲劇の定義にそぐわないものである、という点から議論を起こしている。つまり、『詩学』第一三章によれば、悲劇とは「恐れ（φόβος）」と「同情（ἔλεος）」を引き起こすものであり、そのためには悲劇の主人公は完全に有徳な人でも、完全な悪人でもあってはならない。[*31] しかし、ヴァイセのリヒャルトは幼子を殺し、肉親・友人を殺して平然としている。どう考えても完全な悪人である。このような人物の行為からは、悲劇が意図する真の「恐れ」を引き起こすことはできない、とレッシングは考える。では、リヒャルトが引き起こす「恐れ」はいったい何であるのか。そして、アリストテレスの理論とヴァイセのリヒャルトのあいだで折り合いがつかないということは、レッシングが天才概念の規範としたシェイクスピアのリチャードにも当てはまることなのではないか。この点は後述することとし、[*32] ここでは、まずレッシングがアリストテレスの言う「恐れ（φόβος）」をどう扱っているかを見ていくことにする。

レッシングによれば、この「恐れ（φόβος）」は「恐怖（Schrecken）」[*33] ではなく「不安（Furcht）」と呼ばれねばならない。[*34] つまり、悲劇が引き起こす激情は、「恐怖（Schrecken）」と「同情（Mitleid）」ではなく、「不安（Furcht）」と「同情（Mitleid）」なのである。では「恐怖（Schrecken）」の何が問題となるのか。このことは、C・E・シェンクとメンデルスゾーンの「恐怖（Schrecken）」理解をレッシングが批判しているところから明らかとなる。

もしアリストテレスが、「〔恐れは〕我々と同じ〔人間を要求する〕」という付け足しでもって、単に人間性の類似を理解しているにすぎないなら、つまり観客と舞台の登場人物とが、その性格、身分、階級において計り知れない隔たりをもつにせよ、両者はともに人間であるということを理解しているにすぎないなら、この付け足しは余分である。なぜなら、そこからは自明のことしかわからないのだから。[*35]（シェンク）

したがって、不安、恐怖、怒り、猜疑、復讐心、そしてそもそもあらゆる種類の不快な感情（嫉妬も例外ではない)が、同情から生じないなどということがあるだろうか?――このことから、大部分の批評家が、悲劇の激情を恐怖と同情に分類しているということが、どれほどがさつなことかがわかるだろう。恐怖と同情! 演劇の恐怖とは同情のことではないのか?[*36](メンデルスゾーン)

ここに表されているのは、どちらも言ってみれば他者への無条件の愛情から生じる「恐怖」である。とくに後者は「痛々しくも快適な感覚 schmerzhaftangenehme Empfindungen」[*37]として、メンデルスゾーンが混合感情説によって打ち出したものである。それによると、対象への愛が、対象のこうむる不幸のために生じた胸の痛みによって強められ、そこに快感が生まれるとされている。美的なものの領域の自律を擁護したメンデルスゾーンも、この

---

*31 アリストテレス『詩学』1452b30以下。

*32 あらかじめ述べておくならば、リヒャルトによって引き起こされる感情は、アリストテレスによって「ミアロン(忌まわしいもの)」と呼ばれたものである。この感情は、レッシングの構想する人間性の理想を打ち砕く可能性をもつものであり、彼が死守しようとする演劇の道徳性と、美的なものの自律とが触れ合う点であるともいえるが、ライプニッツの弁神論を支えとして、レッシングはこうした感情を生起する実例の上演を拒否することになる。

*33 この語(Schrecken)は、一七五三年にアリストテレスを初めてドイツ語に翻訳したM・C・クルツィウスによって用いられた。

*34 Schreckenに「恐怖」、Furchtに「不安」という訳語を当てることについては、南大路振一の解釈に拠った。前掲『ハンブルク演劇論』の「解説」(六一六頁以下)を参照。

*35 Lessing, *Hamburgische Dramaturgie*, a. a. O., S. 576

*36 Ebd., S. 577ff.

*37 Mendelssohn, *Über die Empfindungen*, a. a. O., S. 107.

「恐怖」理解という点において、演劇の道徳的効果を考慮に入れていたといえよう。

しかし、アリストテレスに従うなら、このような博愛的な同情理解に基づく「恐怖」は成立しない。

同情は──とアリストテレスは言う──不当に苦しむ人間を、また、不安は我々と同じ人間を要求する。悪人はそのどちらでもない。したがって彼の不幸は同情も不安も引き起こさない。[*38]

つまりリヒャルトのような悪人に対しては、同情も不安も引き起こされるはずがない。レッシング自身が「悲劇に関する往復書簡」のときには擁護していた、無私無欲で愛他的な同情概念は、アリストテレスとの厳密な突き合わせのうちで訂正されることになる。

では「恐怖（Schrecken）」として理解されるものがこの博愛的な感情であり、そしてそれがアリストテレスの見解と食い違うなら、レッシングが正しく解釈してみせる「不安（Furcht）」の内実をなすものは何か。レッシングによれば、

彼（アリストテレス）は同情と不安と言ったのであって、同情と恐怖とは言っていない。そしてアリストテレスの不安とは、ある他人に災厄が迫っているのを見て我々がその他人に対して目覚めさせられるような不安ではなく、苦しんでいる人物と我々との類似性から生じる、我々自身に対する不安である。[*39]

つまり、他者への一方的な思いやりのうちに見出される感情（恐怖）とは違い、似た状況に置かれれば自分にも同じ不幸が降りかかってくるかもしれないという自己関係性をもった感情こそが「不安」ということでレッシングの解釈したものだ、ということになる。このことはまた、次のようにも言い換えられている。

この可能性〔他者の災厄が自分にも降りかかるかもしれないという可能性〕が生じ、大きな真実性へと発展するのは、詩人がこの人物を、我々が通常そうであるのが習いである以上に悪しき人物とせず、我々が彼の境遇に置かれればそう考え行為しただろうように、あるいは少なくともそう考え行為したはずだと信じるとおりに考え行為させる場合、要するに、この人物を我々と完全に同質のもの（von gleichem Schrot und Korne）として描く場合に限られる。*40

この一文でもって、レッシングは先のアリストテレスによる悲劇の主人公の定義にみられた、「我々と同じ人間」という言葉と、もう一つ、「完全に有徳なものでも、完全な悪人であってもならない」という言葉の意味に筋道をつけたことになる。ここには、第一に「悲劇に関する往復書簡」での「感嘆」批判の継続が見られる。そして第二に、アリストテレスの理論を「市民悲劇」の理論的根拠にしようとするレッシングの意図が伺える。とはいえ、平土間の観客が、どのようにして悲劇の主人公たちのような高貴な生まれの人間を自分たちと同じものとして考えられるのか。この一見すると不可能に思える感情移入のプロセスが説明されねばならない。なぜならこの点に、直接的に人々を洗練すると考えるレッシングの同情論の発展形態が現れているからである。言い換えれば、ここにレッシング自身の人間の平等へと向けられた意志が表れているといえるからである。すなわち、舞台と客席の隔たりを埋めて、観客と悲劇の主人公たちを結びつけるために働いているものこそ、他ならない「人間性」の理想であることがここに表明されているのである。

---

*38 Ebd., S. 575.
*39 Ebd., S. 578ff.
*40 Ebd., S. 580ff.

(2) コルネイユ批判

ここからレッシングのアリストテレス解釈は、コルネイユによるアリストテレス解釈を批判するかたちで進められる。批判のきっかけは同情と不安の密接不離な関係を、コルネイユが解体できると考えたところに求められる。

アリストテレスは、彼が悲劇の最終目的とした激情の浄化を実現するためには、不安と同情という二つの手段が同時に必要だと主張しようとしたのではなく、彼の見解によれば、どちらか一つでも十分だと仮定するだけでよい。[*41]（コルネイユ）

このコルネイユの解釈は、なかなか機知の働いた解釈といえるが、レッシングには受け入れがたい。というのも、問題はレッシングが次の引用で挙げているアリステレスの文章をどう解釈するかによるのである。

アリストテレスは悲劇に不向きな筋について語るとき、「それは同情も不安も呼び起こさない」という表現を用いている。それは本当だ。しかしそれだけに、コルネイユがこの「……も……もない（weder ... noch）」によって誤った道に誘われたというのは、いっそう困ったことだ。この不変化詞は、必ずしも彼が含ませるようなものを含んではいない。[*42]

この weder ... noch をどう解釈するかについて、レッシングは以下の例文を持ち出してくる。

① 「彼女は美しくもなければ利口でもない」

② 「彼は天国も地獄も信じない」

この二つの文章は、意味するところが全然違う。前者は、その言葉の裏に、彼女がどちらか一方ででもあってくれれば……、という願いが込められている。つまり分離可能であるといえよう。しかし後者はどうか。この場合、天国か地獄、どちらか一方だけを信じることはできない。一方を信じるなら他方も信じることになるし、一方を信じないなら他方も信じないということになる。つまり分離することは不可能なのである。ダメ押しに絵画の例（素描も彩色もなってない絵画）が挙げられているが、このことによってレッシングが言わんとしているのは、同情と不安も天国と地獄の関係と同様に、他方なしには成立しないものだ、ということである。

(3) 「博愛（Philanthropie）」

しかし、ここでレッシングは少し考え込むことになる。

しかし、もしアリストテレスが同情について与えている説明が間違っている、としたらどうなるだろう。我々が、自分たちのことをまったく心配する必要のない災厄や不幸に対しても同情を感じることができる、とすればどうだろう。[*43]

＊41 Ebd., S. 582.
＊42 Ebd., S. 583.
＊43 Ebd., S. 584.

そのような感情は存在するとレッシングは考える。それをアリストテレス自身も考察していた。それが「博愛（Philanthropie）」である。

我々自身についての不安を伴わない同情的な心の動きを、彼〔アリストテレス〕は「博愛（Philanthropie）」と呼んでいる。そして、我々自身についての不安と結びついているような類の、より強い心の動きにのみ、彼は同情の名を与えている。[*44]

レッシングは、メンデルスゾーンの混合感情説を採りながらも、その根底にある博愛的な心の動きと、自己関係性をもった心の動きである同情とを峻別している。そして、この博愛的な心の動きとともに、彼の「人間性」の理想は人類全体の同一性を保証するものとして、啓蒙主義時代の人間観を明白に表明するところにまで達する。

悪人の不幸といえどもそれに与《あずか》る権利をもつところの、この「博愛（Philanthropie）」は、彼が相応の刑に処せられることへの喜びと解せられてはならない。それは、彼の苦しみがまったく当然のものであるにもかかわらず、それでもなお彼が苦しむのを目にした瞬間に我々のうちで彼に対して沸き起こる、人間性に基づく憐憫の情であると解されねばならない。[*45]

(4) 「カタルシス」

このように議論を進めてきたレッシングは、第七七篇で一つの疑問を投げかける。ここまで見てきたように「同情」と「不安」の結びつきが必然的なものであるなら、そして同情がより根本的な感情であるなら、どうしてアリストテレスは「不安」について触れねばならなかったのか、という疑問である。つまり「同情」と「不安」を区別するアリストテレスの論述が正当なものであるとして、その区別を行うことにどのような積極的な意味があるのかが説明されねばならない。レッシングによれば「同情」に対する「不安」の特徴的な役割は、アリストテレスのカタルシス論を解釈するうえで必然的に導き出される帰結である、ということになる。つまり、カタルシス（激情の浄化）を達成するには、「同情」だけでなく「不安」もまた必要とされる、とレッシングは言うのである。

悲劇の幕が下りるやいなや、我々の同情は止み、あらゆる感情の動きのうちで我々のうちに残るものといっては、我々の同情の対象となった災厄が作り出した、〔自分もそんな目に遭うかもしれないという〕真実性を伴った不安よりほかにはない。[*46]

＊44　Ebd., S. 585. この関係を南大路振一は次のように定式化している。アリストテレスの〈Mitleid〉＝〈Philanthoropie〉＋自己についての〈Furcht〉（南大路振一「『ハンブルク演劇論』第七三－八三篇」『18世紀ドイツ文学論集　増補版』三修社、二〇〇一年、二〇二頁）。

＊45　Lessing, *Hamburgische Dramaturgie*, a. a. O., S. 585. ここでの引用の最後「人間性に基づく憐憫の情」はドイツ語では das sympathische Gefühl der Menschlichkeit となっている。この Sympathy という言葉から連想を働かせるなら、そこにアダム・スミスの『道徳感情論』（初版一七五九）からの影響を聞き取ることもできるだろう。レッシングに対するアダム・スミスの影響を論じた文献として以下を参照。Arnold Heidsieck, *Adam Smith's Influence on Lessing's View of Man and Society*, in: *Lessing Yearbook*, 1983, Vol. XV, pp. 125-143.

＊46　Lessing, *Hamburgische Dramaturgie*, a. a. O., S. 587ff.

つまり、劇場の中で感じられた「同情」と「不安」のうち、前者は劇の終了とともに消えてしまうが、後者は、観客として舞台に触れた人間を、劇場の外において浄化するのに役立つというのである。このように「同情」と「不安」が一体となってカタルシスは達成される。そして、人々を洗練するカタルシスの実現には演劇の臨場的性格が必要とされる。このことをレッシングは、アリストテレスの定義に従って、物語と演劇の相違から導き出す。

悲劇とは——と彼〔アリストテレス〕は言う——ある行為の模倣なのであり、それは物語によってではなく、同情と不安によって、これらおよびこれと同じような激情を浄化するものである。*47

「物語によってではなく、同情と不安によって」という文言を根拠として、レッシングは物語と演劇としての悲劇のあいだに一線を引く。それによると、物語は過去あるいは未来の災厄を模倣するものであるから、間接的に我々に伝えられるので、我々の同情は必然的に弱いものとなってしまう。すなわち、同情が引き起こされるのは、実際にその現場を見ることが必要不可欠とされるのである。それゆえ、直接的な伝達を行使することができる演劇としての悲劇こそが、同情を引き起こすのに最もふさわしいジャンルということになる。*48 こうして、悲劇が同情の相関物としての不安を引き起こし、カタルシスを達成することができるのも、悲劇というジャンルの特異性に帰されることとなる。

第七七篇の後半で、レッシングはアリストテレスのカタルシスに触れ、それを「道徳的な究極目的*49」を含むものとする旨を述べている。なぜなら、悲劇が同情と不安を引き起こすのは、この二つの激情によってカタルシス（浄化）が達成されるためであるが、このカタルシスによって悲劇というジャンルの道徳的使命は十分に果たされるからである。レッシングが、そのアリストテレス解釈の途上で表明する悲劇の道徳的使命へのこだわりは、たとえば「あらゆるジャンルの文学の使命は我々を洗練することにある」といった言明にも明らかである。彼が続けて述べるところでは、「もしこうしたことをまずもって証明せねばならないとすれば、それは嘆かわしいことだ。そして、もし自分でもこのことに疑念を抱く詩人がいるとすれば、それはなおのこと嘆かわしい[*50]」ことなのである。

このことから、レッシングがアリストテレス解釈を行いながら、同時に自身の考える悲劇の使命としての道徳の擁護を、アリストテレスという後ろ盾を用いて展開していることが理解できる。レッシングがアリストテレスの「カタルシス」について、それを道徳的な究極目的を意図したものであるという論陣を張るのも、演劇における道徳的要素に対する彼の強い執着の表明に他ならない。ではレッシング自身はどのようにカタルシスを解釈しているのか。レッシングのカタルシス解釈は「同情」と「不安」を組み合わせることで、以下の四通りの道筋を提示している。

① 悲劇による同情が我々の同情を浄化する

---

*47 Ebd., S. 588.
*48 レッシングは演劇が、同情と不安を引き起こすものだ、といっているわけではない。演劇のなかでも、特に悲劇が同情と不安を引き起こすにふさわしいと述べているのである。そして、また同情と不安を引き起こす劇形式が悲劇しかない、といっているのでもない。それらの感情を引き起こすことが、悲劇に最もふさわしい、といっているのであり、この点で、レッシングのここでの悲劇論は、悲劇というジャンルを他のジャンルから区別するものは何かを探る、ジャンル論であるといえる。
*49 Lessing, *Hamburgische Dramaturgie*, a. a. O., S. 590.
*50 Ebd., S. 591.

② 悲劇による不安が我々の不安を浄化する
③ 悲劇による同情が我々の不安を浄化する
④ 悲劇による不安が我々の同情を浄化する

この非常に形式的なカタルシス解釈は結局のところ、同情と不安が相互の過剰と不足を補い合うことで、観客を有徳な人物へと洗練するという意味で、ストア派の「中庸の徳」の理念に近づく。[*51] これによって、レッシングの悲劇論は一応の解決を見ることになる。

最後に第七九篇で、レッシングは『リヒャルト三世』に立ち返り、舞台で提示される無実の犠牲者たちが不幸へと転落するというその筋立てが、アリストテレスに従うならば、まったく悲劇に向かないものであることを論じている。というのも、そのような事態を眼にしたときに生じる感情、つまり善良な人間が災厄に見舞われるのを目撃したときに生じるこの感情をアリストテレスは「ミアロン（μιαρόν 忌まわしいもの）[*52]」と名づけているのだが、ライプニッツのオプティミズム的世界観の提示こそが演劇の使命であると考えるレッシングは、そのような感情は舞台上には決して必要ないと信じているからである。[*53] この信念に基づいて、彼は次のように結論づける。

このような実例を舞台から追放しよう！　そしてできることなら、すべての書物から追放しよう！[*54]

しかし、「このような実例」はシェイクスピアの『リチャード三世』にも見られるものではないだろうか。またシェイクスピアの他の戯曲、たとえば『タイタス・アンドロニカス』のような凄惨を極める作品が、いかにしてアリストテレスと折り合うというのか。レッシング自身は、シェイクスピアを天才の模範として称賛しながら、独立したシェイクスピア論を残していない。そのため、レッシングがどのようにしてアリストテレスとシェイクスピアをその演劇論において調停せしめることができたのかについては、確たる証言をレッシング自身に求めることはできない。確からしいこととして言えるのは、レッシングがシェイクスピアという作家を、身分制によって硬直化した社会を演劇の舞台の力で破壊する力を持っていると考えていたということ。その点でシェイクスピアはレッシングの意を見事に体現する存在であったということ。しかし、レッシングのアリストテレス解釈を尺度としてみれば、そこにはレッシングが受け入れがたいものとみなした「ミアロン」が現れてくるということ。こうしたことだけである。

天才は規則によって押しつぶされることはない、と確信していたレッシングにとって、シェイクスピアは、アリストテレスからの逸脱を許された特権的存在であったといえるだろう。しかしその場合でも、シェイクスピアの作品に描き出される人間の姿が、劇の結構という点を抜きにしても、レッシングの「人間性」の理念から逸脱するものでなかったかどうか。この点はさらに検討を要するものである。

とはいえ、話をヴァイセの『リヒャルト三世』に戻すなら、レッシングのこの戯曲への姿勢は、いささかアンビヴァレントな様相を呈している。というのも、リヒャルトに対してレッシングは微妙ではあるが満足を覚えることを表明し、そして続けてこう述べているのである。

＊51　ストア的理念に即した、このようなアリストテレスの「徳」解釈は、レッシングが『ラオコオン』（一七六六）で触れているアダム・スミスの『道徳感情論』（水田洋訳、岩波文庫、下巻、二〇〇三年、二三二頁以下）にも見られる。

＊52　アリストテレス『詩学』1452b30。

＊53　レッシングの思想に対するライプニッツのオプティミズム論の影響の深さを論じているものとしては、以下の文献が興味深い。Panajotis Kondylis, *Die Aufklärung im Rahmen des neuzeitlichen Rationalismus*, Stuttgart 1981, S. 595ff.

＊54　Lessing, *Hamburgische Dramaturgie*, a. a. O., S. 599.

我々は合目的的なものを強く愛しているので、この目的にかなったもの〔リヒャルトの権力を目指す残忍な行為〕は、目的の道徳性とは関係なしに、我々に満足を保証する。[*55]

ここには「悲劇に関する往復書簡」ではレッシングに対立したニコライとメンデルスゾーンの側に見られた姿勢が認められる。つまり、道徳的なものからの美的なものの自律が見受けられるのである。最終的にレッシングは、こうした満足を否定するのではあるが。

しかし、このことから次のような結論を引き出そうとするなら、それは間違っている。つまり、このようにして我々がこの悲劇に満足を覚える、という結論を引き出すなら。[*56]

『ハンブルク演劇論』でのレッシングの悲劇論には、最終的に彼の道徳主義の勝利が刻印されているのは間違いない。それは、まったく形式的なものにとどまる彼のカタルシス解釈にも明瞭である。しかし、悪人リヒャルトへの純粋に美的な満足、思考のうえでの合目的性の快適さが表明されている点では、きわめて興味深いものがそこにはある。このテクストのなかには、「道徳性」とそこから自律していく「美的なもの」が、「人間性」の理想を歯止めとして拮抗しているさまが見て取れるのである。

レッシング自身は、その後『賢者ナータン』によって、この「人間性」の理想を劇形式として完成し、伝統的なジャンルをも超えた演劇作品〔市民劇〕の一つの到達点を示すことになる。そこではもはや没落する英雄は必要とされず、観客への美的効果と演劇の使命としての道徳性が見事な調和を作り出している。レッシングは、単に美的快楽を否定し、道徳主義的リゴリズムを唱えたわけではない。彼の演劇論〔および全著作〕に通底する「人間性」への要求こそ、聞き取られねばならないものだといえよう。

本章では、「道徳性」と「美的なもの」という対立する二つのモメントが、一八世紀のドイツ啓蒙主義の内部でどのような絡まりあいを見せていたのかを、レッシングを中心においた演劇をめぐる状況に焦点を当てて考察してきた。

前半部（I）では、まず、レッシングがシェイクスピアを引き合いに出すことで、当時の劇壇に支配的であった、ゴットシェートのフランスを模範とする規則偏重の演劇論を批判している点を確認した。次いで、しかしそのようなフランス批判と同時に、ルソーやディドロなどのフランス啓蒙理論の受容が行われていたという点に、ドイツの啓蒙知識人たちのフランスに対するアンビヴァレントな態度が読み取られた。そして、同じくレッシングによるドイツ民衆の啓蒙という企てが、ゴットシェートを先駆けとするものであることが正しく理解されることで、両者の差異をより深い次元に探っていくことになった。そのために、一七五六年から翌年にかけてレッシングとニコライ、メンデルスゾーンの三者間で取り交わされた「悲劇に関する往復書簡」が考察の対象にあげられた。そこでのレッシングとニコライ、メンデルスゾーンの二組の見解の相違をまとめるなら、「美的なもの」に与するメンデルスゾーンとニコライ、「道徳性」に固執するレッシングという図式が浮かび上がってきた。この「道徳性」を主眼とするレッシングの演劇論は、ゴットシェートと類縁性を持つものである。しかし、「賢者も愚者も」等しく洗練すると考えるレッシングの同情論が、万人に共通する普遍的理念としての「人間性」を目指すものであることが明らかとされることで、ゴットシェートの社会的身分制に即した演劇論との差異が明確なものとされた。

＊55　Ebd., S. 600.

＊56　Ebd.

後半部（II）では、レッシングの『ハンブルク演劇論』のなかの悲劇論（アリストテレス解釈）に議論を限定することで、そこに現れる「道徳性」と「美的なもの」の緊張関係が明らかにされた。レッシングの考えによれば、それまでアリストテレスの『詩学』は正しく解釈されてこなかった。まず「恐れ」を「恐怖」ではなく「不安」と訳し直すことで、レッシングは、博愛的な同情を基盤とした「恐怖」ではなく自己関係的な激情である「不安」が悲劇によって引き起こされるべきであると解釈する。この「不安」という感情は、ひょっとすると自分にも同じことが起こるかもしれない、という心の動きに基づいたものであり、この点から、演劇の舞台上の登場人物と平土間の観客とのあいだに、両者を結び付ける「人間性」の理念が働いていたことが理解される。そして、コルネイユによるアリストテレス理解を批判するかたちで、「同情」と「不安」が分離不可能であることが確認される。また、「不安」との結びつきを持たずに、単に「同情」がそれのみで現れた場合、それはアリストテレスに倣って「博愛」と呼ばれることになる。そこから、この「同情」と「不安」の密接不離な関係は、悲劇が「カタルシス」を引き起こすことで観客を道徳的に高めるために必須のものであることが結論として引き出されることになる。レッシングの「道徳性」の重視は、ここでも明白なものであった。しかし、レッシングが微妙な揺らぎをみせるのは、ヴァイセの『リヒャルト三世』という、その性格からすれば悲劇にふさわしくない登場人物に、思考のうえでは満足を覚えてしまうことを告白している箇所である。アリストテレスによって「ミアロン（忌わしいもの）」と呼ばれた感情を生起するこの悪漢への満足の表明は、レッシングがその「道徳性」への尊敬にもかかわらず「美的なもの」の魅力に心惹かれていたことの一つの証左となる。

本章では、レッシング以前の啓蒙の段階を示す人物としてゴットシェートを、その対立項としてニコライやメンデルスゾーンをそれぞれ配した。前者は「道徳性」を、後者は「美的なもの」をそれぞれ擁護し代表する立場に置かれている。この二つの陣営の狭間で、見ようによっては折衷主義的な立ち位置を占めるレッシングは、「道徳性」へのこだわりからすれば保守的であり、『ハンブルク演劇論』の悲劇論でも「美的なもの」に全面的に賛同していないことは明白である。しかし、それゆえにこそ、レッシングの論述は、「道徳性」と「美的なもの」をめぐって、両者のあいだに存在する緊張関係を体現しているとみることもできるのである。本章は、レッシングの「道徳性」の擁護を、「人間性」という普遍的理念を具体化させるための必須の前提条件であると考えた。当時のドイツの劇壇の錯綜した状況の整理を行いながら、本章が主題としてきたのは、レッシングの目指した「人間性」へと続く道が、単に「道徳性」の頑迷な主張のみによって敷かれているのではなく、既成の権威からの性急な脱却を目指す「美的なもの」の擁護者たちとの批判的な対話を通して獲得されたものでもある、ということであった。

しかし、時代の状況はレッシングをも置き去りにしていく。彼より下の世代に現れるシュトゥルム・ウント・ドラングに始まる（そしてドイツではレッシングによる紹介を受けて、まずはメンデルスゾーンによって論じられた）「崇高」の概念への着目が、彼の死後、「美的なもの」の自律をより極端なかたちで推し進めていくことになる。そこには、レッシングによって称揚されたシェイクスピア受容も一役買っている。こうした流れのなかで、レッシングがその主眼とした「道徳性」のモメントがいったいいかなる変容を遂げることになったのか。そもそも、演劇における道徳的な意図というものは生き延びることができたのか。これらの点については、今後の課題としたい。

補章Ⅱ

同情と啓蒙

レッシングと批判理論における一致と差異

はじめに

本章はドイツ啓蒙の流れのうちで、特に同情（Mitleid）という術語に焦点を当て、それが時代の変遷のなかでいかなる役割を果たしてきたかを主題として考察していく。その際、とりわけ、一八世紀のドイツ啓蒙主義を代表する思想家にして劇作家であるレッシングにおける同情理解と、二〇世紀の批判理論の思想家であるアドルノとホルクハイマーの共著『啓蒙の弁証法』（一九四七）における同情理解の差異が主題として取り上げられる。まず、確認しておきたいのは、レッシングにおいて啓蒙とは、最晩年の『人類の教育』（一七八〇）にも見られるように、人類を有徳な性質へと導いてゆくための理論的・実践的な働きかけのことである。これに対して、ホルクハイマーとアドルノにおいて、啓蒙とは「自己保存」をその原理とする、人間に本性的な思考の抽象化のプロセスを言い表したものになっている。すなわち、両者はその背景とする時代状況や、思想環境において、あまりにも遠く隔たった地点に位置しているため、基本的な前提からすればそもそもまったくかみ合わないのである。

それゆえ、外的要因による双方の思考の枠組みの違いを前提としてみれば、彼らの理論の内部における同情の位置づけに差異が見られるのは当然のことと言えよう。以下で論じていくように、レッシングにとって同情とは民衆の徳の洗練に寄与する教化的なモメントとして存在していた。他方、『啓蒙の弁証法』では、同情は対象に左右される感性的契機として、理性の普遍的支配のもとで否定的に扱われるべきものとなっている。しかし、両者のあいだに見られる同情の位置づけの差異は、ひとつの注目すべき共通点をその背後に隠し持っている。すなわち、アドルノとホルクハイマーが同情に対して示す拒否反応には、レッシングも自らの至上命題とした啓蒙主義の大前提である「人間性」の理想を救い出そうとする意図が秘められているのである。

本章は全体を五つの節にわけ、そのうち始めの三つの節でレッシングにおける同情の積極的意義を探究する。四節では、レッシングの同情優位の思想に対立する美的なものの自律がドイツの文壇に台頭してきたことを確認し、五節において、そうした同情の衰退の後に、批判理論が同情の拒絶のうちに、いかにして啓蒙主義の本質である人間性の救出を考えていたのかを考察する。

(1) 同情と感嘆

「最も同情深い人間が最も善良な人間」[*1]、とは一七五六年から五七年にかけてレッシング、メンデルスゾーンとニコライの三者間で取り交わされた悲劇にまつわる往復書簡のなかで、メンデルスゾーンとニコライの悲劇論との角逐のうちにレッシングによって書かれた言葉である。メンデルスゾーンとニコライが「感嘆（Bewunderung）」を悲劇の引き起こす激情の一つとして、それどころか主たる激情として奨励しようとしていたのに対して、レッシングは感嘆に対して「同情（Mitleid）」の優位を強調し、悲劇を「同情を感じる我々の能力を拡張すべきものである」[*2]と定義した。ここでレッシングによって主張された同情の優位は、一八世紀ドイツの啓蒙主義が当時の社会秩序の内部でどのような役割を担っていたのかを考察するうえできわめて示唆的なものである。

まず、同情と感嘆の差異について知るために、三人の議論の発端となったニコライによる悲劇論に目を向けてみるなら、そこには次のような悲劇についての定義が読み取られる。「①単に恐怖（Schrecken）と同情を引き起こす悲劇〔市民悲劇を含む感動悲劇〕。②恐怖と同情の助けによって、舞台上の人物の英雄的勇気に対する感嘆を引き起こそうと試みる悲劇〔英雄悲劇〕。③その目的は恐怖と同情を引き起こすことであるが、この目的が何らかの性格に対する感嘆と協働しており、それがゆえにこの目的がよりいっそう強められる悲劇[*3]〔混淆悲劇〕」。ここに挙げられた三種類の悲劇を、ニコライはそれぞれ①感動悲劇（すべての市民悲劇が属する）、②英雄悲劇、③混淆悲劇、と名づけている。そして、一番目の定義の対象となっているもののうちに、レッシングが『ミス・サラ・サンプソン』（一七五五）においてドイツで初めて実践した「市民悲劇（das bürgerliche Trauerspiel）」が含まれているということ、また、ここで挙げられている二つの激情、すなわち恐怖と同情によるカタルシスの達成について、レッシングは後年の『ハンブルク演劇論』（一七六七－六九）においても引き続き議論していたということ[*4]、

＊1　Lessing an Nicolai, im Nov. 1756, in: Gotthold Ephraim Lessing, Moses Mendelssohn, Friedrich Nicolai, *Briefwechsel über das Trauerspiel*, Hg. und komm. v. Jochen Schulte-Sasse, München 1972 (fortan : Briefwechsel), S. 55.

＊2　Ebd.

＊3　Friedrich Nicolai, *Abhandlung vom Trauerspiele*, in: *Briefwechsel*, S. 11-44, hier S. 25.

＊4　カタルシスに関する議論は、『ハンブルク演劇論』では、とりわけ第七四篇から第七八篇にかけてのアリストテレス解釈においてなされている。そこでは、アリストテレスの『詩学』を独訳したクルチウスによって「恐れ（φόβος）」の訳語として用いられていたSchreckenは、レッシングによる再解釈のもとにFurchtと改められている（Furchtについては、往復書簡の終わり近く、一七五七年四月二日付のニコライ宛の書簡で既に触れられてはいた）。SchreckenとFurchtの違いについて述べておくなら、前者は他人の身に降りかかった不幸を単に恐るべきものとのみ捉える感情であるのに対して、後者は他人の不幸が同じ立場に置かれればひょっとすると自分にも降りかかってくるかもしれないという自己関係的な視点の下で捉えられた感情であるといえる。Lessing, *Hamburgische Dramaturgie*, in: *Werke*, Hg. v. Herbert G. Göpfert, München 1970-1979, Bd. IV, S. 578f. および本書補章Ⅰ後半部参照。

こうしたことを考慮に入れるなら、この点に関してレッシングとニコライのあいだに相違はないものと考えられる。しかし、二番目、そして三番目の英雄悲劇と混淆悲劇においてニコライが感嘆を持ち出してくるに及んで、事情は異なったものとなってゆく。

レッシングは感嘆を悲劇から排除しようとする。というのも、自らの不幸に耐えて人々に感嘆を引き起こす英雄は、悲劇ではなく「叙事詩[*5]（Epopee）」にこそふさわしいのであって、悲劇の主人公はやはり同情を引き起こす人物であるべきだとレッシングは考えているからである。では、感嘆の対象たる英雄はなにゆえに同情を引き起こすことがないのか。その理由をレッシングはこう述べている。「私が排除したいと思いますのは、我々が通例、英雄主義の名のもとに理解しうるような偉大な諸性質だけなのです、なぜなら、こうした諸性質の各々は無感覚（Unempfindlichkeit）と結びついており、同情の対象のうちに存する無感覚は私の同情を弱めてしまうからなのです[*6]」。ここで述べられた感嘆と無感覚の結びつきに関する批判的見解は、その後もレッシングのうちで変化を被ることなく、往復書簡のおよそ一〇年後に出版された『ラオコオン――絵画と文学の限界について』（一七六六）においても同様の趣旨のもとに繰り返されている。「すべてストア的なものは演劇とは無縁のものである。そして、我々の同情とは、常に関心の対象となっているものが示す苦しみの度合いに比例したものなのである。もし我々が自らの不幸を偉大な魂をもって耐えている対象を目にするなら、この偉大な魂は、確かに、我々の感嘆を目覚めさせることになるだろう、しかし、感嘆とは冷たい情動であり、その覇気のない驚きは、他のあらゆる温かな情熱、ならびに他のあらゆる明晰な表象を排除してしまうのである[*7]」。往復書簡でも「ストア主義者としてのカトーは、私からすると、悲劇の英雄には不向きなのです[*8]」、と述べられているところから明らかなように、レッシングにとってストア主義に即した「アパテイア（ἀπάθεια ＝無感動）」の原理は演劇の舞台からは追放されるべきものとして考えられていた。レッシングの感嘆批判（その目的とするところは悲劇における同情の擁護であった）は、つまるところ、ストア的アパテイアを基盤とした無感動・無感覚への警告をその主眼とするものであったといえよう。

(2) レッシングとルソー

こうしたレッシングの感嘆批判について、その同時代的文脈というものを考慮するなら、そこにはフランス啓蒙からの影響、とりわけルソーからの影響が明らかとなる。レッシングの生きた一八世紀は、一七世紀フランスの古典主義における無感動な英雄に対する反発が強まっていた時代でもあった。当時の演劇は、宮廷の貴族たちが、彼らの立身出世のために、どのようにして自分の感情を抑え礼節を守ることができるか、という護身術をそこから学ぶことができる、「領邦君主の学校[*9]」の役割を果たしていた。ノルベルト・エリアスの見解によれば、そのような戯曲の上演に際して「まず第一に問題にされるのは戯曲の内容ではない。(…)そうではなくて、役者がかれらの運命を克服し、かれらの葛藤を解決してゆく際の演技の素晴らしさなのである。それは、上流階層の人たちすべてにとって決定的意味を持つ宮廷社会の生活において、人間がその都度ある状況を克服してゆくやり方、すなわち、演技が、つねに決定的重要性を持っていたのに類似している。そして宮廷社会が、(…)会話の形で具体化されることのないような一切の行為とはすっかり無縁であることに対応して、フランス古典主義の

*5 Lessing an Nicolai, im Nov. 1756, in: *Briefwechsel*, S. 57.
*6 Lessing an Mendelssohn, Leipzig, den 28. Nov. 1756, in: *Briefwechsel*, S. 64.
*7 Lessing, *Laokoon oder über die Grenzen der Malerei und Poesie*, in: *Werke*, Bd. VI, S. 16.
*8 Lessing an Nicolai, im Nov. 1756, in: *Briefwechsel*, S. 56.
*9 Kurt Wölfel, *Moralische Anstalt: Zur Dramaturgie von Gottsched bis Lessing*, in: *Deutsche Dramentheorien*, Hg. Reinhold Grimm, Frankfurt a. M. 1971, Bd. 1, S. 88.

戯曲においても、（…）本来行為そのものが示されるのではなく、大抵は、観客の目から見えないところで起こっている行為についての会話や長口舌が示されるのである」[*10]。つまり「領邦君主の学校」において教えられていたことは、自身の感情を身体的な身振りによって表に現すことなく、いかにして社会的に要請されていた礼儀を守り通しながら言葉を用いた語りを遂行することができるのか、ということだったのである。このような語りの重要性は、社交術におけるレトリックの重視と軌を一にするものである。

洗練されたレトリック、あるいは社交術の重視が貴族階層の特徴となっていたフランスで、そうした傾向に対して痛烈な批判を浴びせたのがルソーである。彼の第一論文『学問・芸術論』（一七五〇）は、「学問と芸術の再興は習俗の純化に寄与したか」、というディジョン・アカデミーの課題に応えて書かれたものであるが、その内容をなしているのはアカデミーの問題設定に対する否定的な見解である。「学問、文学、芸術は、人々が押し込められている鉄の鎖の上に花冠をひろげ、彼らがそのために生まれたと思しきあの原初の自由の感覚を圧殺し、彼らにその奴隷状態を愛するよう仕向け、彼らをもって文明国民と称せられるものをつくりあげる」[*11]。ここから、以下、学問と芸術の発展が、習俗の堕落にどれほどの影響を及ぼしたかについて滔々と語られることになる。最終的に、この論文の末尾は次の一文によって締めくくられている。「そして、文芸共和国において不死となったあの高明な人々の名声を羨んだりせずに、彼らと我々とのあいだに、かつて二つの偉大な国民のあいだに認められた、一方はよく語り、他方はよく行うことができたという、あの名誉ある区別を設けることに努めよう」[*12]。この箇所で「よく行う（bien faire）」という表現と対照的な位置に置かれて軽蔑的に語られている、「よく語る（bien dire）」という言い回しが、宮廷社会（あるいは趣味をたしなむ余裕のある上流階層）のレトリックないし社交術を批判していることは明白である。そして、「よく語る」ことと相関関係にあるのが、人間の本性を覆い隠す礼儀作法であることもまた明白であるといえよう[*13]。すなわち、「よく語る」ことを学ぶことで、逆説的にも、人間は互いの心のうちを知ることができなくなったのである。ルソーのこのようなレトリック批判は、華美に彩られた礼節が人間相互の共感の可能性を奪い去ることを危惧してのものであることを考慮に入れるなら、レッシングが感嘆批判において遂行していた「アパテイア」批判と同質のものであると考えることができる。事実、両者の（というよりはむしろルソーのレッシングへの）影響関係は、レッシングが一七五一年四月に「ベルリン国家・学識者新聞への附録（*Beilage zu den Berlinischen Staats- und Gelehrten Zeitungen*）」でルソーの当該論文の書評を書いているところから裏付けられる。また、そこに記されているのがルソーの著作の「長々しい抜き書き」[*14]に他ならないことからも、レッシングがルソーの論文に時間をかけて取り組んだことが理解できる。こうしたことから、レッシングが自身の社会批判の動機に関してルソーから影響を受けた可能性はきわめて高いといえる。[*15]

人間の本来的善性への信頼と、社会的結合を経た文明化による習俗の堕落という考えをルソーから受け継いだレッシングは、しかし、ルソーほどにはペシミスティックではなかった。ルソーの著作に通奏低音として響いているのは、原初の幸福から自ら身を引き離した人間は、二度と現在の不幸から逃れることができない、という透徹したリアリズムである。ルソーにおいて、文明の進歩が辿る道筋は、破滅への道行きと同じものであった。[*16] しかし、この悲観的なルソーに対して、レッシングはあくまで楽観的な視点をもっていたといえる。レッシングが

＊10　ノルベルト・エリアス『宮廷社会』波田節夫・中埜芳之・吉田正勝訳、法政大学出版局、一九八一年、一七五－一七六頁。

＊11　Jean-Jaques Rousseau, *Discours sur les sciences et les arts*, in: *Œuvres complètes*, Gallimard, Bibliothèque de la Pléiade, 2003, Bd. 3, S. 1-30, hier S. 7.〔ルソー『学問・芸術論』平岡昇訳、中央公論社『世界の名著30』、一九七八年、六六頁〕

＊12　Ebd., S. 30.〔ルソー前掲書、九六頁〕

＊13　Ebd., S. 8.〔ルソー前掲書、六八頁〕

＊14　Lessing, *Das Neueste aus dem Reiche des Witzes als eine Beilage zu den Berlinischen Staats-und Gelehrten Zeitungen*, in: *Werke*, Bd. III, S. 85.

人間の本性を覆い隠すアパテイア、すなわち文明化の度合いを表す指標となるところの感嘆の対象たるアパテイアを批判することで、同情を積極的に擁護したのは、人間が原初の状態において萌芽として含んでいた素質を開花させることで、社会は諸個人相互の調和のとれたよりよいものになるという確信をもってのことなのである。

(3) 同情の積極的意義

では、感嘆のもたらすアパテイアを批判することで、レッシングが同情において積極的に主張しようとしたものはいったい何であったのか。先に引いたレッシングの言葉「最も同情深い人間が最も良い人間」という一節には、カンマで区切られたあとに続きがある。「最も同情深い人間が最も良い人間、つまりあらゆる社会的な徳、あらゆる種類の寛大さに最も心が向いている人間なのです（Der mitleidigste Mensch ist der beste Mensch, zu allen gesellschaftlichen Tugenden, zu allen Arten der Großmuth der aufgelegteste）」[*17]。レッシングが悲劇の引き起こす激情として同情に固執したのは、悲劇の目的が人々の風儀を洗練し、彼らを有徳な人物ならしめるためであった。しかし、同情は一歩間違えれば利己的な感情となってしまう。たとえば、ルソーはその反演劇論とでも呼ぶべき『ダランベール宛の手紙』（一七五八）で次のように書いている。「悲劇は恐怖によって同情（pitié）を引き起こすと言われているのを、私は聞いています。そうかもしれません。しかし、この同情とはいったい何でしょうか？　つかの間のむなしい情緒、それを生み出したイリュージョンが消えてしまえばもはや跡形も残らないようなもの、様々な情念によって生じるやいなやもみ消されてしまうような自然な感覚の残滓、幾ばくかの涙を流して楽しむだけの、何の役にも立たない同情は、人間味（humanité）のある少しばかりの行為をも決して生み出してはきませんでした」[*18]。ここに示された同情理解は、演劇というものの持つ危うさを的確に突いたものである。同情はそれ自体として観察されるなら、不幸に見舞われた対象と対比された自分自身の安全性の確保から生じるものである、ともいえる。ルソーが演劇の効果として唱えられる同情をむなしいものであると考えたのは、まさにこの理由からであった。悲劇の上演に際して観客が舞台上の人物たちに同情するのは、自らの身の安全なことを確信していることを理由とするのであって、そのため、劇場を一歩でも外に出るなら、観客はそれまで没頭していた舞台上の悲劇的な出来

＊15 さらに、シングスの見るところでは、往復書簡でレッシングの主張する同情の優位もまた、ルソーの影響のもとにあると考えられる。この際には、レッシングに影響を与えたルソーの著作は、彼の第二論文『不平等起源論』(一七五五)、およびそれをドイツ語に翻訳したメンデルスゾーンとのやりとりであるとされる。シングスは、この点を概観しながら、レッシングの同情概念に対するルソーの影響を強調して論じている。Hans-Jürgen Schings, *Der mitleidigste Mensch ist der beste Mensch: Poetik des Mitleids von Lessing bis Büchner*, München 1980, S. 34-45. また、シングスのルソー解釈に異議を唱えながらも、ルソーの第一論文と、それと同時期に構想されながら未完のままに放置されたレッシングの「ヘルンフート派についての諸考察」(一七五〇)との影響関係を論証し、その晩年に至るまでレッシングの精神にどれだけルソーの思想の刻印が施されていたかについての推測を述べているものとしては、次の文献がある。Ulrich Kronauer, *Der küne Weltweise: Lessing als Leser Rousseaus*, in: *Rousseau in Deutschland. Neue Beiträge zur Erforschung seiner Rezeption*, Hg. v. Herbert Jaumann, Berlin / New York 1995, S. 23-45.

＊16 とはいえ、このような見方は一面的でもあるだろう。ウルリッヒ・クロナウアーの解釈によれば、ルソーにおける同情は、未開人が自己と異質な他者に対して覚える感情であり、この感情自体が一つの「障害(Hemmung)」となっている。この「障害」が取り去られた状態、すなわち全人類を包括する「善意(Wohlwollen)」に基づいて活動するようになった状態において、人間は「世界市民的な賢者(der kosmopolitische Weise)」となり、諸民族のあいだに作られた壁を乗り越えていくとされる。さらにこの点から、レッシングの『エルンストとファルク』(一七七八)に見られる、「最も賢明なものと最も善良なもの(die Weisten und Besten)」は、「どこで愛国主義が徳であることをやめるか(wo Patriosmus Tugend zu sein aufhöret)」を知っているという表現も、こうしたルソーの思想との関わりから解釈されている。Kronauer, a. a. O., S. 42-43.

＊17 Lessing an Nicolai, im Nov. 1756. in: *Briefwechsel*, S. 55.

＊18 Jean-Jaques Rousseau, *Lettre à d'Alembert*, in: *Œuvres complètes*, Gallimard, Bibliothèque de la Pléiade, 1995, Bd. 5, S. 1-125, hier S. 23.

事のことなどさっさと忘れ、自分自身の欲するところに従い、またもや以前と同じく利己的な情念の奴隷となり果てるのである[*19]。

レッシングは、ルソーのこの著作を知っていた。それは、『ハンブルク演劇論』の第二八篇あるいは第五三篇でこの著作への言及が見られるところから明らかである[*20]。しかし、レッシングはルソーのこのような同情理解に正面からの反論はしていない。これを逆からいえば、レッシングにとって、同情の生起を基盤とした劇場の道徳的効果は、まず第一に置かれるべき自明の大前提であった、ということになるだろう。「あらゆるジャンルの文学の使命は我々を洗練することにある。もしこうしたことをまずもって証明せねばならないとすれば、それは嘆かわしいことだ[*21]」。レッシングの考えはこのようなものであった。そして、レッシングの言う風儀の洗練は、まずもって同情から始められるものであり、この同情とは、ただ安全な場所から他人の不幸を見るときに覚えるような甘い感情ではなかった。同情は常に対象とのつながりを保ち続けねばならない。ペーター・ミヒェルゼンはこの同情の特性を「対象関係（Gegenstandsbezug[*22]）」と名付けている。このようなミヒェルゼンの見解は、レッシングの次の言葉から裏付けられよう。「これ〔感嘆〕に対して、同情は何の媒介物もなく、人々を洗練するのです。我々自身がそれに対して何の働きを寄せる必要もなしに、洗練するのです。賢者も愚者も、同様に洗練するのです[*23]」。メンデルスゾーンの唱える感嘆が、人間の認識能力の位階秩序を前提とした「完全性」をその理想とするものであるのに対して、ここでレッシングはそのような知的階梯を設けることなしに直接的に人々の心情に突き刺さる同情の特異性を強調している。知性による濾過作業を受けることなく、対象との直接的な関係性の保持から導きだされる同情の威力こそ、レッシングの同情論の根幹をなすものであったといえよう。

このようなレッシングの説を下敷きとして、ミヒェルゼンはレッシングの唱える同情がいかなるものであるかを、その否定的な事態を例示することで裏側からあぶりだしてくる。「同情のうちで何ごとかが起こったとき、すなわち、同情を感じている人物が、もっぱら自分の〈感覚を感じる〉ことだけを望むために、同情の対象との関係を放棄したとき、その瞬間、彼の感覚は（…）もはや〈同情〉の名に値しない」[*24]。このような、おそらくは感嘆に現れる心的な濾過作業に見られる姿勢を、ミヒェルゼンは続けて「自己関係の落とし穴」[*25]と呼び、それを「感傷主義（Empfindsamkeit）」と関連づけている[*26]。ストア派のアパテイアが批判されるのは、その無感覚が同情を弱めてしまうということをその理由としていたが、ここでミヒェルゼンによって示されたような感傷主義の定義も、それと同様のことを述べているといえる。すなわち、両者はともに同情を感じる主体と、同情の対象との関係を断ち切ることで、自己の内面における快の充足に安らってしまうのである。そして、そのような快を得た人間は、社会的な徳へと自らの能力を高めることを目指したりはしない。つまり、レッシングが強調した、劇場の

＊19　ただし、ここでのルソーの同情批判は演劇におけるそれに的を絞ったものである点に注意が必要である。ルソーは『エミール』の第四篇では、社会的生活の枠内での同情の働きについて、肯定的な評価を下している。

＊20　第二八篇では、モリエールの『人間嫌い』をルソーの非難から擁護するために。第五三篇では、女性が芸術を解することができないというルソーの一般的命題を、『セニー』の作者グラフィニ夫人という個別の事例に即して修正するために。

＊21　Lessing, *Hamburgische Dramaturgie*, a. a. O., S. 591.

＊22　Peter Michelsen, *Die Erregung des Mitleids durch die Tragödie: Zu Lessings Ansichten über das Trauerspiel im Briefwechsel mit Mendelssohn und Nicolai*, in: *Der unruhige Bürger: Studien zu Lessing und Literatur des achtzehnten Jahrhunderts*, Würzburg 1990, S. 107-136, hier S. 128.

＊23　Lessing an Mendelssohn, Leipzig, den 28. Nov. 1756, in: *Briefwechsel*, S. 66.

＊24　Michelsen, *Die Erregung des Mitleids durch die Tragödie*, a. a. O., S. 128.

＊25　Ebd., S. 129.

＊26　ゲルハルト・ザオダーは、このような定義に見られる、感傷主義を利己的主体を生み出すものとして捉えようとする見方に異議を唱えている（Gerhard Sauder, *Empfindsamkeit*, Stuttgart 1974, Bd. 1, S. 183-192）。

道徳的効果、すなわち対象との直接的な結び付きが、無感覚と感傷主義においては消え去ってしまうのである。

レッシングは演劇鑑賞において得られる自己充足にとどまることのない同情、すなわち劇場の外においても持続する同情のうちに、後年の『ハンブルク演劇論』でのアリストテレス解釈の途上で「博愛（Philanthropie）」[*27]の名のもとに取り出されてくることになる、隣人――それが善人であれ悪人であれ――へと向けられる親愛の情、すなわち普遍人間的な理想としての「人間性」を基盤とした社会的な徳を形成する端緒を見出していた。彼の同情擁護の試みは、民衆への教化的な働きかけとして、まさに啓蒙主義の意図を具現化したものであったといえよう。

(4)　美的なものの自律

レッシングの同情論は、単なる個人的体験にとどまらない社会的領域をも射程に収めたものであった。社会の内部での風儀の洗練を目指し、それによって人々の徳を高めるためには、演劇の舞台は芸術作品としての鑑賞に供されるだけでは不十分であって、そこから何かしらの教化を受けることができなければ、その存続に意味があるとは考えられない。レッシングの立場はこのようにまとめることができるだろう。しかし、悲劇に関する往復書簡でレッシングが反対し、またその後も明確な賛意を表すことのなかった「感嘆」を擁護したニコライとメンデルスゾーンは、それではいったい何を意図していたといえるだろうか。

彼らもまた、劇場の道徳的効果を度外視していたわけではない。たとえば、メンデルスゾーンは感嘆のことを「徳の母」と呼び、同情に対する感嘆の優位を、「感性的感覚」に対する「高尚な感覚」の優位として位置づけている。[*28]しかし、感嘆を同情に対置するメンデルスゾーンの意図は、ニコライによって披瀝された、悲劇についての次の言葉と相和している。「詩人は一般に自然を模倣しますが、それは自然がもっぱら感性的である限りにおいてのことです。ですから、悲劇詩人が自然を模倣しますが、それは、もっぱら自然が激情を引き起こす限りにおいてのことなのです。それゆえ、もし詩人が対象を二様の仕方で描写することができるなら、つまり一方はより自然的であり、他方はより多くの激情を引き起こすならば、後者の方が優れているわけです。（…）諸性格における悲劇的なものは、繰り返して言わせていただきますが、その性格が激情を引き起こすという点にあるのであって、それが風儀を洗練するという点にではありません」[*29]。この最後の言葉に明白に表れているのは、彼の悲劇論にも名前の挙がっていたフランスの主観的美学の創始者ジャン＝バティスト・デュボスからの影響である[*30]。デュボスは次のように言う。「人間の最大の欲求のひとつは何かに没頭したいということだ。心の無為にやがてつづく倦怠は人間にとってじつに辛い悩みなので、この倦怠に苦しめられる辛さから逃れるために、しばしばいたく骨の折れる労働を企てるくらいなのだ」[*31]。欲求の満足から得られる人間の快楽（対象を問題としない主観的な快楽）を主眼とするデュボスの説は、ルクレーティウスの次のような言葉にその起源が求められる。「大海で風が波を掻き立てている時、陸の上から他人の苦労を眺めているのは面白い。（…）野にくりひろげられる戦争の、大合戦を自分がその危険に関与せずに、見るのは楽しい」[*32]。ニコライはこのデュボスの主観的美学からの影響のもとに[*33]、芸術作品の道徳の領域からの自律を図ろうとしている。往復書簡において感嘆の推進者を務めるメンデルスゾーンの意図も道徳からの美的なものの自律にあるとみてよいだろう。「模倣された激情が模倣の卓越に

＊27　「博愛（Philanthropie）」に関して、『ハンブルク演劇論』では第七六篇で論じられている。そこでは「博愛」は「同情に基づく人間性の感情（das sympathetische Gefühl der Menschlichkeit）」と解されている（Lessing, *Hamburgische Dramaturgie*, a. a. O., S. 585）。

＊28　Mendelssohn an Lessing, Berlin, den 23. Nov. 1756, in: *Briefwechsel*, S. 60.

＊29　Nicolai an Lessing, Berlin, d. 31. August 1756, in: *Briefwechsel*, S. 48-49.

＊30　Vgl. Nicolai, *Abhandlung vom Trauerspiele*, a. a. O., S. 12.

＊31　デュボス『詩画論』木幡瑞枝訳、玉川大学出版部、一九八五年、一八頁。

＊32　ルクレーティウス『物の本質について』樋口勝彦訳、岩波文庫、一九六一年、六二頁。

よって一目で我々を納得させるやいなや、そうした激情は舞台で上演されるに値するのです。憎しみも嫌悪も、アリストテレスや彼のすべての弟子たちが言ってきたことにもかかわらず、舞台に好まれるのです。というのも、模倣された激情について、その模倣が原像に似ていることを納得しうるなら、それで十分だからです」[*34]。ここには、先のミヒェルゼンの定義に見られた「感覚を感じる」ことによる自己充足の考えが表れている。憎しみであれ嫌悪であれ、それがよく模倣されたものであり、それを観客が本物そっくりであると納得して享受できれば、模倣の対象は問題とはされず、それによって道徳的な洗練が行われることもない。

ニコライとメンデルスゾーンの思想は、対象への同情を通じた社会的徳の形成というレッシングの意図からすれば、悪しき審美主義ということになるだろう。しかし、レッシングが体現することになった、他者への教化的な働きかけという側面をもつ啓蒙主義は、それに付随するもう一つの側面、すなわち、既成の権威からの脱却をもその使命とするものであった。レッシング自身、ストア批判を通じた宮廷的社交術批判を通じて、自由な感情の表現を演劇に求めていたという点では、旧体制への批判を見事に行っていたといえる。こうした意味で捉えるなら、ニコライとメンデルスゾーンの立場は、既成の道徳に縛られた劇場に、美的なものの自律を持ち込むことで、それをより自由な表現の場とすることを意図したものであるとも読めるだろう。

実際、彼らの往復書簡よりのち、ドイツの文壇がシュトゥルム・ウント・ドラングを経て古典主義の時代へと流れていく過程で、美的自律性の思想は、表だったかたちで現れてくることになる。その顕著な例として、たとえば、古典主義より後のものになるが、ゲーテの『アリストテレスの「詩学」拾遺』(一八二七)が挙げられる。そこで主題とされているのは、ルソーも『手紙』のなかで問題としていた、恐怖と同情による激情の浄化、すなわちカタルシスの道徳的効果である。アリストテレスのカタルシス論については、レッシング自身『ハンブルク演劇論』のなかで解釈している。そこでのレッシングの解釈は、彼の同情についての議論をここまで見てきたところから明らかなように、まさにここでゲーテが反論を加えることになるような作用美学、つまり、何らかのかたちで舞台上の事件が観客に影響を与えることを目的としたものであった。ゲーテはこうした作用美学を否定する。「音楽はしかし、他の何らかの芸術と同じように、道徳性に働きかけることはできない。もしひとが芸術にこのような仕事を要求するなら、それは常に間違いである。こうしたことをなしうるのは、ただ哲学と宗教のみである」[*35]。ゲーテの述べるところでは、アリストテレスは『詩学』のなかで「そもそもはまったく悲劇の構成について語っている」[*36]だけなのである。このようなアリストテレス解釈の当否は置いておくとしても、ここに表されている作品の内在的完結性という考えは、レッシングたち啓蒙主義者によって摑み取られた、権威あるいは道徳からの芸術の自律の一つの帰結であるといえよう。そして、そこには対象と結びついた同情は、もはや存立する余地はないかのように思える。劇場や芸術一般から道徳的な要素が完全に消え去った、などということはできないにせよ、時代の流れが美的なものの自律へと傾いていくなかで、レッシングのきわめて一八世紀的・啓蒙主義的な教化プログラムとしての同情論は、後景へと退くことになったのである。

(5) 啓蒙の弁証法

ゲーテに現れる「美的なものの自律」という思想が、メンデルスゾーンの美学論のもとで独自の理論を発展さ

---

*33 デュボスのニコライへの影響については、以下を参照。南大路振一「悲劇に関するレッシング・メンデルスゾーン・ニコライの往復書簡（1756／57）について」『18世紀ドイツ文学論集』三修社、一九八三年、一二八頁。

*34 Mendelssohn (und Nicolai) an Lessing, Berlin, Januar 1757, in: *Briefwechsel*, S. 88-89.

*35 Johann Wolfgang von Goethe, *Nachlese zu Aristoteles' Poetik*, in: *Werke, Hamburger Ausgabe*, München 1981, Bd. 12, S. 342-345, hier S. 344.

*36 Ebd., S. 343.

せたモーリッツ（一七五七－九三）からの影響を受けて開花したものであることを論証し、その古典主義からロマン派へと続く道筋を提示した山本惇二は、美的自律性思想について論じた章の最後に、モーリッツの思想が二〇世紀のフランクフルト学派にも受け継がれていることを指摘している。[*37] とはいえ山本は、アドルノ（一九〇三－一九六九）やマルクーゼ（一八九八－一九七九）の著作に現れる言葉づかいのモーリッツの用語との類似を指摘しながらも、かけ離れた時代を無媒介に並置することには慎重さが必要であることも明記している。しかし、レッシングの唱えた同情論とそれに対置される美的なものの自律とが、ともに啓蒙主義の系譜に連なるものであるとすれば、そして、一九世紀における美的自律性の前景化が、同情論の衰退と軌を一にしているとすれば、美的自律性の思想を受容したアドルノたちの著作のうちに同情についての痕跡を探すことは、二〇世紀における啓蒙の姿を明瞭ならしめるためにも不毛なこととは言えないだろう。すなわち、同情に信を置くことのできた一八世紀の啓蒙主義以後、「啓蒙」のうちで同情がどのように論じられることになったのか。この課題を果たすためにここでは、フランクフルト学派の代表的思想家であるアドルノとホルクハイマーの共著『啓蒙の弁証法』（一九四七）を取り上げ、その内部での同情の位置づけを探っていく。

『啓蒙の弁証法』の基本的な図式は、次のような定義に明らかである。「神話は既に啓蒙である。啓蒙は神話体系へと退化する（schon der Mythos ist Aufklärung, und: Aufklärung schlägt in Mythologie zurück）」。[*38] 神話と啓蒙はともに人間の思考の抽象化作用を表現する合理化のプロセスであり、ギリシャ神話の元素論や、啓蒙の主知主義的傾向は、すべてこうしたプロセスを表現したものである。そしてまた啓蒙と神話の絡まり合いは、「知は力なり」として自然を認識の対象と捉え、外的自然のみならず、人間の内的自然をも支配の対象とすることで、すべてを合理的支配のもとに置こうとする暴力的同一化の傾向としても、その姿を明瞭に歴史に刻みつけているといえよう。啓蒙と神話は、言ってみれば、各々が合理主義と非合理主義、知性と感情、正統と異端という両極をそのうちに含みつつ、互いに絡まり合っているキメラ的な複合体なのである。啓蒙が自らを理性の側に置き、神話を非合理なものとすることで、自己と神話との差異を力説したところで、両者を簡単に二分割することはできない。『啓蒙の弁証法』の著者たちは、こうした認識のもとで、合理主義の権化たる啓蒙が、同情という他者への感情的共感なしには成立しない領域を、いったいどのように扱ってきたのかを、第二補論「ジュリエットあるいは啓蒙と道徳」において考察している。そこでは、カントとサドという通常の見解からすれば相容れない二人が、ともに啓蒙の完成者として捉えられている。定言命法を唱え、人間の自己立法を要請するカントと、他者を性の道具として扱い、また自らを他者の生贄に捧げるサドの小説の登場人物たち。しかし、両者は、（他者の存在を欠いた）人間の自律という究極の地点において、啓蒙の目指す自然支配（他なる者に対する支配）の法則に従っている。カントの体現する「道徳的厳格さ」と、サドの描き出す「絶対的な非道徳性」は、人間的自律という思想を蝶番として互いに反転しあう啓蒙の極点を表しているのである。[*39] すなわち、カントの『啓蒙とは何か』（一七八四）に見られる自律への呼びかけは、『実践理性批判』（一七八八）での道徳法則への服従と手を結び、逆説的にも対象への無感覚へと陥ってしまう。逆に、サドの小説の主人公たちは、その非道な振る舞いを、対象への惑溺のう

＊37 「フォスカンプの説くところによれば、ヴァイマル古典主義の研究対象は、一九五〇年代頃までは象徴概念を中心としていたが、それ以降は美的自律性思想がこれに取って代わったという。アドルノやマルクーゼの美的自律性思想が表明されたのは、この研究動向の変転の後である」（山本惇二『カール・フィリップ・モーリッツ——美意識の諸相と展開』鳥影社、二〇〇九年、三二六頁）。一言付け加えておくなら、一九五〇年代以前のアドルノ、たとえば彼の処女作『キルケゴール——美的なものの構成』（一九三三）や、それ以前に書かれた「シューベルト」（一九二八）において、モーリッツの用語との類似は見られないものの、既に「美的なもの」と社会的規定性との緊張関係は考察の対象とされている。

＊38 Adorno / Horkheimer, *Dialektik der Aufklärung*, in: *Gesammelte Schriften*, Frankfurt am Main 2003, Bd. 3, S. 16.

＊39 Vgl. Ebd.

ちに享受するというよりは、それをまさにカント的な自律の道徳によって基礎づけていく。そこに見られる心的姿勢は、カントの主体のそれと同じく、個別的な対象への特別な愛情ではなく、普遍的なものの優位に従った特殊なものへの無関心である。

啓蒙の内部で、道徳的厳格さと非道徳性は、人間的自律の絶対性を介して相互に浸透しあうことになる。すなわち、対象の身に起こることに対する無感動こそが、啓蒙の道徳であった、ということが著者たちの主張であるということになるだろう。体制によって押しつけられる世俗的道徳の束縛を逃れ、舞台上において自らを貫徹しようとする美的なものの自律が、レッシングの同情論と対照をなすアパテイアをその印としていたことを想起するなら、カントとサドに現れる人間的自律とニコライやメンデルスゾーンによって唱えられた美的なものの自律は、啓蒙主義の流れのうちで生じた一種の並行現象であるといえよう。こうした認識から、同情について、次のような命題が導き出されてくる。「同情は哲学を前にしては持ちこたえることはできない」[*40]。というのも「同情は、自分が実際の場面で適用している例外というものによって、非人間性の規則を証明している」[*41]からである。事態はレッシングと真逆の様相を呈している。レッシングにおいて、同情は人々の風儀を洗練し、徳を高めるという点で、人間性への道筋を示すものとして存在していたとすれば、アドルノとホルクハイマーにおいては、同情は恣意的なえこひいきとして、人間性の普遍的あり方に逆らうものであるという烙印を押されることになる。しかし、ことはそう単純ではない。自律した主体としての市民が、そもそも普遍的な人間愛を目指すものかどうか。この点に疑問符が打たれる。

啓蒙の主体の基本的な姿勢は、自己保存の原理に従うことである。カントのいう人間の成年状態と未成年状態との区別は、この理性的な自己保存に目覚めているかどうか、ということをその試金石とする[*42]。ゆえに、カントが道徳法則への尊敬を人々に求めたところで、そのような要求に従って、自ら馬鹿を見るようなことを市民は行わないのである[*43]。他者への同情に基づく人間性の普遍という構想は、信用を失っている。市民は、自己保存の原理に忠実に従う。そうであるからこそ、「啓蒙において、普遍的事実が特殊的事実に、包括的愛が限定的愛に優先することはない」[*44]のである。同情は「直接的なかたちで表された人間性」[*45]であるにもかかわらず、そのような普遍的な人間性そのものが、自己保存の原理に従う啓蒙の主体にとっては、自らの力を弱めるものとして感じられることになるのである。

そして、同情の拒否、という市民社会に一貫して見られるものとして著者たちによって取り出された態度は、本章の議論してきたところからすれば自然な帰結として、自らの根底にレッシングが（そして傾向としてはルソーも）反対したストア派のアパテイアを見出すことになる。「徳にとっては、（長所としての）アパテイアが必然的に前提とされる」[*46]、というカントの言葉や、「私の魂は揺るぎないものです。そして、私は、私の享受しているアパテイアの幸福よりも感じやすさを好むようなこととは無縁です」[*47]、というサドの小説の引用から、市民的な態度のいかなるものかが抽出されることになる。しかし、『啓蒙の弁証法』の示す、啓蒙の原理としての自己保存の欲求に従うことから生じる他者への無感動は、レッシングが宮廷的社交術として批判したアパテイアとその特徴を同じくするが、より詳細に見てみるならば、レッシングとアドルノたちのアパテイア理解は、その内実にお

*40 Ebd., S. 122.
*41 Ebd.
*42 Ebd., S. 102.
*43 Ebd., S. 104-105.
*44 Ebd., S. 122.
*45 Ebd., S. 121.
*46 Ebd., S. 115.
*47 Ebd., S. 115-116.

いて微妙に相違する部分のあることがわかる。確かに、アパテイアに現れる「同情を忌み嫌うような心情を、世のファシスト的支配者たちは政治的寛容の忌避や戒厳令を命じることへと変形した」[*48]、という事態をアドルノたちも批判的に見ている。ここに、社会的な徳の形成に裏打ちされたレッシングのストア批判との一致をみることは可能である。しかし、「同情の反対者である市民的冷淡さが手本とするストアのアパテイアは、あらゆる話題に身を合わせようとする興味本位の下劣さよりは、自ら一歩引いたところに立つことで、普遍的なものに対して瀬戸際において忠誠を保っていた」[*49]、という見解において、両者のあいだには境界線が引かれることになるだろう。つまり、『啓蒙の弁証法』の著者たちにとって、同情は確かに人間性の内実をなす普遍的な愛を備えた感情であった。しかし、啓蒙の原理、すなわち自己保存に従った私的な利害関心の追求の苛酷なことを、一八世紀末以降の市民社会の基本的状況として追跡してきた二人にとって、あくまで感性的な契機である同情に訴えかけることは、理性的思考による道徳の支配に対する敗北主義として目に映っていたと考えられる。理性に抗するに感情を持ち出すことなく、あくまで理性をもって事に当たる姿勢こそ、彼らの「思索のモラル」[*50]であったといえよう。[*51]

レッシングが批判したストア的アパテイアの無感動は、それが支配的原理との結託に終始するものであれば、やはりアドルノたちにとっても批判されるべきものであった。しかし、同情によって個別的なものを救い出そうとすることが、逆に、普遍的な人類愛に対する反証となってしまうという現在の状況こそが、『啓蒙の弁証法』が記しづけている啓蒙の逆説なのである。こうした状況のもとでは、人間性はその直接的な表明を目指すやいなや、現状への肯定的態度へと歪められてしまう。社会批判のための牙を抜き去られることなく、その理念が維持されるためにも、同情をその糧とする人間性はアパテイアという冷たい仮面のもとで〝冬〟を越さねばならないのである。「サドやニーチェが、論理実証主義以上に断固として理性に固執しているという事態は、カントの理性概念のうちにのみならず、あらゆる偉大な哲学のうちに保持されているユートピアを、その覆いから解放しようとする秘められた意味を持っている。そのユートピアとはすなわち、自らを歪めることがないために、もはや歪みを必要としない人間性のユートピアである」[*52]。『啓蒙の弁証法』のうちにかろうじて書き留められた人間性のユートピアのイメージ。このイメージが実現するものであるかどうか。アドルノとホルクハイマーにとって、そしてレッシングにとっても、この人間性のユートピアの実現こそ、彼らの理論の核心的動機をなすものであったと言えるのではないだろうか。

レッシングにおいて、民衆の風儀を洗練するものとしての演劇において、とりわけ重要な位置に置かれていた同情は、二〇世紀の批判理論においてその地位を失い、感性的・偶然的契機として、啓蒙の弁証法の渦に飲み込まれてしまう。本章は、一八世紀の啓蒙主義者レッシングと、二〇世紀の批判理論の代表者アドルノとホルクハイマーの著作における同情概念の検討を通じて、二者間に見られる同情のもつ意義の変動に焦点を当てて考察を進めてきた。まず、レッシングにおいて同情のもつ意義を明確にするため、ニコライ、メンデルスゾーンとの往復書簡における感嘆批判に着目し、それが感嘆のもつストア的アパテイアに起因するものであることを確認した。

＊48 Ebd., S. 123.

＊49 Ebd.

＊50 Theodor W. Adorno, *Minima Moraria*, in: *Gesammelte Schriften*, a. a. O., Bd. 4, S. 82-83.

＊51 このことは、レッシングの同情論が前反省的な情動に基づいたものであることを意味しない。シングスによって主張されたレッシングとルソーの同情概念の類似に異議を唱えながら、ミヒェルゼンは、ルソーの言う同情が本能的なものとして動物にまで拡張されうるのに対して、レッシングのそれはいかなる意味においても理性的反省に先立つものではないことを論じている（Michelsen, a. a. O., S. 131-133）。

＊52 Adorno / Horkheimer, *Dialektik der Aufklärung*, a. a. O., S. 140.

次に、そうしたストア批判の背景をなすものとして、貴族社会における社交術に対する異議申し立ての存在することを、ルソーとの関係から同時代的文脈として析出した。そして、人々の無感動を批判することでレッシングが同情において積極的に主張しようとした、同情する主体と同情される対象との結びつきを、ミヒェルゼンの説を手がかりとして判明なものとした。さらに、一八世紀の啓蒙主義の二つの側面として、その教化的傾向と脱権威的傾向を考察することで、同情と感嘆の対立のうちに、美的なものの自律が現れることで、同情の衰退が時代の一つの流れのうちに置かれた。最後に、そうした美的自律性の思想を受け継いだ批判理論の思想家アドルノとホルクハイマーの共著『啓蒙の弁証法』のうちに、同情の拒絶、それに伴うストア的アパテイアの市民的態度としての登用、そしてその二つの事態が、ともにドイツ啓蒙主義の最大の見出し語である「人間性」の救出を意図したものであることが明らかとされた。

レッシングとアドルノ、ホルクハイマーのあいだには、架橋することの不可能な隔たりが存在している。にもかかわらず、彼らの究極の意図として、人間性の理念は、二〇〇年の時を経て生き続けてきたのだといえよう。しかし、人間性とは、もはや積極的な主張として提出されることのできないものである、というのが『啓蒙の弁証法』の下した診断であった。今現在、〝越冬〟を余儀なくされている人間性に目覚めの時が訪れるものかどうか。この点については、今後の研究においてさらに考察を深めていきたい。

あとがき

本書は博士学位請求論文として二〇一四年度に京都大学人間・環境学研究科に提出、受理されたものを基に成立した。博論の審査をご担当いただいた先生方、主査の道籏泰三先生、副査の大川勇先生、安部浩先生にはお忙しいところ丁寧に査読の労をとっていただいた。感謝申し上げる。とくに、主査をご担当いただいた道籏先生には修士課程のはじめより博士課程を経て、博論の審査まで足掛け一〇年以上にわたって大変お世話になった。大学院時代、講読の授業のテクストとしてアドルノの『文学ノート』からベケット論を提案した際に、快く取り上げてもらったのはよいが、その難解さの故か出席者も集まらず、最後には二人きりで先生と読み合わせをする羽目に陥った。ほんの些細な単語であっても著作の中に現れる言葉にはすべて解釈の筋道を通し、一言たりとも疎かにしまいという気迫をもって臨まれる先生との講読は、思い返すに苦しいものでありながら、半面、かくも粘り強い読みを要求される場に居合わせるという経験がやはり得難いものであったことを考えれば、（自身の上達のほどはともかくとして）そのような薫陶の機会を得られたことを幸運であったと思う。その成果として、毎年講座から出版していた雑誌への翻訳の掲載に合わせて解題として著したものが、本書第Ⅶ章の基になり、ひいてはそのことが博士論文全体を構想する端緒ともなった。この際、本書各章の初出を記しておけば（タイトルは掲載時より変更はない）、第Ⅲ章：『立命館哲学』二二号（二〇一一年）、第Ⅴ章：『文明構造論』八号（二〇一二年）、第Ⅵ章：『文明構造論』七号（二〇一一年）、第Ⅶ章：『文明構造論』五号（二〇〇九年）、補章Ⅰ：『人間・環境学』一八号（二〇〇九年）、補章Ⅱ：『ヘルダー研究』一五号（二〇〇九年）となり、本書に収めるに当たってそれぞれの文章には加筆修正が施されている。その他の章は博論もしくは本書執筆の際に書き下ろされた。この間、道籏先生は、アドルノについては批判的なご意見をお持ちであるにもかかわらず、筆者の論文指導にあたっては、きわめて公平な態度で修正を促し、またアドルノの面白い部分も積極的に評価し、それを形にしていくよう励ましていただいた。深く感謝申し上げる。

また、博論執筆中には現在の職場である京都大学より若手人材派遣事業ジョン万プログラムの支援を受け、ミュンヘン大学教授のトーマス・ブフハイム氏のもとで在外研究を行う機会を得た。受け入れをご快諾いただいたブフハイム氏をはじめ、ご支援いただいた事業本部、また長期にわたる不在を許可していただいた所属部局である人文科学研究所の所員、職員の皆様に感謝申し上げる。当時の人文研で参加していた三つの研究班のそれぞれの班長である市田良彦、富永茂樹、山室信一の各氏には特に感謝申し上げる。

博論執筆に当たっては多くの方々にご指導いただいたが、なかでも同じ研究所の岡田暁生氏と立木康介氏には音楽と精神分析に関して詳細なアドバイスをいただいた。頂戴したご意見を十全には反映しきれず反省すべき点は多々あるが、そのことは自覚しつつも、一読の労をお取りいただいたことに改めて感謝申し上げたい。また、岡田氏とは現在アドルノの音楽論集『幻想曲風に *Quasi una fantasia*』の翻訳作業を進めており、同書は法政大学出版局からの出版予定である。本書でもその訳稿の一部（第Ⅰ章と第Ⅲ章のそれぞれ冒頭の引用）を使わせていただいた。それ以外にも、多くの先達と学友との語らいのなかで、本書は成立した。一人ずつお名前を挙げることはできないが、ここに記して感謝する次第である。

そして、道籏先生と並んで修士課程のはじめよりお世話になった方として、同じ立命館大学の哲学専攻出身の松山壽一先生にも感謝の意を表しておきたい。立命館大学や京都大学での先生の講読の授業に列席した際には、学問的な内容に関わることはもとより、論文執筆以前の研究に対する心構えについても多くを教わった。ポリフォニックなテクスト読解とはその際に聞いた言葉であるが、対象とする著者の主張のみを追いかけるのではなく、それと同時に著者の想定している対話者あるいは当時の常識として明言されることのない過去からの影響関係を読み解きつつ、一冊の本の中に複数の声を聞き取ろうとするその方法論は、アドルノの文学論を主たる対象として開始された本書の執筆にも貴重な示唆を与えている。

本書の出版に当たっては「京都大学総長裁量経費・若手研究者出版助成事業」による援助を受けた。記して謝意を表したい。また、寛大にも出版をお引き受けいただいた航思社の大村智さんには、本書の実現のために多くのご助力をいただいた。厚く御礼申し上げる。

参考文献

Adorno, Theodor W.: *Gesammelte Schriften* in 20 Bände. Hg. v. Tiedemann, Rolf unter Mitwirkung v. Adorno, Gretel/ Buck-Morss, Susan/ Schulz, Klaus. Frankfurt am Main 2003.

——*Beethoven. Philosophie der Musik*. Hg. v. Tiedemann, Rolf. Furankfurt am Main 2004.

——*Vorlesung über Negative Dialektik*. Frankfurt am Main 2003.

Adorno/ Benjamin: *Briefwechsel 1928-1940*. Hg. v. Lonitz, Henri. Frankfurt am Main 1994.

Agamben, Giorgio: *Kindheid und Geschichte. Zerstörung der Erfahrung und Ursprung der Geschichte*. Übersetzt v. Davide Giuriato, Frankfurt am Main 2004.

Alewyn, Richard: *Probleme und Gestalten*. Frankfrut am Main 1982.

Alt, Peter-André: *Tragödie der Aufklärung. Eine Einfürung*. Tübingen und Basel 1994.

Aragon, Louis: *Œuvres poétiques complètes*. Paris 2007.

——*Traité du Style*. Paris 1980.

Aristoteles: *Poetik*. Übersetzt u. Hg. v. Fuhrmann, Manfred. Stuttgart 2014.

Baudelaire, Chaerles: *Œuvres complètes* in 2 Bände. Hg. v. Pichois, Claude. Paris. 1975-1976.

——*Die Blumen des Bösen*. Übersetzung v. FahrenbachßWachendorff, Monika/ Anmerkungen v. Hina, Horst/ Nachwort und Zeittaffel v. Koocke, Kurt. Stuttgart 2014.

Beckett, Samuel: *The Complete Dramatic Works*. Faber and Faber London 2006.

——*Three Novels*. Grove Press. New York 1958.

Benjamin, Walter: *Gesammelte Schriften* in 7 Bänden. Hg v. Tiedemann, Rolf/ Schweppenhäuser, Hermann unter Mitwirkung v. Adorno, Theodor W./ Scholem, Gerschom. Framkfurt am Main 1991.

——*Briefe*. Hg. u. Anm. von Gershom Scholem u. Theodor W. Adorno, Frankfurt am Main 1978.

Bonnefoy, Yves: *Le nuage rouge*. Paris 1977.

——*Die rote Wolke*. Essaays zur Poetik. Hg. v. Gottfried Boehm u. Stierle, Karlheinz. Übersetzt v. Killisch-Horn, Michael von, München 1998.

Borchmeyer, Dieter: *Richard Wagner*. Werk-Leben-Zeit. Stuttgart 2013.

Breton, André: *Œuvres complètes*. Paris 1988.

Brunner, Ott/ Conze, Werner/ Koselleck, Reinhart (Hg.): *Geschichtliche Grundbegriffe. Historische Lexikon zur politisch-sozialen Sprache in Deutsschland* in 8 Bände. Stuttgart 2004.

Caeyers, Jan: *Beethoven. Der einsame Revolutionär*. Übersetzt v. Ecke, Andreas, München 2012.

Dahlhaus, Carl: *Richard Wagners Musikdramen*. Stuttgart 2011.

———*Ludwig van Beethoven und seine Zeit*. Regensburg 1987.

Dehrmann, Mark-Georg: *Das „Orakel der Deisten". Schaftesbury und die deutsche Aufklärung*. Göttingen 2008.

Derrida, Jacques: *L'écriture et la differérence*. Éditon du Seuil 2014.

———*Die Schrift und die Differenz*. Übersetzt v. Gasché, Rodolphe. Frankfurt am Main 1976.

Eichendorff, Josef von: *Werke* in einem Band. Hg von Rasch, Wolfdietrich. München 1955.

Engbers, Jan: *Der » Moral-Sense « bei Gellert, Lessing und Wieland. Zur Rezeption von Shaftesbury und Hutcheson in Deutschland*. Heidelberg 2001.

Foucault, Michel: *Einführung in Kants Anthropologie*. Übersetzt v. Frietsch, Ute. Frankfurt am Main2010.

Freud, Sigmund: *Abriss der Psychoanalyse*. Hg. v. Lohmann, Hans-Martin. Stuttgart 2013.

———*Das Ich und das Es*. Hg. v. Bayer, Lother. Stuttgart 2013.

———*Der Witz und seine Beziehung zum Unbewussten*. In: Gesammelte Werke. Bd. VI. London/ Furankfurt am Main 1940.

———*Drei Abhandlungen zur Sexaltheorie*. Hg. v. Bayer, Lother/ Lohmann, Hans-Martin. Stuttgart 2010.

———*Jenseits des Lustprinzip*. Hg. v. Lohmann, hans-Martin. Stuttgart 2013.

———*Studienausgabe* in 10 Bände. Hg. v. Mitscherlich, Alexander/ Richards, Angela/ Strachey, James. Frankfurt am Main 1972-1975.

Fuld, Werner. *Walter Benjamins Beziehung zu Ludwig Klages*. In: Akzente. Heft 3. 1981.

Geck, Martin: *Von Beethoven bis Mahler. Leben und Werk der grossen Komponisten des 19. Jahrhunderts*. Hamburg 2000.

Goethe, Johann Wolfgang: *Iphigenie auf Tauris*. Anmerkungen v. Angst, Joachim/ Hackert, Fritz. Stuttgart 2012.

———*Nachlese zu Aristoteles' Poetik*. In: Werke. Hamburger Ausgabe. München 1981, Bd. 12.

Gottsched, Johann Christoph: *Versuch einer Critischen Dichtkunst*. In: Ausgewählte Werke. VI/1 Berlin/ New York 1973.

———*Schriften zur Literatur*. Hg. v. Steinmetz, Horst. Stuttgart 2009.

Habermas, Jürgen: *Strukturwandel der Öffentlichkeit*. Frankfurt am Main 1990.

Heidsieck, Arnold: *Adam Smith's Influence on Lessing's View of Man and Society*. In : Lessing Yearbook, 1983, Vol. XV, pp. 125-143.

Henkel, Arthur: *Die „verteufelt humane" Iphigenie*. In: *Euphorion. Zeitschrift für Literaturgeschichte*. Bd. 59. Heidelberg 1965.

Hidegger, Martin: *Kant und das Problem der Metaphysik*. Hg. v. Herrmann, Friedrich-Wilhelm von. Frankfurt am Main 1951.

Kant, Immenuel: *Kritik der reinen Vernunft*. Hg. v. Timmermann, Jens, Hamburg 1998.

————*Kritik der Urteilskraft*. Hg. v. Weischedel, Wilhelm, Frankfurt am Main 1974.

Kierkegaard, Sören: *Entweder-Oder*. Teil I und II. Hg. v. Diem, Hermann/ Rest, Walter unter Mitwirkung von Thulstrup, Niels und der Kopenhagener Kierkegaard-Gesellschaft. Übersetzt v. Fauteck, Heinrich. München 2005.

Klages, Ludwig: *Sämtliche Werke* in 8 Bänden. Hg. v. Frauchiger, Ernst. Bonn 1991.

Kommerell, Max: *Lessing und Aristoteles. Untersuchung über die Theorie der Tragödie*. Frankfurt am Main 5. Auflage 1984.

Kondylis, Panajotis: *Die Aufklräung im Rahmen des neuzeitlichen Rationalismus*. Stuttgart 1981.

Kronauer, Ulrich: *Der küne Weltweise. Lessing als Leser Rousseaus*. In: *Rousseau in Deutschland. Neue Beiträge zur Erforschung seiner Rezeption*. Hg. v. Herbert Jaumann. Berlin/ New York 1995, S. 23-45.

Kunz, Josef: *Eichendorff Höhepunkt und Krise der Spätromantik*. Oberursel 1951.

Lessing, Gotthold Ephraim: *Werke* in 8 Bände. Hg. v. Göpfert, Herbert G., München 1973.

————*Lessings Briefwechsel mit Mendelssohn und Nicolai über das Trausespiel*. Hg. Petsch, Robert. Darmstadt 1967.

Lessing/ Mendelssohn/ Nicolai: *Briefwechsel über das Trauerspiel*. Hg. und komm. v. Schulte-Sasse, Jochen. München 1972.

Loos, Adorf: *Warum Architektur keine Kunst ist. Fundamentales über scheinbar Funktionales*. Hg. Stuiber, Peter. Wien 2009.

Lütteken, Laurenz (Hg): *Wagner Handbuch*. Unter Mitarbeit v. Groote, Inga Mai/ Meyer, Michael. Kassel 2012.

Martini, Fritz: *Deutsche Literaturgeschichte. Von den Anfängen bis zur Gegenwart*. 4. Aufl. Stuttgart 1952.

Martino, Alberto: *Geschichte der dramaticshen Theorien I*. Übersetzt v. Proß, Wolfgang. Tübingen 1972.

Mauser, Siegfried: *Beethovens Klaviersonaten. Ein musikalischer Werkführer*. 2. Auflage. 2008.

Mendelssohn, Moses: *Über die Empfindungen*. In: Gesammelte Schriften. Jubiläumsausgabe. Bd. I, Berlin 1929.

————*Ästhetische Schriften*. Hg. v. Pollok, Anne. Hamburg 2006.

————*Metaphysische Schriften*. Hg. v. Vogt, Wolfgang. Hamburg 2008

Meyer, Theodor A.: *Das Stillgesetz der Poesie*. Frankfurt am Main 1990.

Michelsen, Peter: *Der unruhige Bürger. Studien zu Lessing und zur Literatur des achtzehnten Jahrhunderts*. Würzburg 1990.

Naville, Pierre: *La révolution et les intellectuels*. Paris 1975.

Price, Lawrence Marsden: *Die Aufnahme englischer Literatur in Deutschland 1500-1960*. Übersetzt v. Knight, Maxwell E., Bern u. München 1961.

Pauen, Michael. *Eros der Ferne. Walter Benjamin und Ludwig Klages*. In: *Global Benjamin*. Bd. 2. München 1999.

Pikulik, Lothar: *Der experimentelle Charakter von Eichendorffs Dichtung*. In: *Aurora* 49(1989). S. 21-35.

Renate Ulm (Hg.): *Die 9 Symphonien Beethovens. Entstehung, Deutung, Wirkung*. Vorwort v. Lorin Maazel, Kassel Basel London New York Prag 1994.

Rochow, Christian: *Das bürgerliche Trauerspiel*. Stuttgart 1999.

Rosenthal, B.: *Der Geniebegriff des Aufklärungszeitalters. Lessing und die Popularphilosophen*. Berlin 1933.

Ross, Alex: *The Rest is Noise. Das 20. Jahrhundert Hören*. Übersetzt v. Herzke, Ingo. Zürich 2014.

Rousseau, Jean-Jaques: *Discours sur les sciences et les arts*. In: Œuvres complètes. Gallimard, Bibliothèque de la Pléiade, 2003, Bd. 3.

———*Lettre à d' Alembert*. In: Œuvres complètes. Gallimard, Bibliothèque de la Pléiade, 1995, Bd. 5. S. 1-125.

Sauder, Gerhard: *Empfindsamkeit. Voraussetzungen und Elemente*. Bd. 1. Stuttgart 1974.

Scheitler, Irmgard: *» ... aber den lieben Eichendorff hatten wir gesungen.« Beobachtungen zur musikalischen Rezeption von Eichendorffs Lyrik*. In: *Aurora* 44(1984). S. 100-123.

Schings, Hans-Jürgen: *Der mitleidigste Mensch ist der beste Mensch*. München 1980.

Schreber, Daniel Paul: *Denkwürdigkeiten eines Nervenkranken*. Vollständiger, durchgesehener Neusatz bearbeitet und eingerichtet v. Holzinger, Michael. Berlin 2013.

Schopenhauer, Arthur: *Die Welt als Wille und Vorstellung*. Hg. v. Lütkehaus, Ludger. München 1998.

Seidlin, Oskar: *Versuche über Eichendorff*. Göttingen 1965.

Staiger, Emil: *Goethe. 1749-1786*. 5. Aufl. Zürich/ München 1978.

Szondi, Peter: *Antike und Moderne in der Ästhetik der Goethezeit*. In: *Poetik und Geschichitsphilosophie I*. Frankfurt am Main 1974.

———*Die Theorie des bürgerlichen Trauerspiels im 18. Jahrhundert*. Frankfurt am Main 1973.

Uhde, Jürgen: *Beethovens 32 Klaviersonaten*. Stuttgart 1968, 2012.

Wölfel, Kurt: *Moralische Anstalt. Zur Dramaturgie von Gottsched bis Lessing*. In: *Deutsche Dramentheorien*. Hg. Reinhold Grimm. Bd. 1,

Frankfurt a. M. 1971.
Zelle, Carsten: *» Angenehmes Grauen «. Literaturhistorische Beiträge zur Ästhetik des Schrecklichen im achtzehnten Jahrhundert.* Hamburg 1987.

阿部良雄『シャルル・ボードレール――現代性（モデルニテ）の成立』河出書房新社、一九九五年
アラゴン、ルイ『イレーヌのコン・夢の波』江原順訳、現代思潮社、一九七七年
――『パリの農夫』佐藤朔訳、思潮社、一九八八年
アリストテレース『詩学』松本仁助訳、岩波文庫、一九九七年
市田良彦『存在論的政治――反乱・主体化・階級闘争』航思社、二〇一四年
エウリピデス『ギリシア悲劇〈3〉〈4〉エウリピデス上・下』松平千秋訳、ちくま文庫、一九八六年
エリアス、ノルベルト『文明化の過程』赤井慧爾他訳、法政大学出版局、二〇〇四年
――『宮廷社会』波田節夫・中埜芳之・吉田正勝訳、法政大学出版局、一九八一年
岡田暁生『「バラの騎士」の夢』春秋社、一九九七年
――「郷愁の啓蒙――アドルノの交響曲／室内楽論について」『啓蒙の運命』富永茂樹編、名古屋大学出版会、二〇一一年
小場瀬卓三「理論的反省」『フランス文学講座第四巻　演劇』大修館書店、一九七八年
ゲーテ、ヨハン・ヴォルフガング『ファウスト　第二部』相良守峯訳、岩波文庫、一九五八年
――『タウリス島のイフィゲーニエ』片山敏彦訳、岩波文庫、一九五一年
小泉義之『生と病の哲学』青土社、二〇一二年
小林秀雄『小林秀雄初期文芸論集』岩波文庫、二〇〇二年
シェニウー＝ジャンドロン、ジャクリーヌ『シュルレアリスム』星埜守之・鈴木雅雄訳、人文書院、一九九七年
スミス、アダム『道徳感情論』水田洋訳、岩波文庫、二〇〇三年
ソポクレス『ギリシア悲劇〈2〉ソポクレス』松平千秋訳、ちくま文庫、一九八六年
立木康介『精神分析と現実界――フロイト／ラカンの根本問題』人文書院、二〇〇七年
デュボス、ジャン＝バティスト『詩画論』木幡瑞枝訳、玉川大学出版部、一九八五年
デリダ、ジャック『エクリチュールと差異』合田正人・谷口博史訳、法政大学出版局、二〇一三年
富永茂樹『トクヴィル　現代へのまなざし』岩波新書、二〇一〇年

永野藤夫『啓蒙時代のドイツ演劇――レッシングとその時代』東洋出版社、一九七八年
ノウルソン、ジェイムズ『ベケット伝』高橋康也他訳、白水社、二〇〇三年
ハーバーマス、ユルゲン『公共性の構造転換　第二版』細谷貞雄・山田正行訳、未来社、一九九四年
ブリオン、マルセル『シューマンとロマン主義の時代』喜多尾道冬・須磨一彦訳、国際文化出版社、一九八四年
ブルトン、アンドレ『狂気の愛』海老坂武訳、光文社文庫、二〇〇八年
――『シュルレアリスム宣言・溶ける魚』巌谷國士訳、岩波文庫、一九九二年
――『ナジャ』巌谷國士訳、白水Uブックス、一九八九年
ブルーメ、フリードリヒ『西洋音楽史(1)　ルネサンスの音楽』白水Uブックス、一九九二年
――『西洋音楽史(2)　バロックの音楽』白水Uブックス、一九九二年
――『西洋音楽史(3)　古典派の音楽』白水Uブックス、一九九二年
――『西洋音楽史(4)　ロマン派の音楽』白水Uブックス、一九九二年
ベケット、サミュエル「勝負の終わり」安藤信也訳、『ベケット戯曲全集1』白水社、一九六七年
――「すべて倒れんとする者」高橋康成訳、『ベケット戯曲全集1』白水社、一九六七年
――『名づけえぬもの』安藤元雄訳、白水社、一九九五年
――『マロウンは死ぬ』高橋康也訳、白水社、一九九五年
――『モロイ』三輪秀彦訳、集英社、一九六九年
ボードレール、シャルル『ボードレール全集』全六巻、阿部良雄訳、筑摩書房、一九八四－一九九三年
――『ボードレール全集』全四巻、福永武彦編集、人文書院、一九六三－一九六四年
ボヌフォワ、イヴ『現前とイマージュ』阿部良雄訳、朝日出版社、一九八五年
松山壽一『科学・芸術・神話――シェリングの自然哲学と芸術――神話論研究序説』晃洋書房、二〇〇四年
――「悲劇とオペラ――音楽と言語と政治の関連」大阪学院大学人文自然論叢（60）、三三－七一頁、二〇一〇年
道籏泰三『ベンヤミン解読』白水社、一九九七年
南大路振一『18世紀ドイツ文学論集　増補版』三修社、二〇〇一年
南大路振一・中村元保・石川寛・深見茂編著『ドイツ市民劇研究』三修社、一九八六年
宮川淳『絵画とその影』みすず書房、二〇〇七年
ミュラー＝ドーム、シュテファン『アドルノ伝』徳永恂他訳、作品社、二〇〇七年

安酸敏眞『レッシングとドイツ啓蒙』創文社、一九九八年
山本惇二『カール・フィリップ・モーリッツ――美意識の諸相と展開――』鳥影社、二〇〇九年
ユング、カール・グスタフ『分析心理学』小川捷之訳、みすず書房、一九七六年
レッシング、ゴットホルト・エフライム『ハンブルク演劇論』南大路振一訳、二〇〇三年
ルクレーティウス『物の本質について』樋口勝彦訳、岩波文庫、一九六一年
ルソー、ジャン＝ジャック『学問・芸術論』平岡昇訳、中央公論社『世界の名著36』、一九七八年

『オデュッセイア』 12
ホルクハイマー、マックス 8, 9, 12, 16, 17, 36, 124, 258, 327, 328, 342, 344, 347, 348
『啓蒙の弁証法』 8, 9, *10*, 11, 12, 13, 17, 20, 28, 36, 43, 49, 70, 71, 91, 146, 258, 263, 270, 327, 328, 342, 343, 345–348

マ

マイアー、テオドーア・A 107, 108
『文学の様式法則』 107
マイアベーア、ジャコモ 123
マルクス、カール 136, *231*
『ヘーゲル法哲学批判序説』 *231*
メンデルスゾーン、モーゼス 15–17, 92, 295, 296, 301, *301*, 302–304, 307, 308, 310, 311, 316, 322–325, 328, *335*, 336, 338–341, *341*, 344, 347
モーツアルト、W・A 45–47, *49*, 64, *65*
『フィガロ』 45
『魔笛』 45
モーリッツ、カール・フィリップ 92, 342, *343*

ヤ

ユゴー、ヴィクトル *85*
『レ・ミゼラブル』 *85*
ユング、C・G 201, 285, *285*, 286, 287, 289
『分析心理学』 *285*

ラ

ランボー、アルチュール 117, 230, 248
『地獄の季節』 248
「酔いどれ船」 117
ルー、サン＝ポル 222
ルソー、J‐J 16, 273, 284, 301, *301*, 323, 331–333, *333*, 334, *335*, 336, *337*, 340, 345, *347*, 348
『学問・芸術論』 332, *333*
『ダランベール宛の手紙』 334
『不平等起源論』 273, 301, *335*
レーニン、ウラジーミル 132, 230
『国家と革命』 134
レジス、エマニュエル 216, *217*
レッシング、G・E 13–17, 40, 98, 273, 284, 291, 295–297, *297*, 298, 299, *299*, 300, 301, *301*, 302, 303, *303*, 304, *305*, 306, 307, *307*, 308, 309, *309*, 310, *311*, 312–317, *317*, 318, 319, *319*, 320, 321, *321*, 322–325, 327–329, *329*, 330, 331, 333, 334, *335*, 336–338, 340, 341, *341*, 342, 344–347, *347*, 348
『エルンストとファルク』 273, *335*
『賢者ナータン』 295, 296, 308, 309, 322
『ハンブルク演劇論』 14–16, 296, *297*, 299, *299*, 309, *311*, *317*, 322, 324, 329, *329*, 336, 338, *339*, 340
『ミス・サラ・サンプソン』 329
『ラオコオン』 *321*, 330
ロートレアモン 230, 248
『マルドロールの歌』 248

ワ

ワーグナー、リヒャルト 21, 22, 120–128, 130, 141, *141*, 142–161, 163, 164, 173, 252
『さまよえるオランダ人』 146
『タンホイザー』 22, 141, 148, 156, 159
『トリスタンとイゾルデ』 126, 127, 156, 157
『ニーベルングの指環』 123, 145, 146, 148, 150, 151
『パルジファル』 22, 128
『ローエングリン』 22, 141, 156

ハイデガー、マルティン　276
『存在と時間』　276
ハイネ、ハインリヒ　77, 97
バイロン、ジョージ・ゴードン　*85*
パオエン、ミヒャエル　184-186, 190
バルザック、オノレ・ド　169-171, *179*
ピカソ、パブロ　256, 268
ストラヴィンスキーのラグタイム　268
ビゼー、ジョルジュ　157
『カルメン』　157
フィリップ、ルイ　242
フォス、ヨハン・ハインリヒ　34
フッサール、エトムント　261, *261*
『イデーン』　*261*
ブラームス、ヨハネス　76
プルースト、マルセル　211, 212, 256, 272
ブルトン、アンドレ　25, 134, 214-217, *217*, 218, 220-222, 225, 227, 231-233, 235-239
『磁場』　215, 220
『シュルレアリスム宣言』　215, 217, 220
『溶ける魚』　215
『ナジャ』　25, 214, 225, 231, 235, 237, 238
ブレヒト、ベルトルト　134, 178, *195*, 205
フロイト、ジークムント　95-97, *97*, 105, 129, 149-152, 154, 178, 184, 206, 216, 217, *217*, 218, 221, 222, 278, 287
「自伝的に記述されたパラノイア（パラノイア性痴呆）の症例に関する精神分析的覚書」　149
『続・精神分析入門』　96
『夢解釈』　217
フローベール、ギュスターヴ　40, 84, 119, *121*
ブロッホ、エルンスト　51, 163, 164
『この時代の遺産』　164
ヘーゲル、G・W・F　19, 38, 47, 48, *49*, 50-56, 59-62, 64, 70, 75, 86, 93, 127, 163, 227, 254, 269, 283
ベートーベン、L・v　18-20, 35, 47-49, *49*, 50-54, 56-58, 60-64, 67-72, 75, 76, 127, 158, 161, 252, 284
『アパッショナータ』　57, 58, 60
『第九交響曲』　48, 61
『ミサ・ソレムニス』　284
ベケット、サミュエル　25, 26, 66, 117, 252-260, *261*, 262, 263, *263*, 264, 265, *265*, 266-272, 276-282, 284-291
『言葉なき行為Ⅰ』　254, 267, *267*, 281
『言葉なき行為Ⅱ』　254
『勝負の終わり』　253, *253*, 254, 255, 257-259, *261*, 263-267, *267*, 269, 272, *277*, 278, 280-282, 286, *287*, 288, 291
『すべて倒れんとする者』　285, 286, *287*
『名づけえぬもの』　280, 287, 290, *290*
『マロウンは死ぬ』　280, *281*
『モロイ』　280, *281*
ベデカー、H・E　27, 28
ヘンケル、アルトゥール　31, 32
ベンヤミン、ヴァルター　12, 22-25, *39*, 42, 52, 68-70, *89*, 103, 105-107, *113*, 122, 130-133, *133*, 134-142, *143*, 144, 146, 147, 154-156, 158, 161-165, *165*, 166, 167, *167*, 168, 169, 171-175, 177-179, *179*, 180-189, *189*, 190-195, *195*, 196-208, *209*, 210-216, 218-252, 271, 274, 275
「ゲーテの『親和力』」　195-197, 201, 202, 206, 212, 213
「写真小史」　23, 179, 183, 184, 186-188, 191, 193, 194, 198, 200
「シュルレアリスム」　23-25, 167, 177, 179, 188, 190, 203, 211, 224-248
「心身問題のための図式」　24, 201-214, 250
「パリ——一九世紀の首都」　138, 166, 243
「パリのパサージュⅡ」　234, 235, 242
「複製技術時代における芸術作品」　23, 131, 134, 138, 179, 189, 193, 194, 196-198, 200, 203, 204
ボアスレー、ズルピーツ　35
ボードレール、シャルル　21, 22, 25, 40, 53, 77, 84, 97, 120-122, 127, 129, 136, 139-141, *141*, 142, *143*, 144, 145, 147, 156, 159, 163, 165, *165*, 166, *167*, 169, 171-174, 208, 214, 225, 233, 238, 239, 242, 244
『悪の華』　21, 53, 97, 117, 127, 159, 225, 238
ホフマンスタール、H・v　104, 286
『塔』　286
ホメロス　9, 12, 298

キルケゴール、セーレン　162, 163, 270, 283
クラーゲス、ルートヴィヒ　23, 24, 167, 168, 174, 180, 181, *181*, 182, 183, *183*, 184–189, *189*, 190–193, 201, 202, 206–208, 210, 212–214, 250
『宇宙生成的エロース』　180, 181, 184, *207*
『魂の敵対者としての精神』　181
クラウス、カール　42, 52, 208, *209*, 210, 251
クラカウアー、ジークフリート　131, 164
ゲーテ、ヨハン・ヴォルフガング・フォン　14, 17–20, 29–33, *33*, 34–39, *39*, 40–47, 54, 75, 84, 112, 113, 161, 194, 195, 197–200, 206–208, 210, 212, 252, 291, *301*, 340, 341
『アリストテレスの「詩学」拾遺』　340
『ヴィルヘルムマイスターの遍歴時代』　44
『親和力』　194, 195, 199, 200, 206, 212
『タウリスのイフィゲーニエ』　14, 17, 29, 31–34, 37–43, 45, 291
『タッソー』　33, 42, 43
『ファウスト』　33, *33*, 45
コクトー、ジャン　29
ゴットシェート、ヨハン・クリストフ　14, 15, 298, 302, *303*, 307, *307*, 308, *309*, 323, 324
『批判的詩学』　308
コルネイユ、ピエール　14, 298–300, 302, 314, 324

サ

サド、マルキ・ド　8, 12, 17, 20, 178, 343–346
シェイクスピア、ウィリアム　15, 40, 98, 296–301, *301*, *309*, 310, 320, 321, 323, 325
『ハムレット』　286
『リチャード三世』　297, 320
シェーンベルク、アルノルト　28, 29, 66, 82, 124, 127, 133, *133*, 256
シェニウー＝ジャンドロン、ジャクリーヌ　*217*
シェリング、フリードリヒ　72, 105
シューベルト、フランツ　75, 158
シューマン、アウグスト　*85*
シューマン、ローベルト　*85*, 97
シュレーバー、ダニエル・パウル　149, 152
『ある神経症者の回想録』　149
ショーレム、ゲルショム　162–164, 216, 235, 250, 251
ショパン、フレデリック　158
ションディ、ペーター　54, 55
シラー、フリードリヒ・フォン　29, 31, 37, 38, *297*
ズーアカンプ社　*33*, 253, *253*, 255
ズーアカンプ、ペーター　255
スーポー、フィリップ　215, 218, 220
『磁場』　215, 220
ストラヴィンスキー、イーゴリ　124, 268
『ラグタイム』　268
スミス、アダム　*317*, *321*
『道徳感情論』　*317*, *321*
セルバンテス、ミゲル・デ　171

タ

ダールハウス、カール　*49*
チャップリン、チャールズ　131, 134
ディケンズ、チャールズ　268
『骨董屋』　268
ディドロ、ドゥニ　301, 323
『演劇論』　301
デュボス、ジャン＝バティスト　307, *307*, 308, 339, *339*, 341
『詩画論』　307, 339
ドーミエ、オノレ　170, 171
ドストエフスキー、フョードル　248
『悪霊』　248

ナ

ニーチェ、フリードリヒ・W　*10*, 120, 121, 130, 157, 346
ニコライ、フリードリヒ　16, *301*, 302–304, 307, 308, 322–324, 328, 329, *329*, 330, 338–340, *341*, 344, 347
ノヴァーリス　87, 88, 90, 100, 180, 233
「青い花」　180

ハ

ハーバーマス、ユルゲン　9, *10*, *11*, *13*, 88, 89, *89*, 90

【索 引】

※数字のイタリック体は注釈のページ数を示す。

ア

アイヒェンドルフ、J・K・B・F・v　20, 21, 77-81, *81*, 82-85, *85*, 86-91, *91*, 92, 94, 95, 97-100, *101*, 102-106, 108, 110, 112-121, *121*, 161, 252
　『キリスト教との関係における一八世紀ドイツの小説』　81
　『大理石像』　86
　『のらくら者日記』　85, 89
　『誘拐』　90
アドルノ、テオドーア・W　7, 9, *10*, *11*, 12, 13, *13*, 14, 16-23, 25-33, *33*, 34-39, *39*, 40-46, 48-53, *53*, 55-64, 66-72, 75-89, *89*, 90-98, 100-110, 112, 113, *113*, 114-133, *133*, 134, 135, 139, *141*, 142-152, 154-175, 213, 223, 225, 236, 244, 249-253, *253*, 254-261, *261*, 262-265, 267-277, *277*, 278-284, 286-293, 327, 328, 342, *343*, 344-348
　「アイヒェンドルフの思い出のために」　79
　『カフカ・スケッチ』　282
　『キルケゴール――美的なものの構成』　162, 225, 283, *343*
　『啓蒙の弁証法』　8, 9, *10*, 11-13, 17, 20, 28, 36, 43, 49, 70, 71, 91, 146, 258, 263, 270, 327, 328, 342, 343, 345-348
　「ゲーテのイフィゲーニエの擬古典主義のために」　32-46, 113, 291
　「シューベルト」　51, *343*
　「『勝負の終わり』を理解する試み」　25, 253, *253*, 257
　『新音楽の哲学』　124
　『認識論のメタクリティーク』　*261*
　『否定弁証法』　*10*, *11*, 28, 48, 51, 85, 87, *253*, 262, 264
　『美の理論』　*10*, 25, 38, 106, 115, 160, 253, 257, 275, 289
　『文学ノート』　*33*, 71, 77, 253
　『ベートーベン――音楽の哲学』　48, 52
　『ワーグナー試論』　21, 121, 124
アポリネール、ギヨーム　230
アラゴン、ルイ　25, 135, 214, 215, 218, 222, 224, 225, 227-229, 236, 238-241, 244, 245, 247
　『パリの土着民』　25, 214, 225, 236, *237*, 241
　『夢の波』　215, 224, 227, 240
アリストテレス　14, 15, 296, 297, 310, *311*, 312-317, *317*, 318-321, *321*, 324, *329*, 338, 340, 341
　『詩学』　14, 310, *311*, *321*, 324, *329*, 341
アレヴィーン、リヒャルト　78-80
ヴァイセ、C・F　296, 297, *297*, 298, 310, 321, 324
　『リヒャルト三世』　297, 310, 320, 321, 324
ヴァレリー、ポール　134, 216
　『ヴァリエテ』　216
　『ユーパリノス』　216
ウェーバー、マックス　*11*
ウェーバー、カール・マリア・フォン　12
ヴェルフェル、フランツ　*131*
ウンゼルト、ジークフリート　255, 256
エウリピデス　17
エリアス、ノルベルト　47, *49*, *301*, 331, *333*
エリュアール、ポール　219
　『復習』　219
エルンスト、マックス　*217*, 219
オーピッツ、マルティン　103

カ

カフカ、フランツ　117, 256, 282, 283, 288
　『猟師グラックス』　282
カミュ、アルベール　260, *261*
カント、イマヌエル　13, 17, 19, 20, 28, 48-51, 53-56, 59, 62, 67-71, 273, 283, 343-346
　『啓蒙とは何か』　49, 55, 273, 343
　『実践理性批判』　55, 343
カント、ヨハン・ハインリヒ　68

カバー写真：
Wolfgang Tillmans
Freischwimmer 24
2003
Courtesy of WAKO WORKS OF ART

藤　井　俊　之
（ふじい・としゆき）

京都大学人文科学研究所助教。

1979年生まれ。博士（人間・環境学）。京都大学大学院博士課程修了。

論文に「進歩——ヒアトゥスをめぐる問いかけ」（『思想』2017年4月号）、共著に松山壽一監修、加國尚志・平尾昌宏編『哲学の眺望』（晃洋書房、2009年）など。

啓蒙《けいもう》と神話《しんわ》
アドルノにおける人間性の形象

著　者　藤井俊之
発行者　大村　智
発行所　株式会社 航思社
〒113-0033　東京都文京区本郷1-25-28-201
TEL. 03（6801）6383 ／ FAX. 03（3818）1905
http://www.koshisha.co.jp
振替口座　00100-9-504724
装　丁　前田晃伸
印刷・製本　倉敷印刷株式会社

2017年3月28日　初版第1刷発行

ISBN978-4-906738-22-9　C0010

存在論的政治　反乱・主体化・階級闘争

市田良彦 著

四六判 上製 572頁　本体4200円

21世紀の革命的唯物論のために　ネグリ、ランシエール、フーコーなど現代思想の最前線で、9.11、リーマンショック、世界各地の反乱、3.11などが生起するただなかで、生の最深部、〈下部構造〉から紡がれる政治哲学。『闘争の思考』以後20年にわたる闘争の軌跡。（*Multitude* 誌掲載の主要論文も所収）

平等の方法

ジャック・ランシエール 著　市田良彦・上尾真道・信友建志・箱田徹 訳

四六判 並製 392頁　本体3400円

ランシエール思想、待望の入門書　世界で最も注目される思想家が、自らの思想を平易に解説するロング・インタビュー。「分け前なき者」の分け前をめぐる政治思想と、「感覚的なものの分割」をめぐる美学思想は、いかに形成され、いかに分けられないものとなったか。

ヤサグレたちの街頭　瑕疵存在の政治経済学批判 序説

長原 豊 著

四六判 上製 512頁　本体4200円

ドゥルーズ＝ガタリからマルクスへ、マルクスからドゥルーズ＝ガタリへ

『アンチ・オイディプス』『千のプラトー』と『資本論』『経済学批判要綱』を、ネグリやヴィルノ、宇野弘蔵、ケインズなどを介しつつ往還して切り拓くラディカルな未踏の地平。政治経済（学）批判――その鼓膜を破裂させるほどに鳴り響かせる。

2011　危うく夢見た一年

スラヴォイ・ジジェク 著　長原 豊 訳

四六判 並製 272頁　本体2200円

何がこの年に起きたのか？　アラブの春やウォール街占拠運動、ロンドン、ギリシャの民衆蜂起、イランの宗教原理主義の先鋭化、ノルウェイの連続射殺事件、そして日本での福島原発事故と首相官邸前行動……はたして革命の前兆なのか、それとも保守反動の台頭なのか？

デモクラシー・プロジェクト
オキュパイ運動・直接民主主義・集合的想像力

デヴィッド・グレーバー 著　木下ちがや・江上賢一郎・原 民樹 訳

四六判 並製 368頁　本体3400円

これが、真の民主主義だ！　「われわれは99%だ」を合言葉に登場したオキュパイ運動。全世界に拡大したこの運動に当初から密接に関わり、理論的な支柱となってきたアナキスト人類学者が、運動のなかで考え、実践・提唱する「真の民主主義のかたち」。